高等院校经济、管理类专业"十二五"规划教材

统计与统计分析

TONGJIYUTONGJIFENXI

GAODENGYUANXIAOJINGJIGUANLILEIZHUANYESHIERWUGUIHUAJIAOCAI

中南大学出版社
www.csupress.com.cn

U0669085

主　编：李丽清

副主编：赵菊花　罗　敏

撰稿人：（按编写章节先后排序）

李丽清　罗　敏　黄　欣　梁世昌

冯金丽　赵菊花

图书在版编目（CIP）数据

统计与统计分析/李丽清主编．—长沙：中南大学出版社，2011.8
ISBN 978-7-5487-0361-7

Ⅰ．统… Ⅱ．李… Ⅲ．①统计－教材②统计分析－教材
Ⅳ．C8

中国版本图书馆 CIP 数据核字（2011）第 157197 号

统计与统计分析

主编 李丽清

□责任编辑 张 曦
□责任印制 易建国
□出版发行 中南大学出版社

　　　　　社址：长沙市麓山南路　　　　　邮编：410083
　　　　　发行科电话：0731-88876770　　　　传真：0731-88710482
□印　　装 长沙市宏发印刷厂

□开　　本 787×1092 1/16 □印张 21.5 □字数 532 千字 □插页 2
□版　　次 2011 年 8 月第 1 版 □2016 年 2 月第 3 次印刷
□书　　号 ISBN 978-7-5487-0361-7
□定　　价 42.00 元

图书出现印装问题，请与经销商调换

高等院校经济、管理类专业"十二五"规划教材

编审委员会

前　言

在经济全球化和信息化的环境下，无论是进行宏观的国民经济管理，还是进行微观的企业经营决策，都需要准确地把握有关经济运行的各类数量信息。统计学是定量分析非确定性问题的规律，帮助管理决策者进行科学决策、规避风险、获取最优经济和社会效益的科学方法，已成为现代科学管理中必不可少的强劲工具。因此，《统计学》一直被教育部列为经济和管理类大学本科教育的核心基础课程。

本书在确保知识的系统性和正确性的基础上，尽量使用通俗易懂的语言，阐述应用统计学的基本概念、基本原理及解决问题的基本方法和应用条件，略去了繁琐的推导证明过程，使读者更容易理解和掌握。鉴于计算机是求解统计问题的有效手段，本书都以常用的计算机软件 Excel 和 SPSS 作为求解运算和分析的主要工具，以大幅度提高本课程的实用价值和学生的计算机应用能力。与计算机软件相结合是本书最大的特点。

在本书的编写过程中，我们大量参读了国内外一些优秀的教材，并结合经济、管理类专业学生的特点，力图使本教材有一些特色和新意，从而更加适合新时期的统计教学。

我们根据经济、管理类专业的培养目标来设计本书的内容体系。经济、管理类专业统计学教育的目的是：使学生具备基本的统计思想，掌握基本的统计方法，培养应用统计方法分析和解决经济管理中实际问题的能力。由于总学时的限制，非统计学专业的经济、管理类专业难以开设很多的统计学课程。因此，作为经济、管理类各专业的学科基础课，本书将统计原理和常用的计算机软件 Excel 和 SPSS 作为求解运算和分析的主要工具结合起来，以大幅度提高本课程的实用价值和学生的计算机应用能力。与计算机软件相结合是本书最大的特点，特别是第十章，针对学生上机实验，特别增加了实验操作指导，使学生通过自学也能较好掌握 Excel 和 SPSS 在统计分析中的运用。

在本教材的编写过程中，我们根据经济管理类专业的特点，努力贯彻"少而精"和"学以致用"的原则，不仅较大幅度地精简了描述统计学的内容，而且对推断统计学的内容也作了适当的取舍。尽可能做到结构合理、概念明确，条理分明，深入浅出。除十分必要外，本书一般不做过多的数学推导与证明，着重通过实例讲述统计思想，培养和提高学生应用统计方法的能力。

在教材体系上，本书各章开篇都有教学要求和主要内容提示，章末附有本章小结，对有关教学内容和计算公式作扼要的总结。本书的"思考与练习"主要通过判断题、选择题和计算题来帮助学生掌握有关概念和计算方法。书末附有各章习题的参考答案。本书出版之后，根据使用情况，我们还将编制该书的多媒体演示教学软件，提供给采用本书的教师使用。

本教材体系完善，布局合理，实例丰富，应用性强，可作为高等院校工科类和经济管理类相关专业的本科、硕士、MBA 和工程硕士等的教学用书，也可作为从事统计、信息管理、市场调研等实际工作的各类经济管理人员的参考用书或培训教材。

　　本书是应中南大学出版社的邀请，为高等院校工商管理类和经济类专业编写的教材。参加本书编写的有：李丽清（第一章、第四章、第九章、第十章），罗敏（第二章、第三章），黄欣（第四章、第五章），冯金丽（第七章），赵菊花（第八章），梁世昌（第六章、第十章）。由李丽清担任主编，负责全书的设计、修改、总纂和定稿工作。

　　应当指出，尽管我们为提高教材的质量做了不少努力，但由于水平有限，加之时间仓促，书中难免有疏漏或错误之处，恳请同行专家和读者不吝赐教，以便今后进一步修改与完善。

目　录

第一章　导　论

国家教育部规定：各类财经院校都必须开设《统计学原理》，并将其确定为核心课程之一。统计学(statistics)何以成为经管专业的必修课？不少同学纳闷。特别是打小就不喜欢数学的同学，好不容易跨过高考的数学关，统计学的教授又走进了大学的教室，"敬畏"之心油然而生，不是对老师，而是对统计学。

首先，由统计的重要性所决定：

1. 统计是认识社会的最有力武器之一。

2. 统计核算在国民经济核算体系中居于主导地位。

3. 统计信息是社会经济信息的主体，是国家管理、经济建设、企业经营等各项行为决策的重要依据。

统计如此重要，为历朝历代统治者所重视：

——秦国商鞅在《商君书·去强篇》中指出：强国须知十三数——仓、府之数，壮男、壮女之数，老弱之数，官、士之数，以言说取食者之数，利民之数，马、牛、雏、蒿之数。欲强国，不知国十三数，地虽利，民虽众，国愈弱至削。

——齐国管仲在《管子·七法》中写道：刚柔也，轻重也，大小也，虚实也，远近也，多少也，谓之计数。不明计数，而举大事，犹无舟楫而渡水险也。……举事必成，不知计数不可。

——毛泽东同志在《党委会的工作方法》一文中指出：对情况和问题一定要注意到它们的数量方面，要有基本的数量的分析。任何质量都表现为一定的数量，没有数量就没有质量。……不懂得注意事物的数量方面，不懂得注意基本的统计、主要的百分比，不懂得注意决定事物质量的数量界限，一切都是胸中无"数"，结果就不能不犯错误。

——人口学家马寅初说过：学者不能离开统计而究学；政治家不能离开统计而施政；事业家不能离开统计而执业。

——在校大学生可以说是未来的学者、政治家或事业家，在以后的工作中同样不能离开统计。因此，现在就应该熟知统计理论，熟悉统计工作，学会掌握和运用统计信息的本领。

其次，由课程内容的重要性所决定：

——本课程所讲述的统计的基本理论和基本方法，是学习专业统计的必要的基础知识，也为学习其他财经课程提供数量分析的手段，因而是一门重要的专业基础课。

——学习该课程能够培养同学们理论联系实际、一切从实际出发和实事求是的工作作风，提高同学们观察、分析、判断和解决问题的能力。

对于任何一个事件来说，实情只有一条，不实之情却有千条万条，可见统计的用武之地是如此的广阔。因而统计学中蕴藏着无限的美妙。可能你没有想到，统计学是能应用于所有学科的，心理学、教育学、社会学、生物学……甚至物理学！大概你还记得，杨利伟从太空返回地球时，指挥中心在内蒙古草原划出一个宽广的降落区，他落在哪一点，谁能完全说得准呢！任何事物的运动变化都具有随机性，但随机之中有必然。统计学就是研究随机事件运动规律的科学，它要寻找的是偶然中的必然性。

鉴于统计和统计学的重要性，本课程不是可学可不学，而是必须要学、一定要学好的一门重要课程。

学习要求：了解统计学的产生和发展，理解统计学学科性质、统计学的含义、统计学的分类、统计学研究对象和性质，重点掌握统计学中的几个基本概念。

主要内容：

$$
导论\begin{cases}
统计学的发展、统计学的定义 \\
统计学的研究对象和性质 \\
统计学的分类\begin{cases}
按统计方法构成分\begin{cases}描述统计 \\ 推断统计\end{cases} \\
按统计方法研究和应用分\begin{cases}理论统计 \\ 应用统计\end{cases}
\end{cases} \\
基本概念\begin{cases}总体、总体单位、样本 \\ 标志与指标 \\ 参数与统计量\end{cases}
\end{cases}
$$

第一节　什么是统计学

一、统计学的发展

统计实践活动先于统计学而产生。从历史上看，统计实践活动自人类社会初期，即还没有文字的原始社会起就有了。最初的统计是社会统计，只是反映社会基本情况的简单的计数工作。在原始社会，人们按氏族、部落居住在一起打猎、捕鱼，分配食物时就要算算有多少人、多少食物才能进行分配。所以，从结绳记事开始，就有了对自然社会现象的简单的计量活动，有了统计的萌芽。人类的统计活动，尤其是调查和整理社会经济总和现象数据的活动，有着悠久的历史。据一些统计史专家考证，关于人口、土地数字的收集和整理活动，在中国可以上溯到殷、周时代，在外国可以追及古埃及、古希腊和古罗马。然而，由统计实务上升到理论和系统的方法的研究，最早也只能从 17 世纪算起。至今，统计学的发展大体上经历了三个阶段。

从 17 世纪中叶到 19 世纪中叶，为统计学的初创阶段。具体地讲，可以把英国的威廉·配第（William Petty）于 1671—1676 年写成的《政治算术》一书作为统计实务上升到理论和方法的标志，在书中作者首次运用数字比较分析了美、英、法三国的经济实力和造成这种实力差异的原因。其中用文字表述，用数字、重量和尺度来计量，并配以朴实的图表，正是现代统计学广为采用的方法和内容。或者说，初创阶段的统计学，始于"政治算术"这门有统计学之实、却无统计学之名的学问。马克思说威廉·配第"在某种程度上也可以说是统计学的创始人"。在此阶段，统计学主要用来描述和比较各个国家的综合国力及人口研究，从研究对象上说是实质而不是方法论，从方法上看是经验研究多于理论研究，尚未进入系统的理论研究。

从 19 世纪中叶到 20 世纪 40 年代，是统计学发展的第二阶段——近代统计学阶段。1869 年，比利时的凯特勒(A. Quetelet)发表了《社会物理学》等著作，把作为数学分支的概率论引入了统计研究，解决了客观总和现象在数量变化上的规律性问题，从而揭开了近代统计学发展的序幕。而后，统计理论和方法又取得了一系列进步，如高尔登(F. Golton)的回归理论、戈塞特(W. S. Gosset)的小样本理论、费雪(R. A. Fisher)的 F 分布理论和方差分析方法、皮尔逊(K. Pearson)的区间估计方法等，都极大地推动了统计理论和方法的发展和应用，特别是在自然科学和工程技术中的应用。至此，统计学已经建立起系统的理论和方法，并且实现了由实质性科学向方法论科学的转变。

从 20 世纪 50 年代起，统计学进入了它的第三阶段——现代统计学阶段。这个阶段带有三个明显的特点：其一是统计理论和方法的应用有了广泛的发展，不仅在自然科学研究方面大量应用统计方法，就是社会和人文科学也越来越广泛地应用统计方法，在经济和工商管理领域尤为如此；其二是进一步开发出一系列新的统计方法，如统计预测的新方法、多元统计方法和探索性数据分析，等等；其三是统计研究与电子计算机应用密切结合，开发了一系列功能较为齐全，数据处理能力较强的统计专用软件(如 SAS，SPSS，STATISTICA 等)，使得检索和处理大规模数据，以便从中导出对决策有用的信息成为可能，数据挖掘(data mining)技术从新的视角促进了现代统计学的发展。这三个特点也是相互联系的。

统计学的应用也扩展到自然科学、工程技术、心理学、经济和企业管理、社会、人口乃至语言文学等各个学科领域，极大地推动了这些学科的发展。反过来，统计学在各个实质性学科的应用又促进了统计理论和方法的发展。这既指一般统计理论和方法的进步，又指适用于专门领域的统计方法的开发。而计算机的应用使得现代统计方法的应用有了计算手段的保障，同时又为新的统计方法奠定了基础。

二、统计学的定义

目前，随着统计方法在各个领域的应用，统计学已发展成为具有多个分支学科的大家族，因此，要给统计学下一个被普遍接受的定义是十分困难的。在本书中，我们对统计学做如下解释：统计学是一门收集、整理和分析统计数据的方法论科学，其目的是探索数据的内在数量特征和数量规律性，以达到对客观事物的科学认识。

统计数据的收集是取得统计数据的过程，是进行统计分析的基础。如何取得准确、可靠的统计数据是统计学研究的内容之一。

统计数据的整理是对统计数据的加工处理过程，目的是使统计数据系统化、条理化，符合统计分析的需要。数据整理是数据收集与数据分析之间的一个必要环节。

统计数据的分析是统计学的核心内容，是通过统计描述和统计推断的方法探索数据内在规律的过程。

可见，统计学是一门有关统计数据的科学，统计学与统计数据有着密不可分的关系。在英文中，"statistics"一词有两个含义：当它以单数名词出现时，表示作为一门科学的"统计学"；当它以复数名词出现时，表示"统计数据"或"统计资料"。从中可以看出，统计学与统计数据之间有着密不可分的关系。统计学由一套收集和处理统计数据的方法所组成，这些方法来源于对统计数据的研究，目的也在于对统计数据进行研究。离开了统计数据，统计方法就失去了用武之地,统计学也就失去了它存在的意义。而统计数据如果不用统计方法加以分析也仅仅是一堆数据而已,得不出任何有益的结论。

此外,统计数据在英文中是以复数形式出现的,这表明统计数据不是指单个的数字,而是由多个数据构成的数据集。单个的数据显然用不着统计方法进行分析;观察或计量得到的大量数据,才能利用统计方法探索出其内在的必然规律性。仅凭一个数据点,也不可能得出事物的规律,只有经过对同一事物进行多观察或计量得到的大量数据,才能利用统计方法探索出内在的必然规律性。

第二节　统计学的研究对象和性质

一、统计学的研究对象

一般来说,统计学的研究对象是自然、社会客观现象总体的数量关系。正是因为统计学研究的这一特殊性,使它成为了一门万能的科学。不论是自然领域,还是社会经济领域,客观现象总体的数量方面,都是统计学所要分析和研究的。

统计学的研究对象具有以下特点:

1. 数量性

客观现象有着质和量两个方面的表现,根据质和量的辩证统一研究现象的数量特征,从数量上认识现象的性质和规律性,这是统计研究的基本特点。统计运用科学方法收集、整理、分析反映现象特征的数据,并通过统计指标反映现象的规模、水平、比例、速率及其变动规律。认识现象的数量表现,是深入研究现象质的表现的前提和基础。现象的数量方面包括数量多少、数量关系、质和量互变的数量界限等。数量关系指各种平衡关系、比例关系和依存关系,例如总供给与总需求的平衡关系,各产业间的比例关系,消费与收入之间的依存关系等。客观现象往往具有复杂性的特点,现象之间具有多方面的联系。在研究现象的数量方面时,我们必须把握现象的全貌,反映现象发展变化的过程,必须紧密联系现象的具体内容和本质特征,这是统计学与数学的一个重要区别。例如,一个国家的人口数量、结构和分布,国民经济的规模、发展速度,人们的生活水平等,都是反映基本国情和基本国力的基本指标,通过这样的一系列指标才能对整个国家有一个客观清晰的认识。由此可见,数量性是统计研究对象的特点之一。

2. 总体性

统计研究的对象总是由大量同类事物构成的总体现象的数量特征。个别和单个事物的数量表现是可以直接获取的,一般不需运用统计研究方法。例如,要了解某名工人的工作情况,查一查生产记录就可以了,可如果要了解全体工人产量的分布、差异和一般水平等,就要用统计方法来进行计算和分析。统计对总体现象的数量特征进行研究时,是通过对组成总体的个别事物量的认识来实现的。例如,在人口普查中我们通过对每一户家庭的人口状况进行调查,根据所取得的资料,编制人口总数、人口结构(性别、年龄、民族、职业等)、人口分布、人口出生率、人口死亡率等指标来反映一个国家或一个地区的人口总体状况。个别事物有很大的偶然性,大量事物具有共性,统计学正是要从大量的客观事物中找出其共性,即规律性。从对个体数量特征的观测入手,运用科学的统计方法获得反映总体一般特征的综合数量，这是统计的又一基本特点。

3．具体性

统计研究对象是自然、社会经济领域中具体现象的数量方面。即它不是纯数量的研究，是具有明确的现实含义的，这一特点是统计学与数学的分水岭。数学是研究事物的抽象空间和抽象数量的科学，而统计学研究的数量是客观存在的、具体实在的数量表现。统计研究对象的这一特点，也正是统计工作必须遵循的基本原则。正因为统计的数量是客观存在的、具体实在的数量表现，它才能独立于客观世界，不以人们的主观意志为转移。统计资料作为主观对客观的反映，只有如实地反映具体的已经发生的客观事实，才能为我们进行统计分析研究提供可靠的基础，才能分析、探索和掌握事物的统计规律性。否则，虚假的统计数据资料是不能成为统计数据资料的，因为它违背了统计研究对象的这一特点。

4．变异性

变异性是指组成研究对象的各个单位在特征表现上存在差异，并且这些差异是不可以按已知条件事先推断的。例如，要研究某地区大学生的消费行为，每个学生的家庭收入有差异，学生的消费偏好有差异，消费品的市场价格也不稳定，这时就需要研究大学生的平均消费、家庭平均收入、消费偏好和消费品的市场价格等因素。如果每个大学生都不存在这些差异，我们只要调查一个学生相关消费行为，就可以知道整个地区的大学生消费行为，这时也就不需要做统计了。正是因为研究对象的各单位存在差异性，统计方法才有了用武之地。

二、统计学的性质

根据统计学前面的定义，我们很容易知道统计学的性质：统计学是一门认识方法论科学，具体说它是研究如何收集数据、整理数据并分析数据，以便从中作出正确推断的认识方法论科学。

统计学之所以具有这样的性质，是因为：首先，统计学是为了揭示客观事物的规律性；其次，为了达到这个目的，需要运用各种统计方法来认识事物的真面目。因此，统计学是认识客观事物的方法论科学。

统计学和数学都是研究数量关系的科学，它们之间既有联系又有区别。一方面，数学以抽象的概念和方法研究各种数量关系和空间形式，而统计学则是对客观现象在质和量的相互联系中研究其数量方面，揭示其数量变动的规律性，这是它们之间的本质区别。另一方面，数学又为统计学提供大量的计算分析方法，尤其是数理统计不仅用于研究社会经济现象，也可用于研究自然技术现象。工业产品、农副产品的抽样调查、生产过程的检验和控制等就是数理统计方法在社会经济领域中的应用。

统计学在研究客观现象的数量特征和数量关系时，必然要以相关学科的基本理论和基本知识为指导，如经济学、社会学、物理学、生物学、心理学等。而且，统计学的基本理论在各个领域中的应用形成了各种专门统计学，如经济统计学、人口统计学、科技统计学、金融统计学、经营统计学、心理统计学等。统计学与相关学科的结合同时也促进了统计理论和方法的发展。

第三节　统计学的分类

目前,统计方法已被应用到自然科学和社会科学的众多领域,统计学也已发展成为由若干分支学科组成的学科体系。根据统计方法的构成,可将统计学分为描述统计学和推断统计学;根据统计方法研究和应用的方向,可将统计学分为理论统计学和应用统计学。

一、描述统计学和推断统计学

描述统计学研究如何取得反映客观现象的数据,并通过图表形式对所收集的数据进行加工处理和显示,进而通过综合、概括与分析得出反映客观现象的规律性数量特征。其内容包括统计数据的收集方法、数据的加工处理方法、数据的显示方法、数据分布特征的概括与分析方法等。

推断统计学则是研究如何根据样本数据去推断总体数量特征的方法,它是在对样本数据进行描述的基础上,对统计总体的未知数量特征作出以概率形式表述的推断。

描述统计学和推断统计学的划分,一方面反映了统计方法发展的前后两个阶段,同时也反映了应用统计方法探索客观事物数量规律性的不同过程。从图1-1中我们可以看出描述统计学和推断统计学在统计方法探索客观现象数量规律性中的地位。

图1-1　统计学探索客观现象数量规律性的过程

由图1-1可以看到,统计研究过程的起点是统计数据,终点是探索出客观现象内在的数量规律性。在这一过程中,如果收集到的是总体数据(如普查数据),经过描述统计之后就可以达到认识总体数量规律性的目的;如果所获得的只是研究总体的一部分数据(样本数据),要找到总体的数量规律性,则必须应用概率论的理论并根据样本信息对总体进行科学的推断。显然,描述统计和推断统计是统计方法的两个组成部分。描述统计是整个统计学的基础,推断统计则是现代统计学的主要内容。在对现实问题的研究中,由于我们所获得的数据主要是样本数据,因此推断统计在现代统计学中的地位和作用越来越重要,已成为统计学的核心内容。当然,这并不等于说描述统计不重要,没有描述统计收集可靠的统计数据并提供有效的样本信息,即使再科学的统计推断方法也难以得出准确的结论。从描述统计学发展到推断统计学，反映了统计学发展的巨大成就，也是统计学发展成熟的重要标志。

二、理论统计学和应用统计学

理论统计学是指统计学的数学原理，它主要是研究统计学一般理论和统计方法的数学理论。现代统计学用到了几乎所有方面的数学知识，从事统计理论和方法研究的人员需要有坚实的数学基础。此外，由于概率论是统计推断的理论基础，因而广义地讲统计学也是应该包括概率论在内的。理论统计学是统计方法的理论基础，没有理论统计学的发展，统计学也不可能发展成为今天这样一个完善的科学知识体系。

在统计研究领域，从事理论统计学研究的人只是很少的一部分，大部分从事应用统计学的研究。应用统计学是研究如何应用统计方法去解决实际问题。统计学是一门分析数据的科学，在自然科学及社会科学研究领域，都需要通过数据分析解决实际问题，因而统计方法的应用几乎扩展到了所有的科学研究领域。例如，统计方法在生物学中的应用形成了生物统计学，在医学中的应用形成了医疗卫生统计学，在农业试验、育种等方面的应用形成了农业统计学。统计方法在经济和社会科学研究领域的应用也形成了若干分支学科。例如，统计方法在经济管理中的应用形成了经济管理统计学，在社会学研究和社会管理中的应用形成了社会统计学，在人口学中的应用形成了人口统计学，等等。以上这些应用统计学的不同分支所应用的基本统计方法都是一样的，即描述统计和推断统计的主要方法。但由于各应用领域都有其特殊性，统计方法在应用中又形成了一些不同的特点。

第四节　统计学的基本概念

一、总体、总体单位与样本

（一）总体与总体单位

总体，亦称统计总体，就是根据一定目的确定的所要研究对象的全体，它是由客观存在的、具有某种共同性质的许多个别单位构成的整体。构成总体的这些个别单位就称为总体单位，我们可以把总体看成是集合，而单位则可以看成是集合中的元素。例如，研究某厂生产的一批日光灯的寿命，则该厂生产的这批日光灯组成总体，而这批产品中的每一只日光灯就是一个总体单位。研究某企业职工的年龄结构，则该企业所有职工组成总体，而该企业的每一名职工就是一个总体单位。

总体可以分为有限总体和无限总体。总体所包含的单位数是有限的，称为有限总体，如人口数、企业数、商店数等。总体所包含的单位数是无限的，称为无限总体，如连续生产的某种产品的生产数量、大海里的鱼资源数等。对有限总体可以进行全面调查，也可以进行非全面调查。但对无限总体只能抽取一部分单位进行非全面调查，据以推断总体。区分无限总体和有限总体的意义在于对不同的总体应分别采用不同的调查研究方式。

总体与总体单位是两个不同层次的概念，它们之间的关系具有相对性。随着研究目的的不同，总体和总体单位的关系可以发生变化。例如，要研究某高校各专业的办学情况，该高校的所有专业构成总体，而该校开办的每一个专业就是一个总体单位。如果要研究某地区高等学校的办学情况，该地区所有高等学校构成总体，而该地区的每一所高校就是一个总体单位。

（二）样本

从总体中抽取的部分单位组成的集合称为样本。抽取样本的目的，在于要用样本的数量特征来估计或推断总体的数量特征。对于无限总体我们不可能对每一单位进行观察，即使是有限总体，由于其大量性的特点，要对所有单位进行观察，要花费大量的人力、物力、财力和时间，是十分不经济的事情。因此，一般情况下，我们都是通过样本来推断总体的特征。

既然抽样的目的是推断总体的特征，因而从总体中抽取样本时必须遵循随机原则，这样才能保证样本的代表性。例如，我们研究某厂生产的日光灯的寿命，随机抽取100支日光灯进行检验，则这100支日光灯就是一个样本。总体是统计研究的对象，样本作为总体的代表，也是统计研究的对象，因此样本也符合总体的概念，为了加以区别，通常将所要研究的事物全体构成的总体称为全及总体，而将样本单位组成的总体称为抽样总体。

抽取样本时要注意以下问题：

（1）从一个总体中可以抽取许多个不同的样本。根据研究目的的统计总体是唯一确定的，而样本却是随机的，从一个总体中抽取不同样本的数目的多少与样本单位数和抽样方式有关。例如，某校有 $N = 10\ 000$ 名学生，从该校学生中抽取 $n = 100$ 名构成样本，按重复抽样方式其可能的样本数目为：$N^n = 10\ 000^{100} = 10^{400}$。由此可见，从一个总体中抽取一定样本容量，样本的个数是非常多的。

（2）样本的代表性。抽样的目的是用样本的数量特征去推断总体的数量特征，因此，就要求样本指标与总体指标的误差要小，即抽样误差小。抽样误差越小则样本的代表性就越强。样本的代表性的高低与样本单位数、抽样方式和抽样的组织形式有关。提高样本的代表性，降低抽样误差，是抽取样本时要高度关注的问题。

（3）样本的客观性。在抽取样本时，要遵循随机原则，排除主观因素的影响，保持取样的客观性，从而提高样本的代表性。

二、标志与指标

（一）标志

1. 标志的定义

标志是用来说明总体单位属性或特征的名称。例如，在工业企业职工总体中，企业的每一个职工就是一个总体单位，说明职工属性特征的名称（如性别、年龄、文化程度、工龄、工资收入等）就是标志。标志名称之后表示总体单位的具体属性或数值，叫标志表现。例如"汉族"、"广东"就分别是"民族"、"籍贯"的标志表现。

2. 标志的分类

（1）标志按其性质不同，可分为品质标志和数量标志。反映总体单位属性的标志称为品质标志。如职工的民族、籍贯、性别都属于品质标志，是用文字表示其属性。反映总体单位数量特征的标志，称为数量标志。如职工的年龄、工龄、工资收入，企业的产值等，都属于数量标志，是用数值表示其数量特征。数量标志的具体数值叫标志值，一个数量标志可以有若干个标志值。

(2)标志按变异情况不同可分为不变标志和可变标志。对于某一个标志来说，如果总体各单位具有相同的标志表现，则该标志叫不变标志。在一个总体中至少具有一个不变标志，例如，某一企业职工的工作单位是完全相同的，工作单位就是一个不变标志。在一个总体中，对于某一个标志来说，如果总体各单位具有不同的标志表现，则该标志叫可变标志。例如，在男性人口总体中，性别是不变标志，而年龄、民族、籍贯等则为可变标志。又如，在全国私营企业总体中，职工人数、工资总额、注册资本、投资总额、利润等均为可变标志。不变标志是总体同质性的要求，所以总体各单位之间至少要有一个不变标志，才能将总体各单位结合在一起。

对于可变的数量标志统计上通常称为变量，例如，某企业职工的"年龄"、"工龄"、"工资额"等。

（二）指标

1. 指标的定义

指标，亦称统计指标，是说明总体的综合数量特征的范畴及其具体数值。一项完整的统计指标应该由总体范围、时间、指标名称和指标数值等内容构成，它体现了事物质的规定性和量的规定性两个方面的特点。比如，经统计调查知某县乡办企业 2009 年固定资产原值为 9.2 亿元，这就是指标，它包括总体范围（某县乡办企业）、时间（2009 年）、指标名称（固定资产原值）、指标数值（9.2 亿元）。

2. 指标的种类

（1）指标按其数值表现形式不同，分为总量指标、相对指标和平均指标。

总量指标是反映社会经济现象总规模或总水平下的统计指标，其表现形式为绝对数。例如，一个国家的人口总数、土地面积、国民生产总值、工业总产值、工资总额、职工总数等，都是总量指标。

相对指标是反映社会经济现象数量对比关系的统计指标，其表现形式为相对数，例如，某企业产值计划完成程度、产品合格率、产值增长速度等都是相对指标。

平均指标是反映社会经济现象数量一般水平下的统计指标，其表现形式为平均数，如平均工资、劳动生产率、平均单位成本等都是平均指标。

（2）指标按反映的数量特点不同，分为数量指标和质量指标。

数量指标是反映现象总规模、总水平或工作总量的统计指标。

质量指标是反映现象强度、密度、工作质量和经济效果的统计指标，表明现象的对比关系，用相对数或平均数表示。从表现形式上看，相对指标和平均指标都属于质量指标。质量指标是从数量指标派生出来的、经常用于反映现象间的内在联系、评价工作质量、说明现象发展的规律性。

（3）指标按反映的时间状况不同，分为静态指标和动态指标。

静态指标是反映现象在某一时点上的数量特征的统计指标，如企业职工人数、工业总产值、劳动生产率等，均为静态指标。

动态指标是反映现象在不同时间上发展变化情况的统计指标，如工业增加值的增长量、发展速度、增长速度等都是动态指标。

（三）标志和指标的关系

标志和指标，两者既有区别，又有联系。区别有以下四点：

第一，标志是说明总体单位特征的，而指标是说明总体特征的。

第二，指标都能用数值表示，而标志中的品质标志不能用数值表示，是用文字表示的。

第三，指标数值是经过一定的汇总取得的，而标志中的数量标志不一定经过汇总，可直接取得。

第四，标志一般不具备时间、地点等条件，但作为一个完整的统计指标，一定要讲时间、地点、范围。

标志和指标的联系有以下两点：

第一，许多统计指标的数值是从总体单位的数量标志值汇总而来的。既可指总体各单位标志量的总和，也可指总体单位数的总和。例如，某地区工业增加值指标是由该地区每个工厂的工业增加值汇总而来的；某工业局职工人数指标是由该局各企业的职工人数汇总而来的。

第二，两者存在着一定的变换关系。这主要是指标和数量标志之间存在着变换关系，即由于研究目的不同，原来的统计总体如果变成总体单位了，则相应的统计指标也就变成数量标志了（这时，指标名称变成标志，指标数值变成标志值或变量值）；反之亦然。例如，在研究某厂职工情况时，这时，该厂的全部职工是总体，该厂的工资总额为统计指标。而在研究该厂所属的某工业局职工工资情况时，该厂就是总体单位，则该厂的工资总额为数量标志，具体的工资总额数值为标志值。于是，该厂的工资总额由统计指标相应变为数量标志了。

三、参数与统计量

参数也称总体参数，它是反映全及总体数量特征的指标，即总体指标。统计量也称样本统计量，它是反映抽样总体数量特征的指标，即样本指标。对于一个确定的总体，其总体参数是确定的数值，是常量。统计量就不同了，它是随机变量，随着抽取的样本不同可取不同的数值。

现将常见的总体参数和样本统计量所用的符号和基本计算公式列于表 1-1。

表 1-1　常见的总体参数和样本统计量

总体参数	符号	计算公式	样本统计量	符号	计算公式
总体单位数	N	—	样本单位数	n	—
总体平均数	$\overline{X}$	$\overline{X} = \dfrac{X_1 + X_2 + \cdots + X_N}{N}$	样本平均数	$\overline{x}$	$\overline{x} = \dfrac{x_1 + x_2 + \cdots + x_n}{n}$
总体方差	σ^2	$\sigma^2 = \dfrac{\sum (X_i - \overline{X})^2}{N}$	样本方差	S^2	$S^2 = \dfrac{\sum (x_i - \overline{x})^2}{n-1}$
总体成数	P	$P = \dfrac{n}{N}$	样本成数	p	$p = \dfrac{n}{N}$

思考与练习

（一）填空题

1. 根据统计方法的构成，可将统计学分为_____和_____；根据统计方法研究和应用的方向，可将统计学分为_____和_____。

2. 统计学的研究对象具有_____、_____和_____三个特点。

3. 统计学是一门认识方法论科学，它是研究如何_____、_____并_____，以便从中作出正确推断的认识_____科学。

4. 指标按其数值表现形式不同，分为_____、_____和_____。

5. 当我们研究某市居民户的生活水平时，该市全部居民户便构成_____，每一居民是_____。

6. 标志是说明总体单位的名称，它有_____和_____两种。

7. 要了解一个企业的产品生产情况，总体是_____，总体单位是_____。

8. 工人的年龄、工厂设备的价值属于_____标志，而工人的性别、设备的种类属于_____标志。

9. 统计指标反映的是_____的数量特征，数量标志反映的是_____的数量特征。

10. 一项完整的统计指标应该由总体范围、时间、_____和_____等内容构成，它体现了事物质的规定性和量的规定性两个方面的特点。

（二）单项选择题

1. 社会经济统计的研究对象是（　　）。

A. 抽象的数量关系　　　　　　　　　B. 社会经济现象的规律性

C. 社会经济现象的数量特征和数量关系

D. 社会经济统计认识过程的规律和方法

2. 某城市进行工业企业未安装设备普查，总体单位是（　　）。

A. 工业企业全部未安装设备　　　　　B. 工业企业每一台未安装设备

C. 每个工业企业的未安装设备　　　　D. 每一个工业

3. 标志是说明总体单位特征的名称，标志有数量标志和品质标志，因此（　　）。

A. 标志值有两大类：品质标志值和数量标志值

B. 品质标志才有标志值

C. 数量标志才有标志值

D. 品质标志和数量标志都具有标志值

4. 某班学生数学考试成绩分别为 85 分、63 分、72 分、88 分，这四个数字是（　　）。

A. 指标　　　　　　　B. 标志　　　　　　　C. 变量　　　　　　　D. 标志值

5. 记账员的记账差错率是（　　）。

A. 数量指标　　　　　B. 质量指标　　　　　C. 数量标志　　　　　D. 质量标志

6. 商业企业的职工数、商品销售额是（　　）。

A. 连续变量　　　　　　　　　　　　　B. 离散变量

C. 前者是连续变量，后者是离散变量　　D. 前者是离散变量，后者是连续变量

7. 数量指标一般表现为（　　）。

A. 平均数　　　　　B. 相对数　　　　　C. 绝对数　　　　　D. 众数

8. 构成统计总体的必要条件是（　　）。

A. 差异性　　　　　B. 综合性　　　　　C. 社会性　　　　　D. 同质性

9. 将某公司所属 5 个企业作为一个总体，5 个企业的职工人数分别为 800 人、900 人、1 200 人、1 500 人、2 000 人，这几个有关职工人数的数据是（　　）。

A. 指标　　　　　　B. 标志　　　　　　C. 变量　　　　　　D. 变量值

10. 单位成本是（　　）。

A. 动态指标　　　　B. 质量指标　　　　C. 强度指标　　　　D. 数量指标

（三）多项选择题

1. 人口普查中（　　）。

A. 全国人口数是指标　　　　　　　　　B. 每省、市、自治区人口数是变量

C. 每一户是总体单位　　　　　　　　　D. 每一个人是总体单位

E. 全国文盲率是质量指标

2. 下列指标属质量指标的是（　　）。

A. 人口性别比率　　　B. 商品平均价格　　　C. 城市人均绿地拥有面积

D. 优等品产量　　　　E. 单位产品成本

3. 指标与标志之间存在转换关系，是指（　　）。

A. 在同一研究目的下，两者可相互对调

B. 指标有可能成为标志

C. 标志有可能成为指标

D. 在不同研究目的下，指标和标志可相互对调

E. 在任何情况下，指标和标志都可相互对调

4. 下列标志，是数量标志的有（　　）。

A. 性别　　　　　　B. 工种　　　　　　C. 工资

D. 民族　　　　　　E. 年龄

5. 下列属于连续变量的有（　　）。

A. 厂房面积　　　　B. 职工人数　　　　C. 原材料消耗量

D. 设备数量　　　　E. 产值

（四）判断题

1. 社会经济统计的研究对象是社会经济现象总体的各个方面。（　　）

2. 标志是说明总体特征的，指标是说明总体单位特征的。（　　）

3. 三个同学的成绩不同，所以存在三个变量。（　　）

4. 统计研究客观事物现象，着眼个体的数量特征，而不是研究整体事物的数量特征。（　　）

5. 统计指标有的用文字表示，叫质量指标；有的用数量表示，叫数量指标。（　　）

6. 统计研究中的变异是总体单位质的差别。（　　）

7. 统计学是门研究现象总体数量方面的方法论科学，所以它不关心也不考虑个别现象的数量特征。（　　）

8.品质标志表明单位属性方面的特征,其标志表现只能用文字来表现,所以品质标志不能转化为统计指标。( )

9.数量指标指数反映总体的总规模水平,质量指标指数反映总体的相对水平或平均水平。( )

10.在全国工业普查中,全国企业数是统计总体,每个工业企业是总体单位。( )

(五)思考题

1.统计学研究的对象是什么?它们有哪些特点?

2.什么是统计学?它的性质如何?

3.何谓统计总体和总体单位?它们的关系如何?

4.何谓标志?标志可以划分为哪些类型?

5.何谓统计指标?指标可以划分为哪些类型?

6.统计指标和标志的关系如何?

第二章　统计数据的收集与整理

美国的一位管理学家曾做过这样的实验，他向一些高层的企业管理者提出这样三个问题：

你每天花费时间最多的工作在哪些方面？

你认为每天最重要的事情是什么？

你在履行职责时最感困难的是什么？

大多数的回答只有两个字："决策。"

而采访许多企业领导，问：

你在决策时，最依赖、最信赖的根据是什么？

大多数人的回答也只有两个字："数据。"

这里的数据，指的是统计数据。

即所谓"学者不能离开统计而研究，政治家不能离开统计而施政，事业家不能离开统计而执业"。

统计数据即统计资料，本章所要学习的就是如何对统计资料进行调查、整理。

教学要求：了解统计数据的直接来源和间接来源以及不同来源的统计数据的收集；掌握四种不同的测量尺度和各自特点；了解统计调查方案和组织形式的内容；掌握定性数据和定量数据的整理方法。

主要内容：

　　在实际工作中，统计数据是统计整理、统计分析和统计解释的资料，没有数据资料，统计工作就无法展开。而统计数据的收集是统计整理和分析，以及统计推断和预测的基础，所以收集统计数据是统计活动的首要任务。统计数据的收集就是根据统计研究的目的和要求，有组织、有计划地向调查对象收集原始资料的过程。

第一节　统计数据的来源和收集

一、统计数据的来源

　　统计数据的来源主要有两种：一是直接来源，称第一手或直接的统计数据；二是间接来源，称第二手或间接的统计数据。

　　图 2-1 是数据收集的步骤，根据数据使用的目的，如果没有现成的数据就要进行第一手数据的收集，如果已有现成的数据就要对第二手数据进行收集，然后再对第一手数据或第二手数据进行整理分析。

　　第一手数据(primary data)也称原始数据或初始数据，也就是使用者亲自观察记录或经过试验所获得的数据。一般常用的有问卷调查法、观察法和实验设计法等。问卷调查法有面对面调查、电话调查、发放问卷调查、网上调查等，其特点就是采取直接询问的方式。观察法并不对调查对象进行直接询问，而是客观地捕捉调查对象的行为，比如计点每天到某百货商店的顾客、统计每天经过某路段的车辆数等。实验设计法则是在某些物理性的因素或条件变化后，观察其结果将如何变化，或者说会出现什么样的效果等。比如医药科研人员为了测试新研制药品的疗效和安全性，把新药按不同药量注射到不同动物身上，进行观察并获得大量数据。还比如，同样的商品，用不同的广告形式或不同的广告时间，对该商品促销的效果有什么不同等。第一手数据相对来说比较珍贵、特有，但相对来说也要花更多的时间、人力和物力。

图 2-1　数据调查步骤　　　　　　　　图 2-2　数据来源

　　第二手数据(secondary data)也就是使用者应用他人所获得的数据，也称次级数据。从主体来看有政府机构、各种行业组织、公司和企业所公布的数据。从载体来分有印刷品和电子品。印刷品有统计年鉴、统计摘要、统计资料汇编、统计台账、统计公告、报纸和杂志等；电子品有 CD、DVD 等（如图 2 – 2 所示）。政府或组织发布的资料，有一些在网上都可以看得到。

二、统计数据的审核

统计数据的审核是保证统计整理质量的重要手段，为进一步整理与分析打下基础。从不同渠道取得的统计数据，在审核的内容和方法上都有所不同。对于通过直接调查取得的原始数据，主要从数据的完整性和准确性两个方面去审核；对于通过其他渠道取得的第二手数据，除了对其完整性和准确性进行审核外，还需要着重审核数据的适用性和时效性。

1. 数据的完整性

完整性审核主要是审核所有调查项目和指标是否填写齐全，调查单位是否有遗漏。对于直接调查取得的原始数据，应该查看调查问卷或调查表项目是否都填写完整了，是否存在着许多空白，如果有太多空白便要询问调查人员，到底是调查人员的失职还是调查对象由于某些原因拒绝回答，找到原因后再设法将问卷项目填写完整。对于第二手数据，就要看其调查项目是否完备（或者说符合我们研究分析的需要），是否存在很多缺失值。

2. 数据的准确性

准确性审核主要包括两个方面：一是检查数据是否真实地反映了客观实际情况，内容是否符合实际；二是检查数据是否有错误，计算是否正确。准确性审核的方法主要有抽样复查、逻辑检查和计算检查。抽样复查是指在所有调查单位中随机地抽取一定比例的单位进行第二次调查，如果第二次调查结果与第一次调查结果非常一致，可以认为第一次调查结果比较真实地反映了客观实际情况；如果两次调查结果出入比较大，那么就有理由认为第一次调查结果存在较大的问题，必须进行更大范围的复查，以取得真实可靠的第一手资料。通常实地复查需要花费较多的时间和精力，很多研究机构和调查公司更多采取电话回访的方式。随着网络的普及，很多调查机构也开始采取邮件回访的方式。逻辑检查主要是审核数据是否符合逻辑，内容是否合理，各项目或数字之间有无互相矛盾的现象。例如，男性填写了生育年龄，中学生填写的文化程度为大学，这些都存在明显的逻辑错误，可以肯定是在登记过程中有误，应予以纠正。计算检查是检查调查表中的各项数据在计算结果和计算方法上有无错误。例如，各分项数字之和是否等于相应的合计数，各结构比例之和是否等于 1 或 100%，等等。逻辑检查和计算检查都是在数据汇总之后，通过对每个变量或几个变量进行一些描述分析，来发现是否存在逻辑和计算错误，如果存在错误，必须加以纠正，纠错之后的数据才是我们进行进一步统计分析的基础数据。

3. 数据的适用性和时效性

第二手数据可以来自多种渠道，有些数据可能是为特定目的通过专门调查而取得，或者是已经按特定目的的需要做了加工整理。作为使用者来说，首先应弄清楚数据的来源、数据的口径以及有关的背景材料，以便确定这些数据是否符合自己分析研究的需要，是否需要重新加工整理等，不能盲目地生搬硬套，特别是引用国外的数据，更要知道数据所包含的范围。比如"公务员"，有些国家的军队士兵算作公务员，有些国家的中小学老师是公务员，所以此"公务员"数据并不等于彼"公务员"数据。此外，还要对数据的时效性进行审核，对于一些时效性较强的问题，如果所取得的数据过于滞后，可能会失去研究的意义，一般需要使用最新的统计数据。数据在经过审核后，确认适合我们的实际需要，才有必要做进一步的加工整理。

对审核过程中发现的错误，应根据不同情况分别进行处理。对肯定性的差错，要及时进行更正；对可疑但又不能肯定的差错，要及时查询，可根据问卷上留下的被调查对象的地址和联系电话进行复查，以得到确切的数据信息；对无法予以纠正或不符合要求又无法弥补的统计数据要进行筛选。数据筛选包括两个方面内容：一是剔除某些不符合要求或有明显错误的数据；二是将符合某种特定条件的数据筛选出来，剔除不符合特定条件的数据。

第二节   统计数据的测量尺度

测量是用仪器确定空间、时间、温度、速度、功能等的有关数值。数据测量即是运用某种方法使自然或社会经济现象量化。统计数据有定性数据和定量数据。定性数据是指评价事物的状态、说明事物的品质特征而不直接表示数量，通常表现为类别、应用于对事物评价的用语，比如，"很好"、"不坏"等。定性数据有定类尺度、定序尺度。定量数据是指直接用数字描述的数据，说明的是现象的数量特征，必须用数值来表现。比如企业的净资产额、净利润等。定量数据有定距尺度和定比尺度。

一、定类尺度（nominal level）

定类尺度是采用文字、数字代码和其他符号对事物进行分类或分组。例如"性别"、"民族"、"血型"、"婚姻状况"等。定类尺度在统计数据四类测量尺度中属于最低级别的测量尺度，其主要数学特征是"＝"或"≠"，能够进行的唯一运算是计数，即计算每一个类型的频数或频率（即比重）。定类尺度各类别间是平等的，没有高低、大小、优劣之分。比如张同学的血型是 A 型，赵同学的血型是 O 型，黄同学的血型是 A 型，那么张同学的血型＝黄同学的血型，都是 A 型；张同学的血型≠赵同学的血型。这里，不能比较张同学的血型和赵同学的血型哪一个更好。

又比如做问卷调查：你对某产品的质量是否感到满意?
①满意；   ②一般；   ③不满意。

当你选择①时，只是表示"满意"，并不说明①比②或③小大或优劣。很显然，满意、一般、不满意之间相加减也是没有意义的。

定类尺度测量的结果只是对事物进行分类或分组，具有对称性和传递性。对称性是指某一类别和另一类别的关系，比如"男"和"女"；传递性是指 A 和 B 同类，B 和 C 同类，则 A 和 C 也一定同类。

定类资料分组或分类时要求做到穷尽原则，即所有的数据都可被归属到适当的类型中，没有一个数据无从归属；而且类别间两两互不重叠，即每一个数据只能划归到某一类型中，而不能既是这一类，又是那一类。

二、定序尺度（ordinal level）

定序尺度是指在语义上表现出明显的等级或顺序关系的定类尺度。定序尺度不仅可以将研究对象分成不同的类别，而且还可以反映各类的优劣、量的大小或顺序。定序尺度的主要数学特征是"＜"或"＞"，但不能进行加减。比如，教师职称等级为教授、副教授、讲师、助教；学生成绩为优秀、良好、及格和不及格；学历为初中、高中、大学、硕士、博士等。

定序的资料和定类的资料都是属于定性的资料，但定序资料比定类资料可以提供更多的信息量。定序资料不仅能像定类资料一样正确区分事物的类型，还可以说明类型之间的差别关系，如教师职称高、中、低的差别可以进行比较。但差别的程度却不能给出具体的概念，"高"和"中"有多大的差别，"中"和"低"有多大的距离，都难以给予明确的回答。

定序尺度一般要用比较级、顺序关系的词语来表达，可以帮助人们了解类别之间的差别，顺序变换也不会影响问题的说明。定序尺度同样具有传递性，比如 A 比 B 高，B 比 C 高，那么 A 比 C 高得多。但定序尺度与定类尺度不一样的是，定序尺度不具有对称性，这好理解，比如既然 A 比 B 高，就不能说 B 与 A 一样高。而且，对于定序尺度的排序来说，改变其原来的序列，并不会改变其意义，比如，上面提到学历中，初中、高中、大学、硕士、博士的排列，把其序列变为博士、硕士、大学、高中、初中，其意义没有改变。

三、定距尺度（interval level）

定距尺度是具有定序尺度的所有特征，并且任意两个数字之间可以比较差别程度的一类测量尺度。得到定距尺度的资料，不仅可以比较事物之间的好坏差别，而且还可以计算出它们差别的大小。定距尺度使用的计量单位一般为实物单位（自然或物理）如件数、千克、公里等，或者价值单位如人民币元、美元等。定距尺度的主要数学特征是"＋"或"－"，但却不能进行乘或除的运算。比如，某天的最高气温是 20℃，最低是 10℃，那么可以说这一天的温差是 10℃（20℃ － 10℃），但不可以说最高气温是最低气温的 2 倍（最高气温 20℃/最低气温 10℃），这里用"÷"计算就没有什么意义。

四、定比尺度（ratio level）

定比尺度具有定距尺度的所有特征，并且有一个绝对原点的测量尺度。定比尺度一般具有四个特征：等价性，大于或小于关系，任何两个数据之间的距离比有意义，任何两个数值比也有意义。定比尺度主要数学特征是"×"或"÷"，也就是不仅可以进行加减运算，而且还可以作乘除运算。定比尺度的数据用于反映现象的结构、比重、速度、密度等数量关系。又比如 A 同学的体重是 50 千克、B 同学的体重是 60 千克，可以说 B 同学的体重比 A 同学的体重重 10 千克（60 千克 － 50 千克），这里用到"－"；还可以说 B 同学的体重是 A 同学的体重的 1.2 倍（60 千克/50 千克），这里用到"÷"。

在定距尺度和定比尺度上的数据是最高水平的测量尺度，是比定序尺度更强形式的度量，因为不仅可以确定哪个数据最大，而且可以确定大多少。

以上四种度量水平，具有各自的特点。正确认识这四类尺度可以帮助我们运用不同的统计方法处理不同尺度的数据。这些不同层次的度量本身形成了一个累积尺度即高一层次的尺度，除自己的特性外，还包含下一层次尺度的所有特性。高层次度量具有向下的兼容性，而低层次度量不具有向上的兼容性。如表 2 - 1 所示。

表 2 – 1 四种尺度的数学特点

	测量尺度	例如	= ≠	< >	+ −	× ÷
定性	定类尺度	性别、年龄等	√			
	定序尺度	成绩、震级等	√	√		
定量	定距尺度	重量、温度等	√	√	√	
	定比尺度	产品的合格率等	√	√	√	√

第三节 统计调查方案和组织形式

统计调查是统计工作过程中的一个阶段。统计调查是按照统计任务的要求，运用各种调查方法，有组织地向社会实践收集各项原始资料的过程。

一、统计调查方案

为了使统计调查按要求、目的顺利进行，在组织实施调查前，应该预先设计一个周详的调查方案。一般来说，统计调查方案包含五项基本内容：调查目的、调查单位和对象、调查项目、调查时间和调查的实施计划。

（一）确定调查目的

制订统计调查方案，首先要明确调查目的。所谓调查目的，就是指为什么要进行统计调查，该统计调查要解决什么问题。有了明确的目的，才能做到有的放矢；正确地确定调查对象、调查内容和方法，才能收集与目的有关的资料，而舍弃与目的无关的资料。这样可以节约人力和物力，缩短调查的时间，提高调查的效率。例如，2000 年全国人口普查的目的："为了科学地制定国民经济和社会发展战略与规划，制定人口政策，统筹安排人民的物质和文化生活，实现人口与资源、环境的协调发展。"

（二）确定调查单位和对象

调查对象和调查单位需要根据目的来确定。目的愈明确、愈具体，调查对象和调查单位的确定也就愈容易。

所谓调查对象，就是我们需要进行研究的总体范围，即调查总体。它由许多性质相同的调查单位所组成。确定调查对象，要明确总体的界限，划清调查的范围，以防在调查工作中重复或遗漏。如，2010 年人口普查规定："人口普查对象是具有中华人民共和国国籍并在中华人民共和国境内常住的人。"又如，调查目的是为了收集某省外资企业的资料，则调查对象就是该省所有合资、独资的外资企业。

作为调查单位，就是我们所要研究的总体单位，也即所要登记的标志的承担者。上述两例的具有中华人民共和国国籍并在中华人民共和国境内常住的每个人和每一家的外资企业都是调查单位。确定调查单位是一个比较复杂的问题，因为社会现象彼此之间相互联系又有交错，所以在确定调查对象时，要把相近的一些现象划分清楚，区别应调查和不应调查的现象。在调查前应明确各概念所包含的范围。例如，要调查高科技企业，就要界定"高科技"的概念范畴，是以省级水平为标准还是以国家级水平为标准，或是以企业的高科技产品的比例为界限等。确定调查单位有些是根据政府的规定，有些是根据通用的理论，有些是根据实际情况，但不管是根据什么，在整个调查过程中应该统一标准，并且在调查报告形成时说明清楚。

实际工作中，还应该注意不要把调查单位和填报单位相混淆。调查单位是项目的承担者，而填报单位则是负责填写提交调查资料的单位。二者有时一致有时不相一致。

（三）确定调查项目

在调查目的、调查对象、调查单位确定之后，应确定具体的调查项目。调查项目是所要调查的具体内容，它完全是由调查对象的性质、调查目的所决定的，包括调查单位所须登记的标志（品质标志和数量标志）及其有关情况。例如，2010 年全国人口普查根据调查项目需要被调查对象填写或报告姓名、性别、年龄、民族、文化程度、职业、行业、婚姻状况、住房面积等项目。

调查项目所要解决的问题是向被调查者调查什么，也就是要被调查者回答什么。在具体拟订调查项目时一般要注意以下四个问题：

①调查项目要少而精，在满足调查目的的同时，还要考虑方便被调查者回答或填写。过多的调查项目不仅会使被调查者产生疲劳而影响调查的质量，还会造成调查工作的浪费。

②根据调查的目的要求和现实的可能性原则，确定所调查的项目。有些被调查者说不清楚或无法回答，或不愿回答，则不要列入调查项目里。凡是列入的调查项目，含义要具体明确，使人容易看懂，理解一致，没有歧义；有些项目需要加注释，或规定统一标准。

③调查项目之间尽可能保持联系，这样可以相互核对，起到校验的作用。在一次调查中，各个项目之间保持一定的联系；在二次或多次调查中，项目之间尽可能地保持联系，使其具有可比性。

④现在的调查多采用"选择式"。例如，"年龄"按使用目的就可分为"16 岁以下"、"16～22 岁"、"22～60 岁"、"60 岁以上"等几栏，被调查者可以按实际情况圈划。

调查项目用表格形式表现就是调查表。调查表一般有一览表和单一表两种形式。一览表是把许多调查单位和相应的项目按次序登记在一张表格里的一种统计表，当调查项目不多时可用一览表，如人口普查表就是一种一览表。单一表是在一张表格里只登记一个调查单位，如果项目多，一份表格可以由几张表格组成，如学生登记卡片。一览表的优点是每个调查单位的共同事项只需登记一次，可以节省人力和时间；其缺点是不能多登记调查单位的标志。而单一表的优点是可以容纳较多的标志；缺点是每份表上都要注明调查地点、时间及其他共同事项，比较花费人力和时间。

（四）确定调查时间

调查时间是指调查资料所属的时点或时期，从调查资料的性质来看，有的资料反映现象在某一时点上的状态，对统计调查来说必须规定统一的时点。像普查，规定某一时点为标准时间。例如我国某次人口普查，就是以那年的 12 月 31 日为标准时间。有些调查资料是反映现象在一段时期内发展过程的结果，统计调查则要明确资料所属时期的起讫（一个月、一个季度、一个年度）时间，所登记的资料指该时期第一天到最后一天的累计数字，如企业的生产量、营销额、工资总额，政府的税收、财政支出等。按年度计算，一般是从 1 月 1 日到 12 月 31 日的全年数字。

调查期限是指调查工作进行的起讫时间（从开始到结束的时间），包括收集资料和报送资料整个工作所需的时间。

（五）制订调查的实施计划

严密可行的实施计划，是使统计调查顺利进行的保证。调查实施计划包括调查机构、调查步骤、调查人员的组织和培训、调查经费的落实等。需要强调的是，调查人员的培训往往直接影响到调查的质量，因此，在组织大型调查之前须进行必要的专门培训，使调查人员准确掌握调查项目里的概念术语，统一大家的认识。

整个统计调查方案的内容，即是对统计调查的设计。这个方案不仅限于调查阶段的问题，也包括了统计整理阶段汇总内容方面的问题。

二、统计调查的组织形式

统计调查的组织形式是指采取什么方式组织调查以取得统计资料。我国统计调查的组织形式分为统计报表制度和专门调查。

（一）统计报表制度

统计报表是依据国家有关法规的规定，自上而下地统一布置、自下而上地逐级提供基本统计数据的一种统计调查方式。统计报表要以一定的原始记录为基础，按统一的表式、统一的指标项目、统一的报送时间和报送程序进行填报。统计报表制度的目的是收集宏观经济统计资料。统计报表根据报送周期不同可分为日报、月报、季报、年报等。

例如，年报中的"社会消费品零售额"指各种经济类型的批发零售业、餐饮业及其他行业对城乡居民、社会集团的消费品零售额的总和。这个指标反映通过各种商品流通渠道向居民和社会集团供应的生活消费品，以满足他们生活需要，是研究人民生活水平、社会消费品购买力、货币流通等问题的重要指标。其报表式样如表 2 − 2 所示。

（二）专门调查

专门调查是为了一定目的，研究某些专门问题所组织的一种调查方式。专门调查有普查、重点调查、典型调查和抽样调查。在实际应用中，要依据特定的研究目的或工作任务，结合研究对象所具有的性质和特点，实施不同的调查方法，必要时也可以几种调查方法结合使用。

1. 普查

普查是专门组织的一次性的全面调查。如全国人口普查、能源普查、农业普查等。普查的组织方式一般有两种：一种是建立专门的普查机构，培训并配备大量的普查人员；另一种是利用调查单位的原始记录和资料，发放调查表，由登记单位填报，如大豆库存普查、新建商品房交易普查等。

我国比较大的普查有人口普查、农业普查和经济普查。人口普查每十年一次，尾数为"0"的年份进行人口普查，比如 2000 年、2010 年都进行了人口普查；农业普查也是每十年一次，尾数为"6"的年份进行农业普查，比如 2006 年进行了农业普查；经济普查则是每十年进行两次，尾数为"3 和 8"的年份进行经济普查，经济普查包括工业普查、第三产业普查、基本单位普查和建筑业普查。我们可以看到人口普查、农业普查、经济普查的时间都是分别错开的。

普查有以下几个特点：

①规定统一的标准时点。标准时点是指对调查对象登记时所依据的统一时点。

②规定统一的普查期限。在普查范围内各调查单位或调查点尽可能同时进行登记。

表 2 - 2　社会消费品零售额

表　　号：E310
制表机关：××省统计局
文　　号：省统发〔2011〕18 号
执行期限：2011 年 6 月底

区县名称：　　　　　　　　　　　　　　　　　　　　　　　　　　　　　计量单位：万元

项　目	代码	零售额	企业				
			限额以上企业	限额以下企业	个体工商户	商品交易市场	其他
甲	乙	1	2	3	4	5	6
社会消费品零售额	01						
按用途分							
吃类商品	02						
穿类商品	03						
用类商品	04						
烧类商品	05						
按行业分							
批发零售业	06						
其中：个体	07						
餐饮业	08						
其中：个体	09						
其他	10						

填表人：　　　　　　　　联系电话：　　　　　　　　　　报出日期：　　年　月　日

说明：1. 本表由各区县统计局报送。
　　　2. 统计范围：辖区内国民经济各行业实现的消费品零售额。
　　　3. 报送时间：2011 年 6 月 30 日报表报送。
　　　4. 逻辑关系：01 = 02 + 03 + 04 + 05；01 = 06 + 08 + 10；06≥07；08≥09。

③规定普查的项目和指标。普查时必须按照统一规定的项目和指标进行登记，不准任意改变和增减，以免影响汇总，降低资料质量。

由于普查一般在全国范围内进行，涉及面广，工作量大，需要动员大量的人力、物力和财力，对数据的准确性、时效性和完整性要求高，因此必须统一领导、统一要求和统一行动。

2. 重点调查

重点调查是指在调查对象中，只选择一部分重点单位进行的专门组织的一种非全面调查，也就是在总体中选择个别的或部分重点单位进行调查，借以了解总体的基本情况。这些单位虽然少，但它们调查的标志值在总体标志总量中占有绝大部分比重，通过对这些单位的调查，就能掌握总体的基本情况。例如，要了解全国国有汽车企业的生产情况，只要调查一汽、东风、上汽、广汽等大型汽车制造公司，就能达到调查的目的。因为这些汽车企业虽在全国只占少数，但它们的产量在全国国有企业的汽车产量中占有很大的比重。因此当调查的目的只是掌握调查对象的基本情况，而在总体中却有部分单位能较集中地反映所研究的问题时，采用重点调查是比较合适的。

重点调查的特点如下：

①重点调查适用于调查对象的标志值比较集中于某些单位的场合，这些单位的管理比较健全，统计力量比较充实，能够及时取得准确资料。

②重点调查的目的在于了解总体现象某些方面的基本情况，而不要求全面准确地推算总体数字。

③重点调查比实际调查的单位数目少，在满足调查目的所要求的前提下，可以比全面调查节省人力、物力和时间。

重点调查具有投入少、速度快的优点，可以调查较多的项目，重点调查的关键是确定重点个体。根据调查目的的不同，重点个体可以是一些企业、行业，也可以是一些地区、城市，要依具体问题和数据收集对象来加以确定。

3. 典型调查

典型调查是根据调查的目的，选择在同类对象中最具典型性的部分和个体进行调查。典型调查也是一种非全面调查。例如，选择某乡镇作为建设新农村的调查分析代表、选择某企业作为节能减排的调查样本等。典型调查一般有以下特点：

①典型调查可用来研究新生事物。

②典型调查可用来分析事物的不同类型，研究它们之间的差别和相互关系。

③典型调查可用来研究事物变化的规律。

④典型调查的资料可用来补充和验证全面统计的数字，推论和测算有关现象的总体。

4. 抽样调查

抽样调查是一种专门组织的非全面调查，它按照随机原则，从总体中抽取部分单位进行观察，用观察的结果来推算全部总体的某些数值，即以部分推断全体。抽样调查是现代推断统计的核心，因为无论是对总体的参数估计或假设检验，都是以测定样本得到样本指标——统计量为依据的。

抽样调查有以下几个主要特征：

①按随机性原则抽取样本。随机性原则是抽样调查的基本原则，遵守这个原则可以避免统计估计的系统性偏差，而且只有符合抽样随机性原则，才能计算抽样估计误差。

②根据部分调查的实际资料对调查对象总体的数量特征作出估计。用抽样资料对总体进行认识，需要依据统计估计和归纳推断。

③抽样误差可以计算并可以控制。用样本资料推断总体，必然会产生误差，但抽样误差的大小可以计算出来，并且还能进行控制。

抽样调查能够解决全面调查无法或难以解决的问题，抽样调查的单位少，调查项目就可以多一些，以便对某一社会经济现象进行更深入的研究，也可以节省调查费用，又可以满足统计时效性的要求。所以，我国统计调查体系是以经常性的抽样调查为主体。

第四节　统计数据的整理与显示

不管是直接收集的数据，还是间接得到的数据，都需要按照使用目的进行归纳整理。统计整理是承上启下的过程，是统计调查的继续，也是统计分析的基础。统计整理也就是根据统计研究的目的，对调查所得原始材料进行科学分组与汇总和对以往的材料进行再加工。统计整理最后的结果就是形成各种统计表格和统计图。这里分别介绍定类数据、定序数据和数值型数据的整理和显示。

一、定类数据的整理和图示

定类数据本身就是对事物的一种分类，因此，在整理时我们除了列出所分的类别外，还要计算出每一类别的频数、频率或比例、比率，同时选择适当的图形进行显示，以便对数据及其特征有一个初步的了解。

（一）定类数据的整理

定类数据的整理通常要计算下面的一些指标。

1. 频数与频数分布

频数也称次数，它是落在各类别中的数据个数。我们把各个类别及其相应的频数全部列出来就是频数分布或称次数分布。将频数分布用表格的形式表现出来就是频数分布表。

【例 2 - 1】　为研究广告市场的状况，一家广告公司在某城市随机抽取 200 人就广告问题做了邮寄问卷调查，其中的一个问题是："您比较关心下列哪一类广告？"

①商品广告；②服务广告；③金融广告；④房地产广告；⑤招生招聘广告；⑥其他广告。

这里的变量就是"广告类型"，不同类型的广告就是变量值。调查数据经整理分类后形成频数分布表，如表 2 - 3 所示。

表 2 - 3　某城市居民关注广告类型的频数分布表

广告类型	人数（人）	比例	频率（%）
商品广告	112	0.560	56.0
服务广告	51	0.255	25.5
金融广告	9	0.045	4.5
房地产广告	16	0.080	8.0
招生招聘广告	10	0.050	5.0
其他广告	2	0.010	1.0
合计	200	1	100

很显然，如果我们不做分类整理，观察 200 个人对不同广告的关注情况，既不便于理解，也不便于分析。经分类整理后，可以大大简化数据，我们可以很容易看出，关注"商品

广告"的人数最多,而关注"其他广告"的人数最少。

2. 比例

比例是一个总体中各个部分的数量占总体数量的比重,通常用于反映总体的构成或结构。假定总体数量 N 被分成 K 个部分,每一部分的数量分别为 N_1,N_2,$\cdots$,N_k,则比例定义为 N_i/N。显然,各部分的比例之和等于 1,即

$$\frac{N_1}{N} + \frac{N_2}{N} + \cdots + \frac{N_K}{N} = 1$$

比例是将总体中各个部分的数值都变成同一个基数,也就是都以 1 为基数。这样就可以对不同类别的数值进行比较了。比如,在上面的例子中,关注金融广告的人数比例为 0.045。

3. 百分比

将比例乘以 100 就是百分比或百分数,它是将对比的基数抽象化为 100 而计算出来的,用"%"表示,它表示每 100 个分母中有多少个分子。比如在上面的例子中,频率一栏就是将比例乘以 100 而得到的百分比。百分比是一个更为标准化的数值,很多相对数都用百分比表示。当分子的数值很小而分母的数值很大时,我们也可以用千分数(‰)来表示比例,如人口的出生率、死亡率、自然增长率等都用千分数来表示。

4. 比率

比率是各个不同类别的数量的比值。它可以是一个总体中各个不同部分的数量对比,比如在上面的例子中,关注商品广告的人数与关注服务广告人数的比率是112∶51。为便于理解,通常将分母化为 1 来表示,即关注商品广告人数和关注服务广告人数的比率是2.2∶1。

比率由于不是总体中部分与整体之间的对比关系,因而比值可能大于1。为方便起见,比率可以不用 1 作为基数,而用 100 或其他便于理解的数作基数。比如,人口的性别比就以每 100 名女性人口所对应的男性人口数目来表示,如性别比为 105∶100,表示每 100 个女性对 105 个男性,说明男性人口数量略多于女性人口。

在对经济和社会问题的研究中,我们经常使用比率。比如经济学中的积累与消费之比,国内生产总值中第一、二、三产业产值之比,等等。比率也可以是同一现象在不同时间或空间上的数量之比。比如将 2000 年的国内生产总值与 1999 年的国内生产总值进行对比,可以得到经济增长率;将一个地区的国内生产总值同另一个地区的国内生产总值进行对比,反映两个地区的经济发展水平差异,等等。

(二)定类数据的图示

上面我们是用频数分布表来反映定类数据的频数分布。如果用图形来显示频数分布,就会更形象和直观。一张好的统计图表,往往胜过冗长的文字表述。统计图的类型有很多,多数统计图除了可以绘制二维平面图外,还可以绘制三维立体图。图形的制作均可由计算机来完成。定类数据的常用图示方法有条形图和圆形图等。

1. 条形图

条形图是用宽度相同的条形的高度或长度来表示数据变动的图形。在表示定类数据的分布时,用条形图的高度来表示各类别数据的频数或频率。绘制时,各类别可以放在纵轴,称为条形图,也可以放在横轴,称为柱形图。此外,条形图还有单式、复式等形式。例

如，根据表 2 - 3 中数据绘制的条形图如图 2 - 3 所示。

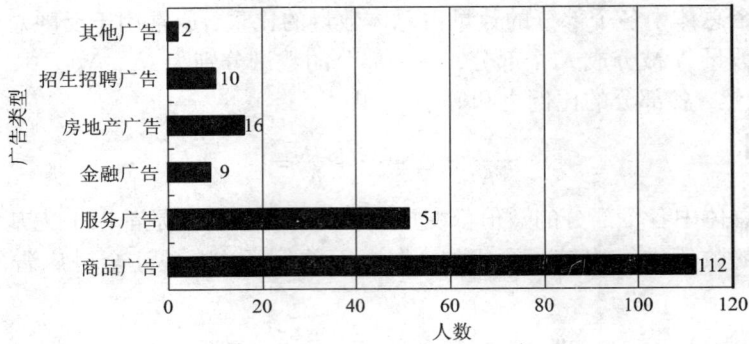

图 2 - 3   某城市居民关注不同类型广告的人数构成（条形图）

2. 圆形图

圆形图也称饼图，它是用圆形及圆内扇形的面积来表示数值大小的图形。圆形图主要用于表示总体中各组成部分所占的比例，对于研究结构性问题十分有用。在绘制圆形图时，总体中各部分所占的百分比用圆内的各个扇形面积表示，这些扇形的中心角度，是按各部分百分比占 360° 的相应比例确定的。例如，关注服务广告的人数占总人数的百分比为 25.5%，那么其扇形的中心角度就应为 $360° \times 25.5\% = 91.8°$，其余类推。

根据表 2 - 3 的数据绘制的圆形图如图 2 - 4 所示。

图 2 - 4   某城市居民关注不同类型广告的人数构成（饼图）

二、定序数据的整理和图示

上面介绍的定类数据的整理与显示方法，如频数、比例、百分比、比率、条形图和圆形图等，也都适用于对定序数据的整理与显示。除了可使用上面的整理与显示方法外，对定序数据还可以计算累积频数和累积频率（百分比）。

累积频数就是将各类别的频数逐级累加起来。其方法有两种：一是从类别顺序的开始一方向类别顺序的最后一方加频数（数值型数据则是从变量值小的一方向变量值大的一方累加频数），称为向上累积；二是从类别顺序的最后一方向类别顺序的开始一方累加频数(数值型数据则是从变量值大的一方向变量值小的一方累加频数),称为向下累积。通过累积频数,我们可以很容易看出某一类别(或数值)以下及某一类别(或数值)以上的频数之和。

累积频率或百分比就是将各类别的百分比逐级累加起来,它也有向上累积和向下累积两种方法。

【例2-2】　在一项城市住房问题的研究中,研究人员在某城市抽样调查300户,其中的一个问题是:"您对您家庭目前的住房状况是否满意?"

①非常不满意;②不满意;③一般;④满意;⑤非常满意。

调查结果经整理如表2-4所示。

表2-4　某城市家庭对住房状况的评价

回答类别	户数(户)	百分比(%)	向上累积		向下累积	
			户数(户)	百分比(%)	户数(户)	百分比(%)
非常不满意	24	8	24	8	300	100
不满意	108	36	132	44	276	92
一般	93	31	225	75	168	56
满意	45	15	270	90	75	25
非常满意	30	10	300	100	30	10
合计	300	100	—	—	—	—

定序数据的图示方法通常与定类数据的图示方法相同,这里不再赘述。

三、数值型数据的整理和图示

上面介绍的定类数据和定序数据的整理与图示方法,也都适用于对数值型数据的整理与显示。但数值型数据还有一些特定的整理和图示方法,它们并不适用于定类数据和定序数据。

(一)数据的分组

数值型数据的结果表现为数值,因此,在整理时通常是进行数据分组。它是根据统计研究的需要,将数据按照某种标准化成不同的组别。分组后再计算出各组出现的次数或频数,就形成了一张频数分布表。分组的方法通常是进行组距分组。

组距分组是将全部变量值依次划分为若干个区间,并将这一区间的变量值作为一组。在组距分组中,一个组的最小值称为下限,最大值称为上限;上限与下限的差值称为组距;上限与下限值的平均数称为组中值,它是一组变量值的代表值。下面结合具体的例子说明分组的过程和频数分布表的编制过程。

【例2-3】　某生产车间50名工人日加工零件数如表2-5所示。试对数据进行组距分组。

表 2 – 5　某生产车间 50 名工人日加工零件数　　　　　单位：个

117	122	124	129	139	107	117	130	122	125
108	131	125	117	122	133	126	122	118	108
110	118	123	126	133	134	127	123	118	112
112	134	127	123	119	113	120	123	127	135
137	114	120	128	124	115	139	128	124	121

采用组距分组需要经过以下几个步骤。

第一步：确定组数。一组数据分多少组合适呢？一般与数据本身的特点及数据的多少有关。由于分组的目的之一是为了观察数据分布的特征，因此组数的多少应适中。如组数太少，数据的分布就会过于集中，组数太多，数据的分布就会过于分散，这都不便于观察数据分布的特征和规律。组数的确定应以能够显示数据的分布特征和规律为目的。在实际分组时，我们可以按 Sturges 提出的经验公式来确定组数 K：

$$K = 1 + \frac{\lg n}{\lg 2}$$

其中 n 为数据的个数，对结果用四舍五入的办法取整数即为组数。例如，对前例的数据有：$K = 1 + \lg 50 \div \lg 2 \approx 7$，即应分为 7 组。当然，这只是一个经验公式，实际应用时，可根据数据的多少和特点及分析的要求，参考这一标准灵活确定组数。

第二步：确定各组的组距。组距是一个组的上限与下限的差，可根据全部数据的最大值和最小值及所分的组数来确定，即组距 =（最大值 – 最小值）÷ 组数。例如，对于前例的数据，最大值为 139，最小值为 107，则组距 =（139 – 107）÷ 7 = 4.6。为便于计算，组距宜取 5 或 10 的倍数，而且第一组的下限应低于最小变量值，最后一组的上限应高于最大变量值，因此组距可取 5。

第三步：根据分组整理成频数分布表。比如对上面的数据进行分组，可得到下面的频数分布表，如表 2 – 6 所示。

表 2 – 6　某车间 50 名工人日加工零件数分组表

按零件数分组	频数（人）	频率（%）
105 ~ 110	3	6
110 ~ 115	5	10
115 ~ 120	8	16
120 ~ 125	14	28
125 ~ 130	10	20
130 ~ 135	6	12
135 ~ 140	4	8
合计	50	100

采用组距分组时，需要遵循"不重不漏"的原则。"不重"是指一项数据只能分在其中的某一组，不能在其他组中重复出现；"不漏"是指组别能够穷尽，即在所分的全部组别中

每项数据都能分在其中的某一组，不能遗漏。

为解决"不重"的问题，统计分组时习惯上规定"上组限不在内"，即当相邻两组的上下限重叠时，恰好等于某一组上限的变量值不算在本组内，而计算在下一组内。例如，在表2-6的分组中，120这一数值不计算在"115~120"这一组内，而计算在"120~125"组中，其余类推。当然，对于离散变量，我们可以采用相邻两组组限间断的办法解决"不重"的问题。例如，我们可对上面的数据进行分组，如表2-7所示。

表2-7　某车间50名工人日加工零件数分组表

按零件数分组	频数(人)	频率(%)
105~109	3	6
110~114	5	10
115~119	8	16
120~124	14	28
125~129	10	20
130~134	6	12
135~139	4	8
合计	50	100

而对于连续变量，可以采取相邻两组组限重叠的方法，根据"上组限不在内"的规定解决不重复的问题，也可以对一个组的上限值采用小数点的形式，小数点的位数根据所要求的精度具体确定。例如，对零件尺寸可以分组为10~11.99、12~13.99、14~15.99，等等。

在组距分组中，如果全部数据中的最大值和最小值与其他数据相差悬殊，为避免出现空白组(即没有变量值的组)或个别极端值被漏掉，第一组和最后一组可以采取"××以下"及"××以上"这样的开口组。开口组通常以相邻组的组距作为其组距。例如，在上面的50个数据中，假定将最小值改为94，最大值改为160，采用上面的分组就会出现"空白组"，这时可采用"开口组"，如表2-8所示。

表2-8　某车间50名工人日加工零件数分组表

按零件数分组	频数(人)	频率(%)
110以下	3	6
110~115	5	10
115~120	8	16
120~125	14	28
125~130	10	20
130~135	6	12
135以上	4	8
合计	50	100

为了统计分析的需要，有时我们需要观察某一数值以下或某一数值以上的频数或频率

之和，还可以计算出累积频数或累积频率。

（二）数值型数据的图示

通过数据分组后形成的频数分布表，我们就可以初步看出数据分布的一些特征和规律。例如，从表 2－6 可以看出，该车间工人日加工零件数大多数在 120～125 之间，共 14 人，低于这一水平的共有 16 人，高于这一水平的共有 20 人，可见这是一种非对称分布。如果我们用图形来表示这一分布的结果，会更形象、直观。上面介绍的条形图、圆形图等都适用于显示数值型数据。此外，对数值型数据我们还可以绘制直方图，来显示数据的分布状况。

直方图是用矩形的宽度和高度来表示频数分布的图形。在平面直角坐标系中，我们用横轴表示数据分组，纵轴表示频数或频率，这样，各组相应的频数就形成了一个矩形，即直方图。比如，根据表 2－5 中的频数分布绘成的直方图如图 2－5 所示。

图 2－5　某车间 50 名工人日加工零件数直方图

从直方图可以直观地看出工人日加工零件数及其人数的分布状况。

直方图与条形图不同，条形图是用条形的长度（横置时）表示各类别频数的多少，其宽度（表示类别）则是固定的；直方图是用面积表示各组频数的多少，矩形的高度表示每一组的频数或百分比，宽度则表示各组的组距，因此其高度与宽度均有意义。此外，由于分组数据具有连续性，直方图的各矩形通常是连续排列，而条形图则是分开排列。

当我们对数据所分的组数很多时，组距会越来越小，这时所绘制的折线图就会越来越光滑，逐渐形成一条平滑的曲线，这就是频数分布曲线。分布曲线在统计学中有着十分广泛的应用，是描述各种统计量和分布规律的有效方法。

四、统计表

统计表和统计图是显示统计数据的两种方式。在日常生活中，阅读报纸杂志，或者在看电视、查阅计算机网络时，我们都能看到大量的统计表格和统计图形。统计表把杂乱的数据有条理地组织在一张简明的表格内，统计图把数据形象地显示出来。显然，我们看统计表和统计图要比看那些枯燥的数字更有趣。当我们自己对某些实际问题进行研究时，也经常要使用统计表和统计图。正确地使用统计表和统计图是做好统计分析的最基本技能。

在前几节中，我们已经介绍了不同类型统计数据的图示方法，下面简要介绍统计表的构成和基本制作方法。

（一）统计表的构成

统计表是用于显示统计数据的基本工具。在数据的收集、整理、描述和分析过程中，我们都要使用统计表。许多杂乱的数据既不便于阅读，也不便于理解和分析，一旦整理在一张统计表内，就会使这些数据变得一目了然，清晰易懂。充分利用和绘制好统计表是做好统计分析的基本要求。

统计表的形式多种多样，根据使用者的要求和统计数据本身的特点，我们可以绘制形式多样的统计表。比如，表2－9就是一种比较常见的统计表。

表2－9　1997—1998年城镇居民家庭抽样调查资料　◄—— 表头

项　目	单位	1997年	1998年 ◄—— 列标题
一、调查户数	户	37 890	39 080
二、平均每户家庭人口数	人	2.19	2.16
三、平均每户就业人口数	人	1.83	1.80
四、平均每人全部收入	元	5 188.54	5 458.34
五、平均每人实际支出	元	4 945.87	5 322.95
其中：消费性支出	元	4 185.64	4 331.61
非消费性支出	元	755.94	987.17
六、平均每人居住面积	平方米	11.90	12.40

（行标题）　　　　　　　　　　　　　　　　　　　　　（数字资料）

资料来源：中国统计摘要（1999）.中国统计出版社，1999，第79页
注：1.本表为城市和县城的城镇居民家庭抽样调查材料。2.消费性支出项目包括：食品、衣着、家庭设备用品及服务、医疗保健、交通和通讯、娱乐教育文化服务、居住、杂项商品和服务。　（附加）

从表2－9可以看出，统计表一般由四个主要部分组成，即表头、行标题、列标题和数字资料，此外，必要时可以在统计表的下方加上表外附加。表头应放在表的上方，它所说明的是统计表的主要内容；行标题和列标题通常安排在统计表的第一列和第一行，它所表示的主要是所研究问题的类别名称和指标名称，如果是时间序列数据，行标题和列标题也可以是时间，当数据较多时，通常将时间放在行标题的位置。表的其余部分是具体的数字资料；表外附加通常放在统计表的下方，主要包括资料来源、指标的注释和必要的说明等内容。

（二）统计表的设计

由于使用者的目的以及统计数据的特点不同，统计表的设计在形式和结构上会有较大差异，但其设计上的基本要求则是一致的。总体上看，统计表的设计应符合科学、实用、简练、美观的要求。具体来说，设计统计表时要注意以下几点：

首先，要合理安排统计表的结构，比如行标题、列标题、数字资料的位置应安排合理。当然，由于强调的问题不同，行标题和列标题可以互换，但应使统计表的横竖长度比例适当，避免出现过高或过长的表格形式。

其次，表头一般应包括表号、总标题和表中数据的单位等内容。总标题应简明确切地

概括出统计表的内容,一般需要表明统计数据的时间(when)、地点(where)以及何种数据(what),即标题内容应满足 3W 要求。如果表中的全部数据都是同一计量单位,可放在表的右上角标明,若各指标的计量单位不同,则应放在每个指标后或单列出一列标明。

再次,表中的上下两条横线一般用粗线,中间的其他线要用细线,这样使人看起来清楚、醒目。通常情况下,统计表的左右两边不封口,列标题之间一般用竖线分开,而行标题之间通常不必用横线隔开。总之表中尽量少用横竖线。表中的数据一般是右对齐,有小数点时应以小数点对齐,而且小数点的位数应统一。对于没有数字的表格单元,一般用"—"表示,一张填好的统计表不应出现空白单元格。

最后,在使用统计表时,必要时可在表的下方加上注释,特别要注意注明资料来源,以表明对他人劳动成果的尊重,同时供读者查阅使用。

思考与练习

(一)单项选择题

1. 第一手数据有(　　)。

A. 统计年鉴　　　　　　　　　　　　B. 实验数据

C. 企业所公布的数据　　　　　　　　D. 报纸和杂志的数据

2. 统计数据的审核是对其完整性和准确性进行审核,另外还需要审核数据的(　　)。

A. 时效性　　　　　B. 逻辑性　　　　　C. 结构性　　　　　D. 全面性

3. 某地为推广先进企业的生产经营管理经验,对该地区效益最好的几个企业进行调查,这种调查属于(　　)。

A. 重点调查　　　　B. 抽样调查　　　　C. 典型调查　　　　D. 经济普查

4. 将学生的成绩分为优、良、中、及格和不及格五类,所采用的测量尺度是(　　)。

A. 定比尺度　　　　B. 定类尺度　　　　C. 定序尺度　　　　D. 定距尺度

5. 统计数据测量尺度中能进行加、减运算的是(　　)。

A. 定比尺度　　　　B. 定类尺度　　　　C. 定序尺度　　　　D. 定距尺度

6. 下列选项中,按数据的计量精度由高到低的排序是(　　)。

A. 定类数据、定序数据、定量数据　　　B. 定类数据、定量数据、定序数据

C. 定序数据、定类数据、定量数据　　　D. 定量数据、定序数据、定类数据

7. 重点调查中的重点单位是指(　　)。

A. 处于较好状态的单位

B. 体现当前工作重点的单位

C. 规模较大的单位

D. 在所要调查的数量特征上占有较大比重的单位

8. 定性数据的整理就是要对其进行(　　)。

A. 分类　　　　　　B. 分组　　　　　　C. 分大小　　　　　D. 分顺序

9. 把数据的全部类别都列出来,落在某一特定类别的数据个数称为(　　)。

A. 频率　　　　　　B. 频数　　　　　　C. 频数分布表　　　D. 比率

10. 在频数分布中,频率是指(　　)。

A. 各组频数之比　　　　　　　　　　B. 各组频率之比
C. 各组频数与总频数之比　　　　　　D. 各组频数与各组次数之比

（二）判断题

1. 统计数据整理就是对原始资料的整理。（　）
2. 第一手数据比第二手数据更重要。（　）
3. 统计数据的审核是保证统计整理质量的重要手段。（　）
4. 统计数据就是直接用数字描述的数据。（　）
5. 定距尺度的数据既可以比较大小还可以进行加减。（　）
6. 抽样调查是一种专门组织的非全面调查。（　）
7. 品质数据是可以进行加减乘除四则运算的数据。（　）
8. 定量数据侧重按数据大小的顺序进行分类。（　）
9. 频数分布表都可以用适当的图形来表示。（　）
10. 频数分布表便于看出数据资料的分布特征。（　）

（三）思考题

1. 什么是实验设计法？请举一实例说明。
2. 统计数据的审核包括哪些方面？
3. 统计数据有哪四个测量尺度？各有哪些不同特点？
4. 典型调查和重点调查有什么不同？
5. 频数分布表有什么用途？

（四）计算题

1. 有一个班学生的统计学考试成绩如下：

89	88	76	99	74	60	82	60	93	99
94	82	77	79	97	78	87	84	79	65
98	67	59	72	56	81	77	73	65	66
83	63	89	86	95	92	84	85	79	70

该校规定：60 分以下不及格；60～75 分为中；76～89 分为良；90～100 分为优。试把该班学生分为不及格、中、良、优四组，编制一张次数分布表（包括分组、频数、频率、累计百分比）。

2. 某日中午，对来到某超市的顾客进行问卷调查中得到 60 名顾客的年龄，他们分别是：

46	52	38	46	80	58	51	67	54	57
48	71	52	36	41	69	58	47	60	53
34	49	73	29	47	16	39	58	43	29
53	62	41	44	81	53	43	66	68	52
73	29	59	72	51	37	47	58	59	42
58	63	49	40	54	61	58	66	47	50

请将 60 名顾客的年龄进行分组，并作出频数分布表。

3. 对下面职工家庭基本情况调查表中的答复进行逻辑检查，找出相互矛盾的地方，并进行修改。

2001 年第二季度职工家庭基本情况调查表

姓名	性别	年龄	与被调查者的关系	工作单位	参加工作年月	职务或工种	固定工或临时工	级别
刘　盛	男	24	被调查者本人	长城机电公司	1973.7	干部	临时	20
陈心华	女	40	夫妻	市第一针织厂	1975.4	工人	固定	5
刘淑影	女	18	长女	待业青年	1999	无	临时	2
刘平路	男	16	长子	医学院	2000	学生	无	无

第三章　单变量统计描述分析

　　这个团队的年龄是一组很杂乱的数据，用第二章的知识可以对数据进行整理、分组并可以用图示的方法把数据的规律表示出来，可以对数据的状态特征有一个直观了解，但认知方式很浅，反映的精度不够。所以，为了精确地知道这个团队的平均年龄是多少岁、离散程度怎样、分布的偏态和峰态又如何测定，学完本章的统计描述分析，就可以用数据特征值来准确地概括数据的特征了。

　　学习要求：掌握表示集中趋势的各个指标的概念和计算方法，理解平均数、中位数和众数三者之间的关系；掌握表示离散程度的各种指标的概念和计算方法，重点理解标准差；了解分布偏斜程度的指标及其图形；学会运用 Excel 进行各种指标的计算。

　　主要内容：

在数据分析的时候，一般首先要对数据进行描述性统计分析(descriptive analysis)，以发现其内在的规律，再选择进一步分析的方法。描述性统计分析要对调查总体所有变量的有关数据做统计性描述，主要包括数据的频数分析、数据的集中趋势分析、数据的离散程度分析、数据的分布，以及一些基本的统计图形。

第一节 集中趋势分析

数据的集中趋势分析用来反映数据的一般水平，常用的指标有算术平均数、中位数、众数、四分位数、几何平均数等。算术平均数、中位数和众数是描述数据水平的三个主要统计量，也是数据的代表值。

一、算术平均数

算术平均数(mean)也称均值，记为 $\bar{x}$，是衡量数据的中心位置的重要指标，反映了一些数据必然性的特点，包括算术平均数、加权算术平均数、调和平均数和几何平均数。

算术平均数的基本计算是所有样本数据之和除以样本总数，并且假设各样本具有统一权重。其计算公式为：

表 3-1	个数和变量
个数	变量
1	x_1
2	x_2
⋯	⋯
n	x_n

$$\bar{x} = \frac{x_1 + x_2 + \cdots + x_n}{n} = \frac{1}{n}\sum_{i=1}^{n} x_i \qquad (3.1)$$

式中：n 为数据个数；x_i 为总体中的第 i 个样本数据。

【例 3-1】 现有五名运动员进行一次射击训练，他们的成绩分别是 7 分、5 分、3 分、9 分、6 分，那么他们成绩的平均数多少？

解：得分平均数 $\bar{x} = \frac{1}{5}(7+5+3+9+6) = \frac{30}{5} = 6$(分)

如果把这五名运动员的成绩在一条直线上标出的话，那么，平均数 6 刚好在这些数的中间，也可以说是重心，如图 3-1 所示。

图 3-1 平均数的位置

如果得到的是经过整理后的分组频数分布数据，则应使用加权算术平均数(weighted mean)来计算总体的均值。记 m_i 为第 i 组的组中值，f_i 为第 i 组的频数，加权算术平均数的计算公式为：

$$\bar{x} = \frac{m_1 f_1 + m_2 f_2 + \cdots + m_k f_k}{f_1 + f_2 + \cdots + f_k} = \frac{\sum_{i=1}^{k} m_i f_i}{\sum_i f_i} \qquad (3.2)$$

【例 3-2】 某家用电器店一个月卖出洗衣机的业绩如表 3-2 所示。问该店一个月卖出 45 台洗衣机的平均价格是多少？

解：如果只是问该店三种洗衣机的平均价格，则直接把三种价格相加再除以 3 便可：

$$\bar{x} = \frac{1\,580 + 3\,580 + 4\,580}{3} = 3\,247(元)$$

表 3 - 2　洗衣机销售业绩

洗衣机型号	价格（元）	销售台数
x_A	1 580	25
x_B	3 580	15
x_C	4 580	5

但销售出各型号洗衣机的台数不一样，这里要求的是被销售掉的 45 台洗衣机的平均价格是多少，所以，该例中 45 台洗衣机的平均价格是：

$$\bar{x} = \frac{1\ 580 \times 25 + 3\ 580 \times 15 + 4\ 580 \times 5}{45} = 2\ 580（元）$$

二、中位数

中位数（median）是另外一种反映数据的中心位置的指标，其确定方法是将所有数据由小到大顺序排列，位于中间位置的数据值就是中位数，通常记为 M_e。中位数把全部数据等分成两部分，每部分包含 50% 的数据，一部分的数据比中位数小，另一部分则比中位数大。

中位数的计算方法是：当数据个数 n 为奇数时，中位数为处于 $(n+1)/2$ 位置上的数值；当数据个数为偶数时，则中位数为中间位置上两个数据的平均值。计算公式为：

$$M_e = \begin{cases} x_{\frac{n+1}{2}}, & \text{当 } n \text{ 为奇数时} \\ \dfrac{x_{\frac{n}{2}} + x_{\frac{n}{2}+1}}{2}, & \text{当 } n \text{ 为偶数时} \end{cases} \tag{3.3}$$

【例 3 - 3】　五个人的身高分别为 156.8 厘米、168.7 厘米、163.8 厘米、154.1 厘米、159.6 厘米，求其中位数。

解：将五个人的身高数据从小到大排列：154.1，156.8，159.6，163.8，168.7，

$M_e = x_{\frac{n+1}{2}} = x_{\frac{5+1}{2}} = x_3 = 159.6$

第三位数就是中位数：159.6 厘米。

【例 3 - 4】　六个人的身高分别为 156.8 厘米、168.7 厘米、163.8 厘米、154.1 厘米、159.6 厘米、165.6 厘米，求其中位数。

解：将六个人的身高数据从小到大排列：154.1，156.8，159.6，163.8，165.6，168.7

$$M_e = \frac{x_{\frac{n}{2}} + x_{\frac{n}{2}+1}}{2} = \frac{x_3 + x_4}{2} = \frac{159.6 + 163.8}{2} = 161.7（厘米）$$

中位数是一种位置平均数，不受极端数据的影响。当统计资料中存在有异常的极端的数据时，会影响到均值的代表性，此时使用中位数来度量数据的中心趋势就比较合适。比如有一组数据 3、4、5、6、20，如果计算其平均数，那么是 7.6，但其中位数 $M_e = 5$，则更能代表全体数据的一般水平。

【例 3 - 5】　据某地区统计，30 岁以下的公司员工的平均工资是 2 390 元、中位数是 2 400 元。在对一家小公司进行调查时，得到 30 岁以下的该公司员工工资资料，如表 3 - 3 所示。

表 3 - 3　员工工资表

员工代号	A	B	C	D	E	F	G	H	I	J
月工资(元)	2 000	2 200	2 200	2 400	2 400	2 400	2 500	2 500	2 600	8 200

根据公式分别计算得出该公司 30 岁以下的员工平均工资 = 2 940 元，中位数 = 2 400 元。两者比较，平均工资比中位数工资高，那么对该公司来说，哪一个数更有代表性？

解：应该说，该公司的中位数工资 2 400 元更有代表性，因为该公司的中位数工资 = 该地区的 30 岁以下的公司员工中位数工资；另外，该公司 30 岁以下的员工中"J"的月工资是 8 200 元(特殊人才或老板的儿子)，他的工资远远高出其他员工的工资，如果剔除该异常值，那么该公司 30 岁以下 9 名员工的平均工资为：

$$(2\,000 + 2\,200 + 2\,200 + 2\,400 + 2\,400 + 2\,400 + 2\,500 + 2\,500 + 2\,600) \div 9 = 2\,360(元)$$

该平均工资约等于该地区的 30 岁以下的公司员工的平均工资 2 390 元。也就是说，剔除数据中的异常值后，平均值就会接近中位数。

中位数多用在收入分配上。美国、法国等国家每年都会公布其国民收入的中位数和众数。

三、四分位数

与中位数类似的还有四分位数(quartile)、十分位数(decile)和百分位数(percentile)等，它们分别是用 3 个点、9 个点和 99 个点将数据 4 等分、10 等分和 100 等分后各分位上的值。

四分位数是把数据分成四部分，它是一组数据排序后处于 25% 和 75% 位置上的值。四分位数是通过 3 个点将全部数据等分为 4 部分，其中每部分包含的数据，显然，中间的四分位数就是中位数，因此通常所说的四分位数是指处在 25% 位置上的数值(称为下四分位数)和处于 75% 位置上的数值(称为上四分位数)。

设下四分位数为 Q_l，上四分位数为 Q_u，则四分位数的位置为：

$$Q_l \text{ 位置} = \frac{n}{4} \qquad Q_u \text{ 位置} = \frac{3}{4}n \tag{3.4}$$

如果位置是整数，四分位数就是该位置对应的值，如果结果是半数(如 4.5，5: 5 等)，四分位数等于该位置两侧数据的平均数。如果结果既不是整数又不是半数，则四分位数等于该位置的下侧值加上按比例分摊位置两侧数值的差值。

【例 3 - 6】　某篮球队在一场比赛中有 11 名运动员分别上场，共得了 110 分，其中有 2 人得 3 分、有 1 人得 6 分、有 2 人得 7 分、有 3 人得 10 分、有 1 人得 11 分、有 1 人得 13 分、有 1 人得 30 分。试计算下四分位数 Q_l 和上四分位数 Q_u。

解：根据题意，先将其整理成频数分布，如表 3 - 4 所示。

表 3 - 4　运动员得分和频数分布表

比赛得分	3	6	7	10	11	13	30
频数	2	1	2	3	1	1	1

把数据由小到大排序：

3　3　6　7　7　10　10　10　11　13　30

因为 $n=11$，所以用公式 3.4，得：

下四分位数 Q_l 的位置 $=n/4=11/4=2.75$

上四分位数 Q_u 的位置 $=3n/4=3\times11/4=8.25$

即 Q_l 在第 2 个数值（3）和第 3 个数值（6）之间 0.75 的位置上，因此：

$$Q_l=3+(6-3)\times0.75=5.25$$

Q_u 的位置在第 8 个数值（10）和第 9 个数值（11）之间 0.25 的位置上，因此：

$$Q_u=10+(11-10)\times0.25=10.25$$

根据四分位数的性质，在排序数据中，至少有 25% 的数据小于或等于 Q_l，而至少有 75% 的数据将大于或等于 Q_l；而至少有 75% 的数据将小于或等于 Q_u，而至少有 25% 的数据将大于或等于 Q_u。由于 Q_l 和 Q_u 之间包含了 50% 的数据，因此，在例 3 - 6 中，大约有一半的运动员得分在 5 分和 11 分之间。

四、众数

众数（mode）是指一组数据中出现次数最多的变量值，它能明确反映数据分布的集中趋势，通常用 M_o 表示。如表 3 - 4 中得 10 分的有 3 人，是出现次数最多的，所以 10 就是众数。众数也是一种位置平均数，不受极端数据的影响。但并非所有数据集合都有众数，也可能存在多个众数。

在医学界、经济界，众数是一个较好的代表值。例如，通过临床试验，检验医药投放量对患者的效果，出现比较多的众数数值将会得到进一步研究；一个国家或地区居民收入的众数将被关注。

五、算术平均数、中位数和众数间的关系

算术平均数、中位数和众数是描述数据水平的三个主要统计量。如果各个数据之间的差异程度较小，用平均值就有较好的代表性；而如果数据之间的差异程度较大，特别是有个别的极端值的情况，用中位数或众数就有较好的代表性，三者的位置关系如图 3 - 2 所示。

如果数据分布呈完全对称分布，算术平均数（$\bar{x}$）、中位数（M_e）和众数（M_o）三者必定相同，即算术平均数（$\bar{x}$）= 中位数（M_e）= 众数（M_o）。如图 3 - 2(b) 所示。

当数据分布明显呈左分布时，说明数据存在极小值，必定拉动平均数向极小值一方靠，而众数和中位数由于是位置代表值，不受极值的影响，即算术平均数（$\bar{x}$）< 中位数（M_e）< 众数（M_o）。如图 3 - 2(a) 所示。

当数据分布明显呈右分布时，说明数据存在极大值，必定拉动平均数向极大值一方

靠，则有算术平均数$(\bar{x})$ > 中位数(M_e) > 众数(M_o)。如图 3 - 2(c)所示。

图 3 - 2　众数、中位数和算术平均数的关系

六、几何平均数

几何平均数(geometric mean)是 n 个变量值连乘积的 n 次方根。当某一事物的发展具有乘法原理时，即一个变化是在前一个变化基础上产生的，求其平均变化即可用此法。

有些统计资料是各时期的增长率等前后期的两两比率数据(环比)，当需要求出每期的平均增长率时，就要使用几何平均数。

几何平均数通常记为$\bar{x}_g$，其简单几何平均数公式是：

$$\bar{x}_g = \sqrt[n]{x_1 \times x_2 \times \cdots \times x_n} \tag{3.5}$$

加权几何平均数的公式为：

$$\bar{x}_g = \sqrt[\sum f_i]{x_1^{f_1} \times x_2^{f_2} \times \cdots \times x_n^{f_n}} \tag{3.6}$$

式中，f_i 为各比率出现的频数。

【例 3 - 7】　某个国家最近 5 年的经济增长率分别是 1.5%、0.9%、0.7%、2.2%、1.7%，问其年平均经济增长率是多少?

解：根据公式 3.5，得出年平均经济增长率：

$$\bar{x}_g = \sqrt[5]{101.5\% \times 100.9\% \times 100.7\% \times 102.2\% \times 101.7\%} - 1 = 1.4\%$$

【例 3 - 8】　一位投资者持有一种股票，在 2005、2006、2007 和 2008 年收益率分别为 4.5%、2.1%、25.5%、1.9%。计算该投资者在这四年内的平均收益率。

解：下面用几何平均法和算术平均法计算平均收益率。

几何平均算法：

$$\bar{x}_g = \sqrt[4]{104.5\% \times 102.1\% \times 125.5\% \times 101.9\%} - 1 = 8.08\%$$

算术平均算法：

$$\bar{x}_g = \frac{4.5\% + 2.1\% + 25.5\% + 1.9\%}{4} = 8.5\%$$

两种方法结果不同，哪一种正确?其实两种方法都正确，只是用的条件不一样，如果投资者把每年股票投资的收益都取出，即下一年的收益与上一年收益没有关系，则应用算术平均法计算平均收益率。如果投资者把每年获得的收益再投资买入同类股票，下一年的收益是在前一年收益的基础上获得，则应用几何平均法计算年平均收益率。

第二节 离散趋势分析

要分析数据总体的分布规律，仅知道集中趋势指标是不够的，还要知道数据的离散程度或差异状况。几个总体可以有相同的均值，但取值情况却相差很大。如图 3 - 3 所示。

数据的离散程度分析主要是用来反映数据之间的差异程度，常用的指标有极差、

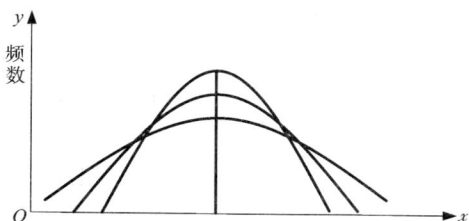

图 3 - 3 均值相同，离散程度不同

四分位差、方差和标准差、变异系数。方差是标准差的平方，根据不同的数据类型有不同的计算方法。离散趋势指标值越大，说明数据内部变异度越大。最常用的指标是标准差。

一、极差

极差（range）也称全距，是一组数据最大值与最小值之差，通常记为 R。显然，一组数据的差异越大，其极差也越大。

极差是最简单的变异指标，它广泛应用于产品质量管理中控制质量的差异，一旦发现某一质量指标超过控制范围，就得采取措施进行纠正，以保证产品质量的稳定。

但极差有很大的局限性，它仅考虑了两个极端的数据，没有利用其余更多的数据信息，因而是一种比较粗糙的变异指标。比如，分别调查 A、B 两公司销售人员的年龄后发现，A 公司销售人员中年龄最大的 55 岁，最小的 20 岁；B 公司年龄最大的 68 岁，最小的 18 岁。A 公司销售人员的年龄极差是 35 岁，B 公司销售人员的年龄极差是 50 岁。只考虑最大和最小，虽然计算容易，但并不知道 A、B 两公司销售人员的年龄分布情况。

二、四分位差

四分位差（quartile deviation）也称中点分布，是一组数据 75% 位置上的四分位数与 25% 位置上的四分位数之差，也就是上四分位数（Q_u）和下四分位数（Q_l）的差，记为 Q_d。其计算公式为：

$$Q_d = Q_u - Q_l \tag{3.7}$$

四分位差反映了中间 50% 数据的离散程度，其数值越小，说明中间的数据越集中；数值越大，说明中间的数值越分散。四分位差测量的是中间 50% 数据的趋势，没有考虑比 Q_l 小、比 Q_u 大的数，所以不受极端值的影响。因此，四分位差的大小在一定程度上说明了中位数对一组数据的代表程度。

表 3 - 4 中，下四分位数 Q_l 是 5.25，上四分位数 Q_u 是 10.25，那么，四分位差 $Q_d = Q_u - Q_l = 10.25 - 5.25 = 5$。这进一步说有一半以上的运动员得分在 5.25 ~ 10.25 分之间，而他们得分之差是 5 分。

三、方差和标准差

方差(variance)和标准差(standard deviation)是应用最广泛的变异指标。方差是总体所有变量值 x_i 与其算术平均数 $\bar{x}$ 离差平方的平均值,它表示一组数据分布的离散程度的平均值。标准差是方差的平方根,它表示一组数据关于平均数的平均离散程度。

总体方差是总体中所有数据与其均值离差平方的算术平均值,用 σ^2 表示,总体标准差用 σ 表示,其计算公式是:

$$\sigma^2 = \frac{1}{n} \sum_{i=1}^{n} (x_i - \bar{x})^2, \ \sigma^2 \geqslant 0 \tag{3.8}$$

$$\sigma = \sqrt{\frac{1}{n} \sum_{i=1}^{n} (x_i - \bar{x})^2}, \ \sigma \geqslant 0 \tag{3.9}$$

方差和标准差都是用离差平方和算出来的,不能出现负数;也不能等于零,因为等于零就说明所有的数据都相同这样一个特殊情况,所以方差和标准差一定是正数。虽然标准差有计量单位而方差无计量单位,但两者的作用一样,故在此仅介绍标准差。标准差越大,表示变量值之间的差异越大,各数据距离均值越远,则平均数的代表性就越低。反之,标准差越小,表示变量值之间的差异越小,各数据距离均值较近,则平均数的代表性就越高。

样本方差用 s^2 表示,样本标准差用 s 表示,其计算公式为:

$$s^2 = \frac{1}{n-1} \sum_{i=1}^{n} (x_i - \bar{x})^2 \tag{3.10}$$

$$s = \sqrt{\frac{1}{n-1} \sum_{i=1}^{n} (x_i - \bar{x})^2} \tag{3.11}$$

式中,n 为样本容量,x_i 为样本观测值,$\bar{x}$ 为样本均值。

【例 3 – 9】 从一个班级里随机抽出 10 名学生的身高(单位:厘米)分别为 145、165、168、168、170、172、172、172、175、185,求这 10 名学生的平均身高、方差和标准差。

解:这 10 名学生的平均身高为:

$$\bar{x} = \frac{1}{n} \sum_{i=1}^{n} x_i$$

$$= \frac{145 + 165 + 168 + 168 + 170 + 172 + 172 + 172 + 175 + 185}{10}$$

$$= 169.2(厘米)$$

根据公式 3.7,得出表 3 – 5。

$$方差 \ \sigma^2 = \frac{1}{n} \sum_{i=1}^{n} (x_i - \bar{x})^2 = 91.63$$

$$标准差 \ \sigma = \sqrt{\frac{1}{n} \sum_{i=1}^{n} (x_i - \bar{x})^2} = 9.56$$

表3-5 有关学生身高的计算表

序号	x_i	$x_i - \bar{x}$	$(x_i - \bar{x})^2$
1	145	-24.2	585.64
2	165	-4.2	17.64
3	168	-1.2	1.44
4	168	-1.2	1.44
5	170	0.8	0.64
6	172	2.8	7.84
7	172	2.8	7.84
8	172	2.8	7.84
9	175	5.8	33.64
10	185	15.8	249.64
合计	1 692	—	913.60

注：表中的 i 为 1～10。

下面再举一个例子，进一步理解标准差的含义和用途。

【例3-10】 某品牌汽车销售店的五名营销员用代号表示是 A、B、C、D、E，某月份他们分别销售出的汽车数量是 5、3、4、7、6，第二个月他们分别销售出的汽车数量是 5、1、4、9、6。求这两组数据的标准差。

解：为了方便理解，这里把两组数据做成表 3-6。

表3-6 营销员的业绩

营销员代号	第一个月	第二个月
A	5	5
B	3	1
C	4	4
D	7	9
E	6	6
合计	25	25

从表 3-6 可以看出，这个汽车销售店第一个月共售出 25 辆车，第二个月也是售出 25 辆车；每个营销员平均每个月都是售出 5 辆。但是：

第一个月的标准差 $\sigma = \sqrt{\dfrac{1}{n}\sum\limits_{i=1}^{n}(x_i - \bar{x})^2} = \sqrt{\dfrac{10}{5}} = 1.41$

第二个月的标准差 $\sigma = \sqrt{\dfrac{1}{n}\sum\limits_{i=1}^{n}(x_i - \bar{x})^2} = \sqrt{\dfrac{34}{5}} = 2.61$

从平均数来说，第一个月和第二个月是一样的，都是 5，但两个月的标准差不一样，第二个月的标准差是 2.61，营销员之间的业绩变动更大。仔细分析，整个汽车销售店的业绩没变，但 B 营销员的业绩下降了，D 营销员的业绩提高了，营销员的业绩之间离差变大了，能干的营销员更能干，不能干的营销员业绩更差，如图 3-4 所示。这就要引起管理者的注意。

以上两个例子，都是用公式 3.9 而没有用公式 3.11。从总体方差和总体标准差的公式 3.8、公式 3.9 与样本方差和样本标准差的公式 3.10、公式 3.11 有所不同，也就是分母用 n 还是 $n-1$。一般来说，在描述统计学里计算标准差时，分母使用"n"；在推断统计学里使用"$n-1$"。例如，计算学生成绩的标准差时，属于描述统计学范畴，使用数据的个数即"n"做分母，上面的例子也是用"n"；在做问卷调查、用调查对象的样本数据推测全体的现象时，通常分母是"$n-1$"。

样本方差和样本标准差是总体方差 σ^2 的无偏估计，所以式中的分母使用 $n-1$ 而非 n。但是如果 n 很大的话，$n-1$ 和 n 没什么差别。

标准差在管理中有广泛的应用。经验表明，当一组数据呈正态分布时，通常有 99.73% 的数据落在 $\bar{x}\pm 3\sigma$ 之内，有 95.45% 的数据落在 $\bar{x}\pm 2\sigma$ 之内，有 68.27% 的数据落在 $\bar{x}\pm\sigma$ 之内。如图 3-5 所示。

图 3-4　第一个月和第二个月的比较

图 3-5　平均数 ± 标准差的经验法则

在质量管理中，通常根据某些关键数据（如尺寸大小等是否超标）$\bar{x}\pm 3\sigma$ 的范围，来判断生产过程是否异常，这就是通常所说的"3σ 法则"。

四、离散系数

先看下面的一个例子。

【例 3-11】　两组同学的成绩分别用 5 分制和 100 分制打分，其数值如下：

第一组（5 分制）　　　　1　　　2　　　3　　　4　　　5
第二组（100 分制）　　80　　81　　82　　83　　84

试判断两组数据的离散程度。

解：第一组平均数 $\bar{x}_1=3$，第二组的平均数为 $\bar{x}_2=82$，则：

第一组标准差为：$\sigma_1=\sqrt{\dfrac{2^2+1^2+0^2+1^2+2^2}{5}}=\sqrt{\dfrac{10}{5}}=\sqrt{2}$

第二组标准差为：$\sigma_2=\sqrt{\dfrac{2^2+1^2+0^2+1^2+2^2}{5}}=\sqrt{\dfrac{10}{5}}=\sqrt{2}$

从这两组数据来看，两组平均数不等，标准差相等，但两组的离散程度显然不一样，所以用标准差来判断两组数据的离散程度大小，是不正确的。

当需要比较不同总体的离散程度时，因使用的度量单位不同（如体重和身高），或它们在数量级相差很大（如大象和蜜蜂），用绝对值表示的标准差就缺乏可比性，因此，在对比分析中，不宜直接使用标准差来比较不同水平数列之间的标志离散程度，必须用反映标志变异程度的相对指标，即离散系数来比较。

离散系数（coefficient of variation）也称变异系数或标准差系数，通常表示为 V_σ，其计算公式如下：

$$V_\sigma = \frac{\sigma}{\bar{x}} \tag{3.12}$$

式中，σ 是标准差，$\bar{x}$ 是算术平均数。

例 3 – 11 中：

第一组的离散系数 $\qquad\qquad V_{\sigma_1} = \frac{\sigma}{\bar{x}} = \frac{\sqrt{2}}{3} = 0.471$

第二组的离散系数 $\qquad\qquad V_{\sigma_2} = \frac{\sigma}{\bar{x}} = \frac{\sqrt{2}}{82} = 0.017$

$V_{\sigma_1} > V_{\sigma_2}$，第一组的离散程度大于第二组。

【例 3 – 12】　某班级女生的平均体重是 53.4 千克，标准差是 7.9；平均身高是 165.2 厘米，标准差是 15.1。问该班级女生的体重和身高哪一个更均匀？

解：该班级女生体重的离散系数 $V_\sigma = 7.9 \div 53.4 = 0.148$

身高的离散系数 $V_\sigma = 15.1 \div 165.2 = 0.091$

该班级女生的离散系数是体重 0.148 > 身高 0.091，所以该班级女生的体重比身高的差别更大。

根据经验，如果离散系数大于 0.5，则认为该总体数据离散程度很大，应该检查数据中是否有异常值。

第三节　偏态与峰态

总体分布的特征不仅与均值和离散程度有关，而且与数据分布的偏斜程度有关，如对称分布、右偏分布和左偏分布。偏态系数和峰态系数就是对分布对称程度和峰值高低的一种度量。这种分布形态上的数量特征，往往具有重要的社会经济意义。

一、偏态

偏态（skewness）是指数据分布的不对称性。测量数据分布不对称的统计量称为偏态系数（coefficient of skewness），记作 SK。

偏态系数的计算公式很多。在根据未分组的原始数据计算偏态系数时，常用下面公式：

$$SK = \frac{n \sum (x_i - \bar{x})^3}{(n-1)(n-2)s^3} \tag{3.13}$$

如果数据经过分组，则用下面公式：

$$SK = \frac{\sum_{i=1}^{k} (M_i - \bar{x})^3 f_i}{ns^3} \quad (3.14)$$

当数据分布左右对称时，$SK = 0$；当数据分布呈右偏态时，$SK > 0$，也称正偏态；当数据分布为左偏态时，$SK < 0$，也称负偏态。如图 3-6 所示。

图3-6　偏度的表现

二、峰态

峰态（kurtosis）是指数据分布峰值的高低，测量峰态的统计量是峰态系数（coefficient of kurtosis），记作 K。

根据未分组数据计算峰态系数时，通常用下面的公式：

$$K = \frac{n(n+1) \sum (x_i - \bar{x})^4 - 3 \left[\sum (x_i - \bar{x})^2 \right]^2 (n-1)}{(n-1)(n-2)(n-3)s^4} \quad (3.15)$$

如果数据经过分组，则用下面的公式：

$$K = \frac{\sum_{i=1}^{k} (M_i - \bar{x})^4 f_i}{ns^4} - 3 \quad (3.16)$$

式中，s 是标准差。

当数据分布呈左右对称的正态分布时，$K = 0$；当数据分布比正态分布更尖时，$K > 0$；当数据分布比正态分布更缓时，$K < 0$。如图3-7所示。

图3-7　峰度和分布的图形

第四节　运用 Excel 进行统计描述分析

以上列举的都是比较简单的计算。实际工作中，需要处理大量的数据，这就需要借助计算机来进行。目前进行统计描述分析使用最广泛的计算机统计软件是 Excel 和 SPSS，使用 Excel 和 SPSS 的数据处理分析功能可以更方便、更快捷地计算出各种统计指标。下面简单介绍 Excel 的使用方法。

一、用 Excel 求算术平均数

可以使用 Excel 的 AVERAGE 函数计算一组或多组数据的算术平均数。

【例3-13】　五名营销员用代号 a、b、c、d、e 表示，他们一天分别销售出的笔记本计算机台数是 5、3、4、7、6。计算他们平均每人每天售出笔记本计算机的台数。

首先，把数据输入 Excel，然后在某处空格里输入"="，再从函数 f_2 或公式找到"AVERAGE"即平均数。这时弹出一画面，要求指定数据的范围，本例是从 B2 到 F2，也就是 AVERAGE(B2：F2)，按下"Enter"键就可以得到答案：5，如图 3-8 所示。

	A	B	C	D	E	F
1	营销员	a	b	c	d	e
2	卖出台数	5	3	4	7	6
3						
4						
	=AVERAGEA(B2:F2)					
		Enter				

	A	B	C	D	E	F
1	营销员	a	b	c	d	e
2	卖出台数	5	3	4	7	6
3						
4	5					

图 3 - 8　用 Excel 计算平均值

二、用 Excel 求中位数

将数据按顺序从小到大（或从大到小）排列，正好中间位置的数就是中位数。用 Excel 计算中位数，其函数 f_x 是"MEDIAN"。接着的操作与求平均值一样，得出中位数的答案：5，如图 3 -9 所示。

	A	B	C	D	E	F
1	营销员	a	b	c	d	e
2	卖出台数	5	3	4	7	6
3						
4						
	=MEDIAN(B2: F2)					
		Enter				
	5					

图 3 - 9　用 Excel 计算中位数

三、用 Excel 求标准差

标准差是表示数据全体离散程度的值。数据间离散程度越大，标准差的值就越大。用 Excel 计算标准差，其函数 f_x 是"STDEVP"。继续使用上面的例子计算标准差，得出该例子的标准差是 1.41，如图 3 -10 所示。

	A	B	C	D	E	F
1	营销员	a	b	c	d	e
2	卖出台数	5	3	4	7	6
3						
4						
	=STDEVP(B2: F2)					
		Enter				
	1.41					

图 3 - 10　用 Excel 计算标准差

思考与练习

(一)单项选择题

1. 数据的集中趋势分析不包括(　　)。

A. 四分位数　　　　　B. 四分位差　　　　　C. 众数　　　　　D. 几何平均数

2. (　　)分布的资料,均数等于中位数。

A. 左偏态　　　　　B. 对称　　　　　C. 右偏态　　　　　D. 偏态

3. 用(　　)作为描述数据差异程度的度量较合适。

A. 标准差　　　　　B. 四分位差　　　　　C. 离散系数　　　　　D. 标准分数

4. 比较身高和体重两组数据变异度大小宜采用(　　)。

A. 变异系数　　　　　B. 四分位差　　　　　C. 极差　　　　　D. 标准差

5. 一组数据8、−3、5、0、1、4、−1的中位数是(　　)。

A. 2　　　　　B. 1　　　　　C. 2.5　　　　　D. 0.5

6. 关于标准差,错误的是(　　)。

A. 反映全部观察值的离散程度　　　　　B. 度量了一组数据偏离平均数的大小

C. 反映了均数代表性的好坏　　　　　D. 不会小于算术平均数

7. 某地调查16岁高中学生100名,身高标准差为4.09厘米,体重标准差为4.10千克,比较两者的变异程度,结果是(　　)。

A. 体重变异度大　　　　　B. 身高变异度较大

C. 两者变异度相同　　　　　D. 由于单位不同,两者标准差不能直接比较

8. 受极端数值影响较小的集中趋势值是(　　)。

A. 算术平均数　　　　　B. 几何平均数　　　　　C. 众数和中位数　　　　　D. 四分位数

9. 加权算术平均数中的权数是(　　)。

A. 变量值　　　　　B. 数据的合计

C. 比重　　　　　D. 变量值的总和

10. 如果某个数据分布是极度右偏,则其偏态系数为(　　)。

A. −0.5　　　　　B. 0.5　　　　　C. −2　　　　　D. 2

(二)判断题

1. 数据的集中趋势分析是用来反映数据的差异程度。(　　)

2. 中位数是另外一种反映数据的中心位置的指标。(　　)

3. 四分位数的第二分位数是中位数。(　　)

4. 平均数和众数都是受极端数值影响较小的集中趋势值。(　　)

5. 当数据分布明显呈右分布时,则有算术平均数 > 中位数 > 众数。(　　)

6. 方差是对分布对称程度的一种度量。(　　)

7. 如果有一组数据的均值是100、标准差是10,那么这组数据有95.45%落在100～110之间。(　　)

8. 变异系数的大小,同时受平均数和标准差两个统计量的影响。(　　)

9. 当分布呈右偏态时,偏态系数 $SK < 0$。(　　)

10. 当数据分布呈左右对称的正态分布时,峰态系数 $K=0$。(   )

（三）思考题

1. 描述统计可以从哪几方面进行描述?

2. 算术平均数、中位数和众数之间有什么关系?

3. 有了算术平均数,为什么还要计算标准差? 请举例说明。

4. 为什么要计算离散系数?

5. 简要说明在对两组数据差异程度进行比较时,能否直接比较两组数据的标准差。

（四）计算题

1. 有两组数据,分别是 1、2、3、4、5、6、7 和 1、2、3、4、5、6,试分别计算它们的算术平均数、方差和标准差。

2. 某班有 50 人,其年龄分布和频数如右表所示。

问该班学生的平均年龄是多少岁?

3. 某驾校学员 11 人掌握汽车驾驶技能所花时间（天）分别是 17、19、22、24、25、28、34、35、36、37、38。问其下四分位数 Q_l 和上四分位数 Q_u 是多少? 四分位差又是多少?

4. 某零件工厂生产螺栓,技术部门要求产品的长度和重量的变异系数在 0.01 以下。某天抽查 10 根螺栓,得到以下数据:

学生年龄（岁）	分布情况（人）
20	1
21	4
22	6
23	8
24	12
25	10
26	7
27	2
合计	50

长度（厘米）	2.00	2.03	2.00	2.00	2.00	1.98	2.03	2.00	1.97	1.99
重量（克）	5.05	5.01	5.00	4.99	4.98	5.00	5.00	4.97	4.98	5.02

分别求长度和重量的均值、标准差和变异系数。

5. 设一组数据为 78.2、88.2、79.3、80.5、83.4、81.2、76.3、86.5,请计算这组数据的平均值、中位数、极差、方差及标准差、变异系数。

第四章　统计指数

　　国家统计局定期公布一些常用的价格指数，如居民消费价格指数、零售价格指数等。除此以外，也有一些指数不是统计部门发布的，比如股票价格指数。还有一些研究某类指数的专业机构，它们研究并发布一些更专业的指数，如房地产价格指数。

　　中国指数研究院就是一家专门研究并发布房地产价格指数的机构，该机构研究开发出一套"中国房地产价格指数系统"，以价格指数的形式反映全国及各主要城市房地产市场发展变化轨迹和当前市场状况，被称为中国房地产市场的"晴雨表"和引导投资置业的"风向标"。中国房地产价格指数系统由中国房地产总指数和中国房地产城市指数组成。指数的编制以拉氏指数为主，并结合特征价格指数理论。1995 年 1 月开始发布中国房地产北京价格指数，目前已覆盖到上海、天津、广州、深圳、重庆、武汉等多个重要城市。

　　学习要求：通过本章的学习，要求理解指数的基本概念和基本原理，掌握综合指数和平均指数的编制方法和编制特点，并能利用指数体系进行因素分析；了解和掌握统计指数在社会经济问题中的运用；了解几种常用指数的编制方法。

　　主要内容：

$$
统计指数
\begin{cases}
编制方法
\begin{cases}
综合指数 \\
平均指数
\end{cases} \\
\\
常用指数
\begin{cases}
居民消费价格指数 \\
农副产品收购价格指数 \\
股票价格指数 \\
房地产价格指数
\end{cases}
\end{cases}
$$

第一节　统计指数的概念与分类

一、指数的概念

　　统计指数从 18 世纪中叶物价指数产生开始，迄今已有三百多年的历史了。随着历史的推移，统计指数的应用不断推广到经济领域的各个方面，因而统计指数的概念也不断扩大和完善。当今在我国统计界一般认为，统计指数是研究社会经济现象数量方面时间变动状况和空间对比关系的分析方法。同时还认为，统计指数有广义和狭义之别。

广义的指数是指反映所研究社会经济现象时间变动和空间对比状况的相对数，如动态相对数、比较相对数、计划完成程度、比例相对数和强度相对数等。总之，各种相对数都叫指数。

狭义的指数专指反映不能直接相加总和对比的复杂社会经济现象综合变动程度的相对数。例如，零售物价指数，是说明全部零售商品价格总变动的相对数；工业产品产量指数，是说明一定范围内全部工业产品实物量总变动的相对数，等等。例如，2007 年工业总产值为上年的 108.3%，扣除出厂价格上涨 18.6% 的因素，实际工业产品产量指数为 91.3%；又如，以 1978 年的价格为 100%，1998 年零售物价指数为 153.3%。它们都反映了不能直接加总的复杂现象总变动情况。

统计指数理论主要是探讨复杂现象总体综合变动状况和对比关系。本章所述的指数，主要指这种狭义概念的指数。

二、指数的作用

（一）可以综合反映复杂社会经济现象总体的综合变动方向和变动的程度

复杂的社会经济现象总体是由许多不能直接加总的不同现象构成的，因而无法进行综合比较，只有通过编制指数和进行指数分析，才能反映复杂社会经济现象的综合变动，把握其变动方向和变动程度，这是指数的主要作用。指数一般都用百分数表示，这个百分数大于或小于 100%，表示升降变动的方向，比 100% 大多少或小多少，就是升降变动的幅度。如零售物价指数 110%，虽然每种商品零售价格有升有降，总的来说，价格变动的方向是上涨了，上涨的幅度为 10%。由于指数的子项和母项是两个总量指标，所以既可以计算经济量的变动程度，还可以计算子项和母项两个总量指标之差，表示绝对变动。

（二）分析多因素影响现象的总变动中，各个因素的影响大小和影响程度

社会现象的总变动，一般是由若干因素变动共同影响而形成的。例如，农作物产量的变动是播种面积和单位面积产量变动的结果；产品销售额的变动是产品销售量和销售价格变动的结果。利用指数可以分析各个因素对现象总体变动的影响方向和影响程度。

（三）利用连续编制的指数数列对复杂现象总体长时间发展变化趋势进行分析

在由连续编制的动态数列形成的指数序列中，可反映事物的发展变化趋势。这种方法特别适合于对比分析有联系而性质又不同的动态数列之间的变动关系，因为用指数的变动进行比较，可解决不同性质数列之间不能对比的困难。图 4-1 是 2009 年公布的我国 2007 年 8 月至 2009 年 2 月的 CPI（居民消费价格指数）、PPI（生产者物价指数）走势图，从图中可以清晰地观察到 CPI、PPI 的发展趋势。

三、指数的分类

不同的指数有不同的特性，通过对指数的分类，有助于我们更深入了解指数的特性。统计指数的主要分类有以下几种。

图 4 - 1　我国 2007 年 8 月至 2009 年 2 月公布的 CPI、PPI 指数走势图

（一）按照说明现象的范围不同，分为个体指数和总指数

个体指数：反映个别现象变动的相对数。如反映一种商品价格变动的相对数称为个体价格指数，反映一种产品产量变动的相对数称为个体产量指数。它是计算和分析总指数的基础。

总指数：反映不能直接相加的复杂现象总变动的相对数。如综合反映多种商品价格平均变动程度的相对数就称价格总指数，综合反映多种产品产量变动程度的相对数就称产量总指数（或物量总指数）。

在总体分组的情形下，常常还需编制"组指数"（类指数），即用以反映总体内部各部分现象数量变动的相对数。如加工业总产量指数分为重工业产量指数和轻工业产量指数；全部商品零售物价指数分为食品类、衣着类、日用品类、药品及医疗用品类、燃料类、农业生产资料类等物价指数。

利用指数法分析社会现象的动态变化，还可以对一个总体同时计算总指数、类指数和个体指数。这样既可以看到总的变动程度，又可以看到其内部各构成要素的变动趋势，从而可以全面地观察社会现象的发展变动情况。

（二）按照统计指标的内容不同，分为数量指标指数和质量指标指数

数量指数：说明数量指标总变动的相对数，即反映现象总规模变动程度的指数，如产品产量指数（生产指数）、商品销售量指数、职工人数指数等。

质量指数：说明质量指标总变动的相对数，即反映生产效果、效率或工作质量变动的相对数。如劳动生产率指数、产品成本指数、价格指数、原材料消耗指数等。

但是诸如商品的销售额指数、产品的成本总额指数或总产值指数等，它们对比的现象虽然都属于数量指标，却具有"价值总额"的特殊形式，这些价值总额通常可以分为一个数量因子与一个质量因子的乘积，而相应的指数则反映了两个因子共同变化的影响。因此，在指数分析中，它们既不属于数量指标指数，也不属于质量指标指数，为了加以区别，通

常称之为"总值指数"(或价值指数)。

这种分类和指数的计算方法有关系,要把这两个概念分辨清楚。

(三)按照指数表现形式不同,可分为综合指数、平均数指数和平均指标对比指数

综合指数是通过两个有联系的综合总量指标对比计算的总指数;平均数指数是用加权平均的方法计算出来的指数,分算术平均数指数和调和平均数指数;平均指标对比指数则是通过两个有联系的加权算术平均指标对比来计算的总指数。这三类指数之间既有区别,又密切联系,各适用于说明不同的问题。

(四)按指数的时间属性不同分为动态指数和静态指数

指数本来的含义是指动态指数,即反映事物在不同时间上的变化。随着指数应用的日益广泛,其反映的内容也发生了变化,即由单纯反映同一现象在不同时间条件下的动态变化,推广到反映同一现象在同一时间条件下不同地区、部门和国家的对比,或反映同一单位、同一地区实际指标和计划指标的对比情况。为了与传统的动态指数相区别,我们称后一类指数为静态指数。

(五)按照在一个指数数列中所采用的基期不同,指数可分为定基指数和环比指数

指数时常是连续编制的,形成在时间上前后衔接的指数数列。在一个指数数列中,凡是各个指数都是以某一固定时期作为基期的,叫做定基指数。凡是各个指数都是以前一期作为基期的,就是环比指数。

本章各节将以各种数量指标指数和质量指标指数为例,着重介绍综合指数、平均指数的编制方法及其在统计分析中的作用。

第二节 综合指数

总指数的编制方法有两种基本形式:一是综合指数,二是平均指数。两种方法有一定的联系,但各有其特点。

综合指数是总指数的基本形式,它是由两个总量指标对比形成的。综合指数又可分为数量指标指数和质量指标指数。数量指标指数和质量指标指数的编制方法基本相同,但要求不完全一样,现举例说明这两种指数的编制方法。平均指数将在第三节中再介绍。

一、综合指数的编制原理

综合指数是说明总体数量变动情况的相对数。例如,商品销售量指数、销售价格指数、工业生产指数、农业产品生产量指数、职工人数指数、货物运输量指数,等等。现举例说明综合指数的编制原理。

【例4-1】 市场物价和需求的变动情况是每位消费者都普遍关注的问题。假定在某超市五种商品的销售价格和销售量资料如表4-1所示。

表 4 - 1　　商品销售量和商品价格资料

商品类别	计量单位	商品价格（元）		销售量（元）		指数（%）	
		基期 p_0	计算期 p_1	基期 q_0	计算期 q_1	$\dfrac{p_1}{p_0}$	$\dfrac{q_1}{q_0}$
面粉	百千克	300	360	2 400	2 600	120	108.33
猪肉	千克	18	20	8 400	95 000	111.11	113.10
食盐	500 克	1	0.8	10 000	15 000	80	150
服装	件	100	130	24 000	23 000	130	95.83
洗衣机	台	1 500	1 400	510	612	93.33	120

表中，p_0——基期商品价格；

　　　q_0——基期销售量；

　　　p_1——报告期商品价格；

　　　q_1——报告期销售量。

用 k 代表个体指数，则计算各种商品销售量个体指数的公式为：

$$k_{qi} = \frac{q_{1i}}{q_{0i}}, \ k_{pi} = \frac{p_{1i}}{p_{0i}}, \ 或 \ k_q = \frac{q_1}{q_0}, \ k_p = \frac{p_1}{p_0} \tag{4.1}$$

计算结果表明，不同商品的销售量和销售价格均有不同程度的变化。比如面粉的销售量个体指数为 108.33%，表示报告期销售量比基期增加了 8.33%；而面粉的价格指数为 120%，表示报告期的价格比基期增加了 20%。服装的价格指数为 130%，表示服装销售价格上升了 30%；同期服装销售量指数为 95.83%，表示服装的销售量下降了 4.17%。这些都是个体指数，编制方法相对简单。

但如果所要考虑的不是个别商品，而是全部商品销售量指数，问题就不那么简单了，如例 4 - 1 中要编制超市所有商品的销售量总指数和销售价格总指数，就必须慎重考虑对各种商品销售量进行综合比较的问题。由于各种商品的度量单位不相同，它们的商品销售量不能够直接相加总，如食盐、衣服、洗衣机等商品的销售量单位不同，是无法直接相加总的。所以，综合指数的编制已不能用一般相对数的计算方法。

综合指数的编制方法一般用先综合后对比的方法。

在例 4 - 1 中，如计算销售量指数和销售价格指数，即应把销售量和销售价格加总后通过报告期与基期对比就得到相应的总指数，即先综合。其相应的价格总指数和销售量总指数的计算公式如下：

$$k_p = \frac{\sum\limits_{i=1}^{n} P_{1i}}{\sum\limits_{i=1}^{n} P_{0i}}, \quad k_q = \frac{\sum\limits_{i=1}^{n} q_{1i}}{\sum\limits_{i=1}^{n} q_{0i}}$$

但从以上的计算来看，有个致命的问题：不同的商品销售价格和销售量不能直接相加总。对于简单总体，单位一致，可以加总，但对于复杂社会总体就不能解决此问题。为了解决不同单位（即不同度量）不能加总的问题，我们引入了同度量因素。

1. 先综合，引入同度量因素

大家都知道，个体商品销售价格和销售量度量单位不同，但销售额是一个价值量指标，度量单位是相同的，可以直接加总，如果把销售量和销售价格转化为销售额，就可以直接加总。所以，可以通过解决不同度量单位的问题，来解决综合的问题。

要解决不同度量单位的问题，就要引入同度量因素，即找到与所分析的指数化指标相联系的因素，使得指数化指标与这个因素的乘积成为价值量指标。这个与指数化指标相联系的因素就是同度量因素。引入同度量因素，就是在计算总指数时把不能直接相加的指标过渡到能够相加的指标的媒介因素。它在计算总指数的过程中对各指数化因素起着举足轻重的作用，故称之为指数权数（指数化因素是指所要研究的因素）。但是，怎样找同度量因素呢？这就要对被研究现象的经济关系进行分析。我们知道，由于销售额是由销售量和销售价格两个因素引起的，基期销售额变化到报告期销售额，其变化分成两步：

第一步，先假定销售价格不变，即把销售价格固定在基期(p_0)，销售额的变化完全是销售量引起的，基期销售额变化为假定期销售额。

第二步，再假定销售量不变，把销售量固定在报告期(q_1)，销售额的变化完全是由销售价格引起的，假定期销售额变化为报告期销售额。

即：

$$\underset{\text{基期销售额}}{\sum p_0 q_0} \xrightarrow[\text{第一步}]{p\,不变,\,q\,变化} \underset{\text{假定期销售额}}{\sum p_0 q_1} \xrightarrow[\text{第二步}]{q\,不变,\,p\,变化} \underset{\text{报告期销售额}}{\sum p_1 q_1}$$

2. 后对比

销售额是价值量指标，可以相加总，各商品假定期销售额之和比基期销售额之和即为：

$$k_q = \frac{\sum p_0 q_1}{\sum p_0 q_0}$$

这个变化我们认为完全是销售量引起的，所以我们把这个比值称为销售量指数。

各商品报告期销售额之和比假定期销售额之和即为：

$$k_p = \frac{\sum p_1 q_1}{\sum p_0 q_1}$$

这个变化完全是销售价格引起的，所以我们把这个比值称为销售价格指数。

从上面分析来看，计算销售量指数时，我们引入销售价格为同度量因素，计算销售价格指数时，我们引入销售量作为同度量因素，把销售量、销售价格的变化转化为销售额的变化，由此我们就解决了单位不同不能相加总的问题，即解决了综合的问题。

例如，研究多种商品销售量和销售价格的综合变动情况：

（1）当研究销售量的变动时，销售量是数量指标，则与之相联系的质量指标 —— 价格，就是同度量因素。

$$\sum(\text{商品销售量} \times \text{商品销售价格}) = \text{商品销售总额}$$
$$\downarrow \qquad\qquad \downarrow \qquad\qquad \downarrow$$
所研究的指数化指标　　同度量因素　　价值量指标

（2）当研究价格的变动时，商品价格是质量指标，则与之相联系的数量指标——销售量，就是同度量因素。

$$\sum(\text{商品销售量} \times \text{商品销售价格}) = \text{商品销售总额}$$

同度量因素　　所研究的指数化指标　价值量指标

指数分析是利用价值量指标的形式，分析其中的数量指标或质量指标的综合变动，分析的方法就是将引进的同度量因素的时期固定，即假定同度量因素不变，从而通过对比反映所研究指标的变动情况。

前面我们讨论，先假定销售价格不变，销售额的变化完全是销售量引起的，接着再假定销售量不变，销售额的变化完全是由销售价格引起的，即得出了两个公式：

销售量指数：
$$k_q = \frac{\sum p_0 q_1}{\sum p_0 q_0} \tag{4.2}$$

销售价格指数：
$$k_p = \frac{\sum p_1 q_1}{\sum p_0 q_1} \tag{4.3}$$

当然我们也可以先假定销售量（把销售量固定在基期 q_0）不变，销售额的变化完全是销售价格引起的，接着再假定销售价格不变（把销售价格固定在报告期 p_1），销售额的变化完全是由销售量引起的。

$$\sum p_0 q_0 \rightarrow \sum p_1 q_0 \rightarrow \sum p_1 q_1$$

同样也可以得出两个公式：

销售价格指数：
$$k_p = \frac{\sum p_1 q_0}{\sum p_0 q_0} \tag{4.4}$$

销售量指数：
$$k_q = \frac{\sum p_1 q_1}{\sum p_1 q_0} \tag{4.5}$$

这样，销售量指数就有了公式 4.2 和公式 4.5，销售价格指数就有了公式 4.3 和公式 4.4，如果对同样一个问题，从理论上讲上述两个公式均可成立，但得出的结果肯定不一样，这显然是不合适的，所以我们接着讨论应该用哪个公式进行计算的问题。

二、综合指数的主要形式

（一）拉氏指数

拉氏指数是德国经济学家拉斯贝尔（Laspeyres）于 1864 年首先提出的。他主张无论是数量指标指数还是质量指标指数，都采用基期同度量因素（权数）的指数，故该指数又称为"基期加权综合指数"。相应的数量指标指数和质量指标指数公式分别为：

数量指标指数：
$$k_q = \frac{\sum p_0 q_1}{\sum p_0 q_0}$$

质量指标指数：
$$k_p = \frac{\sum p_1 q_0}{\sum p_0 q_0}$$

【例4-2】　利用例4-1中五种商品销售量资料(见表4-2),计算拉氏价格指数和销售量指数。

表4-2　五种商品销售量资料

商品类别	计量单位	商品价格(元)		销售量(元)		销售额(百元)			
		基期 p_0	计算期 p_1	基期 q_0	计算期 q_1	$p_0 q_0$	$p_1 q_1$	$p_0 q_1$	$p_1 q_0$
面粉	百千克	300	360	2 400	2 600	7 200	9 360	7 800	8 640
猪肉	千克	18	20	8 400	95 000	15 120	19 000	17 100	16 800
食盐	500 克	1	0.8	10 000	15 000	100	120	150	80
服装	件	100	130	24 000	23 000	24 000	29 900	23 000	31 200
洗衣机	台	1 500	1 400	510	612	7 650	8 568	9 180	7 140
合计	—	—	—	—	—	54 070	66 948	57 230	63 860

解:依据拉氏公式,计算得到:

$$k_q = \frac{\sum p_0 q_1}{\sum p_0 q_0} \times 100\% = \frac{57\ 230}{54\ 070} \times 100\% = 105.84\%$$

$$k_p = \frac{\sum p_1 q_0}{\sum p_0 q_0} \times 100\% = \frac{63\ 860}{54\ 070} \times 100\% = 118.11\%$$

结果表明:五种商品综合起来,其销售量平均增长了5.84%,价格平均上涨了18.11%。

综合指数不仅可以反映现象的相对变动程度,通常还可以进行绝对数比较,即用于测定对比指标变动所引起的相应总值的绝对变动差额,计算得到:

$$\sum p_0 q_1 - \sum p_0 q_0 = 57\ 230 - 54\ 070 = 3\ 160(元)$$

$$\sum p_1 q_0 - \sum p_0 q_0 = 63\ 860 - 54\ 070 = 9\ 790(元)$$

数据表明,由于销售量平均增长了5.84%,使得销售额增加了3 160元;由于价格平均上涨了18.11%,使得销售额增加了9 790元。

(二)帕氏指数

帕氏指数是1874年德国学者帕煦(Paasche)所提出的一种指数计算方法。它是在计算一组项目的综合指数时,把作为权数的变量固定在报告期,故又称报告期加权综合指数。其公式为:

销售量指数:
$$k_q = \frac{\sum p_1 q_1}{\sum p_1 q_0}$$

销售价格指数:
$$k_p = \frac{\sum p_1 q_1}{\sum p_0 q_1}$$

【例4-3】　利用例4-1中五种商品销售量资料(见表4-2),计算帕氏价格指数和销售量指数。

$$k_q = \frac{\sum p_1 q_1}{\sum p_1 q_0} \times 100\% = \frac{66\ 948}{63\ 860} \times 100\% = 104.84\%$$

$$k_p = \frac{\sum p_1 q_1}{\sum p_0 q_1} \times 100\% = \frac{66\ 948}{57\ 230} \times 100\% = 116.98\%$$

结果表明：五种商品综合起来，其销售量平均增长了 4.84%，价格平均上涨了 16.98%。

类似地，帕氏指数也可以对销售量和销售价格的变化进行绝对数分析，得到：

销售量变化引起销售额变化的绝对额

$$\sum p_1 q_1 - \sum p_1 q_0 = 66\ 948 - 63\ 860 = 3\ 088\ (元)$$

销售价格变化引起销售额变化的绝对额

$$\sum p_1 q_1 - \sum p_0 q_1 = 66\ 948 - 57\ 230 = 9\ 718\ (元)$$

数据表明，由于销售量平均增长了 4.84%，使得销售额增加了 3 088 元；由于价格平均上涨了 16.98%，使得销售额增加了 9 718 元。

拉氏指数与帕氏指数由于同度量因素固定时期不同，计算结果存在偏差。以价格综合指数为例，拉氏指数是从维持基期生活水平出发的，其优点是权数为常量，各期权数相同，可以相互比较，不足之处是经济意义不显著，没有考虑价格变动带来的销量波动。而帕氏指数是从维持报告期生活水平出发的，其优点是具有现实经济意义，不足之处是权数为变量，各期权数不同，难以互相比较。在实际经济生活中，我们要根据具体情况进行取舍。但无论选择哪种指数，二者都与真实的价格变动存在一定程度的偏误。当价格与数量变动方向一致时，帕氏指数偏大，而拉氏指数偏小；当价格与数量变动方向相反时，帕氏指数偏小，而拉氏指数偏大。鉴于此，许多经济学家将两公式进行修正，提出了综合指数的调整公式。下面介绍其中具有代表性的两种指数。

（三）马歇尔–艾奇沃斯指数（简称马–埃指数）

马–埃指数 1887 年由英国经济学家马歇尔和埃奇沃斯先后提出并推广。该公式中和了拉氏指数与帕氏指数，提出以基期和报告期同度量因素的平均值作为权数，计算公式如下。

质量指数公式：$k_p = \dfrac{\sum p_1(q_0 + q_1)/2}{\sum p_0(q_0 + q_1)/2} = \dfrac{\sum p_1 q_0 + \sum p_1 q_1}{\sum p_0 q_0 + \sum p_0 q_1}$ （4.6）

数量指数公式：$k_q = \dfrac{\sum q_1(p_0 + p_1)/2}{\sum q_0(p_0 + p_1)/2} = \dfrac{\sum q_1 p_0 + \sum q_1 p_1}{\sum q_0 p_0 + \sum q_0 p_1}$ （4.7）

若仅从数值来看，其计算结果介于拉氏指数和帕氏指数之间，部分消除了指数偏误问题，但同时，该公式也失去了拉氏指数和帕氏指数的经济含义。在实际工作中，当用于不同地区价格综合比较时，马–埃指数却不失为一种公允的方法。

（四）费雪理想指数

为了克服拉氏指数和帕氏指数存在偏误的问题，美国著名统计学家费雪（Fisher）提出

了改良公式,用交叉法将两者指数相乘,并用几何法将其乘积开平方,调和两者的偏误,得出了优良的指数数值。其计算公式如下:

质量指数公式:

$$k_p = \sqrt{\frac{\sum p_1 q_0}{\sum p_0 q_0} \times \frac{\sum p_1 q_1}{\sum p_0 q_1}} \tag{4.8}$$

数量指数公式:

$$k_q = \sqrt{\frac{\sum p_0 q_1}{\sum p_0 q_0} \times \frac{\sum p_1 q_1}{\sum p_1 q_0}} \tag{4.9}$$

该公式之所以称为理想公式,是因为费雪提出了对指数优劣的三种检验方法,他收集了 134 个指数计算公式,最后只有他提出的公式通过了检验,故而称之为理想指数。但由于费雪理想公式计算复杂,在实际应用中缺乏具体经济含义,在结果上得到的准确性的改进远不抵它在计算中所带来的繁琐,因此后来有很多学者对此提出批评和质疑。

上述各种加权方法的综合指数公式都有其特点和一定的适用条件。由于社会经济现象极其复杂,任何一种指数形式都不可能满足所有需要,因此,当我们强调按编制指数的经济意义选择指数的权数或同度量因素时,还要注意根据具体的研究对象和条件选择指数公式。

三、综合指数的编制方法

根据前面的讨论,指数的编制方法有多种,其结果不一样,在编制时具体用哪一种方法,我们将作进一步具体分析。

(一)数量指标指数的编制

计算数量指标指数的公式有三个。

(1)编制数量指标指数时,引入质量指标作为同度量因素,即用基期价格(质量指标)作为同度量因素,得到拉氏销售量(数量指标)指数。

$$k_q = \frac{\sum p_0 q_1}{\sum p_0 q_0}$$

(2)以报告期价格(质量指标)作为同度量因素,得到帕氏销售量(数量指标)指数。

$$k_q = \frac{\sum p_1 q_1}{\sum p_1 q_0}$$

(3)引入质量指标作为同度量因素,固定在某一个时期,我们称为不变价指数。

$$k_q = \frac{\sum p_n q_1}{\sum p_n q_0}$$

从理论上讲,上述三个公式均可成立,但在实际工作中,编制销售量综合指数时,一般均采用基期价格作为同度量因素,即用第一个公式拉氏指数,这是因为编制销售量综合指数的目的,是在于要排除价格因素的影响,单纯反映销售量的总变动。为此,必须将价格固定在基期上,这才符合经济现象的客观实际。但不同的研究对象使用的公式是不一样的,如我国生产指数的编制用的是不变价格指数。

编制数量指标综合指数的一般原则是采用基期的质量指标作同度量因素。这一原则有两层含义：一是编制数量指标指数应以质量指标作同度量因素，二是将同度量因素固定在基期。

（二）质量指标指数的编制

质量指标指数的公式有两个。

（1）编制质量指标指数时，引入数量指标作为同度量因素，即用基期销售量为同度量因素（加权），得出拉氏价格指数公式。

$$k_p = \frac{\sum p_1 q_0}{\sum p_0 q_0}$$

（2）以报告期价格为同度量因素（加权），得出帕氏价格指数公式。

$$k_p = \frac{\sum p_1 q_1}{\sum p_0 q_1}$$

从实际效果来看，人们更关心的是在报告期现实销售量的条件下，价格变动的幅度及其产生的经济效果。如今年买100千克大米，要比去年多支出多少钱，这才是我们真正关心的。因此，把销售量固定在报告期用帕氏价格指数计算更有实际意义。据此可以得出，编制质量指标综合指数的一般原则是采用报告期的数量指标作同度量因素，即用第二个公式帕氏指数。

但不同分析对象的编制方法却不一样，如我国上证指数和深证指数用的是帕氏指数的编制方法，而美国标准普尔500指数用的是拉氏指数的编制方法。

编制质量指标综合指数的一般原则有两层含义：一是编制质量指标指数应以数量指标作为同度量因素；二是将同度量因素固定在报告期。

【例4-4】　某商场有甲、乙、丙三种商品，销售量和销售价格如表4-3所示（1～4列）。

表4-3　商品销售量综合指数计算表　　　　　　金额单位：元

商品名称	计量单位	销售量		单价		$p_0 q_0$	$p_1 q_1$	$p_0 q_1$	$p_1 q_0$
		q_0	q_1	p_0	p_1				
		(1)	(2)	(3)	(4)	(5)	(6)	(7)	(8)
甲	件	480	600	25	25	12 000	15 000	15 000	12 000
乙	千克	500	600	40	36	20 000	21 600	24 000	18 000
丙	米	200	180	50	70	10 000	12 600	9 000	14 000
合计	—	—	—	—	—	42 000	49 200	48 000	44 000

要求：

（1）分析三种商品销售量的综合变动情况，以及销售量的变动对销售额的影响额。

（2）分析三种商品销售价格的综合变动情况，以及价格的变动对销售额的影响额。

解：设 q 表示销售量，p 表示价格，根据数量指标综合指数和质量指标综合指数的公式，计算所需数据（5～7列）。

计算得到：$\sum q_0 p_0 = 42\ 000$（元），$\sum q_1 p_1 = 49\ 200$（元），$\sum q_1 p_0 = 48\ 000$（元）

（1）分析三种商品销售量的变动：

销售量总指数　　$K_q = \dfrac{\sum q_1 p_0}{\sum q_0 p_0} \times 100\% = \dfrac{48\ 000}{42\ 000} \times 100\% = 114.29\%$

销售量变动对销售额产生的影响：

$$\sum q_1 p_0 - \sum q_0 p_0 = 48\ 000 - 42\ 000 = 6\ 000\text{（元）}$$

三种商品销售量报告期比基期总的上升了 14.29%，由于三种商品销售量的上升，使销售额增加了 6 000 元。

（2）分析三种商品销售价格的变动：

$$K_p = \dfrac{\sum p_1 q_1}{\sum p_0 q_1} \times 100\% = \dfrac{49\ 200}{48\ 000} \times 100\% = 102.5\%$$

$$\sum q_1 p_1 - \sum p_0 q_1 = 49\ 200 - 48\ 000 = 1\ 200\text{（元）}$$

三种商品销售价格报告期比基期总的上涨了 2.5%，由于商品价格的上涨，使商品销售额增加了 1 200 元。也表明居民在维持报告期生活水平的情况下，由于物价上涨，多支出 1 200 元。

第三节　平均指标指数

综合指数是编制总指数的基本形式，它正确地反映了被研究现象总体动态变化的客观实际内容。但在实际统计工作中，有时由于受统计资料的限制，不能直接利用综合指数公式编制总指数。这时，须改变公式形式，根据综合指数公式推导出平均指标形式来编制总指数。以个体指数为基础采取平均指标形式编制的总指数，叫做平均指标指数（也称为平均数指数）。从综合指数公式推导出平均数指数公式形式有两种：加权算术平均数指数形式和加权调和平均数指数形式。通常情况下，加权算术平均数指数用于编制数量指标综合指数，加权调和平均数指数用于编制质量指标综合指数。但是作为一种独立指数形式的平均数指数，不只是作为综合指数的变形来使用，它本身具有广泛的应用价值。

一、平均指标指数的编制原理

平均指标指数的编制原理是：先对比后平均。

从例 4 - 1 的销售量和销售数据来看，先对比就是将各种商品的销售量和销售价格进行对比（计算个体指数），然后通过对个体指数的平均得到相应的总指数，这种方法就是"平均指数法"。相应的价格总指数和销售量总指数的公式为：

销售价格总指数：　　$k_p = \dfrac{\sum\limits_{i=1}^{n} \dfrac{p_{1i}}{p_{0i}}}{n}$　　　　(4.10)

销售量总指数：　　$k_q = \dfrac{\sum\limits_{i=1}^{n} \dfrac{q_{1i}}{q_{0i}}}{n}$　　　　(4.11)

从这两个公式来看，简单平均法也存在着不足之处，当我们将各种商品的个体指数作简单平均时，没有适当地考虑不同商品的重要性程度。如食盐和面粉的价格同时都上涨了20%，从公式计算上来看，对总指数的影响程度是相同的；再如食盐价格上涨了20%，面粉价格降低了20%，这两种价格指数相加后，恰好相互抵消。这显然是很不合理的，人们编制价格指数的主要目的之一，就是要考察价格变化对人们消费支出的影响，显然食盐和面粉价格的上涨和下降对人们的支出影响是不相同的。所以，从经济分析的角度来看，各种商品的重要性程度是有差异的，简单平均指数不能反映这种差异，因而难以满足分析的要求。

运用平均指数法编制总指数，就必须考虑各种商品的重要性程度，因此，我们应该用加权平均指数的编制方法，如编制数量指标指数或质量指标指数时，以基期或报告期的价值量指标（如销售额）作为权数，因为对社会经济影响程度的大小取决于总需求额的大小，即人们货币支出总额的大小。

（一）加权算术平均数指数

加权算术平均数指数的公式为：

$$K_q = \frac{\sum k_q p_0 q_0}{\sum p_0 q_0} \tag{4.12}$$

式中，$k_q = \frac{q_1}{q_0}$，为销售数量个体指数。

以基期价值量指标 $p_0 q_0$（销售额）为权重进行简单算术平均，把 k_q 代入公式：

$$K_q = \frac{\sum k_q p_0 q_0}{\sum p_0 q_0} = \frac{\sum \frac{q_1}{q_0} \times p_0 q_0}{\sum p_0 q_0} = \frac{\sum p_0 q_1}{\sum p_0 q_0}$$

推导结果表明：由算术平均数指数可以推导出数量指标综合指数，因此算术平均数指数反映的是数量指标的总变动。

【例4-5】　现将表4-3的资料改成表4-4。

表4-4　算术平均数指数计算表

商品名称	销售量个体指数 $k_q = \frac{q_1}{q_0}$	基期销售额 $p_0 q_0$（元）
甲	1.25	12 000
乙	1.20	20 000
丙	0.90	10 000
合计	—	42 000

要求：计算三种商品产量总指数，并分析由于三种商品产量变动对销售额的影响。

$$K_q = \frac{\sum k_q p_0 q_0}{\sum p_0 q_0} \times 100\%$$

$$= \frac{1.25 \times 12\ 000 + 1.2 \times 20\ 000 + 0.9 \times 10\ 000}{42\ 000} \times 100\%$$

$$= 114.29\%$$

$$\sum k_q p_0 q_0 - \sum p_0 q_0 = 48\ 000 - 42\ 000 = 6\ 000(元)$$

这个计算结果同用综合指数(拉氏指数)公式计算的结果完全一致。由此可见,如果编制指数时只掌握个体指数和基期资料,运用算术平均数公式编制总指数比较方便。

(二)加权调和平均数指数

其公式为

$$K_p = \frac{\sum p_1 q_1}{\sum \dfrac{1}{k_p} p_1 q_1} \tag{4.13}$$

式中, $k_p = \dfrac{p_1}{p_0}$,为销售价格个体指数。

以报告期价值量指标 $p_1 q_1$ (销售额)为权重进行加权调和平均指数的计算,把 k_p 代入公式:

$$K_p = \frac{\sum p_1 q_1}{\sum \dfrac{1}{k_p} p_1 q_1} = \frac{\sum p_1 q_1}{\sum \dfrac{p_0}{p_1} p_1 q_1} = \frac{\sum p_1 q_1}{\sum p_0 q_1}$$

推导结果表明:由调和平均数指数可以推导出质量指标综合指数,因此调和平均数指数反映的是现象质量指标的总变动。

【例4 - 6】　现仍以表4 - 3资料改成表4 - 5为例。

表4 - 5　调和平均数指数计算表

商品名称	商品价格个体指数 $k_p = \dfrac{p_1}{p_0}$	报告期商品销售额 $q_1 p_1$ (元)
甲	1.00	15 000
乙	0.90	21 600
丙	1.40	12 600
合计	—	49 200

要求:计算三种产品销售价格总指数,并分析三种商品价格变动对销售额的影响。

利用公式4.13,可计算价格指数:

$$K_p = \frac{\sum p_1 q_1}{\sum \dfrac{1}{k_p} p_1 q_1} \times 100\%$$

$$= \frac{49\ 200}{\dfrac{1}{1} \times 15\ 000 + \dfrac{1}{0.9} \times 21\ 600 + \dfrac{1}{1.40} \times 12\ 600} \times 100\%$$

$$= \frac{49\ 200}{48\ 000} \times 100\% = 102.5\%$$

$$\sum p_1 q_1 - \sum \frac{1}{k_p} p_1 q_1 = 49\ 200 - 48\ 000 = 1\ 200(元)$$

利用调和平均数指数公式计算的价格指数，与运用综合指数公式计算的价格指数，在经济内容和实际意义上是一样的。

所以，平均指数可以说是综合指数的一种变形应用，这种变形应用也是经常采用的方法。

二、平均指标对比指数

平均指标对比指数是两个平均指标在不同时间上对比的相对数。

（一）平均指标对比指数的分解

加权算术平均数受变量和权数两个因素的影响，x 是变量，f 是权数，起决定作用的是变量值本身的水平，也就是 x 的大小。在一般情况下（也就是次数分布接近正态分布的情况下），加权算术平均数会靠近出现次数最多的那个变量值。因此 f 起着一种权衡轻重的作用，次数又叫权数。

$$\bar{x} = \frac{\sum xf}{\sum f} = \sum x \cdot \frac{f}{\sum f} \tag{4.14}$$

加权算术平均数 = 变量 × 权数比率

权数比率就是相对数中的结构指标，又称构成指标。两个时期的加权算术平均数进行对比时，仍然存在着这两个因素的影响。平均指标对比指数的分解，是把两个因素分开编制成两个独立的指数。

（二）平均指标对比指数分解的一般公式

平均指标对比指数一般公式可以表示如下：

$$k = \frac{\bar{x}_1}{\bar{x}_0}$$

式中，$\bar{x}_1$——报告期某一经济量的平均指标；

$\bar{x}_0$——基期某一经济量的平均指标。

该公式表明报告期平均指标比基期平均指标上升或下降的程度。

常见的平均指标对比指数有平均工资指数、平均劳动生产率指数、平均单位成本指数等。

下面以平均工资指数为例，对平均指标对比指数的特征进行分析。

平均工资指数公式如下：

$$k = \frac{\bar{x}_1}{\bar{x}_0} = \frac{\dfrac{\sum x_1 f_1}{\sum f_1}}{\dfrac{\sum x_0 f_0}{\sum f_0}} \tag{4.15}$$

式中，$\bar{x}_1$——报告期平均工资；

$\bar{x}_0$——基期平均工资；

$\sum x_1 f_1$——报告期工资总额，即报告期各级平均工资乘以各级职工人数之和；

$\sum f_1$——报告期各级职工人数之和；

$\sum x_0 f_0$——基期工资总额，即基期各级平均工资乘以各级职工人数之和；

$\sum f_0$——基期各级职工人数之和。

这个平均工资指数可以改写成如下公式：

$$k = \frac{\sum x_1 \cdot \frac{f_1}{\sum f_1}}{\sum x_0 \cdot \frac{f_0}{\sum f_0}} \qquad (4.16)$$

从上面公式可以看出，平均工资指数反映两个因素变动的影响，即各级职工工资水平变动的影响和各级职工在全部职工总数中所占比重变动的影响。

所以，由于数据在分组的条件下，总平均指标的变动受两个因素的影响，一是各组平均指标 x 的变动（即各组变量水平的变动），二是各组单位数在总体单位总数中所占比重 $\frac{f}{\sum f}$ 的变动（即总体结构的变动），平均指标指数也就是这两个因素变动共同影响的结果。平均指标指数因素分析中，将各组单位数的比重视为数量因素，将各组平均水平视为质量因素。

基期总平均指标变化到报告期平均指标，其变化过程如下：

$$\frac{\sum x_0 f_0}{\sum f_0} \xrightarrow{f\text{变化}} \frac{\sum x_0 f_1}{\sum f_1} \xrightarrow{x\text{变化}} \frac{\sum x_1 f_1}{\sum f_1}$$

先假定基期各组平均指标 x 不变，总平均指标的变动完全是受各组单位数 f 的影响，接着再假定各组单位数 f 不变，总平均指标的变动完全是由于各组平均指标 x 的影响。

因此，为了分析这两个因素对总平均数变动的影响，需要分别计算以下指数：

1. 可变构成指数（$k_{可变}$）

可变构成指数是指在分组条件下，各组报告期总平均水平比基期总平均水平的变动程度。

$$k_{可变} = \frac{\overline{x_1}}{\overline{x_0}} = \frac{\frac{\sum x_1 f_1}{\sum f_1}}{\frac{\sum x_0 f_0}{\sum f_0}} \qquad (4.17)$$

2. 结构变动影响指数（$k_{结构}$）

结构变动影响指数是指在分组条件下，将总平均指标变动中的各组水平因素固定在基期水平上，单纯反映结构因素变动影响的总平均指标指数。

$$k_{结构} = \frac{\overline{x_{假定}}}{\overline{x_0}} = \frac{\frac{\sum x_0 f_1}{\sum f_1}}{\frac{\sum x_0 f_0}{\sum f_0}}$$

3. 固定构成指数（$k_{固定}$）

固定构成指数是指在分组条件下，将总平均指标变动的结构因素固定在报告期水平上，单纯反映各组平均水平变动影响的总平均指标指数。

$$k_{固定} = \frac{\bar{x}_1}{\bar{x}_{假定}} = \frac{\dfrac{\sum x_1 f_1}{\sum f_1}}{\dfrac{\sum x_0 f_1}{\sum f_1}}$$

以上三个指数之间存在如下关系：

$$k_{可变} = k_{结构} \cdot k_{固定}$$

形成如下平均指标体系：

相对数：

$$\frac{\dfrac{\sum x_1 f_1}{\sum f_1}}{\dfrac{\sum x_0 f_0}{\sum f_0}} = \frac{\dfrac{\sum x_0 f_1}{\sum f_1}}{\dfrac{\sum x_0 f_0}{\sum f_0}} \cdot \frac{\dfrac{\sum x_1 f_1}{\sum f_1}}{\dfrac{\sum x_0 f_1}{\sum f_1}}$$

绝对数：

$$\frac{\dfrac{\sum x_1 f_1}{\sum f_1}}{\dfrac{\sum x_0 f_1}{\sum f_1}} - \frac{\dfrac{\sum x_1 f_1}{\sum f_1}}{\dfrac{\sum x_0 f_0}{\sum f_0}} = \left(\frac{\dfrac{\sum x_0 f_1}{\sum f_1}}{\dfrac{\sum x_0 f_0}{\sum f_0}} - \frac{\dfrac{\sum x_1 f_1}{\sum f_1}}{\dfrac{\sum x_0 f_0}{\sum f_0}} \right) + \left(\frac{\dfrac{\sum x_1 f_1}{\sum f_1}}{\dfrac{\sum x_0 f_1}{\sum f_1}} - \frac{\dfrac{\sum x_0 f_1}{\sum f_1}}{\dfrac{\sum x_0 f_0}{\sum f_0}} \right)$$

（三）平均指标对比指数的分析

任何两个不同时期同一经济内容的平均指标对比都可以形成一个平均指标对比指数体系，应用指数体系可以对平均指标变动在相对数和绝对数两方面进行分析。

【例4-7】 某企业分技术人员和管理人员两类，其人数和平均工资如表4-6所示。

表4-6 某企业技术人员、管理人员平均工资指数计算表

组别	工人数		月平均工资(元)		工资总额(元)			
	基期	报告期	基期	报告期	基期	报告期	假定期	假定期
	f_0	f_1	x_0	x_1	$x_0 f_0$	$x_1 f_1$	$x_0 f_1$	$x_1 f_0$
技术人员	70	66	8 000	8 600	560 000	567 600	528 000	602 000
管理人员	30	74	5 000	5 500	150 000	407 000	37 000	165 000
合计	100	140	—	—	710 000	974 600	898 000	767 000

试对该企业全体员工的平均工资进行分析。

解：基期平均工资 $\bar{x}_0 = \dfrac{\sum x_0 f_0}{\sum f_0} = \dfrac{710\ 000}{100} = 7\ 100（元）$

报告期平均工资 $\bar{x}_1 = \dfrac{\sum x_1 f_1}{\sum f_1} = \dfrac{974\ 600}{140} = 6\ 960(元)$

平均工资指数 $k_{可变} = \dfrac{\bar{x}_1}{\bar{x}_0} \times 100\% = \dfrac{\sum x_1 f_1}{\sum f_1} / \dfrac{\sum x_0 f_0}{\sum f_0} \times 100\%$

$$= \dfrac{6\ 960}{7\ 100} \times 100\% = 98.03\%$$

$$\dfrac{\sum x_1 f_1}{\sum f_1} - \dfrac{\sum x_0 f_0}{\sum f_0} = 6\ 960 - 7\ 100 = -140(元)$$

计算结果表明，本企业总平均工资水平下降了 1.97%，总平均工资额下降了 140 元。但平均工资的变化受两个因素的影响，即各级工资水平和各组人数比重。我们要测定一个因素的影响程度，就必须将另一个因素的变化固定下来。现在我们先假设各级工资水平固定不变，人员结构发生变化，得到结构影响指数：

$$k_{结构} = \dfrac{\sum x_0 f_1}{\sum f_1} / \dfrac{\sum x_0 f_0}{\sum f_0} \times 100\%$$

$$= \dfrac{898\ 000}{140} \div \dfrac{710\ 000}{100} \times 100\% = \dfrac{6\ 410}{7\ 100} \times 100\% = 90.28\%$$

$$\dfrac{\sum x_0 f_1}{\sum f_1} - \dfrac{\sum x_0 f_0}{\sum f_0} = 6\ 410 - 7\ 100 = -690(元)$$

这个指数说明，假使工资水平仍和基期一样没有变化的话，那么由于技术人员、管理人员人数结构变化的影响，将使总的平均工资降低 9.72%，在绝对值上减少 690 元。

再假定各组人员结构固定不变，工资水平发生变化，得到固定构成工资指数：

$$k_{固定} = \dfrac{\sum x_1 f_1}{\sum f_1} / \dfrac{\sum x_0 f_1}{\sum f_1} \times 100\%$$

$$= \dfrac{974\ 600}{140} \div \dfrac{898\ 000}{140} \times 100\% = \dfrac{6\ 960}{6\ 410} \times 100\% = 108.58\%$$

$$\dfrac{\sum x_1 f_1}{\sum f_1} - \dfrac{\sum x_0 f_1}{\sum f_1} = 6\ 960 - 6\ 410 = 550(元)$$

这个指数说明，假使排除了职工人数结构变动的影响，则报告期总的工资水平比基期提高了 8.6%，在绝对值上增加了 550 元。

以上指数形成如下体系：

相对数：$98.03\% = 90.28\% \times 108.58\%$

绝对数：-140 元 $= -690$ 元 $+ 550$ 元

总的结果表明，由于技术人员、管理人员人数结构变化的影响，使总的平均工资降低 9.7%，在绝对值上减少 690 元；而报告期总的工资水平却比基期提高了 8.6%，在绝对值上增加了 550 元。两种因素共同影响，使得本企业总平均工资水平下降了 1.97%，总平均工资额下降了 140 元。

第四节　几种常用的统计指数

一、居民消费价格指数

居民消费价格(consumer price index，CPI)，是指城乡居民支付生活消费品和服务项目消费的价格，是社会产品和服务项目的最终价格。它同人民生活密切相关，在整个国民经济价格体系中具有极为重要的地位。居民消费价格指数是反映一定时期内居民消费价格变动趋势和变动程度的相对数。编制这一指数的目的，在于全面观察居民消费价格变动对居民生活的影响，为党政领导和决策部门掌握消费价格状况，研究和制定居民消费政策、价格政策、工资政策、货币政策以及进行国民经济核算提供科学依据。居民消费价格指数还是反映通货膨胀的重要指标。

编制居民消费价格指数的商品和服务项目基本是根据用途进行分类的，共分为 8 个大类，即食品、烟酒及用品、衣着、家庭设备用品及服务、医疗保健及个人用品、交通和通信、娱乐教育文化用品及服务、居住。食品类下设 6 个中类，即粮食、肉禽及其制品、蛋、水产品、鲜菜、在外用餐。其他大类也分别下设中、小类。一般在小类之下选择有代表性的商品和服务项目作为规格品编制指数。

居民消费价格指数采用加权算术平均公式编制。年度指数的计算以上年为基期的指数，月度指数分别计算以上年同期和上月为基期的同比和月环比两种指数。计算公式为：

$$K_p = \frac{\sum kW}{\sum W}$$

式中，K_p——居民消费价格总指数；

k——商品(或类)价格指数；

W——权数。

现以表 4-7 为例介绍某市居民消费价格指数的编制方法。

计算步骤如下：

(1)计算各个代表规格品的个体零售价格指数。如大米的个体零售价格指数为：

$$K_p = \frac{p_1}{p_0} \times 100\% = \frac{1.13}{1.20} \times 100\% = 94.17\%$$

(2)把各个个体物价指数乘以相应权数后相加，再计算其算术平均数，即得小类指数。如细粮小类指数为：

$$K_p = \frac{\sum k_p p_0 q_0}{\sum p_0 q_0} = \sum k_p W = 94.17\% \times 0.95 + 100\% \times 0.05 = 94.46\%$$

(3)把各个小类指数分别乘以相应的权数后，再计算其算术平均数，即得中类指数。如粮食中类指数为：

$$K_p = \sum k_p W = 94.46\% \times 0.99 + 110.38\% \times 0.01 = 94.62\%$$

表4-7 某市居民消费价格指数计算表

商品类别和名称	代表规格品的规格等级牌号	计量单位	平均牌价(元)		权数	以上年为基础	
			上年 p_0	本年 p_1		个体指数(%) $k_p = \dfrac{p_1}{p_0}$	个体指数乘以权数(%) $k_p W$
(甲)	(乙)	(丙)	(1)	(2)	(3)	$(4) = \dfrac{(2)}{(1)}$	$(5) = (4) \times (3)$
总指数					100		101.12
(一)食品类					46	99.05	45.56
1. 粮食种类					18	94.62	17.03
(1)细粮小类					99	94.46	93.52
大米	二等 粳米	千克	1.20	1.13	95	94.17	89.46
面粉	标准粉	千克	1.70	1.70	5	100.00	5.00
(2)粗粮小类					1	110.38	1.10
2. 肉禽及其制品					36	101.00	36.36
3. 蛋					5	101.00	5.05
4. 水产品					10	98.12	9.81
5. 鲜菜					16	95.36	15.25
6. 在外就餐					15	103.62	15.54
(二)烟酒及用品					8	102.34	8.19
(三)衣着					12	102.00	8.19
(四)家庭设备用品及服务					8	98.42	7.87
(五)医疗保健及个人用品					6	104.28	6.26
(六)交通和通信					7	100.54	7.04
(七)娱乐教育文化用品及教育					8	110.84	8.87
(八)居住					5	101.87	5.09

(4)把各种类指数乘以相应的权数后计算其算术平均数,即得大类指数。如食品类指数为:

$$K_p = \sum k_p W$$

$$= 94.62\% \times 0.18 + 101\% \times 0.36 + 101\% \times 0.05 + 98.12\% \times 0.1 +$$

$$95.36\% \times 0.16 + 103.62\% \times 0.15$$

$$= 99.045\%$$

(5)把各大类指数乘以相应的权数后计算其算术平均数即得总指数。

$$K_p = \sum k_p W$$

$$= 94.62\% \times 0.46 + 102.34\% \times 0.08 + 102\% \times 0.12 + 98.42\% \times 0.08 + 104.28\% \times$$

$$0.06 + 100.54\% \times 0.07 + 110.84\% \times 0.08 + 101.87\% \times 0.05$$

$$= 101.12\%$$

目前,我国的居民消费价格指数(CPI)主要反映居民消费价格的变动,在分类上也包含了居民居住类价格的变动,包括房租、自有住房以及水、电、燃气等项目。对租房者来说,其居住价格变动是通过实际租金来体现的。对拥有住房者来说,其居住价格变动时通过虚拟租金，即一定时期居民住房可能要付出的租金来体现。按国际惯例，商品房价格不直接计入居民消费价格指数。

二、农副产品收购价格指数

农副产品收购价格指数是反映市场上农副产品收购价格变动的趋势和程度的经济指标。目前农副产品的收购价格，包括农、林、牧、副、渔五业中实行国家定价、国家指导价和市场调节价三种价格形式的农副产品。农副产品收购价格指数中，包括粮食、经济作物、竹木材、工业用油及漆胶、禽畜产品、蚕茧蚕丝、干鲜果、干鲜菜及调味品、药材、土副产品、水产品等若干大类，每个大类又分若干小类，小类之下再分若干商品集团与代表规格品，指数中商品分类在全国是统一的。指数计算中的具体商品，各省、区、市可参照商品目录根据具体情况自行确定，但代表规格品仍按统一的商品目录规定执行。

为使指数的编制准确、及时，并与其体现的经济内容及其编制目的相符合，农副产品收购价格指数以报告期实际收购额为权数，按加权调和平均数指数公式计算。其计算公式为：

$$K_p = \frac{\sum p_1 q_1}{\sum \frac{1}{k} p_1 q_0}$$

式中，K_p——农副产品收购价格总（类）指数；

　　　k——单项农副产品收购价格指数；

　　　$p_1 q_1$——报告期各类农产品实际收购额。

现以某省农副产品收购价格总指数为例，说明其编制方法，如表4-8所示。

表4-8　某省农副产品收购价格指数计算表

商品类别和名称	代表规格品、规格等级	计量单位	平均价格		指数(%) $k_p = \frac{p_1}{p_0}$	收购金额（万元）	
			p_0	p_1		$p_1 q_1$	$\frac{1}{k_p} p_1 q_1$
（甲）	（乙）	（丙）	(1)	(2)	$(3)=\frac{(2)}{(1)}$	(4)	$(5)=\frac{(4)}{(3)}$
总指数					114.62	325 390	283 880.99
一、食品类					115.34	91 730	79 530.08
二、经济作物类					123.41	54 260	43 967.26
1. 棉花	7/8 细绒	千克	6.5	7.9	121.54	16 360	13 460.59
2. 麻	甲级青麻	千克	5.9	8.5	144.07	5 400	3 748.18
3. 烤烟	中部六级	千克	5.5	6.3	114.55	14 000	12 221.74
4. 芝麻	白95 成	千克	2.2	2.8	127.27	18 500	14 536.03
三、木材类					128.41	6 000	4 672.53
四、工业用油漆类					118.34	1 200	1 014.03
五、禽畜产品类					117.00	32 000	27 118.64
六、蚕丝类					135.68	7 200	5 306.60
七、干鲜果类					112.00	20 000	17 857.14
八、干鲜菜及调味品类					110.00	49 000	44 545.45
九、土特产品类					106.00	30 000	28 301.89
十、药材类					105.50	22 000	20 853.08
十一、水产品类					112.00	12 000	10 714.29

编制农副产品收购价格指数的步骤：

（1）计算各类代表规格品的个体物价指数，如棉花的个体物价指数为

$$k_p = \frac{p_1}{p_0} \times 100\% = \frac{7.9}{6.5} \times 100\% = 121.54\%$$

（2）把报告期的收购总额除以各代表规格品个体指数，即得按基期价格计算的收购金额，如棉花按基期价格计算的收购金额为

$$p_0 q_1 = \frac{1}{k_p} p_1 q_1 = \frac{16\ 360}{121.54\%} = 13\ 460.59（万元）$$

（3）计算各类商品的价格指数，如经济作物类的价格指数为

$$K_p = \frac{\sum p_1 q_1}{\sum \dfrac{1}{k_p} p_1 q_1} \times 100\%$$

$$= \frac{91\ 730 + 54\ 260 + \cdots + 22\ 000 + 12\ 000}{\dfrac{91\ 730}{1.1\ 534} + \dfrac{54\ 260}{1.2\ 341} + \cdots + \dfrac{22\ 000}{1.055} + \dfrac{12\ 000}{1.12}} \times 100\%$$

$$= \frac{325\ 390}{283\ 881} \times 100\% = 114.62\%$$

结果表明，该省农副产品收购价格提高了14.62%，由于收购价格提高，农民增加收入41 510万元。

三、股票价格指数

股票是由股份公司发给投资者作为入股的凭证，持有者有权分享公司的利益，同时也要承担公司的责任和风险。股票具有价值，并可作为商品转让。股票价值决定了股票价格，但是股票价格会受多种因素的影响而围绕着股票价值上下波动，有时这种波动幅度相当大。如股票的供求状况，当市场上可供投资的金融工具很少，股票发行量又很小时，供不应求的局面必然使股票成为抢手货，股票价格也就会大大高于其价值。相反，如果股票发行过多，则其价格必然低于其价值。除了供求关系以外，股票发行者经营业绩、政治经济形势的变化以及某些机构对股市的控制或操纵等，也都会对股票价格产生一定影响。正因为如此，股票价格的变动已成为反映一个国家或地区政治、经济形势变动的晴雨表。

下面介绍几种影响较大、计算方法有代表性的股价指数。

（一）道·琼斯股价指数

道·琼斯股价指数（DowJune's Stock Price Index）是由美国新闻出版商道·琼斯公司计算并发布的，是历史最悠久的股票价格指数。最初组成道·琼斯股票价格平均数的股票只有11种，采用简单算术平均法计算。后来几经变动，选择的股票种类不断增加，从1938年至今增加到65种，其中包括30种工业股票、20种交通运输业股票及15种公用事业股票，编制方法也从简单算术平均法改为平均修正法。由于各股份公司经常有股数增加和股票拆细的情况发生，这样，作为分母的股票总股数必然增加，促使单位股份降低，难以体现股票价格变动的真实情况，因此，需要对分母做适当处理，以免平均数受到影响。道·琼斯股票价格平均数以1928年10月1日为基期，即以该日的股份平均数为基数，以后各期股票价格同基期相比计算出来的百分数就成为各期的股票价格指数。

计算公式:

$$K_p = \frac{\overline{p}_1}{\overline{p}_0}$$

式中,$\overline{p}_1$——报告期入编股票平均价格;

$\overline{p}_0$——基期简单平均价格。

由于道·琼斯指数的采样股票数目较少,且多是热门股,缺乏广泛的代表性,并且没有考虑权数,导致少数几种流动性较小的股票因价格的大幅度涨落对平均数产生很大影响。

(二)上证指数体系

作为国内外普遍采用的衡量中国证券市场表现的权威统计指标,由上海证券交易所编制并发布的上证指数系列是一个包括上证180指数、上证50指数、上证综合指数、A股指数、B股指数、分类指数、债券指数、基金指数等的指数系列,其中最早编制的为上证综合指数。为推动长远的证券市场基础建设和规范化进程,2002年6月,上海证券交易所对原上证30指数进行了调整并更名为上证成份指数(简称上证180指数)。上证成份指数的编制方案,是结合中国证券市场的发展现状,借鉴国际经验,在原上证30指数编制方案的基础上作进一步完善后形成的,目的在于通过科学客观的方法挑选出最具代表性的样本股票,建立一个反映上海证券市场的概貌和运行状况、能够作为投资评价尺度及金融衍生品基础的基准指数。上证50指数是根据科学客观的方法,挑选上海证券市场规模大、流动性好的最具有代表性的50只股票组成样本股,以便综合反映上海证券市场最具市场影响力的一批龙头企业的整体状况。上证红利指数挑选在上证所上市的现金股息率高、分红比较稳定、具有一定规模及流动性的50只股票作为样本,以反映上海证券市场高红利股票的整体状况和走势。

上证指数系列从总体上和各个不同侧面反映了上海证券交易所上市证券品种价格的变动情况,可以反映不同行业的景气状况及其价格整体变动状况,从而给投资者提供不同的投资组合分析参照系。随着证券市场在国民经济中的地位日渐重要,上证指数也将逐步成为观察中国经济运行的"晴雨表"。

上海证券交易所股价指数系列共包括4类15个指数(见表4-9)。

表4-9 上海证券交易所股价指数列表

指数名称	基准日期	基准点数	成份股数量	成份股总股本数(亿股)
样本指数类				
沪深300	2004.12.31	1 000	300	4 250.09
上证180	2002.06.28	3 299.06	180	3 176.59
上证50	2006.12.31	1 000	50	2 235.05
红利指数	2004.12.31	1 000	50	1 455.14
综合指数类				
上证指数	1990.12.19	100	872	5 023.05

续表

指数名称	基准日期	基准点数	成份股数量	成份股总股本数（亿股）
分类指数类				
A 股指数	1990. 12. 19	100	819	4 919. 54
B 股指数	1992. 02. 21	100	53	103. 51
工业指数	1993. 04. 30	1 358. 78	561	3 128. 34
商业指数	1993. 04. 30	1 358. 78	56	154. 64
地产指数	1993. 04. 30	1 358. 78	22	80. 11
公用指数	1993. 04. 30	1 358. 78	87	904. 03
综合指数	1993. 04. 30	1 358. 78	134	755. 92
其他指数类				
基金指数	2000. 05. 08	1 000	25	466. 98
国债指数	2002. 12. 31	100	33	12 537. 07
企债指数	2002. 12. 31	100	44	—

截止日期：2005 年 12 月 30 日。

上证指数系列均采用帕氏加权综合价格指数公式计算：

$$K_p = \frac{\sum p_1 q_1}{\sum p_0 q_1}$$

式中，p_1——某股票当日收盘价；

p_0——某股票基日收盘价；

q_1——某股票当日发行量。

上证指数的计算范围是所有上市发行的股票，基日定为 1990 年 12 月 19 日（上海证券交易所正式营业日），基日指数为 100 点；上证 30 指数的计算范围是 30 家具有代表性的上市公司，以 1996 年 1—3 月的平均流通市值为基期，基日指数为 1 000 点。

（三）香港恒生指数

香港恒生指数是香港股票市场上历史最久、影响最大的股票价格指数，由香港恒生银行于 1969 年 11 月 24 日开始发表。

恒生股票价格指数包括从香港 500 多家上市公司中挑选出来的 33 家有代表性且经济实力雄厚的大公司股票作为成份股，分为四大类——4 种金融业股票、6 种公用事业股票、9 种地产业股票和 14 种其他工商业（包括航空和酒店）股票。这些股票占香港股票市值的 63.8%，涉及香港的各个行业，因此该股票指数具有较强的代表性。

恒生股票价格指数的编制是用拉氏指数的编制方法，以 1964 年 7 月 31 日为基期，因为这一天香港股市运行正常，成交值均匀，可反映整个香港股市的基本情况，基点确定为 100 点。其计算方法是将 33 种股票按每天的收盘价乘以各自的发行股数为计算日的市值，再与基期的市值相比较，乘以 100 就得出当天的股票价格指数。计算公式为：

$$K_p = \frac{\sum q_0 p_1}{\sum q_0 p_0}$$

式中，p_1——某股票当日收盘价；

　　p_0——某股票基日收盘价；

　　q_1——某股票当日发行量。

由于恒生股票价格指数所选择的基期适当，因此，不论股票市场狂升或暴跌，还是处于正常交易水平，恒生股票价格指数基本上能反映整个股市的活动情况。

恒生股票价格指数自1969年发表以来，已经过多次调整。1980年8月香港当局通过立法，将香港证券交易所、远东交易所、金银证券交易所和九龙证券所合并为香港联合证券交易所，在目前的香港股票市场上，只有恒生股票价格指数与新产生的香港指数并存，香港的其他股票价格指数均不复存在。

（四）美国标准普尔500指数

美国标准普尔500指数（S&P 500 Index）于1928年开始公布，最初入编的股票有223种，到1957年扩大到500种，包括400种工业股、20种运输股、40种金融股和40种公共事业股，对比基期为1941—1942年，以基期发行量为权数。

$$K_p = \frac{\sum q_0 p_1}{\sum q_0 p_0}$$

式中，p_1——报告期各种股票的价格；

　　p_0——基期各种股票的价格；

　　q_0——基期股票发行量。

四、房地产价格指数

房地产价格指数是反映房屋销售、租赁和土地交易过程中房地产价格水平变动趋势和变动程度的相对数。它是房屋销售价格指数、房屋租赁价格指数和土地交易价格指数的统称。

1. 房屋销售价格指数

该指数反映商品房、公有房屋和私有房屋各大类房屋销售价格的变动情况。其中，商品房细分为经济适用房、普通住房、高档公寓等各类住宅，以及商业用房、写字楼等非住宅。在房屋销售价格指数的计算中，小类指数以报告期的销售收入作为计算权数，大类指数和总指数以上年全市各类房屋的销售额作为权数，采用加权算术平均法计算。

2. 房屋租赁价格指数

该指数反映住宅、办公用房、商业用房、厂房、仓库的租赁价格变动情况。房屋租赁价格指数的计算与房屋销售价格指数的计算相同，小类指数以报告期的租赁收入作为计算权数，大类和总指数以上年全市各类房屋的租赁额作为权数，采用加权算术平均法计算。

3. 土地交易价格指数

该指数反映房地产开发商或其他建设单位为取得土地使用权而实际支付价格的变动情况。土地交易价格指数主要分类为住宅用地、工业用地、商业和旅游用地等，它以上年各类用地的成交额作为权数，采用加权算术平均法计算。

房地产价格指数采用重点调查与典型调查相结合的方法取得被调查项目的价格资料，然后采用由下而上逐级汇总的方法编制。以房屋销售价格指数为例，具体的计算方法如下。

（1）计算调查对象（样本楼盘、土地等）的个体价格指数：

$$k_i = \frac{p_{1i}}{p_{0i}}$$

（2）计算调查细项（如多层、高层等）和小类价格指数：

$$K = \frac{\sum W_i}{\sum \dfrac{W_i}{k_i}}$$

其中，k_i 为细项中第 i 个调查对象的个体指数；p_{1i} 和 p_{0i} 分别为第 i 个调查对象的报告期和基期单价；K 为细项指数；W_i 代表权数，即细项中不同调查对象的报告期销售额。

（3）计算中类（如住宅、非住宅）、大类（如商品房、二手房）价格指数：

$$K = \frac{\sum k_i W_i}{\sum W_i}$$

其中，K 为某中、大类指数，k_i 为该中、大类下某小类的价格指数；W_i 为中、大类权数，即某中、大类上年销售额占全社会销售额的比重。

按照方案要求，计算房地产价格指数需要取得报告期样本价格和与之同质可比的房地产（房屋、土地、租赁、物业，下同）基期价格资料。样本价格为报告期销售金额最大的那种类型的价格。由于房地产市场的特殊性，房地产交易属一次性买卖，因此，样本确定及同质可比的基期价格，一般由基层统计人员按方案提供的方法进行确定，尤其是基期价格的确定，其技术性要求很强。目前，受各基层统计人员业务素质参差不齐影响，难免产生误差，这一问题往往需要省市一级的专业统计人员深入实地加强调研，加以纠正。

思考与练习

（一）单项选择题

1. 能分解为固定构成指数和结构影响指数的平均数指数，它的分子、分母通常是（　　）。

A. 简单调和平均数　　　　　　　　　　B. 简单算术平均数

C. 加权调和平均数　　　　　　　　　　D. 加权算术平均数

2. 编制综合指数数量指标指数（数量指标指数化）时，其同度量因数最好固定在（　　）。

A. 报告期　　　　　B. 基期　　　　　C. 计划期　　　　　D. 任意时期

3. 平均价格可变构成指数的公式是（　　）。

A. $\dfrac{\sum p_1 q_1}{\sum q_1} / \dfrac{\sum p_0 q_1}{\sum q_1}$　　　　　　　　B. $\dfrac{\sum p_0 q_1}{\sum q_1} / \dfrac{\sum p_0 q_0}{\sum q_0}$

C. $\dfrac{\sum p_1 q_1}{\sum q_1} / \dfrac{\sum p_0 q_0}{\sum q_0}$　　　　　　　　D. $\dfrac{\sum p_0 q_1}{\sum q_1} / \dfrac{\sum p_1 q_0}{\sum q_0}$

4. 平均指标指数可以分解为两个指数，所以( )。

A. 任何平均指标都能分解

B. 加权算术平均指标和加权调和平均指标才能分解

C. 只有加权算术平均指标才能分解

D. 按加权算术平均法计算的平均指标，并有变量数值和权数资料时才能进行分解

5. 某企业报告期产量比基期增长了10%，生产费用增长了8%，则其单位成本降低了( )。

A. 1.8%　　　　　　B. 2%　　　　　　C. 20%　　　　　　D. 18%

6. 狭义指数是反映( )数量综合变动的方法。

A. 有限总体　　　B. 无限总体　　　C. 复杂总体　　　D. 简单总体

7. 数量指标综合指数 $\dfrac{\sum q_1 p_0}{\sum q_0 p_0}$ 变形为加权算术平均数时的权数是( )。

A. $q_1 p_1$　　　　　B. $q_0 p_0$　　　　　C. $q_1 p_0$　　　　　D. $q_0 p_1$

8. 在由3个指数所组成的指数体系中，两个因素指数的同度量因数通常( )。

A. 都固定在基期　　　　　　　　　B. 都固定在报告期

C. 一个固定在基期，一个固定在报告期　　D. 采用基期和报告期的平均数

9. 固定权数的加权算术平均数价格指数的计算公式是( )。

A. $\dfrac{\sum \dfrac{p_1}{p_0} W}{\sum W}$　　　B. $\dfrac{\sum \dfrac{q_1}{q_0} W}{\sum W}$　　　C. $\dfrac{\sum W}{\sum \dfrac{1}{k}}$　　　D. $\dfrac{\sum W}{\sum \dfrac{p_1}{p_0} W}$

10. 如果生活费用指数上涨了20%，则1元钱( )。

A. 只值原来的0.8元　　　　　　　B. 只值原来的0.83元

C. 与原来的1元钱等值　　　　　　D. 无法与原来比较

11. $\sum q_1 p_0 - \sum q_0 p_0$ 表示( )。

A. 由于价格变动而引起的产值增减数　　B. 由于价格变动而引起的产量增减数

C. 由于产量变动而引起的价格增减数　　D. 由于产量变动而引起的产值增减数

12. 如果产值增加50%，职工人数增长20%，则全员劳动生产率将增长( )。

A. 25%　　　　　　B. 30%　　　　　　C. 70%　　　　　　D. 150%

13. 某商品的价格发生变化，现在的100元只值原来的90元，则价格指数为( )。

A. 10%　　　　　　B. 90%　　　　　　C. 110%　　　　　　D. 111%

14. 加权调和平均指数用于编制( )。

A. 工业生产指数　　　　　　　　　B. 零售商品价格指数

C. 居民消费价格指数　　　　　　　D. 农副产品收购价格指数

(二)判断题

1. 统计指数的本质是对简单相对数的平均。( )

2. 在编制综合指数时，虽然将同度量因素加以固定，但是，同度量因素仍起权数作用。( )

3. 在编制总指数时经常采用非全面统计资料仅仅是为了节约人力、物力和财力。
（　）

4. 拉氏数量指数并不是编制数量指标综合指数的唯一公式。（　）

5. 在平均指标变动因素分析中，可变构成指数是专门用以反映总体构成变化影响的指数。（　）

6. 在由三个指数构成的指数体系中，两个因素指数的同度量因素指标是不同的。
（　）

7. 价格降低后，同样多的人民币可以多购商品 15%，则价格指数应为 85%。（　）

8. 固定权数的平均数指数公式在使用时，数量指标指数和质量指标指数有不同的公式。（　）

9. 说明现象总的规模和水平变动情况的统计指数是质量指数。（　）

10. 我国物价指数的编制，一般采用统计报表资料作为权数计算平均数指数。（　）

（三）计算题

1. 某市几种主要副食品价格调整前后资料如下：

副食品类别	调整前		调整后	
	零售价（元/千克）	销售量（万千克）	零售价（元/千克）	销售量（万千克）
蔬菜	0.30	5.00	0.40	5.20
猪肉	2.20	4.46	2.44	5.52
鲜蛋	1.80	1.20	1.92	1.15
水产品	6.80	1.15	7.60	1.30

试计算：

（1）各商品零售物价和销售量的个体指数。

（2）四种商品物价和销售量的总指数。

（3）由于每种商品和全部商品价格变动使该市居民增加支出的金额。

2. 某地区 2009—2010 年三种鲜果产品收购资料如下：

鲜果名称	2009 年		2010 年	
	旺季平均价格（元/千克）	收购额（万元）	旺季平均价格（元/千克）	收购额（万元）
苹果	110	250	118	300
香蕉	120	300	128	330
鲜桃	98	80	106	120

　　试计算三种鲜果产品收购价格指数,说明该地区 2010 年较 2009 年鲜果收购价格的提高程度,以及由于收购价格提高使农民增加的收入。

　　3. 试根据以下关于某企业三种产品产值和产量动态的资料,计算三种产品产量总指数,以及由于产量增加使企业增加的产值。

产品名称	实际产值(万元)		2010 年比 2000 年产量增长(%)
	2000 年	2010 年	
甲	400	4 260	74
乙	848	1 135	10
丙	700	1 432	40

　　4. 某企业资料如下表所示:

商品名称	总产值(万元)		报告期出厂价格比基期增长(%)
	基期	报告期	
甲	145	168	12
乙	220	276	15
丙	350	378	5

　　要求:
　　(1)计算出厂价格指数和由于价格变化而增加的产值。
　　(2)计算总产值指数和产品产量指数。
　　(3)试从相对数和绝对数两方面简要分析总产值变动所受的因素影响。

　　5. 某企业全员劳动生产率资料如下表所示:

车间	平均职工人数(人)		全员劳动生产率(元/人)	
	一季度	二季度	一季度	二季度
甲	900	600	1 500	2 000
乙	1 100	1 400	2 909	3 429

　　要求:试从相对数和绝对数两方面简要分析该企业全员劳动生产率二季度比一季度变动所受的因素影响。

　　6. 根据下列资料,计算某市粮食物价指数、副食品物价指数、食品类物价指数和全部零售商品物价指数。

类别和项目	权数	组指数或类指数（％）
一、食品类	48	
（一）粮食	25	
1.细粮	98	100.0
2.粗粮	2	100.0
（二）副食品	48	
1.食用植物油及油料	6	106.1
2.食盐	2	100.0
3.鲜菜	17	96.7
4.干菜	4	101.7
5.肉禽蛋	38	122.7
6.水产品	21	140.2
7.调味品	5	98.6
8.食糖	7	103.0
（三）烟酒类	13	102.3
（四）其他食品	14	108.1
二、衣着类	16	116.4
三、家庭设备及用品类	10	109.7
四、医疗保健类	3	98.0
五、交通和通讯工具类	3	105.2
六、娱乐教育文化类	8	108.0
七、居住类	7	128.3
八、服务项目类	5	112.6

7. 某省农副产品收购价格和收购金额如下：

商品类别和名称	代表规格品等级	计量单位	平均价格（元）		指数（％）	报告期实际收购额（元）
			基期	报告期		
总指数						
一、粮食类						90 000
稻谷	二级	千克	1.74	1.76	101.15	60 000
小麦	中等	千克	2.62	2.66	101.53	20 000
玉米	中等	千克	2.20	2.26	102.73	10 000
二、经济作物类					105.11	50 000

续表

商品类别和名称	代表规格品等级	计量单位	平均价格(元)		指数(%)	报告期实际收购额(元)
			基期	报告期		
三、木材类					104.23	20 000
四、工业用油漆类					101.23	35 000
五、禽畜产品类					99.36	15 000
六、蚕丝类					101.35	10 000
七、干鲜果类					102.38	30 000
八、干鲜菜及调味品类					108.40	50 000
九、土特产品类					105.40	30 000
十、药材类					102.50	40 000
十一、水产品类					98.60	10 000

要求:

(1)计算各类产品按基期价格计算的收购额。

(2)计算该省农副产品收购价格总指数。

8. 某企业报告期生产的甲、乙、丙三种产品的总产值分别是 80 万元、32 万元、150 万元,产品价格报告期和基期相比分别为 105%、100%、98%,该企业总产值报告期比基期增长了 8.5%。试计算三种产品产量和价格总指数以及对总产值的影响。

9. 某地区社会商品零售额报告期为 9.89 亿元,比基期增加 1.29 亿元,零售物价指数上涨了 3%,试分析报告期比基期的商品销售量的变动情况。

10. 某地区市场销售额,报告期为 40 万元,比上年增加了 5 万元,销售量与上年相比上升 3%。试计算:

(1)市场销售量总指数。

(2)市场销售价格总指数。

(3)由于销售量变动对销售额的影响。

11. 某地区,甲、乙、丙、丁四种产品的个体零售价格指数分别为 110%、104%、108%、118%,它们的固定权数分别为 11%、29%、35%、25%,试计算这四种商品的零售物价指数。

12. 某企业 2010 年和 2009 年的产值和职工人数资料如下:

年份	产值(万元)	职工人数(人)	
		总人数	其中:生产工人数
2009	450	800	640
2010	650	840	714

试分析该企业 2010 年比 2009 年产值增长中各个因素变动的影响作用。

（1）就生产工人及工人劳动生产率两个因素进行分析。

（2）就职工人数、生产工人占职工人数比重及工人劳动生产率三个因素进行分析。

以上两种分析，都要计算相对影响程度和绝对影响额。

13. 某化工厂两种产品产量和原材料耗用的资料如下：

产品名称	产量（吨）		原材料名称	每吨产品原材料消耗量（吨）		每吨原材料价格（元）	
	基期	报告期		基期	报告期	基期	报告期
	q_0	q_1		m_0	m_1	p_0	p_1
电石	10	11	石灰石	0.85	0.84	25.0	25.0
			焦炭	0.55	0.54	90.0	86.0
石灰	9	10	石灰石	2.00	2.00	7.0	6.8
			焦炭	0.14	0.15	90.0	86.0

试分析原材料费用总额变动受各因素变动的影响程度和影响绝对额。

14. 某企业基期和报告期工人基本工资如下：

按技术级别分组	基期		报告期	
	工人数（人）	平均工资（元）	工人数（人）	平均工资（元）
5 级以上	45	600	50	680
3～4 级	120	500	180	540
1～2 级	40	300	135	370

试分析该企业职工工资水平变动情况（从相对数和绝对数两方面分析）。

第五章　抽样推断

大学生平均每月的生活支出有多少？

为了解大学生日常生活费用支出及生活费用来源状况，2002 年 4 月，中国人民大学财政金融学院的 6 名学生，对在校本科生的月生活费支出问题进行了抽样调查。本次问卷调查对在校男女本科生共发放问卷 300 份，回收问卷 291 份，其中有效问卷共 265 份。调查数据经整理后，得到全部 265 名学生和按性别划分的男女学生的生活费支出数据，如右表所示。

按支出分组(元)	学生数(人)
300 以下	4
300～400	41
400～500	74
500～600	62
600～700	33
700 以上	51
合计	265

根据抽样结果使用 95% 的置信水平得到的估计结论是：全校本科生的月生活费平均水平在 520.79～554.31 元之间；男生的月生活费平均水平在 505.39～552.19 元之间；女生的月生活费平均水平在 522.04～570.44 元之间。

调查还对生活费支出结构和生活费来源进行了分析。结果表明，生活费的主要来源都集中在父母供给，其他来源依次是勤工俭学、助学贷款及其他。生活费的主要支出集中在伙食费上，其他支出依次是衣着、娱乐休闲、学习用品、日化用品。

学习要求：明确抽样推断的概念、特点、作用；理解抽样误差的影响因素；掌握抽样平均误差的计算方法，简单随机抽样下总体参数的区间估计，必要样本数量的确定原理及方法；掌握使用 Excel 软件进行区间估计。初步具备在实际工作中正确运用抽样方法收集资料并据以做准确推断的能力。

主要内容：

第一节　抽样推断概述

统计抽样推断是统计学研究的重要内容，它包括两大核心内容：参数估计（parameter estimation）和假设检验（hypothesis testing）。参数估计对所要研究的总体参数进行合乎数理逻辑的推断；假设检验对先前提出的某个陈述进行检验，判断真伪。

一、抽样推断的概念

抽样推断又称抽样调查或抽样估计，是一种非全面的调查方法。它是按随机原则，从全部研究对象总体中抽取一部分样本单位进行调查，并依据其数据，对全部研究对象的数量特征作出具有一定可靠程度的估计和推断，从而达到认识现象总体数量特征和数量表现的一种统计方法。

所谓随机原则，即是在抽取样本时，排除人们主观意图的作用，使得总体中的各单位均以相等的机会被抽中。随机原则又称为等可能原则。例如，从一定面积的小麦中，通过随机抽样，抽取若干地块实割实测，计算平均亩产，以此来推断全部面积的小麦产量。再如，对一批产品进行质量检查时，从全部产品中随机抽取部分产品进行检测，计算合格率，以此来推断全部产品的合格率等。

二、抽样推断的特点

抽样推断方法与其他统计调查方法相比，具有省时、省力、快捷的特点，从而能以较小的代价及时获得总体的有关信息。

（1）根据样本资料对总体的数量特征作出具有一定可靠性的估计和推断。我们可以用样本的平均数或成数来估计总体的平均数或成数。抽样调查与全面调查相比，虽然目的一致，都是为了达到对总体数量的认识，但是达到目的的手段和途径完全不同。抽样推断是通过科学的推断达到目的的，全面调查是通过综合汇总达到目的的。

（2）按照随机性原则从全部总体中抽取样本单位。遵循随机性原则抽取样本是为了保证样本对总体具有充分的代表性，避免人为的误差。也只有按随机性原则抽样，才能根据样本的数量特征对总体的数量特征进行科学的估计，从而达到推断总体的目的。

（3）抽样推断必然会产生抽样误差，这是抽样推断方法本身所决定的。抽样误差是可以事先通过一定的资料加以计算的，并可以在抽样过程中采取一定的措施来控制误差的范围，从而保证抽样推断的结果达到一定的可靠程度，但抽样误差是不可能消除的。

三、抽样推断中常用的基本概念

（一）全及总体和抽样总体

1. 全及总体

抽样推断中所要认识对象的全体，叫全及总体，也叫母体，简称总体，它是具有某种共同性质或特征的许多单位的集合体。全及总体的单位数通常用 N 来表示。对于一个总体来说，若被研究的标志是品质标志，则将这个总体称为属性总体，如研究性别差异的新生婴儿总体、研究完好情况的设备总体都是属性总体。若被研究的标志是数量标志，则将此总体称为变量总体,如反映体重和身高的学生总体、反映工资高低的商业职工总体等都是变量总体。

如果总体的单位数是有限的,则称该总体为有限总体;如果总体的单位数是无限的,则称该总体为无限总体。

2. 抽样总体(简称样本或子样)

抽样总体是指按随机原则从总体中抽取一部分单位组成的一个小总体。其中容纳的单位个数叫样本容量,用 n 表示。样本单位数总是大于 1 而小于全及总体单位数,即 $1 < n < N$。无论是有限总体还是无限总体,对比全及总体的单位数来说,样本单位数是个很小很小的数,它可以是全及总体单位数的几分之一乃至几万分之一。统计上把样本单位数与全及总体单位数之比称为抽样比例,即 n/N。

样本按照样本单位数多少分为大样本和小样本。一般来讲,样本单位数达到或越过 30 个称为大样本,否则称为小样本。对社会经济现象的抽样调查多取大样本,自然实验观测则多取小样本。

研究对象一经确定,则总体也就确定了。但作为观察对象的样本就不是这样。从一个总体可以多取很多个样本,每次可能抽到哪个样本不是确定的,也不是唯一的。明白这一点,对于理解抽样推断是很重要的。

(二)全及指标和抽样指标

1. 全及指标

全及指标是根据全及总体各个单位的标志值或标志特征计算的、反映总体某种属性的综合指标,用全及总体计算的全及指标,又称为总体参数,是唯一确定的值。

不同性质的总体,需要计算不同的全及指标。对于变量总体,由于各单位的标志可以用数量来表示,所以变量总体中的指标可以计算总体平均数、总体标准差、总体方差。

总体平均数:
$$\bar{X} = \frac{\sum X}{N} \tag{5.1}$$

总体标准差:
$$\sigma = \sqrt{\frac{\sum (X - \bar{X})^2}{N}} \tag{5.2}$$

总体方差:
$$\sigma^2 = \frac{\sum (X - \bar{X})^2}{N} \tag{5.3}$$

对于属性总体,由于各单位的标志不可以用数量来表示,只能用一定的文字加以描述,所以,就应该计算结构相对指标,称为总体成数,用 P 表示。它说明总体中具有某种标志的单位数在总体中所占的比重。变量总体也可以计算成数,即总体单位数在所规定的某变量值以上或以下的比重,视同具有或不具有某种属性的单位数比重。所以,对于属性总体,计算的全及指标有:总体成数,成数方差。

设总体 N 个单位中,有 N_1 个单位具有某种属性,N_0 个单位不具有某种属性,$N_1 + N_0 = N$,P 为总体中具有某种属性的单位数所占的比重,则

总体成数:
$$P = \frac{N_1}{N} \tag{5.4}$$

成数方差:
$$\sigma_P^2 = P(1 - P) \tag{5.5}$$

全及指标所反映的总体范围是明确的,指标的计算方法是已知的,所以全及指标的数值是客观存在的、唯一的确定值。当然这个定值又是未知的,这才需要用抽样来估计它。

2. 抽样指标

由抽样总体各个标志值或标志特征计算的综合指标称为抽样指标,又称样本统计量。如研究的样本单位是数量标志的,样本抽样指标有抽样平均数$\bar{x}$、样本标准差s_i和样本方差s_i^2等。

样本平均数:
$$\bar{x} = \frac{\sum x}{n} \tag{5.6}$$

样本标准差:
$$s_i = \sqrt{\frac{\sum (x - \bar{x})^2}{n - 1}} \tag{5.7}$$

样本方差:
$$s_i^2 = \frac{\sum (x - \bar{x})^2}{n - 1} \tag{5.8}$$

样本方差是用样本数据个数减1后去除离差平方和,其中样本数据个数减1即$n - 1$称为自由度。(注:自由度指的是计算某一统计量时,取值不受限制的变量个数。通常用df表示,$df = n - k$。其中n为样本含量,k为被限制的条件数或变量个数)

如研究的样本单位是品质标志的,样本抽样指标有:抽样成数p,成数方差s_p^2。

设样本n个单位中有n_1个单位具有某种属性,n_0个单位不具有某种属性,$n_1 + n_0 = n$,p为样本中具有某种属性的单位数所占的比重,则:

抽样成数:
$$p = \frac{n_1}{n} \tag{5.9}$$

样本成数方差:
$$s_p^2 = p(1 - p) \tag{5.10}$$

抽样指标的数值在客观上并不是唯一确定的,而是随样本变化的,既然样本是随机抽取的,所以抽样指标是样本变量的函数,是随机变量。当抽取了某一个样本以后,其抽样指标的数值是可以计算的,但这个数值只是所有可能出现的数值中的一种,其出现也只是一种随机性的结果而已。

(三)重复抽样与不重复抽样

抽样推断首先要抽取样本,就具体方法而言有重复抽样与不重复抽样之分。

1. 重复抽样

重复抽样又叫有放还抽样或重置抽样。它是每抽出一个样本单位后,把结果记录下来,随即将该单位放回到总体中去,使它和其余的单位在下一次抽选中具有同等被抽中的机会。在重复抽样过程中,总体单位数始终保持不变,并且同一个单位有多次被抽中的可能性。

2. 不重复抽样

不重复抽样又叫无放还抽样或不重置抽样。它是每抽出一个样本单位后,把结果记录下来,该单位就不再放回到总体中去参加以后的抽选。在不重复抽样过程中,总体单位数逐渐减少,并且每个单位至多只有一次被抽中的可能性。

不重复抽样的结果,其精度要比重复抽样高,因为它的样本的代表性更好。

四、抽样的组织方式

抽样推断分析是以有效取得各项实际资料为基础的，要保证抽样估计的准确性和可靠性，实践中必须结合一定的抽样推断组织方式搞好抽样设计工作。根据随机抽样的原则，结合具体研究对象的性质以及调查工作的目的和条件，在统计工作实践中，主要有五种抽样的组织方式，即简单随机抽样、类型抽样、等距抽样、整群抽样和多阶段抽样。

1. 简单随机抽样

简单随机抽样又叫纯随机抽样，它对总体单位不作任何分类整理。而是直接从总体中随机抽取一部分单位来组成样本。简单随机抽样从理论上说是最符合随机原则的，可以保证全及总体中的每个单位都有同等的机会选取出来作为样本，是设计其他抽样方式的基础，也是衡量其他抽样方式抽样效果的标准。

采用这种组织形式时，可用编号抽签的方法，给全及总体各个单位编号，并做成号签，把号签掺和起来，形成明确的抽样框。所谓抽样框就是可以选择作为样本的许多单位或个体所组成的总体。从中任意抽取所需要的单位数，然后按照抽中的号码对调查单位依次进行登记。以上各节讨论的抽样方法都是简单随机抽样，并由此确定抽选的必要单位数目。

简单随机抽样最遵循随机原则，但不一定能保证样本单位在总体中分布的均匀性；适宜于单位数不多，标志变异较小、分布较均匀的总体。

2. 类型抽样

类型抽样又称分类抽样、分层抽样，它是指对总体各单位先按某一标志进行分组，然后再从各组中按随机原则抽选一定数目的单位组成样本。类型抽样通过分组，把总体中标志值比较接近的单位归为一组，使各单位的分布比较均匀，从而使样本的结构趋近于总体的结构，提高所选样本的代表性，取得比较好的抽样效果。在各层分配样本单位数的方法主要有两种：

（1）比例分配法（等比例分层抽样）。按各层单位数在全部总体单位数中所占比例，在每层中抽出相同比例的样本。每层的样本容量为：

$$n_i = n \frac{N_i}{N} \tag{5.11}$$

式中，n_i——各组抽取的样本单位数；

$\quad n$——抽样单位总数（即 $n = n_1 + n_2 + \cdots + n_n$）；

$\quad N_i$——各组总体单位数；

$\quad N$——全及总体单位数。

（2）奈曼最佳分配法。考虑每层中总体单位的变异程度不同，在样本容量一定的条件下，变异大的层样本容量也大，变异小的层样本容量也小。每层的样本容量为：

$$n_i = n \frac{N_i \sigma_i}{\sum_{i=1}^{k} N_i \sigma_i} \tag{5.12}$$

式中，σ_i——各层的标准差。

（3）分层抽样的平均误计算。

重复抽样：

$$\mu = \sqrt{\overline{\dfrac{\sigma_i^2}{n}}} \tag{5.13}$$

$$\mu_p = \sqrt{\dfrac{P(1-P)}{n}} \tag{5.14}$$

不重复抽样：

$$\mu = \sqrt{\overline{\dfrac{\sigma_i^2}{n}}\left(\dfrac{N-n}{N-1}\right)} \tag{5.15}$$

$$\mu_p = \sqrt{\dfrac{P(1-P)}{n}\left(1-\dfrac{n}{N}\right)} \tag{5.16}$$

式中，$\overline{\sigma_i^2}$——各层层内方差的平均数。

类型抽样能保证样本分布的均匀性，样本具有很好的代表性，抽样误差较简单随机抽样小；不仅能对总体进行推断，而且能对各层子总体进行推断；对于层间是全面调查，对于层内是抽样调查，抽样误差产生于层内，因此分层时应尽量减少层内差异而增大层间差异。

3. 等距抽样

等距抽样也称为机械抽样。它是事先将全及总体各单位按某一标志顺序排列，然后依固定间隔来抽选调查单位的一种抽样方法。由于排队时所根据的标志不同，故有两种等距抽样方法。

（1）无关标志排队法。在将总体单位进行排队时，采用与调查项目没有关系的标志排队，然后按相等的间距进行抽选样本，其抽样起点 r 随机确定，即 r 可以为第一个抽样距离内的任一个总体单位，$1 \leqslant r \leqslant k$，$k$ 称为抽样间隔或抽样距离。

这是实际工作中常用的一种方法。如产品质量检验，即每隔一定的时间间隔或产量间隔抽取一件产品进行检验，一直抽到预定的样本单位数为止，它的抽样误差十分接近简单随机抽样的误差。为简单起见，可以采用简单随机抽样误差公式来近似地反映，即：

$$\mu_x = \dfrac{\sigma}{\sqrt{n}} \quad \text{或}\ \mu_x = \sqrt{\dfrac{\sigma^2}{n}\left(1-\dfrac{n}{N}\right)} \tag{5.17}$$

（2）有关标志排队法。按照与调查项目内容有关系的标志排队，即把全及总体按有关标志排队，然后按相等的间距抽选样本。这种方法可以看作一种情况特殊的分类抽样，不同的是分类更细致、组数更多，而在每个组内只抽选一个样本单位。因此，一般认为可以用类型抽样的误差公式来计算抽样误差，即：

$$\mu_x = \sqrt{\dfrac{\sigma_i^2}{n}} \quad \text{或}\ \mu_x = \sqrt{\dfrac{\sigma_i^2}{n}\left(1-\dfrac{n}{N}\right)} \tag{5.18}$$

4. 整群抽样

整群抽样也称集团抽样、区域抽样或分群随机抽样，它是将总体各单位按一定的标准分成若干群，然后以群为单位从中随机抽取一部分群，对抽中群的所有单位进行全面调查的组织方式。整群抽样的特点是抽取样本比较方便，容易组织。但是，整群抽样的过程会导致样本单位过于集中，影响样本的代表性。

　　整群抽样对群体的划分可以是人为的，也可以是自然形成的。人为划分群体通常可以要求群体大小相等或接近。自然形成的群体则往往大小不等。当群体大小悬殊时，宜采用与群体规模成比例的不等概率的抽样方法来抽取样本群体，其参数估计的公式也有所不同。因此，为简便起见，划分群体时应使各群体所含的总体单位数尽可能相等。

　　整群抽样一般都是按不重复抽样方法进行的，所以抽样平均误差为：

$$\mu_x = \sqrt{\frac{\delta^2}{r} \cdot \frac{R-1}{r-1}} \qquad (5.19)$$

式中：R——全及总体总划分的群数；

　　　　r——被抽选的群数；

　　　　δ^2——群间方差。

　　整群抽样只需对各群体进行编号，大大简化了抽样组织工作；由于样本单位比较集中，便于集中力量去调查，也便于组织和管理。但样本单位在总体中的分布不够均匀，样本的代表性可能较差。与分层抽样相反，整群抽样在群内是全面调查，在群间是抽样调查，抽样误差产生于群间，因而应尽量减少群间差异，扩大群内差异。

　　5. 多阶段抽样

　　先将一个很大的总体划分为若干个子总体，即一阶单位，再把一阶单位划分为若干个更小的单位，称为二阶单位，照此继续下去划分出更小的单位，依次称为三阶单位、四阶单位等。然后分别按随机原则逐阶段抽样。

　　例如，我国农产量调查：省（区、市）→县→乡→村→地块→样本点；我国职工家庭调查：省（区、市）→城市→单位→职工家庭。

第二节　抽样误差

一、抽样误差的概念

　　在统计推断中通常所讲的误差，是指调查所获得的统计指标数值与调查总体未知客观现象的实际数量之间的差别。统计误差一般分为登记性误差和代表性误差。

　　登记性误差，是指在调查和整理资料的过程中，由于主客观原因引起登记或计算错误所产生的误差。这种误差存在于全面调查和非全面调查之中。一般情况下，登记性误差和登记计算量成正比。

　　代表性误差，是由于样本各单位的结构不足以代表总体特征而产生的误差。代表性误差的发生有以下两种情况：一是由于违反抽样调查的随机原则，人为地、有意识地选取样本单位进行调查而引起的抽样误差，称为系统性误差，这是可以避免的。另一种情况是，即使遵守随机原则，也会由于被抽取的样本不足以完全代表总体而产生的误差，称为偶然性的代表性误差。如抽样平均数与总体平均数的离差，抽样成数与总体成数的离差等。这种代表性误差是抽样推断无法消除的。我们所说的抽样误差，就是指这种偶然性的代表性误差。

二、影响抽样误差的因素

为了计算和控制抽样平均误差，需要分析影响抽样误差的因素。抽样平均误差大小主要受以下四个因素的影响。

1. 全及总体标志的变异程度

全及总体标志变异程度越大，抽样平均误差就越大；反之，全及总体标志变异程度越小，则抽样平均误差越小。两者成正比关系变化。例如，总体各单位标志值都相等，即标准差为零时，那么抽样指标就等于全及指标，抽样平均误差也就不存在了。这时每个单位都可作代表，平均指标也无须计算了。

2. 样本容量的多少

在其他条件不变的情况下，抽取的单位数越多，抽样平均误差越小；样本单位数越少，抽样平均误差越大。抽样平均误差的大小和样本单位数成相反关系变化，这时因为样本容量越多，样本单位数在全及总体中的比例越高，抽样总体会越接近全及总体的基本特征，总体特征就越能在抽样总体中得到真实的反映。假定样本容量扩大到与总体单位数相等时，抽样推断就变成全面调查，抽样指标等于全及指标，实际上就不存在抽样误差。

3. 抽样方法

抽样方法有重复抽样和不重复抽样两种。在其他条件相同时，不重复抽样的抽样误差一般小于重复抽样的误差，这是因为不重复抽样避免了总体单位的重复选中，因而更能反映总体结构，故抽样误差会较小。

4. 抽样的组织方式

采取不同的抽样组织方式，所抽取出的样本对于总体的代表性也不相同，因此抽样组织方式影响抽样误差的大小。在实践中，可以利用不同的抽样组织方式下抽样误差的大小来判断不同方式的有效性。

三、抽样平均误差

1. 抽样平均误差的概念

由于样本是按随机原则抽取的，故在同一总体中，按相同的样本容量，可以抽取出许多不同的样本，而每次抽出的样本都可以计算出相应的抽样平均数、抽样成数和抽样误差，即从理论上说每个样本都有不同的抽样误差，它们带有偶然性。有的可能是正误差，有的可能是负误差；有的可能大一些，有的可能小一些。为了用样本指标去推算总体指标，就需要计算这些抽样误差的平均数，这就是抽样平均误差，用以反映抽样误差的一般水平。

抽样平均误差的作用主要有两个方面。首先，它是抽样推断的基础。用抽样指标去推算全及指标，是离不开抽样平均误差的。其次，它是衡量样本指标代表性大小的尺度。抽样平均误差越小，样本指标与全及指标的离差就越小，样本的代表性也就越大；反之，代表性就越小。

2. 抽样平均误差的计算

抽样平均误差是反映抽样误差的一般水平指标，通常用抽样平均数（或抽样成数）的标准差来度量。通常用符号 μ 来表示抽样平均误差。用 $\mu_{\bar{x}}$ 表示平均数的抽样平均误差，用 μ_p

代表成数的抽样平均误差。计算公式如下：

$$\mu_{\bar{x}} = \sqrt{\frac{\sum (\bar{x} - \bar{X})^2}{K}} \qquad (5.20)$$

$$\mu_p = \sqrt{\frac{p(1-p)}{K}} \qquad (5.21)$$

式中，$\bar{x}$——抽样平均指标；

$\quad \bar{X}$——全及平均指标；

$\quad p$——样本成数；

$\quad K$——抽样平均指标的个数，即可能的样本数量。

需要指出的是，由于在公式中出现了 $\bar{X}$ 和 p，这也正是抽样调查所要计算出的数值，实践中这两个数值是不知道的，所以，在实际中是无法采用上述方法去计算抽样平均误差的。其原因是通常只抽取一个样本，所以往往是不能直接地用所有的样本平均数和总体平均数来计算抽样平均误差。

在实际运用中，根据数理统计理论，在重复抽样条件下，抽样平均误差与全及总体的标准差成正比关系，与抽样总体单位数平方根成反比关系，从而可以得出一个计算抽样平均误差的转化公式。

$$\mu_{\bar{x}} = \sqrt{\frac{\sigma^2}{n}} = \frac{\sigma}{\sqrt{n}} \qquad (5.22)$$

在不重复抽样的条件下，计算抽样平均误差的转化公式为：

$$\mu_{\bar{x}} = \sqrt{\frac{\sigma^2}{n} \cdot \frac{N-n}{N-1}} \qquad (5.23)$$

在总体单位数 N 很大的情况下，可以近似地表示为：

$$\mu_{\bar{x}} = \sqrt{\frac{\sigma^2}{n}\left(1 - \frac{n}{N}\right)} \qquad (5.24)$$

在掌握抽样平均数的平均误差公式的基础上，再来探求抽样成数的平均误差公式是比较简便的。只需将全及成数的标准差平方代替公式中全及平均数的标准差的平方，就可以得到抽样成数的平均误差公式。

重复抽样成数的平均误差

$$\mu_p = \sqrt{\frac{p(1-p)}{n}} \qquad (5.25)$$

不重复抽样成数的平均误差

$$\mu_p = \sqrt{\frac{p(1-p)}{n}\left(1 - \frac{n}{N}\right)} \qquad (5.26)$$

应用以上的方法计算抽样平均误差的时候要注意：

第一，上述公式中的标准差和成数是全及总体的标准差和成数，但是全及总体的指标通常是未知的，所以在计算过程中一般用样本的标准差和成数来代替，得到近似值。

第二，上述不重复抽样的公式中，如果抽样单位数相对较少，而全及总体单位数相对很多，则 $1 - \frac{n}{N}$ 这个系数接近于 1，乘上这个系数后，对平均误差的影响不大。所以，在实际工作中，对不重复抽样的情况往往也采用重复抽样公式计算抽样平均误差。

【例 5 - 1】 某灯泡厂对 100 000 个产品进行使用寿命检验，随机抽取 500 个样本进行测试，所得资料如表 5 - 1 所示。求这批灯泡寿命的抽样平均误差。

表 5 - 1 抽样产品使用寿命资料表

使用时间（小时）	抽样检查电灯泡数（个）
850 以下	50
850 ~ 950	100
950 ~ 1 050	150
1 050 ~ 1 150	110
1 150 ~ 1 250	70
1 250 以上	20
合计	500

解：电灯泡平均使用时间 $\bar{x} = 1\ 022$（小时）

电灯泡平均使用时间标准差 $\sigma = 130.06$（小时）

灯泡使用时间抽样平均误差：

重复抽样：$\mu_{\bar{x}} = \sqrt{\dfrac{\sigma^2}{n}} = \sqrt{\dfrac{130.06^2}{500}}$

$$= 5.52（小时）$$

不重复抽样：$\mu_{\bar{x}} = \sqrt{\dfrac{\sigma^2}{n}\left(1 - \dfrac{n}{N}\right)} = \sqrt{\dfrac{130.06^2}{500} \times \left(1 - \dfrac{500}{100\ 000}\right)} = 5.80（小时）$

【例 5 - 2】 某大学有 4 500 名学生，采用不重复抽样的方法从中抽取 10% 的学生，调查其每月生活费用支出情况。抽样结果显示，学生平均每人每月生活费用支出 350 元，标准差 80 元，生活费用支出在 500 元以上的学生占全部学生的 20%。试求抽样平均误差。

解：由题意可知：

$N = 4\ 500$，$n = 4\ 500 \times 10\% = 450$，$\bar{x} = 350$，$\sigma = 80$，$p = 20\%$，则有

重复抽样：$\mu_{\bar{x}} = \sqrt{\dfrac{\sigma^2}{n}\left(1 - \dfrac{n}{N}\right)} = \sqrt{\dfrac{80^2}{450} \times \left(1 - \dfrac{450}{4\ 500}\right)} = 3.58（元）$

不重复抽样：

$$\mu_p = \sqrt{\frac{p(1-p)}{n}\left(1 - \frac{n}{N}\right)} = \sqrt{\frac{20\% \times (1 - 20\%)}{450} \times \left(1 - \frac{450}{4\ 500}\right)} = 1.79\%$$

四、抽样极限误差

（一）抽样极限误差的含义

用抽样指标来估计总体指标，要达到完全准确，毫无误差，这几乎是不可能的。估计误差的大小则是非常重要的。力争估计误差小一些，这样估计的结论就有较大的参考价值；而误差越大，估计的结论参考价值就越小；当误差超过了一定程度，估计就会毫无价值。所以在进行抽样估计时，应该根据所研究对象的差异程度和分析任务的需要，确定可允许的误差范围，并将估计误差控制在这一范围以内。这一范围称为抽样极限误差。

抽样极限误差是指样本指标和全及指标之间抽样误差的可能范围。由于全及指标是客观存在的唯一确定的数值，而样本指标是随可能出现的不同样本而取值并围绕全及指标变动的一个随机变量，因而样本指标与全及指标可能产生正或负、大或小的离差。极限误差就是指变动的样本指标与确定的全及指标之间离差的可能范围。

设 $\Delta_{\bar{x}}$ 与 Δ_p 分别表示抽样平均数与抽样成数的抽样极限误差，则有

$$\Delta_{\bar{x}} = |\bar{x} - \bar{X}|$$

$$\Delta_p = |p - P|$$

将上面等式经过变换，可以得到下列不等式：

$$\overline{X} - \Delta_{\bar{x}} \leqslant \bar{x} \leqslant \overline{X} + \Delta_{\bar{x}}$$
$$P - \Delta_p \leqslant p \leqslant P + \Delta_p$$

以上不等式表示，抽样平均数 $\bar{x}$ 是以全及平均数 $\overline{X}$ 为中心，在 $\overline{X} \pm \Delta_{\bar{x}}$ 之间变动；抽样成数 p 是以全及成数 P 为中心，在 $P \pm \Delta_p$ 之间变动。抽样误差范围是以 $\overline{X}$ 或 P 为中心的两个 Δ 的距离，这是抽样误差范围的原意。但是由于全及指标是个未知的数值，而抽样指标通过实测是可以求得的。因此，抽样误差范围的实际意义是要求被估计的全及指标 $\overline{X}$ 或 P 落在抽样指标一定范围内，即落在 $\bar{x} \pm \Delta_{\bar{x}}$ 或 $p \pm \Delta_p$ 的范围内。所以，将前面的不等式进行移项，可得：

$$\bar{x} - \Delta_{\bar{x}} \leqslant \overline{X} \leqslant \bar{x} + \Delta_{\bar{x}} \tag{5.27}$$
$$p - \Delta_p \leqslant P \leqslant p + \Delta_p \tag{5.28}$$

（二）抽样极限误差的计算

抽样平均误差是表明抽样估计的准确度，抽样极限误差是表明抽样估计准确程度的范围。所以，抽样极限误差通常要以抽样平均误差为标准进行衡量。

例如，大学生的平均身高 170 厘米，抽样误差 1 厘米时，大学生的平均身高在 169 厘米到 171 厘米之间（$\bar{x} \pm 1\mu_{\bar{x}}$）；如果将抽样误差扩大 1 倍，即 2 厘米，也就是说，推断全体大学生平均身高在 168~172 厘米的范围之内（$\bar{x} \pm 2\mu_{\bar{x}}$）；如果抽样误差扩大到 1 厘米的 3 倍，那么大学生的平均身高在 167~173 厘米的范围之内（$\bar{x} \pm 3\mu_{\bar{x}}$）。

上例说明抽样极限误差 Δ 与抽样平均误差 μ 的关系，即：Δ 是用一定倍数的 μ 表示的抽样指标与全及指标之间的绝对离差。这里的倍数通常用 t 来表示。t 称概率度，它是指以抽样平均误差 μ 为尺度来衡量的相对误差范围，在数理统计中常称之为置信度。只要给定 t 值就可以计算出极限误差了。公式表示为：

$$\Delta_{\bar{x}} = |\bar{x} - \overline{X}| = t\mu_{\bar{x}} \tag{5.29}$$
$$\Delta_p = |p - P| = t\mu_p \tag{5.30}$$

第三节　抽样估计

一、抽样推断要求

抽样推断的目的是用样本指标去推断总体指标，由于存在抽样平均误差，这种推断不可能是很精确的，问题在于对这个误差的大小要有一个科学的判断。

前面提到抽样指标是一个随机变量，但当我们抽取了一个样本时，该样本指标就是一个定值。所谓抽样推断就是按已经抽定的样本指标（样本平均数或样本成数）来估计总体指标（总体平均数或总体成数），或其所在的区间范围。一般来说，用抽样指标估计总体指标应该有三个要求或标准，满足了这三个要求，就可以认为是合理的估计或优良的估计。

1. 无偏性

无偏性即用抽样指标估计总体指标，要求所有可能样本指标的平均数等于被估计的总体指标。也就是说，虽然每一次的抽样指标和未知的总体指标可能不相同，但在多次反复的抽样中各个抽样指标的平均数应该等于总体指标，即抽样指标的估计平均来说是没有偏差的。

例如，样本平均数 $\bar{x}$ 和样本成数 p 分别满足：

$$E(\bar{x}) = \mu;\ E(p) = \pi$$

式中，E 表示数学期望，即算术平均数，所以样本平均数（成数）是总体平均数（成数）的无偏估计。

2. 一致性

一致性即用抽样指标估计总体指标，要求当样本容量充分大时，抽样指标也充分地靠近总体指标。换句话说，随着样本单位数 n 的无限增大，抽样指标和未知的总体指标之间的绝对离差为任意小的可能性也趋于必然性。根据概率论中的大数定律可知：对于任意给定的正数 ε 有：

$$\lim_{n\to\infty}P(\,|\bar{x}-\mu|<\varepsilon) = 1;\ \lim_{n\to\infty}P(\,|p-\pi|<\varepsilon) = 1 \qquad (5.31)$$

上式表明，当样本容量越来越大时，样本平均数（样本成数）与总体平均数（总体成数）的偏差小于任意给定的正数 ε 的可能性趋近于 1 的概率，即几乎是一定发生的。因此，样本估计量是总体参数的一致估计量。

3. 有效性

有效性要求样本估计量估计和推断总体参数时，作为估计量的标准差比其他估计量的标准差小。如果一个无偏估计量 $\hat{\theta}_1$ 在所有无偏估计量中标准差最小，即：

$$\sigma(\hat{\theta}_1) \leqslant \sigma(\hat{\theta}) \qquad (5.32)$$

式中，$\hat{\theta}$ 为任意一个无偏估计量，则 $\hat{\theta}_1$ 是有效估计量，或称该估计量具有有效性。显然，如果某总体参数具有两个不同的无偏估计量，希望确定哪一个是更有效的估计量，自然应该选择标准差小的那个。估计量的标准差愈小，根据它推导出接近于总体参数估计的值的机会愈大。

我们可以证明：样本平均数（成数）推断总体平均数（成数）均能满足优良估计的三条标准。

二、抽样推断的方法

用样本指标去推断总体指标数值的方法有两种，即点估计和区间估计。

1. 点估计

点估计也叫定值估计（或直接估计），就是把样本平均数或样本成数直接作为总体平均数或总体成数的估计值，而不考虑抽样误差的一种抽样推断方法。

例如，某地区对小麦产量进行抽样调查，测得平均亩产为 350 千克，据此就直接推断该地区小麦的平均亩产为 350 千克。

又如，某电子元件厂对某天生产的产品进行质量检测，随机抽取 5% 的产品进行检测，得到的合格率为 98.45%，据此则可推测这一天生产的所有产品合格率为 98.45% 了。

点估计的方法简单方便。一般在样本单位数比较大、实际要求不高的情况下采用这种方法。但是，由于点估计不考虑抽样误差，不能说明推断估计的准确性和可靠性，所以在实际应用中常受到限制。

2. 区间估计

区间估计是用样本指标推断总体指标的主要方法，即根据给定的概率保证程度，利用样本指标和抽样平均误差推断总体指标可能落入的范围。

　　区间估计不像点估计那样用一个样本指标直接代替总体指标，而是根据样本指标和抽样平均误差计算总体指标的范围。因此，区间估计得到的结果有一个下限与上限，下限与上限构成一个区间，在统计上称之为置信区间，总体指标落在这个范围内都是可信的。这表明区间估计得到的结果不是一个确定的数值，而是一个可能的范围，同时还要指明这个估计的可靠程度，即置信度。

　　置信区间就是前面介绍极限误差时已经引出的区间，即：

$$\bar{x} - \Delta_{\bar{x}} \leqslant \bar{X} \leqslant \bar{x} + \Delta_{\bar{x}}$$

$$p - \Delta_p \leqslant P \leqslant p + \Delta_p$$

或者

$$\bar{x} - t\mu_{\bar{x}} \leqslant \bar{X} \leqslant \bar{x} + t\mu_{\bar{x}}$$

$$p - t\mu_p \leqslant P \leqslant p + t\mu_p$$

　　这里，区间$(\bar{x} - t\mu_{\bar{x}}, \bar{x} + t\mu_{\bar{x}})$和$(p - t\mu_p, p + t\mu_p)$就是置信区间，我们估计总体平均数和成数可能分别会落在这两个区间里面。但是，总体平均数和成数是否一定会在所设计的区间内呢，显然这是不一定的。因为这两个区间都是以样本指标为中心来设计的，这样的区间也就会随着抽到的样本变化而变化，不同的样本，对应的置信区间也就不同，当然不能指望总体指标一定会落在随机出现的某一置信区间内。也就是说，对于根据样本资料推断要求而构造设计的置信区间来讲，总体指标可能会在区间内，也可能不在区间内，这是一个随机现象。只能用概率来描述总体指标存在于这一区间的可能性大小，从而表明这一估计的可靠程度（即置信度）的高低。

　　怎样确定样本指标落在一定误差范围内的概率和抽样估计的可靠程度呢？数理统计证明，概率度和概率之间保持一定的函数关系，即概率是概率度的函数。用P表示概率以说明抽样估计的可靠程度，其函数关系可表示为：

$$P = F(t)$$

　　在正态分布的情况下，从总体中随机抽取一个样本加以观察，则该样本抽样指标落在某一范围$(\bar{x} - t\mu_{\bar{x}} \leqslant \bar{X} \leqslant \bar{x} + t\mu_{\bar{x}})$内的概率，是用占正态曲线面积的大小表示的。正态分布曲线与横轴围成的面积等于1。用正态分布曲线说明抽样指标出现的概率，就是当以全及平均数$\bar{X}$为中心加减一个平均误差$\mu_{\bar{x}}$为范围时所包括的面积为68.27%，表明落在此范围内的各个抽样指标占总体所有可能样本抽样指标的68.27%，或者说，从总体中随机抽取一个样本的抽样指标落在这个范围内的概率为68.27%。而当以$\bar{x} \pm 2\mu_{\bar{x}}$为范围时所包括的曲线面积为95.45%，表明落在此范围内的各个抽样指标占总体所有可能样本抽样指标的95.45%，或者说，从总体中任取一个样本的抽样指标落在这个范围内的概率为95.45%，等等。由此可见，随着概率度t的不断增大，概率P的数值也随着增大以至逐渐接近于1，使抽样推断达到完全可靠的程度。正态分布及其曲线下的面积如图5-1所示。

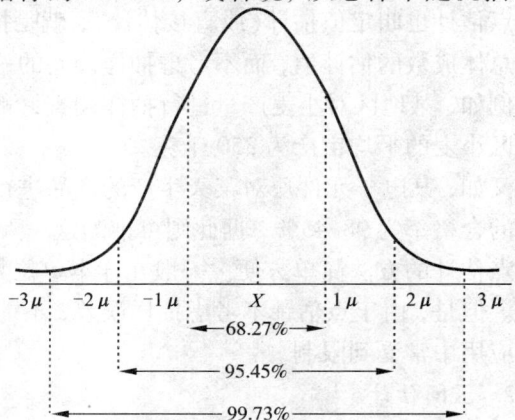

图5-1　正态分布及其曲线下的面积图

应用正态分布曲线,把概率度和抽样误差范围 Δ 联系起来,便可得到抽样推断全及指标在一定范围内的概率保证程度。在统计抽样推断中常用的概率和概率度如表 5－2 所示。

表 5－2　概率度与概率对照表(部分)

概率度 t	误差范围(Δ)	概率 $F(t)$	概率度 t	误差范围(Δ)	概率 $F(t)$
0.5	0.5μ	0.382 9	1.96	1.96μ	0.950 0
1.00	1.00μ	0.682 7	2.00	2.00μ	0.954 5
1.50	1.50μ	0.866 4	3.00	3.00μ	0.997 3

也就是说,在进行总体指标区间估计的时候,只要同时具备了估计值、抽样误差范围和概率保证程度这三个要素,就可以得到所需要的置信区间了,其具体步骤如下:

第一步,根据抽样资料,计算抽样平均数或抽样成数;计算样本标准差或成数方差及抽样平均误差。

第二步,根据所需要的把握程度,确定概率度 t,并计算抽样极限误差。

第三步,根据样本指标和极限误差,估计出总体指标所在的区间范围。

【例 5－3】　利用例 5－2 的资料,在 95.45% 的概率保证程度下估计全体学生月平均生活费用的可能范围,以及月生活费用在 500 元以上的学生所占比重的可能范围。

解:根据前面的计算知: $\bar{x} = 350$ 元, $p = 20\%$, $\mu_{\bar{x}} = 3.58$ 元, $\mu_p = 1.79\%$

且 $F(t) = 95.45\%$,查表可得 $t = 2$,

则:
$$\Delta_{\bar{x}} = t\mu_{\bar{x}} = 2 \times 3.58 = 7.16(\text{元})$$
$$\Delta_p = t\mu_p = 2 \times 1.79\% = 3.58\%$$

然后就可以得到学生月平均生活费用的可能范围为:
$$350 - 7.16 \leqslant \bar{X} \leqslant 350 + 7.16 \text{ 即 } 342.84 \leqslant \bar{X} \leqslant 357.16$$

月生活费用在 500 元以上学生所占比重的可能范围为:
$$20\% - 3.58\% \leqslant P \leqslant 20\% + 3.58\% \text{ 即 } 16.42\% \leqslant P \leqslant 23.58\%$$

第四节　样本容量的确定

一、确定样本容量的意义和原则

在选定适合对象特点的抽样组织方式之后,就须决定从总体中抽取多少个样本单位才是必要的。因为当进行一项抽样推断时,抽取的样本单位数越多,所得的抽样推断资料的代表性就越高,抽样推断的效果就越好;反之,如果样本容量越少,所得的抽样推断资料的代表性就越低。可见,样本容量不能过少,过少抽样推断就不能达到预期的效果。但是,样本容量也不能过多,过多就会增加人力、物力和费用,也影响抽样推断资料的及时提供。因此,在抽样推断时,认真研究和确定一个必要的样本容量,对于省时、省力又能保证较好的抽样推断效果,无疑是具有重要意义的。确定必要样本容量的原则是:在保证抽样推断能达到预期的可靠程度和精确程度的要求下,确定一个恰当的抽取样本单位的数目。

二、影响样本容量的因素

根据以上原则确定样本容量,首先决定于调查者对一项抽样推断的可靠程度和精确程度的要求。如果要求抽样的可靠程度和精确程度比较高,那么样本容量就要多些;反之,就可以少些。

其次,样本容量决定于总体标志的变异程度。总体标志变异程度越大,需抽取的样本单位数就越多;反之,需抽样的样本单位数越少。

再次,样本容量决定于不同的抽样组织方法。一般来说,类型抽样和机械抽样比简单随机抽样需要的样本容量少,单个抽样比整群抽样需要的样本容量少,不重复抽样比重复抽样需要的样本容量少。

最后,按上述依据确定的样本容量,还要结合调查所需人力、物力和财力等情况加以适当调整,然后作出最后的确定。

由此可见,上述几个方面都是确定样本容量的依据,在应用时应加以综合考虑,不能孤立地仅仅依据其中一二项因素来确定。

三、确定样本容量的计算方法

在抽样推断前,调查者通常需要根据调查对象的特点和研究目的,提出两个主要要求:第一,抽样推断的误差范围或极限误差不得大于多少,这就规定了误差范围的值;第二,抽样推断的结果要有多大的把握程度,这就规定了概率度 t 值。可见,样本容量的确定方法,是从 $\Delta = t\mu$ 这个计算公式推导出来的。

(1)在重复抽样条件下,推断总体平均数所需要的样本容量为:

$$n_{\bar{x}} = \frac{t^2\sigma^2}{\Delta_{\bar{x}}^2} \qquad (5.33)$$

推断总体成数所需要的样本容量为:

$$n_p = \frac{t^2 p(1-p)}{\Delta_p^2} \qquad (5.34)$$

(2)在不重复抽样条件下,推断总体平均数所需要的样本容量为:

$$n_{\bar{x}} = \frac{t^2\sigma^2 N}{N\Delta_{\bar{x}}^2 + t^2\sigma^2} \qquad (5.35)$$

推断总体成数所需要的样本容量为:

$$n_p = \frac{t^2 p(1-p) N}{N\Delta_p^2 + t^2 p(1-p)} \qquad (5.36)$$

按照上面的公式来计算样本容量时,须事先取得全及总体的标准差 σ 或 $p(1-p)$。在实际工作中,一般可以根据以往统计资料来确定;如果以往没有这方面资料可供利用,那么可在组织正式抽样推断之前先进行试验性抽样推断,用抽样指标的标准差 s 或 $p(1-p)$ 来代替。此外,组织抽样推断,有时对一个全及总体,应用抽样资料既要推断全及总体平均数,又要推断全及总体成数,但依据计算必要样本容量的公式分别确定的样本容量往往是不相等的。这就出现了应该用哪个样本容量的问题。在实际工作中,为了都能满足对全及平均数、全及成数推断的要求,通常采用其中较大的样本容量 n 作为统一的样本容量。

【例 5 - 4】　某市拟组织城镇居民家庭生活消费支出水平抽样调查。根据以往调查资料得知,城镇居民人均生活消费支出的标准差为 102 元,试求在 95% 的概率保证下,极限误差不超过 30 元,采用简单随机抽样方式时,应从全市 40 000 户居民中抽取多少户居民?如果极限误差要求控制在 15 元以内,应抽多少户?

解:已知 $N = 40\ 000$,$\sigma = 102$,同时由 $F(t) = 95\%$,查表可得 $t = 1.96$

(1)在重复抽样时,若极限误差不超过 30 元时,必要样本容量为:

$$n_{\bar{x}} = \frac{t^2 \sigma^2}{\Delta_{\bar{x}}^2} = \frac{1.96^2 \times 102^2}{30^2} = 44.4(\text{户}) \rightarrow 45(\text{户})$$

若极限误差不超过 15 元,则必要样本容量为:

$$n_{\bar{x}} = \frac{t^2 \sigma^2}{\Delta_{\bar{x}}^2} = \frac{1.96^2 \times 102^2}{15^2} = 177.6(\text{户}) \rightarrow 178(\text{户})$$

(2)在不重复抽样时,若极限误差不超过 30 元,则必要样本容量为:

$$n_{\bar{x}} = \frac{t^2 \sigma^2 N}{N\Delta_{\bar{x}}^2 + t^2 \sigma^2} = \frac{1.96^2 \times 102^2 \times 40\ 000}{40\ 000 \times 30^2 + 1.96^2 \times 102^2} = 44.3(\text{户}) \rightarrow 45(\text{户})$$

若极限误差不超过 15 元,则必要样本容量为:

$$n_{\bar{x}} = \frac{t^2 \sigma^2 N}{N\Delta_{\bar{x}}^2 + t^2 \sigma^2} = \frac{1.96^2 \times 102^2 \times 40\ 000}{40\ 000 \times 15^2 + 1.96^2 \times 102^2} = 176.9(\text{户}) \rightarrow 177(\text{户})$$

第五节　运用 Excel 进行区间估计

在实际进行的抽样推断中,往往借助于计算机和相关的软件来完成,其中比较简单和常见的是使用 Excel 工作表来进行推断。下面将简单地对于利用 Excel 做区间估计的过程进行介绍。

CONFIDENCE(Alpha, Standard-dev, Size)函数是 Excel 中用于抽样推断的基本函数。在此函数中,关系到三个变量,分别是:

Alpha:用于计算把握程度显著水平的参数。此参数为 1 与把握程度之差,亦即,如果把握程度为 95%,则此参数为 1 - 95% = 0.05。

Standard-dev:数据区域的总体标准差,假设为已知(实际中,总体标准差未知时通常用样本标准差代替)。

Size:样本容量(即 n)。

在 Excel 中单击插入函数,则会弹出函数的选择界面(如图 5 - 2 所示)。

然后选择常用函数中的 CONFIDENCE 函数,接下来则会弹出如图 5 - 3 所示的对话框。

在此对话框中输入相关数据,再确定,就可以得到输出的数据了。此输出数据为误差范围,即 $\Delta_{\bar{x}}$ 或 Δ_p。取得误差范围以后就可以进行推断了。

【例 5 - 5】　某自行车厂从生产的一批 10 000 个自行车轮胎中随机抽取 1% 进行质量检验。调查结果显示,轮胎的平均寿命为 5 000 公里。试以 95% 的把握对这批自行车轮胎

图 5-2 函数的选择

图 5-3 选择抽样推断的基本函数(CONFIDENCE 函数)

的平均寿命区间作出估计。(注:根据长期生产这种类型轮胎的数据可知,总体标准差为 400 公里)

解:由上述可知,样本容量 $n = 10\,000 \times 1\% = 100$,平均数 $\overline{X} = 5\,000$,标准差 $\sigma = 400$,$F(t) = 95\%$,此时可以通过 Excel 来开始推断。首先输入相关数据,如图 5-4 所示。

然后通过 CONFIDENCE 函数来计算所需要的 $\Delta_{\overline{x}}$,如图 5-5 所示。

计算出 $\Delta_{\overline{x}}$ 后,就可以推断出总体指标的区间了,如图 5-6 所示。

最终得到结论:此批轮胎的寿命区间为(4 921.60,5 078.40)。

	A	B
1	样本容量	100
2	样本平均值	5000
3	标准差	400
4	置信度	95%
5	$\Delta_{\overline{x}}$	
6	总体轮胎寿命下限	
7	总体轮胎寿命上限	
8		
9		
10		

图 5-4 输入数据

图 5-5 选择 CONFIDENCE 函数

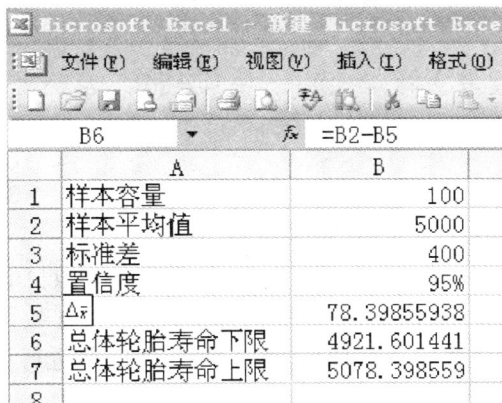

图 5-6 计算结果

思考与练习

(一)单项选择题

1. 抽样极限误差是指抽样指标和总体指标之间( )。

A. 抽样误差的平均数　　　　　　　　B. 抽样误差的标准差

C. 抽样误差的可靠程度　　　　　　　D. 抽样误差的最大可能范围

2. 抽样误差的定义是( )。

A. 抽样指标和总体指标之间抽样误差的可能范围

B. 抽样指标和总体指标之间抽样误差的可能程度

C. 样本的估计值与所要估计的总体指标之间的数量上的差别

D. 抽样平均数的标准差

3. 重复抽样的平均误差取决于(   )。

A. 样本单位数   B. 总体方差

C. 样本单位数和样本单位数占总体的比重   D. 样本单位数和总体方差

4. 样本的组成单位(   )。

A. 是总体单位   B. 不是总体单位

C. 可能是总体单位也可能不是总体单位   D. 以上三个答案都是错误的

5. 抽样调查的主要目的是(   )。

A. 计算和控制抽样误差

B. 为了应用概率论

C. 根据样本指标的数值来推断总体指标的数值

D. 为了深入开展调查研究

6. 根据城市电话网 100 次通话情况调查, 得知每次通话平均持续时间为 4 分钟, 标准差为 2 分钟, 在概率保证为 95.45% 的要求下, 估计该市每次通话时间为(   )。

A. 3.9～4.1 分钟   B. 3.8～4.2 分钟

C. 3.7～4.3 分钟   D. 3.6～4.4 分钟

7. 用重复抽样方法抽取样本单位, 如果要使抽样平均误差减低 50%, 则样本容量需要扩大到原来的(   )。

A. 2 倍   B. 3 倍   C. 4 倍   D. 5 倍

8. 抽样平均误差公式中 $\dfrac{N-n}{N-1}$ 这个因子总是(   )。

A. 大于 1   B. 小于 1   C. 等于 1   D. 唯一确定值

9. 在其他条件保持不变的情况下, 抽样平均误差(   )。

A. 随着抽样数目的增加而加大   B. 随着抽样数目的增加而减少

C. 随着抽样数目的减少而减少   D. 不会随抽样数目的改变而变动

10. 从 2 000 名学生中按不重复抽样方法抽取了 100 名进行调查, 其中女生 45 名, 则样本成数的抽样平均误差为(   )。

A. 0.24%   B. 4.85%   C. 4.97%   D. 以上都不对

(二)判断题

1. 所有可能的样本平均数等于总体平均数。(   )

2. 抽样误差是不可避免的, 但人们可以调整总体方差的大小来控制抽样误差的大小。(   )

3. 抽样极限误差是反映抽样指标与总体指标之间的抽样误差的可能范围的指标。(   )

4. 重复抽样的抽样误差一定大于不重复抽样的抽样误差。(   )

5. 一般而言, 分类抽样的误差比纯随机抽样的误差小。(   )

6. 样本容量的多少可以影响抽样误差的大小, 而总体标志变异程度的大小和抽样误差无关。(   )

7. 极限误差总是大于抽样平均误差。(   )

8. 扩大抽样误差的范围，可以提高推断的把握程度；缩小抽样误差的范围，则会降低推断的把握程度。（　）

9. 运用区间估计的方法，可以根据样本的估计值，精确地推断出总体指标所在的范围。（　）

10. 在确定样本容量时，其他条件不变，误差范围扩大一倍，则样本容量也应该相应地扩大一倍。（　）

（三）计算题

1. 某灯泡厂某月生产 5 000 000 个灯泡，在进行质量检查中，随机抽取 500 个进行检验，这 500 个灯泡的耐用时间见下表：

耐用时间（小时）	灯泡数（个）	耐用时间（小时）	灯泡数（个）
800～850	35	950～1 000	103
850～900	127	1 000～1 050	42
900～950	185	1 050～1 100	8

试求：

（1）该厂全部灯泡平均耐用时间的取值范围（概率保证程度 0.997 3）。

（2）检查的 500 个灯泡中不合格产品占 0.4%，试在 0.682 7 概率保证下，估计全部产品中不合格率的取值范围。

2. 某企业对某批零件的质量进行抽样调查，随机抽取 250 个零件，发现有 15 个零件不合格。要求：

（1）按 68.27% 的概率推算该批零件的不合格率范围；

（2）按 95.45% 的概率推算该批零件的不合格率范围，并说明置信区间和把握程度之间的关系。

3. 某砖瓦厂对所生产的砖的质量进行抽样调查，要求概率保证程度为 0.682 7，抽样误差范围不超过 0.015。并知过去进行几次同样调查，产品的不合格率分别为 1.25%、1.83%、2%。

要求：

（1）计算必要的样本容量。

（2）假定其他条件不变，现在要求抽样误差范围不超过 0.03，即比原来的范围扩大 1 倍，则必要的样本容量应该是多少？

4. 对某鱼塘的鱼进行抽样调查。从鱼塘的不同部位同时撒网，捕到 150 条鱼，其中草鱼 123 条，草鱼平均每条重 2 千克，标准差 0.75 千克。试按 99.73% 的保证程度：

（1）对该鱼塘草鱼平均每条重量做区间估计；

（2）对该鱼塘草鱼所占比重做区间估计。

5. 学校随机抽查 10 个男同学，平均身高 170 厘米，标准差 12 厘米，问有多大把握程度估计全校男学生身高介于 160.5～179.5 厘米之间？

6. 对某型号电子元件 10 000 只进行耐用性能检查。根据以往抽样测定，求得耐用时数的标准差为 600 小时。试求在重复抽样条件下：

（1）概率保证程度为 68.27%，元件平均耐用时数的误差范围不超过 150 小时，要抽取多少元件进行检查？

（2）根据以往抽样检验知道，元件合格率为 95%，合格率的标准差为 21.8%。要求在 99.73% 概率保证下，极限误差不超过 4%，试确定重复抽样所需抽取的元件数目是多少？如果其他条件均保持不变，采用不重复抽样方式应抽取多少元件检查？

第六章　假设检验

　　某地区小麦的一般生产水平为亩产 250 千克，标准差为 30 千克，根据经验知道，小麦亩产渐近服从正态分布。现对一种化肥进行效果试验，对该地区小麦施用该种化肥后，抽取 25 个地块检测，平均亩产量为 270 千克。问：这种化肥是否使小麦明显增产？

　　从直观上看，施用这种化肥后，小麦的亩产量较以前有所增加，但是，由于数据来源并非全面调查的结果，因此，差别也可能是随机原因造成的。要确定究竟这种化肥能否使小麦明显增产，我们需要做这种化肥能够使小麦明显增产的假设，然后利用统计方法检验该假设是否成立。这就是个假设检验问题。

　　学习要求：通过本章学习，理解假设检验的基本思想和基本步骤；理解假设检验的两类错误及其关系；熟练掌握一个正态总体和两个正态总体均值、总体成数和总体方差的各种假设检验方法；能够熟练利用 SPSS 进行假设检验。

　　主要内容：

$$
\text{假设检验}
\begin{cases}
\text{一个总体} \\ \text{参数的检验}
\begin{cases}
\text{总体均值的检验} \\
\text{总体比率的检验} \\
\text{总体方差的检验}
\end{cases} \\[4ex]
\text{两个总体} \\ \text{参数的检验}
\begin{cases}
\text{两个总体均值之差的检验}
\begin{cases}
\text{两个独立样本的检验} \\
\text{两个配对样本的检验}
\end{cases} \\
\text{两个总体比率之差的检验} \\
\text{两个总体方差之比的检验}
\end{cases}
\end{cases}
$$

第一节　假设检验的一般问题

一、假设检验的概念

　　假设检验（hypothesis testing）是统计推断的另一主要内容。如对某产品质量进行抽样检验，要以样本的不合格品率估计总体不合格品率，即上一章讨论的参数估计问题；如果要判断整批产品是否合格，则为假设检验问题。假设检验是先对研究总体的参数作出某种假设，然后通过对样本的观察，运用统计方法，判断假设是否成立。

　　一般来说，我们进行假设检验是检验总体之间是否有显著差异。如果我们能够准确知道总体的全部信息，这种判断非常容易得出。比如，一个总体的均值为 100，另一个总体的均值为 110，从数学的角度很容易得出两个总体均值是有差异的。但是实际情况是，总体的信息我们并不能完全获取，我们只是通过样本信息来对总体进行推断，因此我们需要借助统计推断的原理，用概率的方法来判断两个样本各自所代表的总体之间有无差异。由于抽样的随机性导致抽样误差是肯定存在的，因此我们认为这种差异需要达到一定程度才可以判断总体之间确实存在显著性差异。

在进行假设检验之前，由于我们通常难以完全知道所关心的总体的某些数量特征及其变化情况，因此常常需要对总体的目前状况作出某种假设。例如工厂生产某种产品，经过工艺改革，使用新材料、新配方，企业管理者十分关心产品质量是否有所提高，因此可以假设经过改革以后产品质量可能提高或者并没有提高。

二、假设检验的步骤

现实生活中，人们通常要对某个"假设"作出判断，确定它是真还是假。在研究领域，研究者在检验一种新的理论时，首先要提出一种自己认为正确的看法，即假设。假设就是对总体参数的具体数值所作的陈述。

一个假设总是以一定的理由为基础的，但这些理由通常又是不完全充分的，因而产生了"检验"的要求，也就是要进行判断。比如说，我们可以经常看到如下说法：

——设备的效率为 97.5%。

——两个销售人员的能力不同。

——材料的采购周期为 30 天。

——资金周转天数为 20 天。

上面的说法具有多少可信性？这些说法是否可以进行统计的检验？

在许多实际问题中，只能先对总体的某些参数作出可能的假设，然后根据得到的样本，运用统计的知识对假设的正确性进行判断，这就是所谓的统计假设检验。

假设检验的一般步骤如下：

第一步，提出两种假设，即原假设和备择假设。

原假设又称零假设，用"不能轻易被否定的命题或研究者想收集证据予以反对的假设"作为原假设，记为 H_0。

备择假设是把"没有足够把握就不能轻易肯定的命题或研究者想收集证据予以支持的假设"作为备择假设，记为 H_1。

原假设和备择假设不是随意提出的，应根据所检验问题的具体背景而定。如，你正在作一项研究，并想使用假设检验来支持你的说法，就应该把你认为正确的看法作为备择假设。假如你开发了一种新药以提高疗效，如果你想要提供这种药物疗效有显著提高的证据，就应该把你想要支持的说法作为备择假设。

对于引例，研究者想支持的观点是使用新化肥后，小麦产量会有显著变化，所以 $\mu \neq$ 250 千克设为备择假设，假设的表达式为：

H_0：$\mu = 250$ 千克（使用某种化肥后小麦产量与一般生产水平的产量没有显著性差异）

H_1：$\mu \neq 250$ 千克（使用某种化肥后小麦产量与一般生产水平的产量有显著性差异）

【例 6-1】 某批发商欲从厂家购进一批灯泡，根据合同规定，灯泡的使用寿命平均不能低于 1 000 小时。已知灯泡使用寿命服从正态分布，标准差为 20 小时。在总体中随机抽取了 100 个灯泡，得知样本均值为 960 小时，批发商是否应该购买这批灯泡？试陈述用于检验的原假设和备择假设。

解：显然，如果灯泡的使用寿命超过了 1 000 小时，批发商是欢迎的，因为他用已定的价格（如灯泡寿命为 1 000 小时的价格）购进了更高质量的产品。因此，如果样本均值超过 1 000 小时，他会购进这批灯泡。问题在于样本均值如为 960 小时批发商是否应当购进。因为即便总体均值为 1 000 小时，由于抽样的随机性，样本均值略小于 1 000，所以批发商倾向于证实灯泡的寿命小于 1 000 小时，这就是批发商想收集证据支持的观点，否则，如果批发商认为寿命大于 1 000 小时，就没有必要抽检了。建立的原假设和备择假设是：

$H_0: \mu \geqslant 1\ 000$ 小时（灯泡寿命超过 1 000 小时）

$H_1: \mu < 1\ 000$ 小时（灯泡寿命不超过 1 000 小时）

【例 6 – 2】　某种大量生产的袋装食品，按规定每袋重量不得少于 250 克。今从一批该种食品中任意抽取 50 袋，发现有 6 袋低于 250 克，若规定不符合标准的比例达到 5%，食品就不得出厂，试陈述用于检验的原假设和备择假设。

解：该产品的不合格率为不超过 5%，显然不合格率越小越好，如果抽样的结果大于 5%，则表明该产品是不合格的，所以抽检的意图是倾向于证实这种产品的不合格率大于 5%，所以 $\mu > 5\%$ 是研究者想要收集证据支持的观点。建立的原假设和备择假设是：

$H_0: \mu \leqslant 5\%$（产品不合格率不超过 5%）

$H_1: \mu > 5\%$（产品不合格率超过 5%）

根据以上例子，我们得出建立原假设的认识：

（1）原假设和备择假设是一组对立的假设，在一项假设中，检验结果只能为拒绝原假设或不能拒绝原假设。注意，如果当我们不能拒绝原假设时，不能说"接受原假设"，因为没有证明原假设是真。

（2）在建立原假设和备择假设时，通常是先确定备择假设，然后再确定原假设。这样做的原因是备择假设是人们所关心的，是想予以支持或证实的，由于原假设和备择假设是对立的，确定了备择假设，原假设就确定了。

（3）在建立原假设和备择假设时，等号应出现在原假设中。即：$H_0: \mu = \mu_0$、$\mu \leqslant \mu_0$ 或 $\mu \geqslant \mu_0$。相应的备择假设为：$H_1: \mu \neq \mu_0$、$\mu > \mu_0$ 或 $\mu < \mu_0$。

第二步，确定检验统计量。

假设检验与参数估计一样，需要通过样本统计量进行推断，用于假设检验的统计量称为检验统计量。在具体问题中，选择什么样的检验统计量需要考虑总体方差已知或未知，样本属于大样本还是小样本，等等。

在引例中，因为假定总体服从正态分布，且方差已知，则可采用 Z 统计量（用什么统计量在下一节将作具体分析），即：

$$Z = \frac{\bar{x} - \mu_0}{\sigma / \sqrt{n}}$$

在 H_0 为真时，Z 统计量服从标准正态分布，即 $Z \sim N(0, 1)$。

根据引例给出的具体数据，我们可以计算出 Z 统计量的值为：

$$Z = \frac{\bar{x} - \mu_0}{\sigma / \sqrt{n}} = \frac{270 - 250}{30 / \sqrt{25}} = 3.33$$

第三步，规定显著性水平 α。

由于假设检验是根据样本信息对总体情况进行判断，因此，存在误判的可能，若原假设正确却被当成错误而被拒绝，统计上把犯这种错误的概率 α 称为假设检验中的显著性水平(significant level)，α 的取值人为确定，通常取 $\alpha = 0.05$ 或 $\alpha = 0.01$。

第四步，确定临界值。

按照规定的显著性水平和样本统计量的分布性质，确定接受域和拒绝域的临界值。

当检验统计量被确定以后，我们可以根据其分布状况以及给定的显著性水平 α 的值查正态分布表可得临界值 $Z_{\frac{\alpha}{2}}$，即接受区域和拒绝区域的分界点。然后我们可以按照以下标准进行决策：

当 $|Z| \geq Z_{\frac{\alpha}{2}}$ 时，落入拒绝域，则拒绝原假设 H_0；

当 $|Z| < Z_{\frac{\alpha}{2}}$，则不拒绝原假设 H_0。

第五步，根据样本数据计算出检验统计量的值。

根据引例给出的具体数据，我们可以计算出 Z 统计量的值为：

$$Z = \frac{\bar{x} - \mu_0}{\sigma / \sqrt{n}} = \frac{270 - 250}{30 / \sqrt{25}} = 3.33$$

第六步：将检验统计量的值与临界值进行比较，作出判断。

对于引例给定的显著性水平 $\alpha = 0.05$，查正态分布表可得临界值 $Z_{\frac{\alpha}{2}} = 1.96$。可知 $|Z| > Z_{\frac{\alpha}{2}}$，则可以拒绝原假设，即样本均值与总体均值有显著差异，也就是说化肥使小麦明显增产。

三、假设检验的两类错误

对于原假设提出的命题，我们需要作出判断，这种判断可以用"原假设正确"或"原假设错误"来表述。但是由于假设检验是根据有限的样本信息来推断总体特征，由于样本的随机性可能致使判断出错，也就是说我们面临着犯错误的可能性。通常我们所犯的错误有两种类型，我们称为第一类错误和第二类错误。

第一类错误：当原假设 H_0 为真时，由于样本的随机性使样本统计量落入了拒绝域，所作的判断是拒绝原假设。这时所犯的错误称为第一类错误，亦称弃真错误。由于这时我们认为"一次抽样中小概率事件发生了"是不合理的，从而作出了拒绝原假设的结论。但事实上，小概率事件只是发生概率非常小而已，并非绝对不发生。犯第一类错误的概率亦称弃真概率，它实质上就是显著性水平 α，所以我们也把第一类错误称为 α 错误。

第二类错误：当原假设 H_0 为假时，由于样本的随机性使样本统计量落入了非拒绝域，所作的判断是没有拒绝原假设。这时所犯的错误称为第二类错误，亦称取伪错误。犯第二类错误的概率亦称取伪概率，用 β 表示，所以我们也把第二类错误称为 β 错误。

归纳起来，假设检验中决策结果存在四种情形：

(1)原假设是真实的，判断结论是不拒绝原假设，这是一种正确的判断；

(2)原假设是不真实的，判断结论是拒绝原假设，这也是一种正确的判断；

(3)原假设是真实的，判断结论是拒绝原假设，这是一种产生"弃真错误"的判断；

(4)原假设是不真实的，判断结论是不拒绝原假设，这是一种产生"取伪错误"的判断。

以上四种判断我们在表 6 - 1 中展示。

表 6 – 1　假设检验中的四种决策

	H_0 为真	H_0 不为真
不拒绝 H_0	正确决策 （概率为 $1-\alpha$）	第二类（取伪）错误 （概率为 β）
拒绝 H_0	第一类（弃真）错误 （概率为 α）	正确决策 （概率为 $1-\beta$）

　　无论是第一类错误还是第二类错误，都是检验结论失真的表现，应该尽可能地加以避免。但对于一定的样本容量 n，不能同时做到犯这两类错误的概率都很小。如果减小 α 错误，就会增大犯 β 错误的机会；若减小 β 错误，也会增大犯 α 错误的机会。这就像在区间估计中，要想增大估计的可靠性，就会使区间变宽而降低精度；要想提高精度，就要求估计区间变得很窄，而这样，估计的可靠性就会大大地打上折扣。当然，使 α 和 β 同时变小的办法也有，这就是增大样本容量。但样本容量不可能过大，否则就会使抽样调查失去意义。因此，在假设检验中，就有一个对两类错误进行控制的问题。

　　一般来说，哪一类错误所带来的后果越严重，危害越大，在假设检验中就应当把哪一类错误作为首要的控制目标。但在假设检验中，大家都在执行这样一个原则，即首先控制犯 α 错误的概率。这样做的原因主要有

图 6 – 1　假设检验中犯两类错误的图示

两点：一个是大家都遵循一个统一的原则，讨论问题就比较方便。但这还不是最主要的，最主要的原因在于，从实用的观点看，原假设是什么常常是明确的，而备择假设是什么则常常是模糊的。显然，对于一个含义清楚的假设和一个含义模糊的假设，我们不愿意拒绝前者，正是在这个背景下，我们就更为关心如果 H_0 为真，而我们却把它拒绝了，犯这种错误的可能性有多大。而这正是 α 错误所表现的内容。假设检验中犯两类错误的情况如图 6 – 1 所示。

　　由于犯第一类错误的概率实质上就是显著性水平 α，因此我们可以通过控制显著性水平 α 大小的方式，来控制犯第一类错误的概率。α 定得越小，犯第一类错误的可能性就越小。例如 $\alpha=0.05$，表示犯第一类错误的可能性为 5%，也就是说在 100 次判断中，产生弃真错误的次数是 5 次。因此从这个意义上，我们通常把假设检验称为显著性检验。

　　我们也可以通过下面的两个例子来对假设检验的两类错误有更进一步的认识和理解。

　　【例 6 – 3】　在生产过程中，原假设是生产线没有问题。假定负责生产线的工人听到一些不正常的声音，就关停了生产线，即拒绝了原假设。而调查表明生产线的确没有问题，也许噪音是外界传来的，这个工人就犯了第一类错误，正常的判断为不正常。在生产过程中关停生产线通常会产生较大的损失。若假定该负责生产线的工人听到一些不正常的声音，但不敢确信是否出现故障，没有去关停生产线，即没有拒绝原假设。但调查表明生产线的确出了问题，这个工人就犯了第二类错误，不正常的判断为正常。这种错误可能会造成产品质量不合格。如果工厂不想让生产线无故关停（第一类错误），则需要创造出使生

产线关停变得困难的环境，设计一套很难达到关停的标准，以使该条生产线在没有真正原因时无法关停，这就会降低第一类错误的概率。然而当生产线的确出现故障时，工人不会轻易关停生产线，这就会增加第二类错误的概率。

下面对假设检验问题的几点注意事项进行归纳：

（1）犯第一类错误与犯第二类错误的概率存在此消彼长的关系；

（2）若要同时减少 α 与 β，须增大样本容量 n；

（3）通常的做法是取较小的显著性水平 α，将犯第一类错误的概率控制在较小的范围内。

四、假设检验的 P 值

P 值（P-value）检验是国际上流行的一种假设检验的方法，也称实测显著性水平（observed significance level）检验。所谓 P 值就是拒绝原假设的最小概率。该检验方法是通过计算 P 值，再将它与显著性水平 α 比较，看能否拒绝原假设，即：

若 P 值 $< \alpha$（显著性水平），则能够拒绝原假设 H_0

若 P 值 $> \alpha$（显著性水平），则不能拒绝原假设 H_0

比如，若显著性水平 $\alpha = 0.05$，$P > 0.05$，则不能拒绝原假设，反之则拒绝原假设。

前面进行检验的程序是根据检验统计量落入的区域作出能否拒绝原假设的决策。在确定 α 以后，拒绝域的位置也就相应确定了，其好处是进行决策的界限清晰，但弱点是进行决策面临的风险是笼统的。而用 P 值检验则正好克服了这一弱点。

在引例化肥的假设检验中，计算的 $Z = 3.33$，落入拒绝域，我们拒绝原假设，并知道犯弃真错误的概率为 0.05。如果假定计算的 $Z = 2.0$，同样落入拒绝域，我们拒绝原假设面临的风险也是 0.05。0.05 是一个通用的风险概率，这是用域表示的弱点，但根据不同的样本结果进行决策，面临的风险事实上是

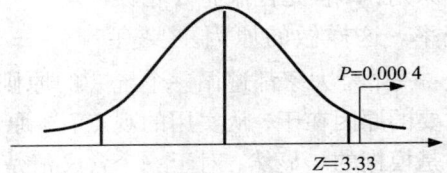

图 6-2 假设检验用 P 值决策

有差别的，为了精确地反映决策的风险度，可以利用 P 值进行决策，见图 6-2。

五、双侧检验与单侧检验

在前面介绍的假设检验中，我们关心的都是样本和总体之间是否有显著差异，通过确定的检验统计量、事先给出的显著性水平，可以找出一个临界值，将统计量的取值范围划分成非拒绝区域与拒绝区域两部分。以上的例子中都有两个拒绝域、两个临界值，每个拒绝域的面积为 $\alpha/2$，属于双侧检验。双侧检验的原假设 $H_0: \mu = \mu_0$，备择假设 $H_0: \mu \neq \mu_0$ 的形式，只需要 $\mu > \mu_0$ 或者 $\mu < \mu_0$ 二者之中有一个成立，就可以拒绝原假设。

而在另外一些情况下，我们关心的假设问题带有方向性，就是单侧检验。单侧检验有两种情况：一种是我们所考察的数值越大越好，如灯泡的使用寿命、轮胎行驶的里程数等；另一种是数值越小越好，如废品率、生产成本等。

（一）左单侧检验

在例 6-1 中，确定批发商是否应该购买这批灯泡。

解：这是一个单侧检验问题。检验的形式为：

$$H_0: \mu \geq 1\ 000$$

$$H_1: \mu < 1\ 000$$

左单侧检验如图 6-3 所示（$\alpha = 0.05$），也可以把左单侧检验称为下限检验。

左单侧检验的临界值为 $-Z_\alpha$。根据检验统计量的具体取值 Z 与临界值比较，当 $|Z| > Z_\alpha$ 时，拒绝原假设，否则接受原假设。

（二）右单侧检验

与左单侧检验的问题相反，有时我们希望所考察的数值越小越好。

【例 6-4】 某企业生产一种零件，按规定废品率不得高于 0.1%，否则就不得出厂。今从一批该零件中随机抽取 50 个，发现废品率为 0.11%。问该批零件能否出厂？

解：废品率越低越好。在这个产品质量检验的问题中，我们比较关心废品率的上限，即不合标准的比例达到多少就要拒绝。由于采用的是产品质量抽查，即使总体不合标准的比例没有超过 0.1%，但由于抽样的随机性，样本中不合标准的比例略大于 0.1% 的情况也是会经常发生的。采用右单侧检验，需确定拒绝的上限临界点，检验的形式则可以写为：

$$H_0: \pi \leq 0.1\%$$

$$H_1: \pi > 0.1\%$$

右单侧检验如图 6-4 所示（$\alpha = 0.05$），也可以把右单侧检验称为上限检验。

右单侧检验的临界值为 Z_α，根据检验统计量的具体取值 Z 与临界值比较，当 $|Z| > Z_\alpha$ 时拒绝原假设，否则接受原假设。

图 6-3　左单侧检验示意图

图 6-4　右单侧检验示意图

六、参数估计与假设检验的关系

如前所述，参数估计和假设检验是统计推断的两个组成部分，它们都是利用样本信息对总体进行某种推断，它们之间有联系也有区别。

参数区间估计和假设检验的联系主要体现在以下四个方面：

（1）都是根据样本信息对总体参数进行推断；

（2）都是以抽样分布为理论依据；

（3）都是建立在概率基础上的推断，推断结果都有风险；

（4）对同一问题的参数进行推断，使用同一样本、同一统计量、同一分布，因而二者可以相互转换。

参数区间估计和假设检验的区别主要体现在以下三个方面：

（1）区间估计是依据样本资料估计总体未知参数的可能范围；假设检验是根据样本资料来检验对总体参数的假设是否成立。

（2）区间估计通常求得的是以样本为中心的双侧置信区间；假设检验不仅有双侧检验

也有单侧检验。

（3）区间估计立足于大概率，通常以较大的把握程度或置信程度 $1-\alpha$ 去估计总体参数的置信区间；假设检验立足于小概率，通常是给定很小的显著性水平 α 去检验对总体参数的假设是否成立。

第二节　一个正态总体参数的检验

一、检验统计量的确定

根据假设检验的不同内容和进行检验的不同条件，需要采用不同的检验统计量，在一个总体参数的检验中，用到的检验统计量主要有三个：Z 统计量，t 统计量，χ^2 统计量。Z 统计量和 t 统计量常常用于均值和比例的检验，χ^2 统计量则用于方差的检验。选择什么统计量进行检验需要考虑总体的分布状况、样本容量 n 以及总体方差 σ^2 是否已知等情况。总体方差的假设检验相对较为简单，将在后面介绍，我们先对一个总体均值和比率假设检验的检验统计量构造进行归纳。

（一）大样本情况

样本量大小是选择检验统计量的一个要素。在对总体均值进行假设检验时，由抽样分布理论可知，在大样本条件下，如果总体为正态分布，样本均值的抽样分布为正态分布；如果总体为非正态分布，样本均值的抽样分布渐近服从正态分布。

所以在大样本情况下，我们可以把构造的样本统计量都视为正态分布，这时可以使用 Z 统计量（服从标准正态分布）。Z 统计量的计算公式如下：

若总体方差 σ^2 已知，则

$$Z = \frac{\bar{x} - \mu_0}{\sigma/\sqrt{n}} \sim N(0,1) \tag{6.1}$$

若总体方差 σ^2 未知，可以用样本方差 s^2 代替，则上式可以写为：

$$Z = \frac{\bar{x} - \mu_0}{s/\sqrt{n}} \sim N(0,1) \tag{6.2}$$

而在对总体比率进行假设检验时，由抽样分布理论可知，在大样本条件下，样本比例的抽样分布近似正态分布，因此我们可以把构造的样本统计量视为正态分布，这时可以使用 Z 统计量（服从标准正态分布）。Z 统计量的计算公式如下：

$$Z = \frac{p - \pi_0}{\sqrt{\dfrac{\pi_0(1-\pi_0)}{n}}} \sim N(0,1) \tag{6.3}$$

（二）小样本情况

小样本情况下，如果总体为非正态分布，样本统计量理论分布形式难以确定，所以小样本情况下，我们只分析总体为正态分布的情况。

对于服从正态分布的总体，若总体方差 σ^2 已知，样本均值的抽样分布为正态分布，这时可以采用服从标准正态分布的 Z 统计量，计算公式为公式6.1。若总体方差 σ^2 未知，则进行检验所依赖的信息会有所减少，这时只能使用样本方差来代替总体方差，则样本统计

量服从 t 分布，应该采用 t 统计量，其计算公式为：

$$t = \frac{\bar{x} - \mu_0}{s/\sqrt{n}} \sim t(n-1) \tag{6.4}$$

可以看出，样本容量大小是选择检验统计量一个很重要的因素，在大样本情况下一般可以使用 Z 统计量。但样本容量 n 为多大才算大样本，一般经验认为是 $n > 30$。就分布本身而言，当 n 较小时，t 分布与 Z 分布的差异很明显，随着 n 逐渐扩大，t 分布也逐渐向 Z 分布逼近，它们之间的差异也逐渐缩小。而当样本量 $n > 30$ 时，t 分布与 Z 分布已经非常接近了，我们有足够的理由用 Z 分布取代 t 分布。所以可以说，当 $n < 30$ 时，如果总体方差 σ^2 未知，必须使用 t 统计量，在 $n > 30$ 的条件下，选择 t 分布还是 Z 分布可以根据使用者的偏好。

一个正态总体均值和比率的检验统计量的确定可以归纳为表 6-2。

表 6-2　总体均值和比例的检验统计量的确定

	样　本　容　量	
	大样本	小样本
方差已知	Z 统计量	Z 统计量
方差未知	Z 统计量	t 统计量

二、总体均值的检验

（一）正态总体，总体方差 σ^2 已知

根据以上介绍的假设检验的步骤和确定检验统计量的方法，说明正态总体且总体方差已知情况下对总体均值检验的方法。

第一步：提出原假设和备择假设。

若进行双侧检验，则假设形式为：

$$H_0 : \mu = \mu_0$$
$$H_1 : \mu \neq \mu_0$$

若进行左单侧检验，则假设形式为：

$$H_0 : \mu \leqslant \mu_0$$
$$H_1 : \mu > \mu_0$$

若进行右单侧检验，则假设形式为：

$$H_0 : \mu \geqslant \mu_0$$
$$H_1 : \mu < \mu_0$$

第二步：确定并计算检验统计量。根据前面的论述和表 6-2 知，检验统计量及其分布为：

$$Z = \frac{\bar{x} - \mu_0}{\sigma/\sqrt{n}} \sim N(0, 1) \tag{6.5}$$

利用服从正态分布的统计量 Z 进行的检验称为 Z 检验法。

第三步：根据给定的显著性水平，查表得到临界值，并进行统计决策。将所计算的 Z 值与临界值比较：

若进行双侧检验，则临界值为 $-Z_{\frac{\alpha}{2}}$ 和 $Z_{\frac{\alpha}{2}}$，当 $|Z| > Z_{\frac{\alpha}{2}}$ 时，拒绝原假设，否则不拒绝原假设；

若进行左单侧检验，则临界值为 $-Z_{\alpha}$，当 $Z < -Z_{\alpha}$ 时，拒绝原假设，否则不拒绝原假设；

若进行右单侧检验，则临界值为 Z_{α}，当 $Z > Z_{\alpha}$ 时，拒绝原假设，否则不拒绝原假设。

【例 6 – 5】 一家生产企业几年来每周平均至少有 18.2 个订单，假定总体服从正态分布，总体标准差为 2.3 个订单。在经济衰退期，订单量会有所减少。该企业的生产经理随机选出 9 周作为样本，发现样本均值为 15.6 个订单。试在 0.01 的显著性水平下检验订单是否有显著减少。

解：由于生产经理关心的是订单是否有显著减少，故这是一个左单侧检验的问题。

第一步：提出假设。

$$H_0: \mu \geqslant 18.2$$
$$H_1: \mu < 18.2$$

第二步：确定并计算检验统计量。根据表 6 – 2 知，应为 Z 检验统计量，根据题设条件计算得：

$$Z = \frac{\bar{x} - \mu_0}{\sigma / \sqrt{n}} = \frac{15.6 - 18.2}{2.3 / \sqrt{9}} = -3.4$$

第三步：根据给定的显著性水平 $\alpha = 0.01$，由于是左单侧检验，故 $1 - \alpha = 99\%$，查表得临界值 $-Z_{\alpha} = -Z_{0.01} = -2.33$。由于 $Z < -Z_{\frac{\alpha}{2}}$，即 $|Z| > Z_{\alpha}$，所以应该拒绝原假设 H_0。检验结果表明，订单数量有明显减少。

如果使用 P 值检测，按照前述方法，在 Z 值的框内输入 Z 的绝对值 3.4，得到的函数值为 0.999 66，这意味着在标准正态分布条件下，Z 值左边的面积为 0.999 66。由于是单侧检验，故 $P = 1 - 0.999\ 66 = 0.000\ 336\ 9$。由于 $P < \alpha = 0.01$，故拒绝原假设 H_0。

【例 6 – 6】 一种罐装饮料采用自动生产线生产，每罐的容量是 255 mL，标准差为 5 mL。为检验每罐容量是否符合要求，质检人员在某天生产的饮料中随机抽取了 40 罐进行检验，具体数据如表 6 – 3 所示。取显著性水平 $\alpha = 0.05$，检验该天生产的饮料容量是否符合标准要求。

表 6 – 3 抽检 40 罐饮料的容量

255	257	253	261	253	260	258	251	253	256
260	251	259	260	253	254	261	262	261	259
257	258	261	256	254	259	258	260	257	255
256	254	259	259	257	254	259	261	258	257

解：若罐装的平均含量大于或小于 250 毫升均表示设备出现了故障，所以这是一个双侧检验问题。

提出假设。

$$H_0 : \mu = 255$$
$$H_1 : \mu \neq 255$$

此题可以利用 SPSS 计算，操作步骤如下：

（1）先把表 6 - 3 的数据转化为 SPSS 数据，如表 6 - 4 所示。

（2）选择菜单"Analyze"→"Compare"→"One-Samples T Test"，出现如图 6 - 5 所示的窗口。

（3）在待检验"Test Value"框中填入 255。

（4）在"Option"按钮中，输入置信区间，本例为 95%，如图 6 - 6 所示。

表 6 - 4　数据文件夹

序号	抽检容量
1	255.00
2	260.00
3	257.00
4	256.00
5	257.00
6	251.00
7	258.00
8	254.00
9	253.00
10	259.00

图 6 - 5　单样本 T 检验窗口

图 6 - 6　单样本 T 检验 Options 选项

（5）至此，SPSS 将自动计算 t 统计量对应的 P 值，分析结果如表 6 - 5 所示。

表 6 - 5(a)　罐装饮料容量描述统计结果

One-Sample Statistics

	N	Mean	Std. Deviation	Std. Error Mean
抽检容量	40	257.150 0	3.000 43	0.474 41

表 6 - 5(b)　单样本 T 检验结果

One-Sample Test

	Test Value = 255					
					95% Confidence Interval of the Difference	
	t	df	Sig. (2 - tailed)	Mean Difference	Lower	Upper
抽检容量	4.532	39	0.000	2.150 0	1.190 4	3.109 6

由表 6 – 5(a)可知，抽检的 40 罐饮料的平均容量为 257.15 mL，标准差为 3.00 mL，均值标准误差为 0.47。表 6 – 5(b)中，第二列式 t 统计量的观测值为 4.532；第三列是自由度为 39；第四列是 t 统计量观测值的双尾概率，P 值为 0.000；第五列是样本均值与检验值的差；第六、第七列是总体均值与原假设值差的 95% 的置信区间，为(1.19，3.11)，由此可以计算出总体均值的 95% 的置信区间为(256.19，258.11)mL，且这个区间不包括 255 mL（原假设），加上 $P = 0.000 < 0.05$，落在拒绝区域，拒绝原假设，因而可以说，在显著水平 $\alpha = 0.05$ 下，我们有理由相信该天生产的饮料容量不符合标准要求。

（二）正态总体，标准差 σ 未知，大样本

若总体 $X \sim N(\mu, \sigma^2)$，大样本，但总体方差 σ^2 未知，此时用相应的样本方差 s^2 来代替总体方差。假设检验的方法是：

第一步：提出原假设和备择假设。

第二步：确定并计算检验统计量。根据前面的论述和表 6 – 2 知，检验统计量及其分布为：

$$Z = \frac{\bar{x} - \mu_0}{s/\sqrt{n}} \sim N(0, 1) \tag{6.6}$$

根据已知的样本方差、样本容量 n 和样本平均数 $\bar{x}$，计算出检验统计量 Z 的值。

第三步：根据给定的显著性水平，查表得到临界值，并进行统计决策。

【例 6 – 7】　2009 年某企业职工人均月收入为 1 000 元，假定该企业人力资源研究者要进行一项测试，以确定 2010 年职工的收入仍然保持这个水平。现随机选取并调查了该企业 36 名职工的收入，计算得平均收入为 1 050 元，标准差为 120 元。假定总体服从正态分布，试在 0.01 的显著性水平下判断 2006 年职工的收入是否仍然保持这个水平。

解：由于研究者要测试 2006 年职工的收入与 2005 年是否相同，而大于或小于均表明有变化，故这是一个双侧检验问题。

第一步：提出原假设和备择假设。

$$H_0: \mu = 1\ 000$$
$$H_1: \mu \neq 1\ 000$$

第二步：确定并计算检验统计量。

$$Z = \frac{\bar{x} - \mu_0}{s/\sqrt{n}} = \frac{1\ 050 - 1\ 000}{120/\sqrt{36}} = 2.5$$

第三步：根据给定的显著性水平 $\alpha = 0.01$，查表得临界值 $Z_{\frac{\alpha}{2}} = Z_{0.005} = 2.58$。由于 $Z = 2.5 < Z_{\frac{\alpha}{2}} = 2.58$，所以应不拒绝原假设 H_0，即 2006 年该企业职工人均收入与 2005 年相比没有显著的变化。

如果使用 P 值检测，按照前述方法，在 Z 值的框内输入 Z 的绝对值 2.5，得到的函数值为 0.993 79，则 $P = 2 \times (1 - 0.993\ 79) = 0.012\ 42$。由于 P 值大于 $\alpha = 0.01$，故不能拒绝 H_0，得到与 Z 检验相同的结论。

（三）正态总体，标准差 σ 未知，小样本

若总体 $X \sim N(\mu, \sigma^2)$，总体方差 σ^2 未知，且为小样本，对总体均值 μ 进行假设检验的步骤为：

第一步：提出原假设和备择假设。

第二步：确定并计算检验统计量。根据前面的论述和表 6 - 2 知，在正态总体、标准差 σ 未知、小样本的情况下，检验统计量及其分布为：

$$t = \frac{\bar{x} - \mu_0}{s/\sqrt{n}} \sim t(n-1) \tag{6.7}$$

利用统计量 t 进行检验称为 t 检验法。

根据样本数据计算样本平均数 $\bar{x}$、样本方差 s^2 和标准差 s，以及已知的样本容量 n，计算出检验统计量 t 的值。

第三步：根据给定的显著性水平，查表得到临界值，并进行统计决策。对于给定的显著性水平 α 和自由度 $(n-1)$，查 t 分布表可得临界值，将计算的 t 统计量的值与临界值比较，便可作出检验结论。

若进行双侧检验，则临界值为 $-t_{\frac{\alpha}{2}}(n-1)$ 和 $t_{\frac{\alpha}{2}}(n-1)$，当 $|t| > t_{\frac{\alpha}{2}}(n-1)$ 时，拒绝原假设，否则不拒绝原假设；

若进行左侧检验，则临界值为 $-t_\alpha(n-1)$，当 $t < -t_\alpha(n-1)$ 时，拒绝原假设，否则不拒绝原假设；

若进行右侧检验，则临界值为 $t_\alpha(n-1)$，当 $t > t_\alpha(n-1)$ 时，拒绝原假设，否则不拒绝原假设。

【例 6 - 8】　某模特公司声称该公司的签约女模特平均身高为 180 厘米，假设公司模特身高服从正态分布。某服装设计师为检验其是否可信，随机抽取了 9 名模特，测得其平均身高为 176 厘米，标准差为 5.4 厘米。试问，在 0.05 的显著性水平上，能否认为该模特公司的声称可信？

解：根据题意，这是一个双侧检验问题。假设检验的方法是：

第一步：提出原假设和备择假设。

$$H_0 : \mu = 180$$
$$H_1 : \mu \neq 180$$

第二步：确定并计算检验统计量。

$$t = \frac{\bar{x} - \mu_0}{s/\sqrt{n}} = \frac{176 - 180}{5.4/\sqrt{9}} = -2.22$$

第三步：由 $\alpha = 0.05$，$n = 9$，查表得临界值 $t_{\frac{\alpha}{2}}(n-1) = t_{0.025}(8) = 2.306$。由于 $|t| = 2.22 < t_{\frac{\alpha}{2}}(n-1) = 2.306$，所以应该不拒绝原假设 H_0，检验结果表明，样本提供的证据还不足以推翻原假设，因此不能证明该模特公司的模特平均身高不是 180 厘米。

三、总体比率的检验

总体比率是指总体中具有某种相同特征的个体所占的比值，这个特征可以是数值型的，也可以是品质型的，通常用字母 π 表示总体比率，π_0 是表示总体比率的某一假设值，p 表示样本比率。如果一个事件只可能有两种结果，我们将其称为二项分布，由比率的抽样分布定理可知，样本比率服从二项分布，因此可由二项分布来确定对总体比率进行假设检验的临界值，但其计算往往十分繁琐。一般而言，在有关比率问题的调查中往往使用大样本,因为小样本的结果是极不稳定的。例如对于一个政治候选人的支持率调查,随机抽取 100 人,如果支持者有 40 人,支持率为 40%,如果支持者有 50 人,支持率则为 50%,样本中一个人的态度差异会导致调查结果相差 1 个百分点,这种不稳定性是我们不愿意看到的。

可以证明,在大样本($np > 5$ 或者 $nq > 5$)情况下,二项分布近似服从正态分布,因此对总体比率的检验通常是在大样本条件下进行的,根据正态分布来近似确定临界值,即采用 Z 检验法。

总体比率的假设检验步骤与总体均值相同,即:

第一步:提出原假设和备择假设。

若进行双侧检验,则假设形式为:

$$H_0 : \pi = \pi_0$$
$$H_1 : \pi \neq \pi_0$$

若进行左单侧检验,则假设形式为:

$$H_0 : \pi \leqslant \pi_0$$
$$H_1 : \pi > \pi_0$$

若进行右单侧检验,则假设形式为:

$$H_0 : \pi \geqslant \pi_0$$
$$H_1 : \pi < \pi_0$$

第二步:确定并计算检验统计量。根据前面的论述可知,大样本条件下总体比率的检验统计量及其分布为:

$$Z = \frac{p - \pi_0}{\sqrt{\dfrac{\pi_0(1 - \pi_0)}{n}}} \sim N(0, 1) \tag{6.8}$$

式中,p 为样本比率,π_0 为总体比率 π 的假设值。

第三步:根据给定的显著性水平,查表得到临界值,并进行统计决策。

【例 6 - 9】 一种以休闲和娱乐为主题的杂志,声称其读者群中有 80% 为女性。为验证这一说法是否属实,某研究部门抽取了由 200 人组成的一个随机样本,发现有 146 个女性经常阅读该杂志。取显著性水平 $\alpha = 0.05$,检验该杂志读者群中女性的比率是否为 80%?它们的值各是多少?

解:根据题意,这是一个双侧检验问题。

第一步:提出原假设和备择假设。

$$H_0 : \pi = 80\%$$
$$H_1 : \pi \neq 80\%$$

第二步:确定并计算检验统计量。

$$Z = \frac{p - \pi_0}{\sqrt{\dfrac{\pi_0(1 - \pi_0)}{n}}} = \frac{0.73 - 0.80}{\sqrt{\dfrac{0.80 \times (1 - 0.80)}{200}}} = -2.475$$

第三步:由 $\alpha = 0.05$,查表得临界值 $Z_{\frac{\alpha}{2}} = Z_{0.025} = 1.96$。由于 $|Z| = |-2.44| > Z_{\frac{\alpha}{2}} = 1.96$,所以应该拒绝原假设 H_0,认为该杂志声称读者群中有 80% 为女性的说法不属实。

四、总体方差的检验

反映总体数量特征的参数除了均值、比例以外，还有一个重要的参数是方差。方差和标准差是衡量变量的离散程度，研究生产活动的均衡性、产品质量的稳定性等最常用的指标，因此对其进行检验也是常见的一类假设检验问题。这里我们只讨论对正态总体方差的检验。

对一个方差为 σ^2 的正态总体反复抽样，计算每一个样本方差 s^2，则 $\dfrac{(n-1)s^2}{\sigma^2}$ 的分布服从自由度为 $(n-1)$ 的 χ^2 分布。即

$$\chi^2 = \frac{(n-1)s^2}{\sigma^2} \sim \chi^2(n-1) \tag{6.9}$$

因此我们用 χ^2 统计量来对总体方差 σ^2 进行假设检验，与对总体均值检验的步骤相同，即：

第一步：提出原假设和备择假设。

若进行双侧检验，则假设形式为：

$$H_0: \sigma^2 = \sigma_0^2$$
$$H_1: \sigma^2 \neq \sigma_0^2$$

若进行左单侧检验，则假设形式为：

$$H_0: \sigma^2 \leqslant \sigma_0^2$$
$$H_1: \sigma^2 > \sigma_0^2$$

若进行右单侧检验，则假设形式为：

$$H_0: \sigma^2 \geqslant \sigma_0^2$$
$$H_1: \sigma^2 < \sigma_0^2$$

第二步：确定并计算检验统计量。总体方差检验的检验统计量及其分布为：

$$\chi^2 = \frac{(n-1)s^2}{\sigma^2} \sim \chi^2(n-1) \tag{6.10}$$

根据样本数据计算样本方差、已知的总体方差 σ^2 和样本容量 n，计算出检验统计量 χ^2 的值。

第三步：根据给定的显著性水平，查表得到临界值，并进行统计决策。对于给定的显著性水平 α 和自由度 $(n-1)$，查 χ^2 分布表可得临界值，将所计算的 χ^2 统计量的值与临界值比较，便可作出检验结论。

若进行双侧检验，则临界值为 $\chi^2_{1-\frac{\alpha}{2}}(n-1)$ 和 $\chi^2_{\frac{\alpha}{2}}(n-1)$，当 $\chi^2 \geqslant \chi^2_{\frac{\alpha}{2}}(n-1)$ 或者 $\chi^2 \leqslant \chi^2_{1-\frac{\alpha}{2}}(n-1)$ 时，拒绝原假设；当 $\chi^2_{1-\frac{\alpha}{2}}(n-1) \leqslant \chi^2 \leqslant \chi^2_{\frac{\alpha}{2}}(n-1)$ 不拒绝原假设；

若进行左单侧检验，则临界值为 $\chi^2_{1-\frac{\alpha}{2}}(n-1)$，当 $\chi^2 \leqslant \chi^2_{1-\frac{\alpha}{2}}(n-1)$ 时，拒绝原假设，否则不拒绝原假设。

若进行右单侧检验，则临界值为 $\chi^2_{\frac{\alpha}{2}}(n-1)$，当 $\chi^2 \geqslant \chi^2_{\frac{\alpha}{2}}(n-1)$ 时，拒绝原假设，否则不拒绝原假设。

【例 6-10】　某企业生产出一种新型的饮料装瓶机器，按设计要求，该机器装瓶 100 mL 饮料的方差为 1 mL。如果达到设计要求，表明机器的稳定性非常好。现从该机器灌装

的产品中随机抽取 25 瓶进行测定，根据测定值计算得到样本方差为 0.866。试以 0.05 的显著性水平判断该机器性能是否达到设计要求。

解：根据题意，若灌装容量的方差等于或小于 1 mL，表明达到设计要求甚至比设计要求更好，而大于 1 mL，则表明未达到设计要求，故这是一个单侧检验问题。我们当然希望方差越小越好，因此我们更关心的是可以容忍的上限，即方差大于什么水平将会拒绝，因此检验的形式如下：

第一步：提出假设。

$$H_0 : \sigma^2 \leqslant 1$$
$$H_1 : \sigma^2 > 1$$

第二步：确定并计算检验统计量。

$$\chi^2 = \frac{(n-1)s^2}{\sigma^2} = \frac{(25-1) \times 0.866}{1} = 20.784$$

第三步：由 $\alpha = 0.05$，查表得临界值。

$$\chi_\alpha^2(n-1) = \chi_{0.05}^2(24) = 36.415$$

由于 20.784 < 36.415，即 $\chi^2 \leqslant \chi_\alpha^2(n-1)$，所以不能拒绝原假设 H_0，即没有理由证明该机器性能达不到设计要求，即没有理由证明该机器的稳定性不好。如图 6 - 7 所示。

图 6 - 7 χ^2 检验示意图

第三节　两个总体参数的检验

一、检验统计量的确定

两个总体参数检验其实与一个总体参数检验讨论的问题是非常类似的，两个总体参数的检验也将涉及检验统计量的选择问题。选择什么检验统计量取决于被检验参数的抽样分布，而抽样分布与样本量大小、与总体方差 σ^2 是否已知都有关系。

两个总体均值之差的检验中，可能出现的情况有：

(1) $n(n_1, n_2)$ 较大或 $n(n_1, n_2)$ 较小 (即大样本或小样本)。

当两个总体的样本量 n_1、n_2 都较大时，如果方差 σ_1^2 和 σ_2^2 未知，可以用样本方差 s_1^2、s_2^2 替代，这时，样本统计量服从 Z 分布。但当样本量 n_1、n_2 都较小时，如果 σ_1^2、σ_2^2 未知，就应该采用 t 作为检验统计量。

(2) 总体方差 σ_1^2、σ_2^2 已知或未知。

在 σ_1^2、σ_2^2 已知的条件下，由抽样分布理论可知，样本统计量服从 Z 分布，而在 σ_1^2、σ_2^2 未知的条件下，样本统计量服从 t 分布。故当 σ_1^2、σ_2^2 已知时，可以使用 Z 检验，当 σ_1^2、σ_2^2 未知时，可以使用 t 检验。

两个总体比例之差的检验中，一般采用 Z 统计量，其理由与上一节一个正态总体比例的检验中采用统计量的理由相同。

图 6 - 8　检验统计量的确定

两个总体方差比的检验中,根据前面的抽样分布理论,此时样本统计量服从自由度为 $n_1 - 1$ 和 $n_2 - 1$ 的 F 分布,故使用 F 作为检验统计量。

上述陈述可以归纳为图 $6-8$。

二、两个总体均值之差的检验(独立大样本)

1. 假定条件

(1)两个样本是独立的随机样本;

(2)正态总体或非正态总体大样本($n_1 \geqslant 30$ 和 $n_2 \geqslant 30$)。

2. 检验统计量

(1)σ_1^2、σ_2^2 已知:

$$Z = \frac{(\bar{x}_1 - \bar{x}_2) - (\mu_1 - \mu_2)}{\sqrt{\dfrac{\sigma_1^2}{n_1} + \dfrac{\sigma_2^2}{n_2}}} \sim N(0, 1) \tag{6.11}$$

(2)σ_1^2、σ_2^2 未知:

$$Z = \frac{(\bar{x}_1 - \bar{x}_2) - (\mu_1 - \mu_2)}{\sqrt{\dfrac{s_1^2}{n_1} + \dfrac{s_2^2}{n_2}}} \sim N(0, 1) \tag{6.12}$$

【例 $6-11$】　某公司对男女职员的平均小时工资进行了调查,独立抽取了具有同类工作经验的男女职员的两个随机样本,并记录下两个样本的均值、方差等资料,如表 $6-6$ 所示。在显著性水平为 0.05 的条件下,能否认为男性职员与女性职员的平均小时工资存在显著差异?

表 $6-6$　某公司男女职员基本情况

男性职员	$n_1 = 44$	$\bar{x}_1 = 75$	$S_1^2 = 64$
女性职员	$n_2 = 32$	$\bar{x}_2 = 70$	$S_2^2 = 42.25$

解:根据题意,建立假设:

$$H_0: \mu_1 - \mu_2 = 0$$
$$H_1: \mu_1 - \mu_2 \neq 0$$

由题意知:$\alpha = 0.05$,$n_1 = 44$,$n_2 = 32$

临界值(c):$Z_\alpha = Z_{0.05} = 1.96$

检验统计 $Z = \dfrac{75 - 70}{\sqrt{\dfrac{64}{44} + \dfrac{42.25}{32}}} = 3.002$

决策:由于 $Z = 3.002 > Z_\alpha$,所以拒绝 H_0。

结论:该公司男女职员的平均小时工资之间存在显著差异。

三、两个总体均值之差的检验(独立小样本)

1. σ_1^2、σ_2^2 已知

(1)假定条件:

①两个独立的小样本;

②两个总体都是正态分布;

③σ_1^2、σ_2^2已知。

(2)检验统计量:

$$Z = \frac{(\bar{x}_1 - \bar{x}_2) - (\mu_1 - \mu_2)}{\sqrt{\dfrac{\sigma_1^2}{n_1} + \dfrac{\sigma_2^2}{n_2}}} \sim N(0,\ 1) \tag{6.13}$$

2. σ_1^2、σ_2^2未知,但$\sigma_1^2 = \sigma_2^2$

(1)假定条件:

①两个独立的小样本;

②两个总体都是正态分布;

③σ_1^2、σ_2^2未知但相等,即$\sigma_1^2 = \sigma_2^2$。

(2)检验统计量:

$$t = \frac{(\bar{x}_1 - \bar{x}_2) - (\mu_1 - \mu_2)}{s_p \sqrt{\dfrac{1}{n_1} + \dfrac{1}{n_2}}} \tag{6.14}$$

其中:$s_p^2 = \dfrac{(n_1 - 1)s_1^2 + (n_2 - 1)s_2^2}{n_1 + n_2 - 2}$,自由度:$n_1 + n_2 - 2$

3. 样本容量相等,σ_1^2、σ_2^2未知且不相等,$\sigma_1^2 \neq \sigma_2^2$

(1)假定条件:

①两个总体都是正态分布;

②σ_1^2、σ_2^2未知且不相等,即$\sigma_1^2 \neq \sigma_2^2$;

③样本容量相等,即$n_1 = n_2 = n$。

(2)检验统计量:

$$t = \frac{(\bar{x}_1 - \bar{x}_2) - (\mu_1 - \mu_2)}{\sqrt{\dfrac{s_1^2}{n_1} + \dfrac{s_2^2}{n_2}}} = \frac{(\bar{x}_1 - \bar{x}_2) - (\mu_1 - \mu_2)}{\sqrt{\dfrac{s_1^2 + s_2^2}{n}}} \tag{6.15}$$

其中:自由度:$n_1 + n_2 - 2 = 2(n - 1)$

4. 样本容量不相等,σ_1^2,σ_2^2未知且不相等,$\sigma_1^2 \neq \sigma_2^2$

(1)假定条件:

①两个总体都是正态分布;

②σ_1^2,σ_2^2未知且不相等,即$\sigma_1^2 \neq \sigma_2^2$;

③样本容量不相等,即$n_1 \neq n_2$。

(2)检验统计量:

$$t = \frac{(\bar{x}_1 - \bar{x}_2) - (\mu_1 - \mu_2)}{\sqrt{\dfrac{s_1^2}{n_1} + \dfrac{s_2^2}{n_2}}} \tag{6.16}$$

其中：自由度：$v = \dfrac{\left(\dfrac{s_1^2}{n_1} + \dfrac{s_2^2}{n_2}\right)^2}{\dfrac{(s_1^2/n_1)^2}{n_1 - 1} + \dfrac{(s_2^2/n_2)^2}{n_2 - 1}}$

【例6－12】　甲、乙两台机床同时加工某种同类型的零件，已知两台机床加工的零件直径(单位：厘米)分别服从正态分布，并且有 $\sigma_1^2 = \sigma_2^2$。为比较两台机床的加工精度有无显著差异，分别独立抽取了甲机床加工的8个零件和乙机床加工的7个零件，通过测量得到数据如表6－7所示。在 $\alpha = 0.05$ 的显著性水平下，样本数据是否提供证据支持"两台机床加工的零件直径不一致"的看法？

表6－7　两台机床加工零件的样本数据　　　　　　　　　　单位：厘米

甲	20.5	19.8	19.7	20.4	20.1	20	19	19.9
乙	20.7	19.8	19.5	20.8	20.4	19.6	20.2	

解：根据题意，双尾检验，建立假设：

$$H_0: \mu_1 - \mu_2 = 0$$
$$H_1: \mu_1 - \mu_2 \neq 0$$

由题意知：$\alpha = 0.05$，$n_1 = 8$，$n_2 = 7$

临界值(c)：$t_{\frac{\alpha}{2}} = t_{0.025} = 2.16$

检验统计量：

$$t = \frac{(\bar{x}_1 - \bar{x}_2)}{s_p \sqrt{1/n_1 + 1/n_2}} = -0.855$$

决策：由于 $|t| = |-0.8553| < t_{\frac{\alpha}{2}}$，所以不拒绝 H_0。

结论：没有理由认为甲、乙两台机床加工的零件直径有显著差异。

可以用 Excel 进行分析，操作步骤如下：

(1)把数据直接复制到 Excel，建立 Excel 数据文件。

(2)在 Excel 中，选择"工具"→"数据分析"，得到如图6－9所示的数据分析框。

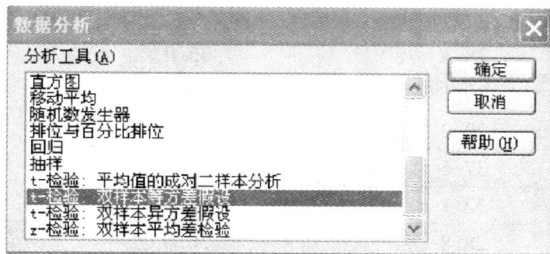

由于题目中给定两总体方差相

图6－9　数据分析选项框

等，所以直接选择 t 检验：双样本等方差假设。然后单击"确定"，得到如表6－8所示的方差分析表。

表6-8　方差分析表

t 检验：双样本等方差假设

项目	变量 1	变量 2
平均值	19. 925	20. 142 857 14
方差	0. 216 428 571	0. 272 857 143
观测值	8	7
合并方差	0. 242 472 527	
假设平均差	0	
df	13	
t Stat	− 0. 854 848 035	
$P(T{\leqslant}t)$ 单尾	0. 204 056 849	
t 单尾临界	1. 770 933 383	
$P(T{\leqslant}t)$ 双尾	0. 408 113 698	
t 双尾临界	2. 160 368 652	

　　从表6-8所示的方差分析表中可以看出，由于本例采用双尾检验，所以 $t=0.855$，相对应的概率为 $P=0.408$，t 双尾临界值为 2. 16。$t=0.855<2.16$，$P=0.408>0.05$，此结果与计算结果一致。

　　【例6-13】　为检验两种方法组装产品所需时间的差异，分别对两种不同的组装方法各随机安排 12 个工人，每个工人组装一件产品所需的时间(分钟)如表6-9所示。假定两种方法组装产品的时间服从正态分布，取显著性水平 0.05，能否认为方法 1 组装产品的平均数量与方法 2 有差异？

表6-9　两个方法组装产品所需的时间

方法 1		方法 2	
28. 3	36. 0	27. 6	31. 7
30. 1	37. 2	22. 2	26. 0
29. 0	38. 5	31. 0	32. 0
37. 6	34. 4	33. 8	31. 2
32. 1	28. 0	20. 0	33. 4
28. 8	30. 0	30. 2	26. 5

　　解：这是两独立样本的 t 检验问题，提出原假设和备择假设：

$H_0: \mu_1-\mu_2=0$(两样本没有显著性差异)

$H_1: \mu_1-\mu_2\neq0$(两样本有显著性差异)

t 检验统计量可以利用 SPSS 两独立样本的 t 检验进行分析，操作步骤如下：

(1)先把表6-9的数据转化为 SPSS 数据，如表6-10所示。

表 6 – 10　SPSS 组装时间数据文件

工人序号	方法	组装时间(分钟)	工人序号	方法	组装时间(分钟)
1	1	28.30	8	1	37.20
2	1	30.10	9	1	38.50
3	1	29.00	10	1	34.40
4	1	37.60	11	1	28.00
5	1	32.10	12	1	30.00
6	1	28.80	13	2	27.60
7	1	36.00	14	2	22.00

(2)选择菜单"Analyze"→"Compare"→"Independent – Samples T Test"

并把检验变量"组装时间"选到"Test Variable(s)"中,把总体变量"方法"选到"Grouping Variable",显著性水平系统默认为 $\alpha = 0.05$(可以点击 Options 进行更改),出现如图 6 – 9 所示的窗口。

(3)按"Define Groups..."按钮定义两总体的标识值,显示如图 6 – 10 所示的窗口。

图 6 – 10　两独立样本 t 检验对话框

两独立样本 t 检验的"Option"选项含义与单样本 t 检验的相同。

至此,SPSS 计算出来的结果如表 6 – 11 所示。

表 6 – 11(a)　基本描述统计

Group Statistics

方法		N	Mean	Std. Deviation	Std. Error Mean
组装时间	1	12	32.5000	3.99955	1.15457
	2	12	28.8000	4.39979	1.27011

表 6–11(b)　两种组装方法 t 检验结果

Independent Samples Test

		F	Sig.	t	df	Sig. (2-tailed)	Mean Difference	Std. Error Difference	95% Confidence Interval of the Difference	
									Lower	Upper
时间	Equal variances assumed	0.011	0.917	2.156	22	0.042	3.7	1.716 45	0.140 3	7.259 7
	Equal variances not assumed			2.156	21.8	0.042	3.7	1.716 45	0.138 4	7.261 5

　　从表 6–11(a)可以看出，方法一和方法二组装时间抽样的样本平均值有一定的差距，这个差距可能是样本的随机性引起的，也可能是组装方法引起的，所以需要做进一步分析。

　　表 6–11(b)是两方法组织时间均值检验结果，分析通过两部分完成：第一步，两总体方差是否相等的 F 检验。本例中该检验的 F 统计量为 0.011，对应的概率 sig. = 0.917，显著性水平 $\alpha = 0.05$，由于概率 sig. 大于 0.05，可以认为两总体的方差没有显著性差异。第二步，两总体均值检验。在第一步中，由于两总体方差没有显著性差异，方差为齐次性，因此应看第一行(Equal variances assumed) t 检验的结果。其中，t 统计量的值为 2.156，对应的双尾概率为 0.042，显著性水平 $\alpha = 0.05$，由于概率 sig. 小于 0.05，拒绝原假设，可以认为两总体的均值有显著性差异。即方法 1 组装产品的平均数量与方法 2 有显著差异。

　　表 6–11(b)中的第七第八列分别为 t 统计量的分子和分母，第九列和第十列为两总体差的 95% 置信区间的下限和上限，表明有 95% 的概率保证两总体均值差在 0.14 至 7.26 之间，也表明两总体均值差不为 0，也从另一个角度证明了方法 1 组装产品的平均数量与方法 2 有显著差异。

四、两个总体均值之差的检验(两配对样本)

　　两配对样本 t 检验的目的是利用两个总体的配对样本，推断两个总体的均值是否存在显著性差异。

　　配对样本 t 检验与两独立样本 t 检验的差别是要求样本是配对的。所谓配对是某属性在前后两种状态下的两种不同特征，也可以是对事物两个不同侧面的描述，两样本不是独立的，而是互相关联的。

　　一般地，匹配样本的数据形式如表 6–12 所示。

表 6 – 12　匹配样本的数据形式

观察序号	样本 1	样本 2	差　值
1	x_{11}	x_{21}	$d_1 = x_{11} - x_{21}$
2	x_{12}	x_{22}	$d_2 = x_{12} - x_{22}$
⋮	⋮	⋮	⋮
i	x_{1i}	x_{2i}	$d_i = x_{1i} - x_{2i}$
⋮	⋮	⋮	⋮
n	x_{1n}	x_{2n}	$d_n = x_{1n} - x_{2n}$

1. 假定条件

(1)两个总体配对差值构成的总体服从正态分布；

(2)配对差是由差值总体中随机抽取的；

(3)数据配对或匹配[重复测量(前/后)]。

2. 检验统计量

$$t = \frac{\bar{d} - d_0}{s_d / \sqrt{n_d}} \sim t(n-1) \tag{6.17}$$

其中，样本差值均值 $\bar{d} = \dfrac{\sum\limits_{i=1}^{n} d_i}{n_d}$，样本差值标准差 $s_d = \sqrt{\dfrac{\sum\limits_{i=1}^{n} (d_i - \bar{d})^2}{n_d - 1}}$

总的来说，匹配样本检验方法的总结如表 6 – 13 所示。

表 6 – 13　匹配样本检验方法

假设	双侧检验	左侧检验	右侧检验
假设形式	$H_0: d = 0$ $H_1: d \neq 0$	$H_0: d \geq 0$ $H_1: d < 0$	$H_0: d \leq 0$ $H_1: d > 0$
统计量		$t = \frac{\bar{d} - d_0}{s_d / \sqrt{n_d}}$	
拒绝域	$\lvert t \rvert > t_{\frac{\alpha}{2}}(n-1)$	$t < -t_\alpha(n-1)$	$t > t_\alpha(n-1)$
P 值决策		拒绝 H_0	

【例 6 – 14】　某饮料公司开发研制出一新产品，为比较消费者对新老产品口感的满意程度，该公司随机抽选一组消费者(8 人)，每个消费者先品尝一种饮料，然后再品尝另一种饮料，两种饮料的品尝顺序是随机的，而后每个消费者要对两种饮料分别进行评分(0 ~ 10 分)，评分结果如表 6 – 14 所示。取显著性水平 $\alpha = 0.05$，该公司是否有证据认为消费者对两种饮料的评分存在显著差异？

表 6 – 14　两种饮料平均等级的样本数据

新饮料	5	4	7	3	5	8	5	6
旧饮料	6	6	7	4	3	9	7	6

此题可以利用 SPSS 计算，操作步骤如下：

（1）先把表 6 - 14 的数据转化为 SPSS 数据，如表 6 - 15 所示。

（2）选择菜单"Analyze"→"Compare"→"Paired-Samples T Test"，并把检验变量"新饮料和旧饮料"选到"Paired Variable(s)"出现如图 6 - 11 所示的窗口。

表 6 - 15　新饮料和旧饮料数据资料

序号	新饮料	旧饮料
1	5.00	6.00
2	4.00	6.00
3	7.00	7.00
4	3.00	4.00
5	5.00	3.00
6	8.00	9.00
7	5.00	7.00
8	6.00	6.00

图 6 - 11　配对样本 t 检验对话框

配对样本 t 检验的"Option"选项含义与单样本 t 检验的相同。

至此，SPSS 将自动计算 t 统计量和对应的概率 P 值，分析结果如表 6 - 16 所示。

表 6 - 16(a)　　新旧饮料满意度基本描述统计量

		Mean	N	Std. Deviation	Std. Error Mean
Pair 1	新饮料	5.375 0	8	1.597 99	0.564 97
	旧饮料	6.000 0	8	1.851 64	0.654 65

表 6 - 16(b)　　新旧饮料满意度简单相关系数及检验

		N	Correlation	Sig.
Pair 1	新饮料 & 旧饮料	8	0.724	0.042

表 6 - 16(c)　　新旧饮料满意度两配对样本 T 检验结果

		Paired Differences					t	df	Sig. (2 - tailed)
		Mean	Std. Deviation	Std. Error Mean	95% Confidence Interval of the Difference				
					Lower	Upper			
Pair 1	新饮料 - 旧饮料	-0.625 0	1.302 47	0.460 49	-1.713 9	0.463 9	-1.357	7	0.217

表 6 - 16(a)表明，新饮料和旧饮料品尝后评分的平均值没有很大的差异；表 6 - 16(b)中，第三列是新饮料和旧饮料品尝后评分结果的简单相关系数，第四列是相关系数检

验的概率 P 值，它表明在显著水平 $\alpha = 0.05$ 情况下，新饮料和旧饮料品尝的评分结果有明显的线性变化，也就是它们之间的线性相关程度较强。

表 6 - 16(c)中，第二列是新饮料和旧饮料品尝后评分的平均差异，相差了 0.625 分；第三列是差值样本的标准差；第四列是差值样本抽样分布的标准差；第五、第六列是差值 95% 的置信区间的下限和上限；第七列是 t 检验统计量的观测值；第八列是 t 检验统计量观测值对应的双尾概率 P 值，即 $P = 0.217$。根据题意，显著性水平 $\alpha = 0.05$，又由于 $P = 0.217 > 0.05$，因而我们应该接受原假设，即认为新饮料和旧饮料品尝后的评分没有显著不同。

五、两个总体比率之差的检验

1. 假定条件
(1)两个总体都服从二项分布；
(2)可以用正态分布来近似。
2. 检验统计量
(1)检验 $H_0: \pi_1 - \pi_2 = 0$ 时，检验统计量为：

$$Z = \frac{p_1 - p_2}{\sqrt{p(1-p)\left(\frac{1}{n_1} + \frac{1}{n_2}\right)}} \tag{6.18}$$

其中，$p = \frac{x_1 + x_2}{n_1 + n_2} = \frac{p_1 n_1 + p_2 n_2}{n_1 + n_2}$。
(2)检验 $H_0: \pi_1 - \pi_2 = d_0$ 时，检验统计量为：

$$Z = \frac{(p_1 - p_2) - d_0}{\sqrt{\frac{p_1(1-p_1)}{n_1} + \frac{p_2(1-p_2)}{n_2}}} \tag{6.19}$$

两个总体比率之差的检验方法的总结如表 6 - 17 所示。

表 6 - 17　两个总体比率之差的检验方法总结

假设	双侧检验	左侧检验	右侧检验
假设形式	$H_0: \pi_1 - \pi_2 = 0$ $H_1: \pi_1 - \pi_2 \neq 0$	$H_0: \pi_1 - \pi_2 \geq 0$ $H_1: \pi_1 - \pi_2 < 0$	$H_0: \pi_1 - \pi_2 \leq 0$ $H_1: \pi_1 - \pi_2 > 0$
统计量	$Z = \dfrac{p_1 - p_2}{\sqrt{p(1-p)\left(\frac{1}{n_1}+\frac{1}{n_2}\right)}}$, $Z = \dfrac{(p_1-p_2)-d_0}{\sqrt{\frac{p_1(1-p_1)}{n_1}+\frac{p_2(1-p_2)}{n_2}}}$		
拒绝域	$|Z| > Z_{\frac{\alpha}{2}}$	$Z < -Z_\alpha$	$Z > Z_\alpha$
P 值决策	拒绝 H_0		

【例 6 - 15】　一所大学准备采取一项学生在宿舍上网收费的措施，为了解男女学生对这一措施的看法是否存在差异，分别抽取了 200 名男学生和 200 名女学生进行调查，其中的一个问题是："你是否赞成采取上网收费的措施？"其中男学生表示赞成的比率为 27%，

女学生表示赞成的比率为 35%。调查者认为,男学生中表示赞成的比率显著低于女学生。取显著性水平 $\alpha = 0.05$,样本提供的证据是否支持调查者的看法?

解:根据题意,建立假设:

$$H_0: \pi_1 - \pi_2 \geqslant 0$$
$$H_1: \pi_1 - \pi_2 < 0$$

由题意知:$\alpha = 0.05$,$n_1 = 200$,$n_2 = 200$

临界值(c):$Z_\alpha = Z_{0.05} = 1.645$

检验统计量:

$$Z = \frac{0.27 - 0.35}{\sqrt{0.31 \times (1 - 0.31) \times \left(\frac{1}{200} + \frac{1}{200}\right)}} = -1.729\,76$$

决策:由于 $Z = -1.729\,76 < -Z_{0.05} = -1.645$,在拒绝区域,所以拒绝 H_0。

结论:样本提供的证据支持调查者的看法,认为男学生中表示赞成的比率显著低于女学生。

【例 6 − 16】 有两种方法生产同一种产品,方法 1 的生产成本较高而次品率较低,方法 2 的生产成本较低而次品率则较高。管理人员在选择生产方法时,决定对两种方法的次品率进行比较,如方法 1 比方法 2 的次品率低 8% 以上,则决定采用方法 1,否则就采用方法 2。管理人员从方法 1 生产的产品中随机抽取 300 个,发现有 33 个次品,从方法 2 生产的产品中也随机抽取 300 个,发现有 84 个次品。用显著性水平 $\alpha = 0.01$ 进行检验,说明管理人员应决定采用哪种方法进行生产?

解:根据题意,建立假设:

$H_0: \pi_1 - \pi_2 \geqslant 8\%$

$H_1: \pi_1 - \pi_2 < 8\%$

由题意知:$\alpha = 0.01$,$n_1 = 300$,$n_2 = 300$

临界值(c):由于是左侧检验,$Z_\alpha = -Z_{0.01} = -2.33$

检验统计量:

$$Z = \frac{(0.11 - 0.28) - 0.08}{\sqrt{\frac{0.11 \times (1 - 0.11)}{300} + \frac{0.28 \times (1 - 0.28)}{300}}} = -7.912\,29$$

决策:由于 $Z = -7.912 < -Z_{0.01} = -2.33$,在拒绝区域,所以拒绝 H_0。

结论:方法 1 的次品率显著低于方法 2,低 8% 以上,应采用方法 1 进行生产。

六、两个总体方差比的检验(F 检验)

1. 假定条件

(1)两个总体都服从正态分布,且方差相等;

(2)两个独立的随机样本。

2. 检验统计量

$$F = \frac{s_1^2}{s_2^2} \sim F(n_1 - 1, n_2 - 1),\ 或\ F = \frac{s_2^2}{s_1^2} \sim F(n_2 - 1, n_1 - 1) \tag{6.20}$$

3. 两个总体方差比的 F 检验(临界值)

两个总体方差的 F 检验如图 6 - 12 所示。

图 6 - 12　F 检验(临界值)

【例 6 - 17】　有人说在大学中男生的学习成绩比女生的学习成绩好。现从一个学校中随机抽取 25 名男生和 16 名女生,对他们进行同样题目的测试。测试结果表明,男生的平均成绩为 82 分,方差为 56 分,女生的平均成绩为 78 分,方差为 49 分。假设显著性水平 $\alpha = 0.02$,从上述数据中能得到什么结论?

解:首先进行方差是否相等的检验:

建立假设:

$$H_0 : \sigma_1^2 = \sigma_2^2$$
$$H_1 : \sigma_1^2 \neq \sigma_2^2$$

依题意:

$$n_1 = 25 , s_1^2 = 56 , n_2 = 16 , s_2^2 = 49$$

$$F = \frac{s_1^2}{s_2^2} = \frac{56}{49} = 1.143$$

当 $\alpha = 0.02$ 时, $F_{\frac{\alpha}{2}}(24, 15) = 3.294$, $F_{1-\frac{\alpha}{2}}(24, 15) = 0.346$。由于 $F_{1-\frac{\alpha}{2}}(24, 15) < F < F_{\frac{\alpha}{2}}(24, 15)$,检验统计量的值落在非拒绝域中,所以不拒绝原假设,没有证据证明总体方差无显著差异。不能认为大学中男生的学习成绩比女生的学习成绩好。

综上所述,两个总体方差比检验方法的总结如表 6 - 18 所示。

表 6 - 18　两个总体方差比检验方法的总结

假设	双侧检验	左侧检验	右侧检验
假设形式	$H_0 : \sigma_1^2/\sigma_2^2 = 1$ $H_1 : \sigma_1^2/\sigma_2^2 \neq 1$	$H_0 : \sigma_1^2/\sigma_2^2 \geqslant 1$ $H_1 : \sigma_1^2/\sigma_2^2 < 1$	$H_0 : \sigma_1^2/\sigma_2^2 \leqslant 1$ $H_1 : \sigma_1^2/\sigma_2^2 > 1$
统计量	$F = \dfrac{s_1^2}{s_2^2}$ 或 $F = \dfrac{s_2^2}{s_1^2}$		
拒绝域	$F > F_{\frac{\alpha}{2}}(n_1 - 1, n_2 - 1)$	$F > F_\alpha(n_1 - 1, n_2 - 1)$	

思考与练习

(一)单项选择题

1. 下面有关小概率原则说法正确的是(　　)。

A. 小概率原则事件就是不可能事件

B. 它是指当一个事件的概率不大于充分小的界限 $\alpha(0 < \alpha < 1)$ 时,可认为该事件为不可能事件

C. 基于"小概率原则"完全可以对某一事件发生与否作出正确判断

D. 总体推断中可以不予考虑的事件

2. 假设检验中的 1 类错误也叫(　　)。

A. 弃真错误　　　　B. 纳伪错误　　　　C. 假设错误　　　　D. 判断错误

3. 如果是小样本数据的均值检验,应该采用(　　)。

A. t 检验　　　　B. Z 检验　　　　C. 秩符检验　　　　D. 以上都不对

4. 在一次假设试验中,当显著性水平 $\alpha = 0.01$ 原假设被拒绝时,则用 $\alpha = 0.05$ 时(　　)。

A. 一定会被拒绝　　　　　　　　B. 一定不会被拒绝

C. 需要重新检验　　　　　　　　D. 有可能拒绝原假设

5. 若 $H_0: \mu = \mu_0$,$H_1: \mu \neq \mu_0$,当随机抽取一个样本,其均值 $\bar{x} = \mu_0$,则(　　)。

A. 肯定接受原假设　　　　　　　B. 有可能接受原假设

C. 有 $1 - \alpha$ 的可能接受原假设　　D. 有可能拒绝原假设

6. 某食品产厂规定其袋装商品每包的平均重量不低于 500 克,否则不能出厂。现对一批产品进行出厂检验时,要求有 99% 的可靠性实现其规定,其原假设和备择假设应该是(　　)。

A. $H_0: \mu = 500$,$H_1: \mu \neq 500$　　　　B. $H_0: \mu \geq 500$,$H_1: \mu < 500$

C. $H_0: \mu \leq 500$,$H_1: \mu > 500$　　　　D. $H_0: \mu > 500$,$H_1: \mu \leq 500$

7. 在显著性水平 $\alpha = 0.5$ 下,对正态总体期望 μ 进行假设 $H_0: \mu = \mu_0$ 的检验,若经检验原假设被接受,在水平 $\alpha = 0.01$ 下,下面结论正确的是(　　)。

A. 接受 H_0　　　　　　　　　　B. 拒绝 H_0

C. 可能接受也可能拒绝 H_0　　　D. 不接受也不拒绝 H_0

8. 设总体 $X \sim N(\mu, \sigma^2)$ 已知,μ 未知,$(x_1, x_2, \cdots, x_n)$ 为来自 x 的一组样本。检验假设 $H_0: \sigma^2 \leq \sigma_0^2$,$H_1: \sigma^2 > \sigma_0^2$ 的拒绝域为(　　)。

A. $Z = \dfrac{\bar{X} - \mu}{\sigma_0^2/\sqrt{n}} > Z_\alpha$　　　　B. $\chi^2 = \dfrac{\sum_{i=1}^{n}(x_i - \bar{x})^2}{\sigma_0^2} \geq \chi_\alpha^2(n-1)$

C. $\chi^2 = \dfrac{\sum_{i=1}^{n}(x_i - \bar{x})^2}{\sigma_0^2} \geq \chi_\alpha^2(n)$　　　　D. $\chi^2 = \dfrac{\sum_{i=1}^{n}(x_i - \mu)^2}{\sigma_0^2} \geq \chi_\alpha^2(n)$

9. 在假设检验中,记 H_0 为待检验原假设,则称(　　)为第一类错误。

A. H_0 为真,接受 H_0　　　　　B. H_0 不真,拒绝 H_0

C. H_0 为真,拒绝 H_0　　　　　D. H_0 不真,接受 H_0

10. 下列说法正确的是(　　)。

A. 原假设正确的概率为 α

B. 如果原假设被拒绝,就可以证明备择假设是正确的

C. 如果原假设未被拒绝,就可以证明原假设是正确的

D. 如果原假设未被拒绝,也不能证明原假设是正确的

(二)判断题

1. 原假设与备择假设一定是对应的关系。(　　)

2. 假设检验中犯 1 类错误的后果比犯 2 类错误的后果更为严重。(　　)

3. 显著性水平越小，犯检验错误的可能性越小。（　）

4. 假设检验一般是针对错误的抽样推断作的。（　）

5. 对总体成数的检验一般采用 Z 检验法为好。（　）

6. 当原假设用单侧检验被拒绝时，用同样的显著性水平双侧检验，可能会拒绝也可能不会拒绝。（　）

7. 在假设检验中，显著性水平是表示原假设为真时被拒绝的概率。（　）

8. 假设检验中，显著性水平 α 表示原假设不真实的概率。（　）

9. 两个样本均值经过 t 检验判定有显著性差别，P 值越小，则越有理由认为两总体均值有差别。（　）

10. 在假设检验中，不拒绝原假设意味着备择假设肯定是错误的。（　）

（三）思考题

1. 假设检验与参数估计的思想有何区别和联系？

2. 显著性水平与 P 值有何区别和联系？

3. 什么是假设检验中的显著性水平？统计显著是什么意思？

4. 举例说明假设检验中的两类错误。为什么说第一类错误的概率 α 和第二类错误的概率 β 是一对矛盾？如何协调这对矛盾？

5. 如何区别双侧检验与单侧检验，左侧检验和右侧检验？

（四）计算题

1. 一种元件，要求其使用寿命不得低于 700 小时。现从一批这种元件中随机抽取 36 件，测得其平均寿命为 680 小时。已知该元件寿命服从正态分布，$\sigma = 60$ 小时，试在显著性水平 0.05 下确定这批元件是否合格。

2. 糖厂用自动打包机打包，每包标准重量是 100 千克。每天开工后需要检验一次打包机工作是否正常。某日开工后测得 9 包重量（单位：千克）如下：

　　　99.3　98.7　100.5　101.2　98.3　99.7　99.5　102.1　100.5

已知包重服从正态分布，试检验该日打包机工作是否正常？（$\alpha = 0.05$）

3. 某种大量生产的袋装食品，按规定不得少于 250 克。今从一批该食品中任意抽取 50 袋，发现有 6 袋低于 250 克。若规定不符合标准的比例超过 5% 就不得出厂，问该批食品能否出厂？（$\alpha = 0.05$）

4. 某种电子元件的寿命 x（单位：小时）服从正态分布。现测得 16 只元件的寿命如下：

　　　159　280　101　212　224　379　179　264
　　　222　362　168　250　149　260　485　170

问是否有理由认为元件的平均寿命显著地大于 225 小时？（$\alpha = 0.05$）

5. 装配一个部件时可以采用不同的方法，所关心的问题是哪一个方法的效率更高。劳动效率可以用平均装配时间反映。现从不同的装配方法中各抽取 12 件产品，记录各自的装配时间（单位：分钟）如下：

甲方法：31　34　29　32　35　38　34　30　29　32　31　26
乙方法：26　24　28　29　30　29　32　26　31　29　32　28

两总体为正态总体，且方差相同。问两种方法的装配时间有无显著不同？（$\alpha = 0.05$）

6. 调查了 339 名 50 岁以上的人，其中 205 名吸烟者中有 43 个患慢性气管炎，在 134

名不吸烟者中有 13 人患慢性气管炎。调查数据能否支持"吸烟者容易患慢性气管炎"这种观点？（$\alpha = 0.05$）

7. 为了控制贷款规模，某商业银行有个内部要求，平均每项贷款数额不能超过 60 万元。随着经济的发展，贷款规模有增大的趋势。银行经理想了解在同样项目条件下，贷款的平均规模是否明显地超过 60 万元，故一个 $n = 144$ 的随机样本被抽出，测得 $\bar{x} = 68.1$ 万元，$s = 45$。用 $\alpha = 0.01$ 的显著性水平，采用 P 值进行检验。

8. 有一种理论认为服用阿司匹林有助于减少心脏病的发生，为了进行验证，研究人员把自愿参与实验的 22 000 人随机平均分成两组，一组人员每星期服用三次阿司匹林（样本 1），另一组人员在相同的时间服用安慰剂（样本 2），持续 3 年之后进行检测，样本 1 中有 104 人患心脏病，样本 2 中有 189 人患心脏病。以 $\alpha = 0.05$ 的显著性水平检验服用阿司匹林是否可以降低心脏病发生率。

第七章　方差分析

从某学校同一年级中随机抽取 19 名学生，再将他们随机分成 4 组，在 2 周内 4 组学生都用 120 分钟复习同一组英语单词，第一组每个星期一 1 次复习 60 分钟；第二组每个星期一、三 2 次各复习 30 分钟；第三组每个星期二、四、六 3 次复习各 20 分钟；第四组每天（星期天除外）复习 10 分钟。2 周复习之后，相隔 2 个月再进行统一测验，其结果如下表所示。运用方差分析法可以推断分析的问题是：这 4 种复习方法的效果之间有没有显著性差异？

4 组学生英语单词测验成绩

序号	第一组	第二组	第三组	第四组
1	24	29	30	27
2	26	25	28	31
3	20	21	32	32
4	28	27	30	33
5		28	26	
6		30		

如果用假设检验的办法比较这 4 组的英语单词测验成绩是否有显著差异，则需要进行 6 次两两比较，非常繁琐，使用本章的方差分析则很容易解决此问题。

学习要求：
通过对本章的学习，了解方差分析的基本思想和使用条件；掌握单、双因素方差分析的基本思路和方法；掌握在 SPSS 中进行方差分析的操作方法。

主要内容：

在实际生产和经营管理过程中，影响产品质量、数量和销量的因素往往很多，如农作物的产量受农作物品种、施肥量、气候等的影响；不同地区、不同时期对某种产品的销量有影响，等等。在众多因素中，有些因素影响大些，有些则小些。现实中常常需要分析哪几种因素对生产或销售起显著影响，并需知道起显著作用的因素在什么状态下起最好的影响作用。方差分析是解决这些问题的一种有效方法。

第一节　方差分析概述

一、问题的引入

【例 7 - 1】　一位教师想要检查甲、乙、丙三种不同教学方法的效果，为此随机地选取了水平相当的 15 名学生，把他们分成三组，每组 5 个人，每一组用一种方法教学。一段时间以后，这位教师对这 15 名学生进行了统考，统考的成绩见表 7 - 1。试问这三种教学方法的效果有无显著差异？（ $\alpha = 0.05$ ）

在这个例子里，教学方法是所要检验的因素（因子），三种不同的教学方法可以看作是三种水平，因而这是一个单因子三水平的试验。若这三种教学方法效果没有显著差异，那么从中选取任意一种方法即可；若有显著差异，则希望从中选择最好的教学方法，以达到更好的教学效果。这反映了日常生产经营管理过程中经常遇到的一类问题：判断某种因素对生产或销售是否起显著影响，并需知道起显著作用的因素在什么状态下起最好的影响作用。

表 7 - 1　统考成绩

分组	成绩				
甲	75	62	71	58	73
乙	81	85	68	92	90
丙	73	79	60	75	81

从这个例子里可以看出：

（1）同一种教学方法得到的 5 个学生的统考成绩是不相同的，但由于选取的学生的水平是相当的，因此其差别可以看作是由随机误差造成的；

（2）不同教学方法得到的学生的统考成绩也是不同的，这可能是由于教学方法的不同造成的，也可能是由于随机误差造成的。

要判断教学方法的效果是否有显著差异，就是要辨别教学方法是否是造成统考成绩不同的主要因素，若假设三种不同的教学方法所得到的成绩为三个不同总体，这一问题可归结为判断三个总体是否具有相同分布的问题。而在实际中，绝大部分分布都满足（或近似满足）正态分布；同时对这类问题进行分析时，除所关心的因素（如例 7 - 1 中的教学方法）外，其他条件都尽可能相同或一致。因此可以认为每个总体都服从正态分布，并且方差相同。那么推断几个总体是否具有相同分布的问题，就简化为检验几个具有相同方差的正态总体均值是否相等的问题。

前面一章的假设检验主要是检验两个总体均值是否相等，而对于多个总体均值是否相等的问题，也可以用假设检验的方法两两相互检验，但显然很麻烦，随着总体个数的增加花费的时间会成倍增加。而方差分析则能一次性检验多个总体均值是否相同，比两两比较的处理方法要方便得多。

二、方差分析的基本概念

方差分析是检验多个总体均值是否相等的统计方法，它是通过检验各总体的均值是否相等来判断分类型自变量对数值型因变量是否有显著影响。在例 7 - 1 中，要检验三种不同的教学方法对成绩的影响是否有显著差异，这就是一个方差分析问题，即对三种不同的教学方法下成绩均值是否相等进行检验。如果检验结果为 μ_1、μ_2、μ_3 不相等，则意味着不同的教学方法对成绩的影响是显著的，如果检验结果相等，则认为这三种教学方法对成绩没有影响。

在方差分析中，常用到一些术语，下面介绍方差分析的一些基本概念：

1. 因素

因素又称因子，是指所要检验的对象，是在试验中或者抽样时发生变化的"量"，通常用 A、B、C 等表示。例 7 - 1 中要分析"教学方法"对统考成绩是否有显著影响，这里的"教学方法"就是要检验的对象，它被称为"因素"或"因子"，这个因素是可能对统考成绩产生显著影响的因子。方差分析的目的就是分析因子对试验或抽样的结果有无显著影响。如果在试验中变化的因素只有一个，这时的方差分析称为单因素方差分析；在试验中变化的因素不止一个时，就称为多因素方差分析。

2. 水平

因子在试验中的不同状态称做水平。如果因子 A 有 r 个不同状态，就称其有 r 个水平，可以 A_1，A_2，$\cdots$，A_r 表示，如例 7 - 1 中甲、乙、丙三种不同教学方法就是因子"教学方法"的三个不同水平，方差分析时通过对因素的不同水平（单因素）或不同因素不同水平的组合（多因素）进行试验或抽取样本，来了解因子的影响。

3. 交互影响

当进行多因素方差分析时，由于影响因素不止一个，这些因素是否独立是必须明确的问题。如果因素间相互不独立，则其相互作用称为"交互影响"；如果因素间是相互独立的，则称其为无交互影响。交互影响亦称交互作用，是对试验结果产生作用的一个新的因素，在分析过程中，有必要将它的影响作用也单独分离开来。

三、方差分析的基本思想和原理

从方差分析的目的看，是要检验各个水平的均值 μ_1，μ_2，$\cdots$，μ_r 是否相等，而实现这个目的的手段是通过方差的比较。我们知道观察值之间存在着差异。差异的产生来自于两个方面：一个方面是由因素中的不同水平造成的，例如教学方法不同，可能会导致成绩不同，对此我们可以称为系统性差异；另一个方面是由于抽选样本的随机性而产生的差异，例如，同样的方法下，不同的同学成绩也是不一定相同的。两个方面产生的差异可以用两个方差来计量，一个称为水平之间的方差，一个称为水平内部的方差。前者既包括系统性因素，也包括随机性因素；后者仅包括随机性因素。如果不同的水平对结果没有影响，如前例教学方法对成绩不产生影响，那么在水平之间的方差中，就仅仅有随机因素的差异，而没有系统性差异，它与水平内部方差就应该近似，两个方差的比值就会接近于1；反之，如果不同的水平对结果产生影响，在水平之间的方差中就不仅包括了随机性差异，也包括了系统性差异。这时，该方差就会大于水平内方差，两个方差的比值就会大于1许多。当这个比值大到某个程度，或者说达到某临界点，我们就可以作出判断，即不同的水平之间存在着显著性差异。因此，方差分析就是通过组间方差和组内方差的比较，作出接受原假设或拒绝原假设的判断。

（一）误差分解

从例7–1中的统考成绩数据可以发现，不同的方法下成绩是不同的，而同一方法下成绩也是不同的，这种数据上的差异可能是由于抽样的随机性造成的，也可能是由于教学方法这种系统性因素造成的，因此需要更准确的方法来检验这种差异是否显著，也就是要进行方差分析。之所以叫方差分析，是因为虽然我们想证实的是均值是否有显著性差异的问题，但判断均值之间是否有差异则需要借助方差。

方差分析是通过对数据误差来源的分析来判断不同总体的均值是否相等，进而分析自变量对因变量是否有显著影响。因此，在方差分析时，需要考察数据误差来源。下面结合例7–1分析数据误差来源及分解过程。

首先，同一种教学方法下不同的同学成绩是不同的，由于样本是随机抽取的，因此数据的差异可以看成是随机因素造成的，或者说是由于抽样的随机性所造成的随机误差，这种来自水平内部的数据误差也称为组内误差，反映组内误差大小的平方和称为组内平方和，反映组内各观测值总离散状况，记为 SSE。

其次，不同教学方法下同学的成绩也是不同的，来自不同水平间的数据误差称为组间误差，这种误差可能是由于抽样本身造成的随机性误差，也可能是由于系统性因素（教学方法）造成的系统误差，因此组间误差是随机误差和系统误差的和。组间误差大小的平方和称为组间平方和，记为 SSA。

显然，组间误差加上组内误差即全部数据误差的平方和，称为总的平方和，记为 SST，则有：

$$SST = SSA + SSE$$

（二）误差分析

若不同教学方法对成绩没有影响，则组间误差中只包含随机误差，没有系统误差。这时，组间误差与组内误差经过平均后的数值就应该很接近，它们的比值就会接近1。反之，若不同教学方法对成绩有影响，在组间误差中除了包含随机误差外，还会包含有系统误差，这时组间误差平均后的数值就会大于组内误差平均后的数值，它们之间的比值就会大于1，当这个比值大到某种程度时，就可以说不同水平之间存在着显著差异，也就是自变量对因变量有影响。

判断教学方法对成绩是否有显著影响，实际上也就是检验成绩的差异主要是由于什么原因所引起的。如果这种差异主要是系统误差，说明不同教学方法对成绩有显著影响。因此要检验自变量（教学方法）对因变量（成绩）是否有显著影响，在形式上也就转化为检验三种教学方法下成绩的均值是否相等的问题。

（三）检验统计量的构造

因素或因素的交互影响对试验或抽样结果的影响是否显著，关键要看组间方差与组内方差的相对大小。然而，产生方差的独立变量的个数对方差大小也有影响，独立变量的个数越多，方差就有可能越大；独立变量个数越少，方差就有可能越小；而产生组间方差和组内方差的独立变量的个数往往是不相同的。为了消除独立变量个数对方差大小的影响，用方差除以独立变量的个数得到的"均方差"，作为不同源方差比较的基础，引起方差的独立变量的个数称为"自由度"。这样，可以得到一个检验因素影响是否显著的 F 统计量：

$$F = \frac{\text{组间均方差}}{\text{组内均方差}} \tag{7.1}$$

F 统计量越大，越说明组间方差是主要的方差来源，因素影响是显著的；F 越小，越说明随机误差是主要的方差来源，因素的影响不显著。

（四）方差分析中的基本假定

（1）每个总体都应服从正态分布。对于因素的每一个水平，其观察值是来自服从正态分布总体的简单随机样本，如，每种不同的教学方法的成绩必须服从正态分布。

（2）各个总体的方差必须相同。各组观察数据是从具有相同方差的总体中抽取的，如，每种教学方法的成绩的方差都相等。

（3）观测值是独立的。如，每种教学方法中，每个同学被抽中与其他教学方法下被抽中的同学之间是没有联系、相互独立的。

第二节　单因素方差分析

一、离差平方和的分解

由于单因素方差分析是检验某一因素在不同水平下的总体均值是否有显著差异，因此其方差分析的基本思路是：首先针对该因素的不同水平进行试验或抽样，由此获得的不同水平下的样本看作是来自不同总体的样本，然后检验这些不同总体的均值是否相等。将考察的因素用字母 A 表示，A_1，A_2，$\cdots$，A_r 表示因素 A 的 r 个不同水平，x_{ij} 表示在第 i 个水平下的第 j 个试验数据，则因素 A 在不同水平下的抽样结果可用表 7-2 表示。

表 7-2　单因方差分析的数据结构

样本 因素水平	1	2	$\cdots$	n	均值
A_1	x_{11}	x_{12}	$\cdots$	x_{1n}	$\bar{x}_1$
A_2	x_{21}	x_{22}	$\cdots$	x_{2n}	$\bar{x}_2$
$\vdots$	$\vdots$	$\vdots$	$\vdots$	$\vdots$	$\vdots$
A_r	x_{r1}	x_{r2}	$\cdots$	x_{rn}	$\bar{x}_r$
					$\bar{x}$

其中，$\bar{x}_i$ 表示因素水平 A_i 上的平均数，满足 $\bar{x}_i = \dfrac{\sum\limits_{j=1}^{n} x_{ij}}{n}(i = 1,2,\cdots,r)$；

$\bar{x}$ 表示样本总平均，满足 $\bar{x} = \dfrac{\sum\limits_{i=1}^{r}\sum\limits_{j=1}^{n} x_{ij}}{nr}$。

则样本数据总的波动程度即总离差平方和（SST）为：

$$SST = \sum_{i=1}^{r}\sum_{j=1}^{n}(x_{ij} - \bar{x})^2 \tag{7.2}$$

又 $\displaystyle\sum_{i=1}^{r}\sum_{j=1}^{n}(x_{ij} - \bar{x})^2 = \sum_{i=1}^{r}\sum_{j=1}^{n}\left[(x_{ij} - \bar{x}_i) + (\bar{x}_i - \bar{x})\right]^2$

$= \displaystyle\sum_{i=1}^{r}\sum_{j=1}^{n}(x_{ij} - \bar{x}_i)^2 + \sum_{i=1}^{r}\sum_{j=1}^{n}(\bar{x}_i - \bar{x})^2 + 2\sum_{i=1}^{r}\sum_{j=1}^{n}(x_{ij} - \bar{x}_i)(\bar{x}_i - \bar{x})$

而 $\displaystyle\sum_{i=1}^{r}\sum_{j=1}^{n}(x_{ij} - \bar{x}_i)(\bar{x}_i - \bar{x}) = \sum_{i=1}^{r}(\bar{x}_i - \bar{x})\sum_{j=1}^{n}(x_{ij} - \bar{x}_i)$

$$= \sum_{i=1}^{r}(\bar{x}_i - \bar{x})(n\bar{x}_i - n\bar{x}_i) = 0$$

因此，$SST = \displaystyle\sum_{i=1}^{r}\sum_{j=1}^{n}(x_{ij} - \bar{x})^2 = \sum_{i=1}^{r}\sum_{j=1}^{n}(x_{ij} - \bar{x}_i)^2 + \sum_{i=1}^{r}\sum_{j=1}^{n}(\bar{x}_i - \bar{x})^2$

令 SSE 表示由随机误差产生的组内方差总和，SSA 表示由各组均值差异引起的组间方差总和，则

$$SSE = \sum_{i=1}^{r}\sum_{j=1}^{n}(x_{ij} - \bar{x}_i)^2 \tag{7.3}$$

$$SSA = \sum_{i=1}^{r}\sum_{j=1}^{n}(\bar{x}_i - \bar{x})^2 = n\sum_{i=1}^{r}(\bar{x}_i - \bar{x})^2 \tag{7.4}$$

因此，单因素条件下的方差分解式为：

$$SST = SSE + SSA \tag{7.5}$$

如例 7 - 1 中，只考虑教学方法这一个因素发生变化时对统考成绩的影响，因此该问题是单因素方差分析问题，则可对该问题进行单因素方差分解，具体如下。

由表 7 - 1 可知，在甲教学方法下得到的统考成绩为

$$\bar{x}_1 = \frac{\sum\limits_{j=1}^{n} x_{1j}}{5} = \frac{75 + 62 + 71 + 58 + 73}{5} = 67.8$$

同理可得：$\bar{x}_2 = \dfrac{\sum\limits_{j=1}^{n} x_{2j}}{5} = 83.2$；$\bar{x}_3 = \dfrac{\sum\limits_{j=1}^{n} x_{3j}}{5} = 73.6$

所有学生的平均统考成绩为

$$\bar{x} = \frac{\sum\limits_{i=1}^{r}\sum\limits_{j=1}^{n} x_{ij}}{nr} = \frac{\sum\limits_{i=1}^{r} \bar{x}_i}{r} = \frac{67.8 + 83.2 + 73.6}{3} = 74.87$$

根据公式 7.2，总离差平方和为：$SST = \displaystyle\sum_{i=1}^{3}\sum_{j=1}^{5}(x_{ij} - 74.87)^2 = 1\,457.73$

根据公式 7.3，组内平方和为：$SSE = \sum\limits_{i=1}^{3} \sum\limits_{j=1}^{5} (x_{ij} - \bar{x}_i)^2 = 852.8$

根据公式 7.4，组间差平方和为：$SSA = 5 \sum\limits_{i=1}^{r} (\bar{x}_i - \bar{x}) = 604.93$

即：$1\,457.73 = 852.8 + 604.93$

二、分析步骤

由前一节的内容和例子可知，假设不同教学方法下成绩的概率分布服从正态分布，并且有相同方差，因此，水平的差异必然体现在水平均值的差异上。作为单因素的方差分析，其目标是检验水平均值是否相等。如果相等，我们说该因素（如教学方法）对成绩不产生影响；反之，就认为该因素对成绩存在影响。

为了便于分析，可以将方差分析分解为提出假设、确定检验的统计量、决策分析等步骤。

（一）提出假设

在方差分析中，原假设所描述的是：在按照自变量的值分成的类别中，因变量的均值是否相等。设因素有 r 个水平，每个水平的均值分别用 $\mu_1, \mu_2, \cdots, \mu_i$ 表示，要检验 k 个水平（总体）的均值是否相等，需提出如下假设：

$H_0: \mu_1 = \mu_2 = \cdots = \mu_r$，自变量对因变量没有显著影响

$H_1: \mu_1, \mu_2, \cdots, \mu_r$ 不全相等，自变量对因变量有显著影响

如果不拒绝原假设 H_0，则不能认为自变量对因变量有显著影响，也就是说，不能认为自变量与因变量之间有显著关系，如果拒绝原假设，则意味着自变量对因变量有显著影响，也就是自变量与因变量之间有显著关系。

需要注意，拒绝原假设 H_0 时，只是表明至少有两个总体的均值不等，并不意味着所有的均值都不相等。

（二）计算检验统计量

由方差分析原理可知，原假设是否为真，由剔除自由度影响的组间均方差和组内均方差的相对比较决定，因此，在计算 F 统计量之前必须确定各种方差的自由度。SST 是所有样本数据 x_{ij}（即 nr 个变量）波动引起的方差，而所有 nr 个变量受一个约束条件的限制：$\sum\limits_{i=1}^{r} \sum\limits_{j=1}^{n} (x_{ij} - \bar{x}) = 0$，因此真正独立的变量只有 $nr-1$ 个，自由度即为 $nr-1$。SSA 是由因素在不同水平上的均值 $\bar{x}_i$ 波动而引起的方差，由于共有 r 个不同水平，即有 r 个均值 $\bar{x}_i$，且满足一个约束条件 $\sum\limits_{i=1}^{r} \sum\limits_{j=1}^{n} (\bar{x}_i - \bar{x}) = 0$，因此自由度是 $r-1$。SSE 是由所有 x_{ij} 在各因素水平上围绕相应均值波动产生的，也即有 nr 个变量，但其同时受一组共 r 个约束条件的限制：$\sum\limits_{j=1}^{n} (x_{ij} - \bar{x}_i) = 0 (i=1,2,\cdots,r)$，所以 SSE 的自由度是 $r(n-1)$。由此不难看出，总离差平方和（SST）与组间方差总和（SSA）以及组内方差总和（SSE）的自由度也满足一个等式关系：

$$nr - 1 = (r-1) + r(n-1) \tag{7.6}$$

由各方差除以各自的自由度即可得到剔除了自由度影响的相应均方差，即可得组间均

140   统计与统计分析

方差(MSA)和组内均方差(MSE):

$$MSA = \frac{SSA}{r-1} \tag{7.7}$$

$$MSE = \frac{SSE}{r(n-1)} \tag{7.8}$$

由公式 7.1 可得,检验原假设 H_0 是否为真的 F 统计量为

$$F = \frac{MSA}{MSE} \sim F(r-1, \ nr-r) \tag{7.9}$$

F 值越大,说明在总的方差波动中组间方差的作用越大,有利于拒绝原假设接受备选假设;反之,F 值越小,说明随机方差的作用越大,有利于接受原假设。因此对于给定的显著性水平 α,根据自由度$(r-1, \ nr-r)$ 在 F 分布表中查找,可得相应的临界值 $F_\alpha(r-1, \ nr-r)$,当 $F > F_\alpha(r-1, \ nr-r)$ 时,拒绝原假设,接受备择假设,即认为所检验因素对总体影响显著;当 $F < F_\alpha(r-1, \ nr-r)$ 时,接受原假设,认为所检验因素对总体作用不显著。

如对例 7-1 在方差分解基础上进一步进行显著性检验。

首先由题意可知,教学方法这一因素共有 3 个水平,即 $r=3$;每一组有 5 个学生,即 $n=5$,则:

总离差平方和(SST)的自由度为:$nr-1 = 5 \times 3 - 1 = 14$

组间方差总和(SSA)的自由度为:$r-1 = 3 - 1 = 2$

组内方差总和(SSE)的自由度为:$r(n-1) = 3 \times (5-1) = 12$

由公式 7.7~公式 7.9 可得:

$$F = \frac{MSA}{MSE} = \frac{SSA/(r-1)}{SSE/(rn-r)} = \frac{604.93/2}{852.8/12} = 4.26$$

(三)统计决策

计算出检验统计量后,将检验统计量的 F 值与给定的显著性水平 α 的临界值 F_α 进行比较,从而作出对原假设 H_0 的决策。图 7-1 描述了 F 统计量的抽样分布以及在显著性水平 α 下的拒绝区域。

根据给定的显著性水平 α,在 F 分布表中查找与分子自由度 $df_1 = k-1$,分母自由度 $df_2 = n-k$ 相应的临界值 $F_\alpha(k-1, \ n-k)$。

图7-1　统计量 F 的抽样分布

由于显著性水平 $\alpha = 0.05$,从 F 分布表中可查得临界值 $F_\alpha(2, 12) = 3.89$。

若 $F > F_\alpha$,则拒绝原假设 H_0,即:$\mu_1 = \mu_2 = \cdots = \mu_r$ 不成立,说明 $\mu_i(i=1, 2, 3, \cdots, r)$ 之间的差异是显著的。也就是说,教学方法对统考成绩的影响是显著的。

若 $F < F_\alpha$,则接受原假设 H_0,即 $\mu_1 = \mu_2 = \cdots = \mu_r$ 成立,没有证据表明 $\mu_i(i=1, 2, 3, \cdots, r)$ 之间有显著差异,还不能认为所检验的因素对观测值有显著影响。也就是说,教学方法对统考成绩的影响没有显著性的差异。

本例中,统计量 $F = 4.26$,$F_\alpha(2, 12) = 3.89$,所以,满足 $F > F_\alpha$,拒绝原假设,认为教学方法对统考成绩有显著影响。

三、方差分析表

前面详细介绍了方差分析的计算步骤，为了使计算过程清晰，常将计算结果排列于一张表中，形成方差分析表，其形式如表 7 - 3 所示。

表 7 - 3　单因素方差分析表

方差来源	离差平方和	自由度	均方差	F 值
组间方差	SSA	$r-1$	MSA	$F = \dfrac{MSA}{MSE}$
组内方差	SSE	$r(n-1)$	MSE	
总和	SST	$nr-1$		

如例 7 - 1 中根据前面的计算可得到其方差分析表，如表 7 - 4 所示。

表 7 - 4　例 7 - 1 方差分析表

方差来源	离差平方和	自由度	均方差	F 值
组间方差	604.93	2	302.47	
组内方差	852.8	12	71.07	4.26
总和	1 457.73	14		

通过该方差分析表不仅可以一目了然地看出方差分解的结果以及 F 统计量值，同时由公式 7.5 和公式 7.6 可知：总离差平方和应该等于组间方差总和加上组内方差总和、总自由度应该等于组间方差自由度与组内方差自由度之和，因此通过方差分析表的第二、三列数字之间的关系，还可以方便地检查计算是否正确。

四、单因素方差分析中的几个注意问题

进行单因素方差分析时，应注意的问题主要有：

(1)方差分析需满足一定的假设条件。从前面的分析可知，方差分析实质上是对几个具有相同方差的正态总体均值相等的假设进行检验，因此方差分析要求满足的前提条件是：

①因素的各个水平的样本数据，要能够被看作是从服从正态分布的总体中随机抽得的样本。

②因素的各个水平的样本数据，是从具有相同方差的相互独立的总体中抽得的。

只有满足了这些条件，才能使公式 7.9 构造的 F 统计量为服从第一自由度为 $r-1$、第二自由度为 $nr-r$ 的 F 分布。正如前面所分析的，一般情况下，都可以认为以上假设条件都是满足或近似满足的。多因素方差分析也是如此。

(2)在前面提到的单因素方差分析问题中，因素各水平下的样本容量都是相等的，这是为了公式推导的方便。在实际问题中，各总体的样本容量可以相等，也可以不相等，分

析过程和结论都不受影响,只需要将公式中各组的样本容量 n 变为 n_1, n_2, $\cdots$, n_r。由此得到的方差分析表如表 7 - 5 所示。

表 7 - 5　单因素方差分析表(样本容量不相等)

方差来源	离差平方和	自由度	均方差	F 值
组间方差	$SSA = \sum_{i=1}^{r} n_i (\bar{x}_i - \bar{x})^2$	$r - 1$	$MSA = \dfrac{SSA}{r - 1}$	
组内方差	$SSE = \sum_{i=1}^{r} \sum_{j=1}^{n_i} (x_{ij} - \bar{x}_i)^2$	$r\left(\sum_{i=1}^{r} n_i - 1\right)$	$MSE = \dfrac{SSE}{r\left(\sum_{i=1}^{r} n_i - 1\right)}$	$F = \dfrac{MSA}{MSE}$
总和	SST	$r\sum_{i=1}^{r} n_i - 1$		

(3)方差分析提供了一次性检验多个总体均值是否相同的简便方法,但是,方差分析自身也存在不足,比如当检验结果拒绝原假设时,至于哪个总体均值大,哪个总体均值小,仅仅通过方差分析还不能得出结论。由于在方差分析时我们做了一系列的假设,所以需要对方差作进一步的分析,而且如果要得到各总体均值大小的排序信息,还需借助"多重比较法"。

五、单因素方差分析的进一步分析

(一)方差齐次性检验

在完成单因素方差的基本分析后,可得到关于控制变量是否对观测变量造成显著影响的结论。由于在方差分析前,我们假定各个总体的方差必须相同,所以我们须对方差是否齐性进行检验,SPSS 单因素方差分析中,方差齐性检验采用了同质性(homogeneity of variance)检验方法,其原假设是:各水平下观测变量总体的方差无显著差异,与 SPSS 两独立样本 t 检验中的方差检验一样。

(二)多重比较检验

方差分析可以对若干平均值是否相等同时进行检验,看它们之间是否存在显著的区别,如果检验结果拒绝原假设,接受备择假设,仅仅表明接受检验的这几个均值不全相等。至于是哪一个或哪几个均值与其他均值不等,前面所进行的分析并没有告诉答案。如果要对此问题进一步分析,就需要采用一些专门的方法。这类问题通常被称为方差分析中的多重比较检验。

多重比较检验的原理是利用全部观测变量,实现对各个水平下观测变量总体均值的两两比较,与两独立样本假设原理一样,遵循假设检验的基本步骤,当然如果对两两之间进行检验,问题就复杂了。SPSS 提供了许多多重比较检验方法,其差异主要体现在检验统计量的构造上。有些适用于各总体方差相等的条件,有些则适用于方差不等的条件。下面就几种常用的方法做简单介绍。

1. 最小显著性差异法(LSD 法,least significant difference)

LSD 方法检验灵敏度高,其水平间的均值只要存在一定程度的微小差异就可能被检测出来,LSD 方法的检验统计量为 t 统计量:

$$t = \frac{(\bar{x}_i - \bar{x}_j) - (\mu_i - \mu_j)}{\sqrt{MSE(\frac{1}{n_i} + \frac{1}{n_j})}} \tag{7.10}$$

式中，MSE 为观测变量的组内方差，是利用全部观测值，而非仅使用某两组的数据，这与两独立样本的 t 检验不同。t 检验统计量服从 $n - k$ 个自由度的 t 分布，公式 7.10 表明，LSD 方法适用于各总体方差相等的情况，但它并没有对犯一类错误的概率问题加以有效控制。

2. Bonferroni 方法

Bonferroni 方法与 LSD 方法基本相同，不同的是 Bonferroni 对犯一类错误的概率进行了控制。在每一次两两组的检验中，它将显著性水平 α 除以两两检验的总次数 N（即 α/N），使得显著性水平缩小到 $1/N$，从总体上控制了犯一类错误的概率。于是，两总体均值的置信区间为：

$$(\bar{x}_i - \bar{x}_j) \pm t_{\frac{\alpha}{2N}}(n - k) \sqrt{MSE\left(\frac{1}{n_i} + \frac{1}{n_j}\right)} \tag{7.11}$$

3. Tukey 方法

Tukey 方法与 LSD 方法有所不同，Tukey 方法中采用的检验统计量是 q 统计量，定义为：

$$q = \frac{(\bar{x}_i - \bar{x}_j) - (\mu_i - \mu_j)}{\sqrt{\frac{MSE}{r}}} \tag{7.12}$$

式中，MSE 为观测变量的组内方差，r 为各水平下观测值的个数。可见 Tukey 方法仅适用于各水平下观测值个数相等的条件，该方法适合于各水平观测值个数相等的情况，q 统计量服从 $(k, n - k)$ 个自由度的 q 分布。

与 LSD 方法相比，Tukey 方法对犯一类错误概率的问题给予了较为有效的处理。在相同的显著性水平下，由于 q 分布的临界值远远大于 t 分布的临界值，这使得检验变量的某观测值可能会大于 t 分布的临界值，但却小于 q 分布的临界值。于是，q 检验拒绝原假设的可能性较 t 检验降低了，进而从另一个角度保证犯一类错误的概率总体上不增大。Tukey 方法适用于各总体方差相等的情况。

六、应用 SPSS 进行单因素方差分析

【例 7 - 2】　某课程结束后，学生对该授课教师的教学质量进行评估，评估结果分为优、良、中、差四等。教师对学生考试成绩的评判和学生对教师的评估是分开进行的，他们都不知道对方给自己的打分。有一种说法，认为给教师评为优秀的这组学生的考试分数，可能会显著地高于那些认为教师工作仅是良、中或差的学生的分数。同时认为，对教师工作评价差的学生，其考试的平均分数可能最低。为对这种说法进行检验，从对评估的每一个等级组中，随机抽取出共 26 名学生，其课程分数见表 7 - 6。试检验各等级学生的分数是否有显著差异。

表 7 – 6　26 名学生考试成绩

观察值	学生对教师评估等级			
	优	良	中	差
1	85	80	73	76
2	77	48	80	72
3	79	94	92	70
4	84	73	76	85
5	92	79	68	—
6	90	86	—	—
7	73	91	—	—
8	—	75	—	—
9	—	81	—	—
10	—	64	—	—

解：若各等级学生的平均成绩之间没有显著差别，则表明学生对教师的评估结果与他们的成绩之间没有必然的联系。

以学生的成绩为观测变量，学生对教师评估等级为控制变量，通过单因素方差分析方法分析各组学生的分数是否有显著差异。

第一步：提出假设，假设 μ_1、μ_2、μ_3、μ_4 表示优、良、中、差四个等级的平均成绩。

H_0：$\mu_1 = \mu_2 = \mu_3 = \mu_4$（等级对成绩没有显著影响）

H_1：μ_1，μ_2，…，μ_r 不全相等（等级对成绩有显著影响）

第二步：计算检验统计量，用 SPSS 单因素方差分析操作步骤如下：

（1）建立 SPSS 数据文件，文件名为"考试成绩. sav"。

（2）选择菜单："Analyze" → "Compare means" → "One-way ANOVA"，出现如图 7 – 2 所示的窗口。

（3）选择控制变量（水平、因变量）如成绩到"Dependent List"框中，选择控制变量（因素、自变量）如等级到"Factor"框中，控制变量有几个不同的取值就表示控制变量有几个水平。

图 7 – 2　单因素方差分析框

（4）对组间平方和进行线性分解并检验。单击"Contrasts"按钮，打开如图 7 – 3 所示的"One-way ANOVA：Contrasts"对话框。本例忽略此项设置。

①"Polynomial"复选框：是否对组间平方和进行分解，并进行结果检验。

②"Degree"下拉框：与"Polynomial"复选钮配合使用，可选择从线性趋势一直到最高五次方曲线来进行检验。

③"Coefficients"编辑框：定义精确两两比较的选项。这里按照分组变量升序给每组一个系数值，注意最终所有系数值相加应为 0。如果不为 0 仍可检验，只不过结果是错的。

④完成设置，单击"Continue"按钮，返回"One-way ANOVA"对话框。

（5）选择进行各组间两两比较的方法（多重比较）。单击"Post Hoc"按钮，弹出如图7－4所示的对话框（本例选择 LSD）。

图7－3　"One-way ANOVA：Contrasts"对话框

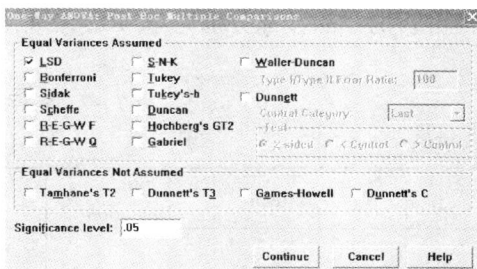

图7－4　"One-way ANOVA：Post Hoc Multiple Comparisons"对话框

①"Equal Variances Assumed"复选框组：当各组方差齐性时可用的多重比较法，共有14种，其中最常用的为 LSD 法。

②"Equal Variances Not Assumed"复选框组：当各组方差非齐性时可用的多重分析方法，共有4种，其中以 Dunnett's 法较常用。

③"Significance Level"编辑框：定义多重分析时的显著性水平，默认为0.05。

④完成设置后，单击"Continue"按钮，返回"One-way ANOVA"对话框。

（6）定义相关统计选项以及缺失值处理方法。单击"Options"按钮，弹出如图7－5所示的对话框。

①"Statistics"复选框组：选择一些附加的统计分析项目，本例选择描述性统计

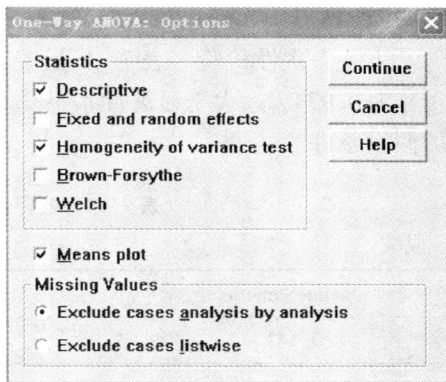

图7－5　"One-way ANOVA：Options"对话框

（Descriptive），及方差齐次性分析（Homogeneity of variance test）。

②"Means plot"复选框：用各组均数制图，以直观地了解它们的差异。本例选择此项。

③"Missing Values"单选框组：定义分析中对缺失值的处理方法。可以是具体分析用到的变量有缺失值才去除该记录（Excludes cases analysis by analysis），或只要相关变量有缺失值，则在所有分析中均将该记录去除（Excludes cases listwise）。默认为前者，以充分利用数据。

④完成设置后，单击"Continue"按钮，返回"One-way ANOVA"对话框。

（7）所有设置确认无误后，单击"OK"按钮，执行单因素方差分析，SPSS 将自动分解观测变量的变差，计算组间方差、组内方差、F 统计量以及对应的概率 P 值，完成单因素的相关分析，并输出结果，共有四个表及一个图，分别是描述性统计表（表7－7）、方差齐次性检验（表7－8）、方差分析表（表7－9）、多重分析表（表7－10）和各组均值折线图（图7－6）。

（8）结果分析：

①描述性统计表。表7-7给出了一些基本描述性统计量。从表中可知，输出的统计量包括各组样品数、均值、标准差、标准误、均值95%置信区间、最小值和最大值，如各组参与分析的样品数都分别为7、10、5、4，总样品数为26。

表7-7　各评估等级下描述性统计表

成绩

	N	Mean	Std. Deviation	Std. Error	95% Confidence Interval for Mean		Mini	Max
					Lower Bound	Upper Bound		
优	7	82.86	6.914	2.613	76.46	89.25	73	92
良	10	80.10	8.749	2.767	73.84	86.36	64	94
中	5	77.80	9.066	4.055	66.54	89.06	68	92
差	4	75.75	6.652	3.326	65.17	86.33	70	85
Total	26	79.73	7.973	1.564	76.51	82.95	64	94

②方差齐次性检验。表7-8是方差其次性检验结果。从表中可知，输出的相伴概率（Sig.）为0.934，远大于显著性水平0.05，因此可认为等级的总体方差相等，符合方差分析的假设条件。

表7-8　各评估等级下方差齐次性检验结果

成绩

LeveneStatistic	df_1	df_2	Sig.
0.141	3	22	0.934

③方差分析表。从表7-9中可知，总离差平方和为1 589.115，组间离差平方和（即不同等级可解释的变差）为151.808，组内离差平方和（抽样误差引起的变差）为1 437.307，它们的方差分别为50.603、65.332，相除所得的 F 统计量为0.775，对应的相伴概率（Sig.）为0.521，大于显著性水平0.05，在接受区域。因此，应接受原假设（$H_0: \mu_1 = \mu_2 = \mu_3 = \mu_4$），认为学生对教师的评估等级对学生的成绩没有显著影响。

表7-9　各评估等级下方差分析结果

成绩

	Sum of Squares	df	Mean Square	F	Sig.
Between Groups	151.808	3	50.603	0.775	0.521
Within Groups	1 437.307	22	65.332		
Total	1 589.115	25			

④多重分析表。多重分析表为 LSD 法多重分析结果。从表 7-10 中可知,各等级之间两两比较的结果相伴概率都大于显著性水平 0.05,说明各等级之间的差异不显著,与方差分析的结果一致。

表 7-10 各评估等级下多重比较检验

Dependent Variable:等级

LSD

I 等级	J 等级	Mean Difference $I-J$	Std. Error	Sig.	95% Confidence Interval	
					Lower Bound	Upper Bound
优	良	2.76	3.983	0.496	-5.5	11.02
	中	5.06	4.733	0.297	-4.76	14.87
	差	7.11	5.066	0.175	-3.4	17.61
良	优	-2.76	3.983	0.496	-11.02	5.5
	中	2.3	4.427	0.609	-6.88	11.48
	差	4.35	4.782	0.373	-5.57	14.27
中	优	-5.06	4.733	0.297	-14.87	4.76
	良	-2.3	4.427	0.609	-11.48	6.88
	差	2.05	5.422	0.709	-9.19	13.29
差	优	-7.11	5.066	0.175	-17.61	3.4
	良	-4.35	4.782	0.373	-14.27	5.57
	中	-2.05	5.422	0.709	-13.29	9.19

⑤图 7-6 为输出的各组均值折线图,图中可以看出样本均值之间的相对差别。

图 7-6 各等级均值折线图

第三节 多因素方差分析

前面所研究的单因素方差分析，是分析一种响应（例如统考成绩）是否受一个因素（例如教学方法）的影响，又例如性别是否影响收入，机器类型是否影响产量，等等。但是在实践中，一种响应可能受两个、三个或更多因素的影响。例如，统考成绩不仅受教学方法的影响，还受学生学习时间、学习效率等因素的影响；收入不仅可能与性别有关，还可能与文化程度、工作业绩等因素有关；产量不仅取决于机器类型，还可能取决于操纵机器的经验、原材料的质量等。在这种情况下就必须进行多个因素方差分析。由于双因素方差分析是多因素方差分析中最简单的一种，其他多因素方差分析可以在双因素方差分析基础上类推，因此本节中重点介绍双因素方差分析。

顾名思义，双因素方差分析即研究的是两个同时变化的因素对试验结果影响是否显著的问题。例如研究不同包装方式和不同销售地区对饮料销售量是否有影响的问题，若把饮料的包装方式看作是影响销售量的因素 A，饮料的销售地区则是影响因素 B，对因素 A 和因素 B 同时进行分析，就属于双因素方差分析。双因素方差分析的内容，是对影响因素进行检验，究竟是一个因素在起作用还是两个因素都起作用，或者两个因素的作用都不显著。按照因素 A 和因素 B 的作用是否独立来分，双因素方差分析分为两类：如果因素 A 和因素 B 的作用是相互独立的，则称为无交互作用的双因素方差分析；如果因素 A 和因素 B 的结合会产生一种新的作用，则称为有交互作用的双因素方差分析。例如，假定不同地区的消费者对某种包装方式有与其他地区消费者不同的特殊偏好，则这两个因素结合后产生的作用不同于单纯的包装方式的作用和销售地区的作用的叠加，即产生了新效应，是有交互作用的情况；反之，若包装方式和销售地区共同变化产生的作用等同于二者分别作用之和，则是无交互作用的情况。

一、无交互作用下的双因素方差分析

设因素 A 和因素 B 是可能对试验结果有影响的两个因素，其作用是相互独立的。因素 A 有 r 个不同水平 A_1, A_2, $\cdots$, A_r，因素 B 有 s 个不同水平 B_1, B_2, $\cdots$, B_s，在其他因素都加以控制的条件下，因素 A 的每一水平和因素 B 的每一水平组成一组试验条件，每种情况进行一次独立试验，共得到 rs 个试验结果 $x_{ij}(i=1, 2, \cdots, r; j=1, 2, \cdots, s)$，其数据结构如表 7 – 11 所示。

表 7 – 11 双因素方差分析的数据结构

		因素 B				平均值 $\bar{x}_i$
		B_1	B_2	$\cdots$	B_s	
因素 A	A_1	x_{11}	x_{12}	$\cdots$	x_{1s}	$\bar{x}_1$
	A_2	x_{21}	x_{22}	$\cdots$	x_{2s}	$\bar{x}_2$
	$\vdots$	$\vdots$	$\vdots$	$\vdots$	$\vdots$	$\vdots$
	A_r	x_{r1}	x_{r2}	$\cdots$	x_{rs}	$\bar{x}_r$
平均值 $\bar{x}_j$		$\bar{x}_1$	$\bar{x}_2$	$\cdots$	$\bar{x}_s$	$\bar{x}$

其中，$\bar{x}_{i} = \frac{1}{s}\sum_{j=1}^{s}x_{ij}(i = 1, 2, \cdots, r)$；$\bar{x}_{.j} = \frac{1}{r}\sum_{i=1}^{r}x_{ij}(j = 1, 2, \cdots, s)$；

$$\bar{x} = \frac{1}{rs}\sum_{i=1}^{r}\sum_{j=1}^{s}x_{ij}$$

1. 离差平方和的分解

无交互作用的双因素方差分析，其离差平方和的分解与单因素方差分析类似，区别在于双因素方差分析中，总离差平方和（SST）分解为三个部分：因素 A 的组间方差总和（SSA）、因素 B 的组间方差总和（SSB）和组内方差总和（SSE）。其计算公式分别为：

$$SST = \sum_{i=1}^{r}\sum_{j=1}^{s}(x_{ij} - \bar{x})^2 \tag{7.13}$$

$$SSA = \sum_{i=1}^{r}\sum_{j=1}^{s}(\bar{x}_i - \bar{x})^2 = \sum_{i=1}^{r}s(\bar{x}_i - \bar{x})^2 \tag{7.14}$$

$$SSB = \sum_{i=1}^{r}\sum_{j=1}^{s}(\bar{x}_j - \bar{x})^2 = \sum_{j=1}^{s}r(\bar{x}_j - \bar{x})^2 \tag{7.15}$$

$$SSE = \sum_{i=1}^{r}\sum_{j=1}^{s}(x_{ij} - \bar{x}_i - \bar{x}_j + \bar{x})^2 \tag{7.16}$$

满足

$$SST = SSA + SSB + SSE \tag{7.17}$$

2. 显著性检验

若 α_i 代表因素水平为 A_i 的总体均值，β_j 代表因素水平为 B_j 的总体均值，与单因素方差分析原理相同，判断因素 A 的影响是否显著等价于检验假设：

$H_{01}: \alpha_1 = \alpha_2 = \cdots = \alpha_r$；$H_{11}: \alpha_1, \alpha_2, \cdots, \alpha_r$ 不全相等 $\tag{7.18}$

同理，判断因素 B 的影响是否显著等价于检验假设：

$H_{02}: \beta_1 = \beta_2 = \cdots = \beta_s$；$H_{12}: \beta_1, \beta_2, \cdots, \beta_s$ 不全相等 $\tag{7.19}$

由于总离差平方和（SST）分解因素 A 的组间方差总和（SSA）、因素 B 的组间方差总和（SSB）和组内方差总和（SSE）为三个部分，按照单因素方差分析者自由度判断的方法可得各部分自由度分别为：SST 的自由度为 $sr-1$；SSA 的自由度为 $r-1$；SSB 的自由度为 $s-1$；SSE 的自由度为 $(r-1)(s-1)$。由此可得各方差对应的均方差为：

对因素 A，$MSA = \frac{SSA}{r-1}$ $\tag{7.20}$

对因素 B，$MSB = \frac{SSB}{s-1}$ $\tag{7.21}$

对随机误差项，$MSE = \frac{SSE}{(r-1)(s-1)}$ $\tag{7.22}$

由此得到检验公式 7.20 和公式 7.21 中原假设是否为真的统计量分别是：

$$F_A = \frac{MSA}{MSE} \sim F[r-1, (r-1)(s-1)] \tag{7.23}$$

$$F_B = \frac{MSB}{MSE} \sim F[s-1, (r-1)(s-1)] \tag{7.24}$$

3. 方差分析表

为了方便起见，通常也用方差分析表反映计算结果，其形式如表 7-12 所示。

表 7 – 12　双因素(无交互作用)方差分析表

方差来源	离差平方和	自由度	均方差	F 值
因素 A 的组间方差	SSA	$r-1$	MSA	$F_A = \dfrac{MSA}{MSE}$
因素 B 的组间方差	SSB	$s-1$	MSB	
组内方差	SSE	$(r-1)(s-1)$	MSE	$F_B = \dfrac{MSB}{MSE}$
总和	SST	$sr-1$		

【例 7 – 3】　某公司在 5 个不同地区销售(因素 A)5 种不同的包装方式(因素 B)的某饮料。现从每个地区随机抽取一个规模相同的超级市场,得到该饮料不同包装的销售量如表 7 – 13 所示。试检验销售地区和包装方式对该饮料销售是否有显著影响。

表 7 – 13　某种饮料不同地区不同包装的销售量

		包装方式				
		B_1	B_2	B_3	B_4	B_5
销售地区	A_1	20	12	20	10	14
	A_2	22	10	20	12	6
	A_3	24	14	18	18	10
	A_4	16	4	8	6	18
	A_5	26	22	16	20	10

解:

(1)建立假设。由题意可知,若不同销售地区的销售量均值相等,则表明不同销售地区对该饮料销售没有影响;同理,若 5 种包装方式的销售量均值相等,则表明不同包装方式对该饮料销售没有影响。因此建立以下假设:

对因素 A(销售地区),

$H_{01}: \alpha_1 = \alpha_2 = \cdots = \alpha_r$(不同销售地区之间无差别)

$H_{11}: \alpha_1, \alpha_2, \cdots, \alpha_r$ 不全相等(不同销售地区之间有差别)

对因素 B(包装方式),

$H_{02}: \beta_1 = \beta_2 = \cdots = \beta_s$(包装方式之间无差别)

$H_{12}: \beta_1, \beta_2, \cdots, \beta_s$ 不全相等(包装方式之间有差别)

(2)计算 F 值。根据表 7 – 13 中的数据可得,因素 A 的行均值分别为:

$$\bar{x}_1 = \frac{1}{5}\sum_{j=1}^{5} x_{1j} = 15.2; \quad \bar{x}_2 = \frac{1}{5}\sum_{j=1}^{5} x_{2j} = 14; \quad \bar{x}_3 = \frac{1}{5}\sum_{j=1}^{5} x_{3j} = 16.8;$$

$$\bar{x}_4 = \frac{1}{5}\sum_{j=1}^{5} x_{4j} = 10.4; \quad \bar{x}_5 = \frac{1}{5}\sum_{j=1}^{5} x_{5j} = 18.8$$

因素 B 的列均值分别为:

$$\bar{x}_1 = \frac{1}{5}\sum_{i=1}^{5} x_{i1} = 21.6; \quad \bar{x}_2 = \frac{1}{5}\sum_{i=1}^{5} x_{i2} = 12.4; \quad \bar{x}_3 = \frac{1}{5}\sum_{i=1}^{5} x_{i3} = 16.4;$$

$$\bar{x}_4 = \frac{1}{5}\sum_{i=1}^{5} x_{i4} = 13.2 ; \quad \bar{x}_5 = \frac{1}{5}\sum_{i=1}^{5} x_{i5} = 11.6$$

总均值为: $\bar{x} = \dfrac{1}{5\times5}\sum\sum x_{ij} = 15.04$

由公式 7.14 ~ 公式 7.16 可得

$$SSA = \sum_{i=1}^{5}\sum_{j=1}^{5} (\bar{x}_i - \bar{x})^2 = \sum_{i=1}^{5} 5(\bar{x}_i - 15.04)^2 = 199.36$$

$$SSB = \sum_{i=1}^{5}\sum_{j=1}^{5} (\bar{x}_j - \bar{x})^2 = \sum_{j=1}^{5} 5(\bar{x}_j - 15.04)^2 = 335.36$$

$$SSE = \sum_{i=1}^{5}\sum_{j=1}^{5} (x_{ij} - \bar{x}_i - \bar{x}_j + \bar{x})^2 = 346.24$$

对应的均方差分别为:

对因素 A, $MSA = \dfrac{SSA}{r-1} = \dfrac{199.36}{5-1} = 49.84$

对因素 B, $MSB = \dfrac{SSB}{s-1} = \dfrac{335.36}{5-1} = 83.84$

对随机误差项, $MSE = \dfrac{SSE}{(r-1)(s-1)} = \dfrac{346.24}{(5-1)(5-1)} = 21.64$

根据公式 7.23、公式 7.24 可得

$$F_A = \frac{MSA}{MSE} = \frac{49.84}{21.64} = 2.30$$

$$F_B = \frac{MSB}{MSE} = \frac{83.84}{21.64} = 3.87$$

（3）统计决策。查表可得，显著性水平 $\alpha = 0.05$ 的临界值为 $F_\alpha(4, 16) = 3.01$，对因素 A，由于

$$F_A = 2.30 < F_\alpha(4, 16) = 3.01$$

故接受原假设，说明不同销售地区之间的销售量没有显著差异。

对因素 B，由于

$$F_B = 3.87 > F_\alpha(4, 16) = 3.01$$

故拒绝原假设，接受备择假设，说明不同的包装方式对该饮料的销售量有显著影响。

其方差分析表如表 7-14 所示。

表 7-14 方差分析表

方差来源	离差平方和	自由度	均方差	F 值
因素 A 的组间方差	199.36	4	49.84	
因素 B 的组间方差	335.36	4	83.84	$F_A = 2.30$
组内方差	346.24	16	21.64	$F_B = 3.87$
总和	880.96	24		

二、有交互作用下的双因素方差分析

设因素 A 和因素 B 是可能对试验结果有影响的两个因素，并且有可能存在交互作用。若因素 A 有 r 个不同水平 A_1，A_2，$\cdots$，A_r，因素 B 有 s 个不同水平 B_1，B_2，$\cdots$，B_s，在其他因素都加以控制的条件下，因素 A 的每一水平和因素 B 的每一水平组成一组试验条件，为了研究这两个因素是否有交互作用，每种情况需要重复试验，假设都重复试验 m 次，则共可得到 rsm 个试验结果 $x_{ijl}(i = 1, 2, \cdots, r; j = 1, 2, \cdots, s; l = 1, 2, \cdots, m)$，其数据结构如表 7 – 15 所示。

表 7 – 15　有交互作用双因素方差分析的数据结构

		因素 B			
		B_1	B_2	$\cdots$	B_s
因素 A	A_1	x_{111}	x_{121}		x_{1s1}
		x_{112}	x_{122}	$\cdots$	x_{1s2}
		$\vdots$	$\vdots$		$\vdots$
		x_{11m}	x_{12m}		x_{1sm}
	A_2	x_{211}	x_{221}		x_{2s1}
		x_{212}	x_{222}		x_{2s2}
		$\vdots$	$\vdots$	$\cdots$	$\vdots$
		x_{21m}	x_{22m}		x_{2sm}
	$\vdots$	$\vdots$	$\vdots$	$\vdots$	$\vdots$
	A_r	x_{r11}	x_{r21}		x_{rs1}
		x_{r12}	x_{r22}		x_{rs2}
		$\vdots$	$\vdots$	$\cdots$	$\vdots$
		x_{r1m}	x_{r2m}		x_{rsm}

其中，x_{ijl} 表示在因素水平组合 (A_i, B_j) 下第 l 次试验的结果，在此组合下试验结果的平均值为：

$$\bar{x}_{ij} = \frac{1}{m} \sum_{l=1}^{m} x_{ijl} (i = 1, 2, \cdots, r; j = 1, 2, \cdots, s)$$

因素水平 A_i 下试验结果的平均值为：

$$\bar{x}_i = \frac{1}{sm} \sum_{j=1}^{s} \sum_{l=1}^{m} x_{ijl} (i = 1, 2, \cdots, r)$$

因素水平 B_j 下试验结果的平均值为：

$$\bar{x}_j = \frac{1}{rm} \sum_{i=1}^{r} \sum_{l=1}^{m} x_{ijl} (j = 1, 2, \cdots, s)$$

试验结果的总平均值为：$\bar{x} = \dfrac{1}{rsm} \sum\limits_{i=1}^{r} \sum\limits_{j=1}^{s} \sum\limits_{l=1}^{m} x_{ijl}$

1. 离差平方和的分解

有交互作用的双因素方差分析，其离差平方和的分解与无交互作用的双因素方差分析类似，只是在后者基础上多出了一部分：反映两个因素交互作用的方差总和 $SSAB$。因此，有交互作用的双因素方差分析的离差平方和分解式为：

$$SST = SSA + SSB + SSAB + SSE \tag{7.25}$$

其中：

$$SST = \sum_{i=1}^{r} \sum_{j=1}^{s} \sum_{l=1}^{m} (x_{ijl} - \bar{x})^2 \tag{7.26}$$

$$SSA = \sum_{i=1}^{r} \sum_{j=1}^{s} \sum_{l=1}^{m} (\bar{x}_i - \bar{x})^2 = \sum_{i=1}^{r} sm (\bar{x}_i - \bar{x})^2 \tag{7.27}$$

$$SSB = \sum_{i=1}^{r} \sum_{j=1}^{s} \sum_{l=1}^{m} (\bar{x}_j - \bar{x})^2 = \sum_{j=1}^{s} rm (\bar{x}_j - \bar{x})^2 \tag{7.28}$$

$$SSAB = \sum_{i=1}^{r} \sum_{j=1}^{s} \sum_{l=1}^{m} (x_{ijl} - \bar{x}_i - \bar{x}_j + \bar{x})^2$$

$$= \sum_{i=1}^{r} \sum_{j=1}^{s} m (\bar{x}_{ij} - \bar{x}_i - \bar{x}_j + \bar{x})^2 \tag{7.29}$$

$$SSE = \sum_{i=1}^{r} \sum_{j=1}^{s} \sum_{l=1}^{m} (x_{ijl} - \bar{x}_{ij})^2 \tag{7.30}$$

由于上式涉及的均值较多，因此计算很麻烦，采用下式可以避免计算均值：

$$SST = \sum_{i=1}^{r} \sum_{j=1}^{s} \sum_{l=1}^{m} (x_{ijl} - \bar{x})^2 = \sum_{i=1}^{r} \sum_{j=1}^{s} \sum_{l=1}^{m} x_{ijl}^2 - CT \tag{7.31}$$

$$SSA = \sum_{i=1}^{r} sm (\bar{x}_i - \bar{x})^2 = \frac{1}{sm} \sum_{i=1}^{r} \left(\sum_{j=1}^{s} \sum_{l=1}^{m} x_{ijl} \right)^2 - CT \tag{7.32}$$

$$SSB = \sum_{j=1}^{s} rm (\bar{x}_j - \bar{x})^2 = \frac{1}{rl} \sum_{j=1}^{s} \left(\sum_{i=1}^{r} \sum_{l=1}^{m} x_{ijl} \right)^2 - CT \tag{7.33}$$

$$SSE = \sum_{i=1}^{r} \sum_{j=1}^{s} \sum_{l=1}^{m} (x_{ijl} - \bar{x}_{ij})^2$$

$$= \sum_{i=1}^{r} \sum_{j=1}^{s} \sum_{l=1}^{m} x_{ijl}^2 - \sum_{i=1}^{r} \sum_{j=1}^{s} \frac{1}{m} \left(\sum_{l=1}^{m} x_{ijl} \right)^2 \tag{7.34}$$

$$SSAB = \sum_{i=1}^{r} \sum_{j=1}^{s} \sum_{l=1}^{m} (x_{ijl} - \bar{x}_i - \bar{x}_j + \bar{x})^2$$

$$= SST - SSA - SSB - SSE \tag{7.35}$$

式中，$CT = \dfrac{1}{rsm} \left(\sum\limits_{i=1}^{r} \sum\limits_{j=1}^{s} \sum\limits_{l=1}^{m} x_{ijl} \right)^2$

2. 显著性检验

若同样用 α_i 代表因素水平为 A_i 的总体均值，β_j 代表因素水平为 B_j 的总体均值，与无交互作用的双因素方差分析原理相同，判断因素 A 和 B 的影响以及交互作用是否显著等价于检验假设：

$$H_{01}: \alpha_1 = \alpha_2 = \cdots = \alpha_r ; \ H_{11}: \alpha_1, \alpha_2, \cdots, \alpha_r \ 不全相等 \tag{7.36}$$

$$H_{02}: \beta_1 = \beta_2 = \cdots = \beta_s; \quad H_{12}: \beta_1, \beta_2, \cdots, \beta_s \text{ 不全相等} \tag{7.37}$$

$$H_{03}: (\alpha\beta)_{ij} = 0 (i = 1, 2, \cdots, r; j = 1, 2, \cdots, s); \quad H_{13}: (\alpha\beta)_{ij} \text{不全相等} \tag{7.38}$$

同无交互作用的双因素方差分析相似，各方差的自由度分别为：SST 的自由度为 $rsm - 1$，SSA 的自由度为 $r - 1$，SSB 的自由度为 $s - 1$；$SSAB$ 的自由度为 $(r-1)(s-1)$，SSE 的自由度为 $rs(m-1)$。由此可得各方差对应的均方差为：

对因素 A，$MSA = \dfrac{SSA}{r-1}$ \hfill (7.39)

对因素 B，$MSB = \dfrac{SSB}{s-1}$ \hfill (7.40)

对因素 A、B 的交互作用，$MSAB = \dfrac{SSAB}{(r-1)(s-1)}$ \hfill (7.41)

对随机误差项，$MSE = \dfrac{SSE}{rs(m-1)}$ \hfill (7.42)

由此得到检验公式 7.33 ~ 公式 7.35 中原假设是否为真的统计量分别是：

$$F_A = \frac{MSA}{MSE} \sim F[r-1, rs(m-1)] \tag{7.43}$$

$$F_B = \frac{MSB}{MSE} \sim F[s-1, rs(m-1)] \tag{7.44}$$

$$F_{AB} = \frac{MSAB}{MSE} \sim F[(r-1)(s-1), rs(m-1)] \tag{7.45}$$

3. 方差分析表

为了方便起见，通常也将计算结果反映在方差分析表中，其形式如表 7-16 所示。

表 7-16　双因素（有交互作用）方差分析表

方差来源	离差平方和	自由度	均方差	F 值
因素 A 的组间方差	SSA	$r-1$	MSA	$F_A = \dfrac{MSA}{MSE}$
因素 B 的组间方差	SSB	$s-1$	MSB	$F_B = \dfrac{MSB}{MSE}$
因素 A、B 的交互作用方差	$SSAB$	$(r-1)(s-1)$	$MSAB$	$F_{AB} = \dfrac{MSAB}{MSE}$
组内方差	SSE	$rs(m-1)$	MSE	
总和	SST	$srm-1$		

【例 7-4】　为了分析光照（因素 A）和噪音（因素 B）对工人生产有无影响，光照效应与噪音效应是否有交互作用，在此两因素不同的水平组合下做试验，得到产量数据如表 7-17 所示。试求在 $\alpha = 0.05$ 的显著性水平下，光照和噪音对生产是否有影响，以及这两个因素是否有交互作用？

表 7 - 17　光照和噪音的不同水平下的产量

		因素 B								
		B_1			B_2			B_3		
因素 A	A_1	15	15	17	19	19	16	16	18	21
	A_2	17	17	17	15	15	15	19	22	22
	A_3	15	17	16	18	17	16	18	18	18
	A_4	18	20	20	15	16	17	17	17	17

解：

(1)建立假设。由题意可知，检验的假设如下：

$H_{01}: \alpha_1 = \alpha_2 = \cdots = \alpha_r$（不同光照水平之间无差别）

$H_{11}: \alpha_1, \alpha_2, \cdots, \alpha_r$ 不全相等（不同光照水平之间有差别）

$H_{02}: \beta_1 = \beta_2 = \cdots = \beta_s$（不同噪音水平之间无差别）

$H_{12}: \beta_1, \beta_2, \cdots, \beta_s$ 不全相等（不同噪音水平之间有差别）

$H_{03}: (\alpha\beta)_{ij} = 0 (i=1,2,\cdots,r; j=1,2,\cdots,s)$（光照与噪音效应无交互作用）

$H_{13}: (\alpha\beta)_{ij}$ 不全相等（光照与噪音效应有交互作用）

(2)计算 F 值。根据表 7 - 12 提供的数据可知：

$$CT = \frac{1}{rsm}(\sum_{i=1}^{r}\sum_{j=1}^{s}\sum_{l=1}^{m}x_{ijl})^2 = \frac{1}{4\times3\times3}(\sum_{i=1}^{4}\sum_{j=1}^{3}\sum_{l=1}^{3}x_{ijl})^2 = 10\,850.69$$

由公式 7.30 ~ 公式 7.34 可得：

$$SST = \sum_{i=1}^{4}\sum_{j=1}^{3}\sum_{l=1}^{3}x_{ijl}^2 - 10\,850.69 = 130.31$$

$$SSA = \frac{1}{3\times3}\sum_{i=1}^{4}(\sum_{j=1}^{3}\sum_{l=1}^{3}x_{ijl})^2 - 10\,850.69 = 2.08$$

$$SSB = \frac{1}{4\times3}\sum_{j=1}^{3}(\sum_{i=1}^{4}\sum_{l=1}^{3}x_{ijl})^2 - 10\,850.69 = 28.39$$

$$SSE = \sum_{i=1}^{4}\sum_{j=1}^{3}\sum_{l=1}^{3}x_{ijl}^2 - \sum_{i=1}^{4}\sum_{j=1}^{3}\frac{1}{3}(\sum_{l=1}^{3}x_{ijl})^2 = 36$$

$SSAB = SST - SSA - SSB - SSE = 130.31 - 2.08 - 28.39 - 36 = 63.84$

又各方差的自由度分别为：

SST 的自由度为 $4\times3\times3 - 1 = 35$

SSA 的自由度为 $4 - 1 = 3$

SSB 的自由度为 $3 - 1 = 2$

$SSAB$ 的自由度为 $(4-1)(3-1) = 6$

SSE 的自由度为 $4\times3\times(3-1) = 24$

由此可得各方差对应的均方差为：

对因素 A，$MSA = \dfrac{SSA}{r-1} = \dfrac{2.08}{3} = 0.69$

对因素 B，$MSB = \dfrac{SSB}{s-1} = \dfrac{28.39}{2} = 14.20$

对因素 A、B 的交互作用，$MSAB = \dfrac{SSAB}{(r-1)(s-1)} = \dfrac{63.84}{6} = 10.64$

对随机误差项，$MSE = \dfrac{SSE}{rs(m-1)} = \dfrac{36}{24} = 1.5$

则检验以上三个假设中原假设是否为真的统计量分别为：

$$F_A = \frac{MSA}{MSE} = \frac{0.69}{1.5} = 0.46$$

$$F_B = \frac{MSB}{MSE} = \frac{14.20}{1.5} = 9.47$$

$$F_{AB} = \frac{MSAB}{MSE} = \frac{10.64}{1.5} = 7.09$$

（3）统计决策。

由于 $F_A \sim F(3, 24)$，$F_B \sim F(2, 24)$，$F_{AB} \sim F(6, 24)$，而查表可得显著性水平 $\alpha = 0.05$ 的临界值为：$F_{A\alpha}(3, 24) = 3.01$，$F_{B\alpha}(2, 24) = 3.40$，$F_{AB\alpha}(6, 24) = 2.51$。则对因素 A，由于

$$F_A = 0.46 < F_{A\alpha}(3, 24) = 3.01$$

故接受原假设，说明不同光照对产量没有显著差异；

对因素 B，由于

$$F_B = 9.47 > F_{B\alpha}(2, 24) = 3.40$$

故拒绝原假设，接受备择假设，说明不同的噪音对产量有显著影响；

对因素 A、B 的交互作用，由于

$$F_{AB} = 7.09 > F_{AB\alpha}(6, 24) = 2.51$$

故拒绝原假设，接受备择假设，说明光照与噪音对产量存在显著的交互作用。

其方差分析表如表 7-18 所示。

表 7-18　方差分析表

方差来源	离差平方和	自由度	均方差	F 值
因素 A 的组间方差	2.08	3	0.69	
因素 B 的组间方差	28.39	2	14.20	$F_A = 0.46$
因素 A、B 的交互作用方差	63.84	6	10.64	$F_B = 9.47$
组内方差	36	24	1.5	$F_{AB} = 7.09$
总和	130.31	35		

三、SPSS 在双因素方差分析中的应用

双因素方差分析过程可以分析出每一个因素的作用，各因素之间的交互作用，检验各总体间方差是否相等，还能够对因素的各水平间均值差异进行比较等。下面以例 7-3 为

例，介绍在 SPSS 中进行双因素方差分析的步骤。

（1）与单因素方差分析类似，根据例 7 - 3 中的数据建立数据文件，如图 7 - 7 所示。

（2）单击"Analyze"→"General linear Model"→"Univariate"，打开"Univariate"主对话框。如图 7 - 8 所示。

图 7 - 7　SPSS 数据文件

图 7 - 8　Univariate 对话框

（3）选择要分析的变量"销售量"进入"Dependent Variable"框中，选择因素变量"销售地区"和"包装方式"进入"Fixed Factor"框中。

（4）单击"Model"按钮选择分析模型，得到"Model"对话框。如图 7 - 9 所示，在"Specify"框中，指定模型类型。

"Full Factorial"选项为系统默认项，建立全模型，全模型中包括因素之间的交互作用。如果选择分析两个因素的交互作用，则必须在每种水平组合下，取得两个以上的实验数据，才能实现两个因素的交互作用的分析结果。如果不考虑因素间的交互作用，应当选择自定义模型。

图 7 - 9　Model 对话框

"Custom"选项为自定义模型，本例选择此项并激活下面的各项操作。

先从左边框中选择因素变量进入"Model"框中，然后选择效应类型。一般不考虑交互作用时，选择主效应"Main"，考虑交互作用时，选择交互作用"Interaction"。可以通过单击"Build Term"下面的小菜单完成，本例中选择主效应。最后在"Sum of Square"中选择分解平方和的方法后返回主对话框。一般选取默认项"TypeⅢ"。单击"OK"就可以得到相应的双因素方差分析表，如表 7 - 19 所示。

表 7 - 19　双因素方差分析的非饱和模型

Dependent Variable：销售量

Source	Type Ⅲ Sum of Squares	df	Mean Square	F	Sig.
Corrected Model	534. 720[a]	8	66. 840	3. 089	0. 026
Intercept	5 655. 040	1	5 655. 040	261. 323	0. 000
销售地区	199. 360	4	49. 840	2. 303	0. 103
包装方式	335. 360	4	83. 840	3. 874	0. 022
Error	346. 240	16	21. 640		
Total	6 536. 000	25			
Corrected Total	880. 960	24			

a. R Squared = 0. 607（Adjusted R Squared = 0. 410）

表中 3 ~ 6 行是给出的双因素方差分析表的内容。从表中数据可以看出，销售地区 F 值对应概率 P 值大于显著性水平 0. 05，而包装方式对应概率 P 值小于显著性水平 0. 05，这说明包装方式对销售量的影响是显著的，销售地区对销售量的影响则是不显著的。

（5）如果需要进行特定的两水平间的均值比较，可单击"Contrast"比较按钮，打开"Contrast"对话框，如图 7 - 10 所示。在 Factor 框中显示所有在主对话框中选择的因素变量，括号中显示的是当前的比较方法，点击选中因素变量，可以改变均值的比较方法。"Change Contrast"栏中列出对比方法，在小菜单中供选择的方法依次是：

"None"：不进行均数比较；

"Deviation"：以观测量均值为标准进行比较；

"Simple"：以第一个或最后一个水平的观察值均值为标准；

"Difference"：各水平上观察值均值与前一个水平的均值进行比较；

图 7 - 10　Contrast 对话框

"Helmert"：各水平上观察值与最后一个水平的均值进行比较。

选择了比较方法后，再点击"Change"按钮，将选中的比较方法显示在选中的因素变量后的括号内，然后返回主对话框。

（6）如果需要进行图形展示，可单击"Plots"按钮，打开图形对话框，如图7-11所示。选择作均值轮廓图（profile）的参数。

①在"Factor"框中选择因素变量，进入横坐标"Horizontal Axis"框内，然后单击"Add"按钮，可以得到该因素不同水平的因变量均值的分布。

②如果要了解两个因素变量的交互作用，将一个因素变量送入横坐标后，将另一个因素变量送入"Separate Lines"分线框中，然后单击"Add"按钮。就可以输出反映两个因素变量的交互图。本例中选择因素 A 为横坐标。

（7）如需要将因素 B 各水平间均值进行两两比较，单击"Post Hoc"按钮，打开"Post Hoc Multiple"多重比较对话框，如图7-12所示。从"Factor"框中选择因素变量进入"Post Hoc Test for"框中，然后选择多重比较方法。本例中各组方差相等，选择 LSD 方法。

图7-11　均值轮廓图（profile）对话框

图7-12　多重比较对话框

（8）单击"Save"按钮，打开保存对话框，如图7-13所示。选择需要保存的变量。

"Predicted Value"：预测值栏，选择此栏系统将给出根据模型计算的有关预测值的选择项。

"Diagnostics"：诊断异常值栏，有库克距离和杠杆值（leverage values）。

"Save to New File"：保存新文件栏。

"Residual"：残差栏，有非标准化和标准化残差、学生化残差和剔除残差等。

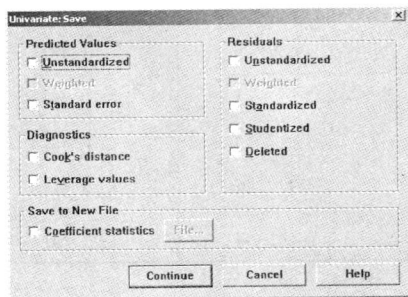

图7-13　保存对话框

本例中不作选择。

（9）单击"Options"按钮，打开"Univariate：Options"对话框，从中选择需要输出的显著性水平，默认值为0.05。本例中不作选择。

在进行所有的选择后，单击"OK"，就可以得到输出结果。

由多重比较 LSD 表中得到不同包装方式的比较表，如表7-20所示。

表 7 – 20　多重比较分析结果

Multiple Comparisons

销售量

LSD

I 包装方式	J 包装方式	Mean Difference $(I-J)$	Std. Error	Sig.	95% Confidence Interval	
					Lower Bound	Upper Bound
1	2	9.20*	2.942	0.007	2.96	15.44
	3	5.20	2.942	0.096	– 1.04	11.44
	4	8.40*	2.942	0.011	2.16	14.64
	5	10.00*	2.942	0.004	3.76	16.24
2	1	– 9.20*	2.942	0.007	– 15.44	– 2.96
	3	– 4.00	2.942	0.193	– 10.24	2.24
	4	– 0.80	2.942	0.789	– 7.04	5.44
	5	0.80	2.942	0.789	– 5.44	7.04
3	1	– 5.20	2.942	0.096	– 11.44	1.04
	2	4.00	2.942	0.193	– 2.24	10.24
	4	3.20	2.942	0.293	– 3.04	9.44
	5	4.80	2.942	0.122	– 1.44	11.04
4	1	– 8.40*	2.942	0.011	– 14.64	– 2.16
	2	0.80	2.942	0.789	– 5.44	7.04
	3	– 3.20	2.942	0.293	– 9.44	3.04
	5	1.60	2.942	0.594	– 4.64	7.84
5	1	– 10.00*	2.942	0.004	– 16.24	– 3.76
	2	– 0.80	2.942	0.789	– 7.04	5.44
	3	– 4.80	2.942	0.122	– 11.04	1.44
	4	– 1.60	2.942	0.594	– 7.84	4.64

Based on observed means.

The error term is Mean Square(Error) = 21.640.

* The mean difference is significant at the 0.05 level.

　　从表 7 – 20 中可以看到包装方式之间的差异比较结果，A_3 与 A_1 的差异比较大，而 A_3 和其他水平之间没有显著差异。

第四节　方差分析在经济管理领域的应用

本节以央行利息变动对不同板块股票价格的影响①为例,说明方差分析在经济管理领域的具体应用。

一、引言

2007 年全年自 3 月 18 日开始到 12 月 21 日,央行先后加息六次。这对我国处于发展初期的股市产生了较大的影响。现今,我国的股票市场还处于发展的初始阶段,容易受各种因素的影响,这就增加了中央银行对货币供应进行有效调控的难度,最终影响货币政策目标的实现。从这个角度看研究政策变化(利率的调整)对股市的影响在当前具有相当大的意义。很多专家学者在这个领域已经作出了大量的研究,得到了很多具有借鉴意义的结果,这里将用一种特殊的方法即单因素和双因素方差分析在这一问题上做一些探讨。

二、利率对股票价格的影响

一般而言,利率下降时,股票价格就上涨;利率上升时,股票价格就下跌。绝对价值理论认为,证券市场上的证券价格主要由证券未来现金流和利率两个因素决定。那么股票价格就等于未来各期每股股利和某年后出售其价格的现值之和,即 $p = \sum_{t=1}^{n} \frac{D_t}{(1+i)^t} + \frac{m}{(1+i)^{n+1}}$($i$ 为贴现率),若我们假定未来各期每股股利都等于一个固定值 D,而且不出售股票,也就是说无限期地持有下去,即

$$D_1 = D_2 = D_3 = \cdots = D_n = D \text{ 且 } n \to \infty$$

那么股票价格为: $p = \frac{D}{i}$

从这个公式就可以看出,股票价格与贴现率成反比,而贴现率又包括两个部分,即市场利率与股票的风险报酬率。这说明利率对股票价格是存在影响的,我们利用利率来对股市的波动做研究也是可行的。

三、方差分析概述

方差分析(ANOVA)又称“变异数分析”或“F 检验”,是 1923 年英国统计学家 R. A. Fisher 提出的,用于比较两个及两个以上样本均数差别的显著性检验。方差分析的基本原理是认为不同处理组的均数间存在差别。概括来讲,方差分析的最大作用在于:①它能将引起变异的多种因素的各自作用——剖析出来,作出量的估计,进而辨明哪些因素起主要作用,哪些因素起次要作用。②它能充分利用资料提供的信息,将试验中由于偶然因素造成的随机误差无偏地估计出来,从而大大提高了对试验结果分析的精确性。因此,方差分析的实质是关于观察值变异原因的数量分析,是科学研究的重要工具。

① 摘引自王丹丹.央行利息变动对不同板块股票价格的影响[J].市场周刊·理论研究,2010(1):74-76

四、央行加息行为对不同板块股票收益率影响的实证研究

（一）数据的来源及处理

我们首先按照不同的行业板块，分别从金融板块、信息技术板块、公共事业板块以及工业板块这四个板块随机抽取 30 支股票，然后选取 2007 年 3 月 18 日、2007 年 7 月 21 日和 2007 年 9 月 15 日这三次央行加息信息公布前一周和后一周的股票价格变化率为比较组，而这里的变化率则反映了利率变动对股市的冲击大小，因此我们实际就是用股价在加息政策出台后一周前和一周后的变化率来表现股市所受利率变动的冲击。因为考虑到试验的重复性，我们在这里先利用两因素方差分析试验，来检验利率和板块这两个因素对股价影响的显著性，以及不同利率水平对股市的影响程度。然后再利用单因素方差分析法来分析在相同的利率水平下，利率变动对哪一个板块的影响最大。

在进行两因素分析时，我们分别将央行一年定期存款利率和股市的行业看成是影响股票收益率的因素一和因素二，央行一年定期存款利率我们分为 3 个水平，即按照 2007 年 3 月 18 日、2007 年 7 月 21 日和 2007 年 9 月 15 日这三次央行加息的利率分为 2.79%、3.33% 和 3.87% 这三个水平。行业因素我们则按照行业板块分为四个水平，即分为金融板块、信息技术板块、公共事业板块和工业板块。数据来源于 Wind 数据库，使用 SPSS13.0 软件进行数据处理。

需要注意的是，在做任何方差分析之前我们都要对方差分析的基本假设进行检验，以检验数据是否满足做方差分析的条件。方差分析基本假设检验有三个：

（1）所有的观察数据都来自正态总体，当 n 较大时，这个条件一般是成立的。

（2）所有的观察数据都是随机的。

（3）所有的总体方差相等，即方差齐性假设。

由于对不同板块的股票收益率数据是随机抽取的，因此方差基本假设检验的第二条是满足的，也就是我们的观察数据满足随机性的条件。因此在这里我们只对观察数据的正态性假设和方差齐性假设进行检验。我们利用 Eviews5.0 进行数据的正态性假设检验，图 7 - 14 是 QQ 概率图，我们对观察数据进行了标准化处理，然后作

图 7 - 14　标准化处理后的观察值 QQ 概率图

出了标准化处理后的观察值的 QQ 概率图，从图 7 - 14 中我们可以看到代表样本数据的点除了极少数以外，大多数都集中在图中的直线上，这说明观察数据基本满足正态性的假设检验，可以认为数据基本达到正态了。

然后，我们再检验数据的方差齐性，我们通常使用的用以判断多个样本方差是否齐性的检验方法是 Levene 检验。从方差齐性检验的结果来看，伴随概率为 0.069，大于显著性水平 0.05。因此通过了方差齐性检验，认为各个组总体方差是相等的。经过以上的变换和检验，我们认为观察数据基本可以用于做方差分析。

（二）方差分析

1. 双因素方差分析

双因素方差分析结果为在 5% 显著性水平下，$F_{利率} = 89.845$，并且伴随概率 $P = 0 < 0.05$，

这说明利率水平对股价变动幅度的影响是显著的，也就是央行加息对股价带来了一定的影响。同时行业板块的显著性检验在 5% 显著性水平下的 $F_{板块} = 2.856$ 伴随概率 $P = 0.041 < 0.05$，这说明行业板块因素对股价变动幅度的影响也是显著的。但是利率水平和行业板块的交互作用却不明显，并没有通过显著性检验。对显著因素还需进行处理（水平组合）各均数间的多重比较。

表 7 - 21 为采用 LSD 法（最小显著性差异法）进行平均数多重比较的检验结果。表中各项意义分别为：表中方法 I 与方法 J 之间的均值差（Mean Difference），标准误差（Std. Error），显著性水平（Sig.）和平均数差值的 95% 置信区间（95% Confidence Interval）。表中"Mean Difference"所列对应的数据中有"*"标志的表示该数据对应的两组均值之间有显著差异。从表中有"*"标志的数据，我们可以看出不同利率水平对股票变动幅度的影响是不同的，2.79% 的利率水平与 3.33% 的利率水平之间有显著差异，3.87% 的利率水平与 3.33% 利率水平之间也存在显著差异。并且 2.79% 的利率水平与 3.33% 的利率水平间的均值差为 -1.871 0，这说明 2.79% 这一利率水平对股市的影响小于 3.33% 利率水平对股市的影响。同样，由于 3.87% 和 3.33% 利率水平之间的均值差为 -1.323，我们可以知道 3.87% 这一利率水平对股市的影响小于利率水平 3.33% 对股市的冲击。由此比较可以知道，三个不同的利率水平中，3.33% 的利率水平对股市的冲击是最大的，3.87% 的利率水平次之，2.79% 这一利率水平对股市的冲击最弱。

表 7 - 21　不同利率水平对股票变动幅度影响的多重比较

I 利率水平	J 利率水平	Mean Difference ($I - J$)	Std. Error	Sig.	95% Confidence Interval	
					Lower Bound	Upper Bound
2.79%	3.33%	-1.871 028 2*	14 032 425	0.000	-2.149 175 2	-1.592 881 2
	3.87%	-0.767 797 9*	14 032 425	0.000	-1.045 944 9	-0.489 650 9
3.33%	2.79%	1.871 028 2*	14 032 425	0.000	1.592 881 2	2.149 175 2
	3.87%	1.103 230 3*	14 032 425	0.000	0.825 083 3	1.381 377 3
3.87%	2.79%	0.767 797 9*	14 032 425	0.000	0.489 650 9	1.045 944 9
	3.33%	-1.103 230 3*	14 032 425	0.000	-1.381 377 3	-0.825 083 3

Based on observed means.

* The mean difference is significant at the 0.05 level.

2. 同一利率水平下不同板块之间所受冲击的影响分析

通过以上的分析，我们得出 3.33% 的利率水平对股市的冲击是最大的，但这只是局限于对整个股票市场的冲击，我们知道央行一年定期利率的提高或多或少都会对股票市场产生一定影响，但不同的板块受这种影响的大小并不一定相同，可能有些板块受到央行升息的影响较大，而有些板块则对央行升息的反应不明显，所以下面我们将利用单因素方差分析来比较在 3.33% 这一利率水平下，各个板块受到冲击的大小。

表 7 - 22 给出的是板块间差异的方差分析图，"Between Group"表示的是组间差异，由于在显著性水平为 0.05 的条件下，组间差异的值 $F = 0.048$，$P = 0.048 < 0.05$，这说明在 3.33% 这一利率水平下，各个板块受到利率冲击影响的差异性是显著的。

表 7 – 22　板块间差异方差分析结果

	Sum of Squares	df	Mean Square	F	Sig.
Between Groups	2. 520	3	0. 840	2. 899	0. 048
Within Groups	10. 432	36	0. 290		
Total	12. 952	39			

　　下面我们将利用 LSD 方法来比较利率冲击对各个板块的不同影响程度。多重比较结果如表 7 – 23 所示，为便于分析，在数据分析时我们分别令 1 = 金融板块，2 = 信息技术板块，3 = 公用事业板块，4 = 工业板块，分析过程与我们上部分所述的 LSD 法相同。从标有"＊"的数据我们可以看出，金融板块与信息技术板块间的均值差为 0. 571 1，因此，3. 33% 利率水平下金融板块受到的冲击要大于信息技术板块受到的冲击。信息技术板块与公用事业板块间的均值差为 – 0. 565 8，这说明在 3. 33% 利率水平下，信息技术板块受到利率的冲击要小于公用事业板块受到的冲击。而工业板块与其他三个板块没有明显差异，这从另一方面说明工业板块受到利率冲击的影响小于其他三个板块，利率变动并没有对工业板块产生很大的冲击。因此，在 3. 33% 的利率水平下，金融板块、信息技术板块及公用事业板块受到的影响较大，其中金融板块和公用事业板块受到的影响尤为显著，而工业板块受到利率变动的冲击则很小。

表 7 – 23　利率冲击对各个板块影响程度的多重比较

Dependent Variable：Zscore(股票变动幅度)

	(I)行业板块	(J)行业板块	Mean Difference (I – J)	Std. Error	Sig.	95% Confidence Interval	
						Lower Bound	Upper Bound
LSD	1	2	0. 571 123 79 ＊	24 074 053	0. 023	0. 082 879 4	1. 059 368 2
		3	0. 005 282 97	24 074 053	0. 983	– 0. 482 961 5	0. 493 527 4
		4	0. 412 844 06	24 074 053	0. 095	– 0. 075 400 4	0. 901 088 5
	2	1	– 0. 571 123 79 ＊	24 074 053	0. 023	– 1. 059 368 2	– 0. 082 879 4
		3	– 0. 565 840 83 ＊	24 074 053	0. 024	– 1. 054 085 3	– 0. 077 596 4
		4	– 0. 158 279 73	24 074 053	0. 515	– 0. 646 524 2	0. 329 964 7
	3	1	– 0. 005 282 97	24 074 053	0. 983	– 0. 493 527 4	0. 482 961 5
		2	0. 565 840 83 ＊	24 074 053	0. 024	0. 077 596 4	1. 054 085 3
		4	0. 407 561 10	24 074 053	0. 099	– 0. 080 683 3	0. 895 805 5
	4	1	– 0. 412 844 06	24 074 053	0. 095	– 0. 901 088 5	0. 075 400 4
		2	0. 158 279 73	24 074 053	0. 515	– 0. 329 964 7	0. 646 524 2
		3	– 0. 407 561 10	24 074 053	0. 099	– 0. 895 805 5	0. 080 683 3
Dunnett t(2 – sided)	1	4	0. 412 844 06	24 074 053	0. 223	– 0. 177 484 9	1. 003 173 0
	2	4	– 0. 158 279 73	24 074 053	0. 849	– 0. 748 608 7	0. 432 049 3
	3	4	0. 407 561 10	24 074 053	0. 232	– 0. 182 767 9	0. 997 890 1

＊ The mean difference is significant at the 0. 05 level.

　a. Dunnett t – tests treat one group as a control, and compare all other groups against it.

五、结论

通过以上分析，首先，我们可以看出央行一年定期存款利率的提高给股票市场带来了一定的影响，但这种影响不是完全相同的。2.79%、3.33%和3.87%这三个利率水平中，3.33%的利率水平对股市的冲击最大，3.87%的利率水平次之，2.79%这一利率水平对股市的冲击最弱。2007年3月18日，是央行在2007年首次加息，一年定期存款利率从2.52%上调到2.79%，虽然存贷款利率的提高增加了投资者投资股票市场的机会成本，会有部分资金从股票市场中抽出，但是对大多数人而言，将存款投资在股市的收益远远大于将存款放入银行的收益，因此这次加息并没有对股市产生过大的冲击。但是2007年7月21日，当央行将利率从3.06%上调到3.33%时，股市受到较大的冲击，我们可以认为3.33%的利率水平为股市加息的"敏感点"，会使证券市场出现剧烈波动。因此，当利率提高到这一水平时，央行应同时通过各种货币政策对股市进行调控，以减小股市的剧烈波动。当利率上调到3.87%这一水平时，股市所受的影响又减小了，因为这时经过股市加息的敏感点后，股民们要么已经退出了股市，将资金从股市抽回用于其他方面的投资或是存入银行，要么已经适应了股市的剧烈波动，对股市的未来有较好的预期，决定将资金留在股市以进行长期投资。因此这时的利率水平变动对股市的冲击减小了。

其次，通过以上分析我们还能看出，在3.33%的利率水平下，各个板块受到的冲击是不相同的，金融板块、信息技术板块及公用事业板块受到的冲击较大，其中金融板块和公用事业板块受到的影响尤为显著，而工业板块受到利率变动的冲击则很小。那么，对于那些规避风险者就可以选择工业板块的股票进行投资，以减少风险。对于风险偏好者则可以选择金融板块和公共事业板块这些对宏观经济政策较敏感的板块进行投资，以获取较大的收益率。

最后，需要说明的是，我们在这里进行的单因素和双因素方差分析都是在首先假定其他因素不变情况下进行的，但是由于央行的宏观调控政策远不止调息这一种，股市也不仅仅受到利率的影响，而且在同期会有其他的一些政策出台或者公司本身的一些决策，这些都可能会增加或者是削弱加息政策的效力。但是，无论如何，单因素和双因素的方差分析为我们对这一问题的研究提供了一个新的思路。

思考与练习

(一)单项选择题

1. 方差分析中的原假设是关于所研究因素(　　)。

A. 各水平总体方差是否相等

B. 各水平的理论均值是否相等

C. 同一水平内部数量差异是否显著

D. 各水平之间的相关关系是否密切

2. 在方差分析中，(　　)反映的是样本数据与其组平均值的差异。

A. 总离差　　　　　B. 组间方差　　　　　C. 抽样误差　　　　　D. 组内方差

3. $\sum\limits_{i=1}^{r} \sum\limits_{j=1}^{n} (\bar{x}_i - \bar{x})^2$ 是（　　）。

A. 组内方差总和　　　　　　　　　　B. 组间方差总和

C. 总离差平方和　　　　　　　　　　D. 总方差

4. 对具有 r 水平的某因素影响是否显著不同的试验中，每种水平的样本容量都是 n，则运用单因素方差分析中，计算 F 统计量，其分子与分母的自由度各为（　　）。

A. r，nr　　　　　　　　　　　　B. $r - n$，$nr - r$

C. $r - 1$，$nr - r$　　　　　　　　　D. $nr - r$，$r - 1$

5. 为研究溶液温度对液体植物的影响，将水温控制在三个水平上，则称这种方差分析为（　　）。

A. 单因素三水平方差分析　　　　　　B. 双因素方差分析

C. 双因素三水平方差分析　　　　　　D. 三因素方差分析

6. 在方差分析中，总离差平方和反映的是（　　）。

A. 全部观测值之间的差异程度

B. 由实验因素变化所引起的观测值之间的差异程度

C. 由随机波动所引起的观测值之间的差异程度

D. 各组离差平方的总和

7. 运用单因素方差分析法时，下列表述中正确的是（　　）。

A. 组内方差显著大于组间方差时，该因素对所考察指标的影响显著

B. 组间方差显著大于组内方差时，该因素对所考察指标的影响显著

C. 拒绝原假设时，可推断各水平的效应完全相同

D. 各水平下的样本单位数必须相等

8. 下列不属于进行方差分析应该满足的假设条件的是（　　）。

A. 各水平的样本数据都是相互独立的　　B. 各样本都来自正态总体

C. 各样本的总体方差相等　　　　　　　D. 各样本的样本量相等

9. 为了分析某校不同专业学生的某次统计学测试成绩是否有显著差异（假定其他条件都相同），采用方差分析方法，在 1% 的显著性水平下，在 10 个专业中共计随机抽取 50 个学生进行调查，拒绝原假设的区域是（　　）。

A. $\left[F_{0.01}(9, 49), +\infty \right]$　　　　　　B. $\left[F_{0.005}(9, 49), +\infty \right]$

C. $\left[F_{0.01}(9, 40), +\infty \right]$　　　　　　D. $\left[F_{0.005}(9, 40), +\infty \right]$

10. 有 r 个不同水平的因素 A 和有 s 个不同水平的因素 B 是可能对试验结果有影响的两个因素，相互之间无交互作用，则判断因素 A 的影响是否显著的统计量 F 的自由度为（　　）。

A. $\left[r - 1, (r - 1)(s - 1) \right]$　　　　　　B. $\left[s - 1, (r - 1)(s - 1) \right]$

C. $\left[r - 1, r(s - 1) \right]$　　　　　　　　D. $\left[s - 1, r(s - 1) \right]$

（二）判断题

1. 应用方差分析的前提条件是各总体均值不等。（　　）

2. 方差分析的基本原理是通过方差的比较，检验各因子水平下的均值是否相等。（　　）

3. 方差分析的因子只能是定量的，不然无从进行量化分析。（　　）

4. 方差分析比较之前应消除自由度的影响。（　　）

5. 单因素方差分析中的组内方差一定小于组间方差。（　　）

6. 单因素方差分析中，若 F 统计量值远远大于其临界值，则说明各水平下的均值完全相等。（　　）

7. 在双因素方差分析中，按照两因素的作用是否独立，分为无交互作用的双因素方差分析和有交互作用的双因素方差分析。（　　）

8. 无交互作用的双因素方差分析中，组内方差的自由度为 $sr-1$。（　　）

9. 为了研究因素 A 和 B 是否有交互作用，在其他因素都加以控制的条件下，因素 A 的每一水平和因素 B 的每一水平组成一组试验条件，每种情况只需实验 1 次即可。（　　）

10. 有交互作用的双因素方差分析中，需要检验的原假设有 3 个。（　　）

（三）计算题

1. 为了比较两种材料的质量，选择 15 台不同设备对这两种材料进行特别处理，假设未处理前两种材料的指标数据均为 10，一星期后经测量得到两种材料的指标数据如下表所示。试根据该数据检验两种材料的质量有无显著差异。

材料 A	7.6	7.0	8.3	8.2	5.2	9.3	7.9	8.5	7.8	7.5	6.1	8.9	6.1	9.4	9.1
材料 B	8.0	6.4	8.8	7.9	6.8	9.1	6.3	7.5	7.0	6.5	4.4	7.7	4.2	9.4	9.1

2. 下面给出的是两位大文学家马克·吐温和斯诺特格拉斯的 8 篇小品文稿中由 3 个字母组成的单词的比例。设两组数据分别来自正态总体，试检验两位作家写的小品文稿中包含由 3 个字母组成的单词的比例是否有显著的差异。并且检验两组数据的方差是否相等。

马克·吐温	0.225	0.262	0.217	0.240	0.230	0.229	0.235	0.217
斯诺特格拉斯	0.209	0.205	0.196	0.210	0.202	0.207	0.224	0.223

3. 利用下表资料分析华北不同地区不同行业的全民所有制职工工资水平是否有显著差异。

单位：元/人·年

地区	工业	建筑业	交通运输、邮电通讯业	教育、文化艺术和广播电视事业
北京	1 327	1 737	1 529	1 244
天津	1 161	1 631	1 503	1 162
河北	1 113	1 428	1 245	1 026
山西	1 201	1 493	1 297	1 108
内蒙古	1 246	1 499	1 332	1 199

4. 利用下表资料分析研究不同地区和不同时间对农民家庭人均纯收入的影响。

单位：元

时间	地区				
	北京	天津	河北	山西	内蒙古
1980 年	290.46	277.92	175.78	155.78	181.32
1981 年	350.67	297.77	204.41	179.53	225.14
1982 年	432.63	326.12	235.73	227.18	273.03
1983 年	519.48	411.69	298.07	275.78	294.20
1984 年	664.16	504.64	345.00	305.50	336.12
1985 年	775.08	564.55	385.23	358.32	360.41

5. 下表中给出了某种化工过程在三种浓度、四种温度水平下的得率，假设在诸水平的搭配下的总体服从正态分布且方差相等，试在水平 0.05 下检验不同的浓度及不同的温度下得率的差异是否显著，交互作用的效应是否显著。

浓度(%)	温度(℃)			
	10	24	38	52
2	14	11	13	10
	10	11	9	12
4	9	10	7	6
	7	8	11	10
6	5	13	12	14
	11	14	13	10

第八章 相关与回归分析

　　刚刚落下帷幕的第57届世界卫生大会通过了一系列保护和促进人类健康的文件，其中一项就是向肥胖症宣战。这项"全球健康战略"要求各国食品公司减少产品中糖、盐和高脂肪的含量，同时，提醒人们采取健康的生活方式，加强体育锻炼。

　　据世卫组织统计，全球肥胖症患者达3亿人，其中儿童占2 200万人，11亿人体重过重。肥胖症和体重超常早已不是发达国家的"专利"，已遍及五大洲。目前，全球因"吃"致病乃至死亡的人数已高于因饥饿死亡的人数。

　　2002年，美国因肥胖症致死者达43.5万人，2003年则达到40万人，均比1990年增长了33％！一些发展中国家肥胖症现象也越来越严重。世卫专家指出，肥胖症的直接后果是导致心血管疾病、癌症，容易诱发糖尿病并使人的寿命减少10余年。2003年，美国用于治疗肥胖症的费用为750亿美元，而用于治疗因肥胖症而产生的疾病的开销总额高达1 400亿美元。然而，全球"减肥"的主要症结在于西方国家食品工业财大气粗，他们通过广告宣传左右着人们的消费趋势。另外，不论快餐还是甜食，毕竟受到部分消费者的喜爱。但向肥胖症宣战毕竟在媒体和公共舆论中产生了巨大反响。据悉，到2006年，美国食品公司必须在产品标签上注明对身体有害的脂肪含量。美国18个州已经开始征收"肥胖税"。欧洲许多国家将对食品公司抽取"肥胖税"。2003年，英国青少年肥胖症患者人数迅速增长。对此，英国卫生部门发出警告，如果食品公司不采取切实措施，将全面禁止"垃圾食品广告"。

　　减少和遏制肥胖症在全球的发展，与我们的生活方式紧密相关。世卫专家指出，健康的饮食应当在保持营养和适度消耗中找到平衡。现代社会人们的生活节奏加快，学生每天至少要吃一次"快餐"，而快餐往往含有大量脂肪、糖和盐。家庭轿车的发展使人们缺乏体育锻炼，热量消耗减少，导致体内脂肪增多。世卫组织提出了"中国饮食结构"和"地中海饮食结构"等均衡饮食，建议多吃水果、蔬菜，多吃奶制品，多饮茶。对于不得不在外午餐的工薪阶层和学生，则建议用水果、蔬菜和牛奶来补充维生素，保持营养平衡。

　　随着"全球肥胖症"现象的加剧，一些著名的医药公司投入人力和财力研发新型减肥药。近百种新型减肥药物正在开发研制中。然而，医学专家建议，药物减肥只能作为辅助手段，良好的饮食习惯最为重要。

（引自《光明日报》2004年5月28日，刘军/文）

问题：

1. 引起肥胖症的主要因素有哪些？
2. 肥胖症、体重超常是否真正导致死亡人数有显著增加？
3. 肥胖症、体重超常对死亡人数增加的作用方向和作用程度如何？
4. 肥胖症、体重超常这些因素是导致死亡人数增加的决定性因素吗？
5. 当肥胖症、体重超常等因素发生重大变化时，对死亡人数的变化会产生怎样的影响？

    为了回答这些问题，我们需要寻求分析各种数据相互之间关系的统计方法，这些统计方法就是本章将要介绍的相关和回归分析方法。

教学要求：通过对本章的学习要充分理解相关分析和回归分析的概念、掌握计算相关系数和配合回归方程的方法，学会运用 SPSS 进行相关系数的计算和进行线性一元回归和多元回归分析，并能对回归方程进行各项显著性检验。

    主要内容：

相关与回归分析
- 简单线性相关分析
  - 相关关系类型
  - 相关关系测量
    - 相关表
    - 相关图
    - 相关系数
  - 相关关系检验
- 一元线性回归分析
  - 一元线性回归分析
  - 回归模型基本假定
  - 回归系数估计
  - 回归模型检验
- 多元线性回归分析
  - 多元线性回归模型
  - 回归模型基本假定
  - 回归系数估计
  - 回归模型检验
- 运用 SPSS 进行相关与回归分析
  - 相关分析
  - 回归分析

第一节　简单线性相关分析

一、相关分析的一般问题

    无论是自然现象之间还是社会经济现象之间，大都存在着不同程度的联系，当一些现象发生变化时，另一些现象也会随之发生变化。例如，商品需求量会随着商品价格的变化而变化，商品销售额也会随着商品价格的变化而变化。各种变量间的关系可分为两类：一类是确定的函数关系，另一类是不确定的相关关系。

    （一）函数关系与相关关系

  1. 函数关系

    现象间一一对应的确定关系称为函数关系。设有两个变量 x 和 y，变量 y 随变量 x 一起变化，并完全依赖于 x，当变量 x 取某个数值时，y 依确定的关系取相应的值，则称 y 是 x 的函数，记为 $y = f(x)$，其中 x 称为自变量，y 称为因变量，例如，圆面积 S 与圆半径 r 间的关系，只要圆半径给定，与之对应的圆面积 S 也就随之确定，即：$S = \pi r^2$。企业的原材料消耗额(y)与产量(x_1)、单位产量消耗(x_2)、原材料价格(x_3)之间的关系可表示为 $y = x_1 \times x_2 \times x_3$。

2．相关关系

现象间不确定的数量关系常常称为相关关系，变量间关系不能用函数关系精确表达，即一个变量的取值不能由另一个变量唯一确定，当变量 x 取某个值时，变量 y 的取值可能有几个。

两个变量之间的相关关系一般可表示为 $y = f(x, u)$。例如，农作物产量 y 与施肥量 x 间的关系，其特点是：农作物产量 y 随着施肥量 x 的变化呈现某种规律性的变化，在适当的范围内，随着 x 的增加，y 也增加。但与上述函数关系不同的是，给定施肥量 x，与之对应的农作物产量 y 并不能确定。主要原因在于，除了施肥量，还有诸如阳光、气温、降雨等其他许多因素都在影响着农作物的产量。这时，我们无法确定农作物产量与施肥量之间确定的函数关系，但却能通过统计方法研究它们之间的相关关系。农作物产量 y 作为非确定性变量，也被称为随机变量。

（二）相关关系的种类

客观现象间的相关关系相当复杂，表现为各种各样的形态，所以现象之间的相关关系可以按不同的标准划分为不同的种类，相关关系类型如图 8－1 所示。

图 8－1　相关关系类型

1．按相关关系涉及的变量多少划分，分为单相关、复相关和偏相关

两个变量之间的相关，称为单相关。一个变量与两个或两个以上其他变量之间的相关，称为复相关。在复相关的研究中，假定其他变量不变，专门研究其中两个变量之间的相关关系时称其为偏相关。如某地区的财政收入与经济增长及产业结构之间的关系便是一种复相关。而在假定经济增长不变的条件下，财政收入与产业结构之间的关系就是一种偏相关；或者假定在产业结构不变的条件下，财政收入与经济增长之间的关系也是一种偏相关。

2．按相关形式来分，可以分为线性相关和非线性相关

当变量之间的依存关系大致呈现为线性形式，即当一个变量变动一个单位时，另一个变量也按一个大致固定的增（减）量变动，从图形上看，其观测点的分布近似地表现为直线形式，就是线性相关。而当一个变量发生变动，另一个变量也随之发生变动，但是这种变动不是均等的，从图形上看，其观察点的分布表现为各种不同的曲线形式，这种相关关系称为非线性相关，如图 8－2 所示。

3. 按相关的方向来分，可分为正相关和负相关

当一个变量随着另一个变量的增加（减少）而增加（减少），即两者同向变化时，称为正相关，例如家庭收入与家庭支出之间的关系，一般随着家庭收入的增加，家庭支出也会随之增加。当一个变量随着另一个变量的增加（减少）而减少（增加），即两者反向变化时，称为负相关，如产品产量与单位成本之间的关系，单位成本会随着产量的增加而减少。

4. 按相关关系的程度划分，可分为完全相关、不完全相关和不相关

当一种现象的数量变化完全由另一种现象的数量变化所确定时，称这两种现象之间的关系为完全相关，也就是函数关系。在这种情况下，完全确定的数量关系即为函数关系，也可以说函数关系是相关关系的一种特例。例如圆的周长 L 决定于它的半径 r，即 $L = 2\pi r$。当两个现象彼此互不影响，其数量变化各自独立时，称这两个现象之间的关系为不相关或零相关。例如：学生的学习成绩与其身高一般认为是不相关的。若两个现象之间的关系介于完全相关和不相关之间，就称为不完全相关，一般的相关现象都是指这种不完全相关，这是相关分析（correlarion analysis）的研究对象。

二、相关关系的测量

相关分析中，通过定性分析、制作相关表、绘制相关图等，可以对现象之间存在的相关关系的方向、形式和密切程度作直观、大致的判断。为了较准确衡量具有简单线性相关关系的相关程度，还可以通过计算相关系数来实现。

（一）定性分析

对现象进行定性分析，就是运用理论知识、专业知识和实践经验来分析判断现象之间的数量关系。例如，运用经济理论来分析经济增长与投资、消费和出口的数量关系，运用生物遗传理论来分析父辈身高与子辈身高的数量关系等。

（二）相关表

研究现象之间的依存关系，首先要通过实际调查取得一系列成对的数据，作为相关分析的原始资料。将某一变量按其数值的大小顺序排列，然后再将与其相关的另一变量的对应值平行排列，便可得到简单的相关表。

例如，对某公司 8 年来每年的销售额和广告费进行调查，得到的资料如表 8 - 1 所示。

表 8 - 1　销售额和广告费的相关表　　　　　　　　　　　　　单位：万元

项目	第 1 年	第 2 年	第 3 年	第 4 年	第 5 年	第 6 年	第 7 年	第 8 年
广告费	10	12	15	20	25	28	33	35
销售额	15	18	22	26	30	34	41	43

从相关表中可看出，随着广告费的增加，企业的销售额也随之增加，两变量间存在明显的正相关关系。

（三）相关图

相关图又称散点图或散布图，是以直角坐标系的横轴代表变量 x，纵轴代表变量 y，将两变量相对应的成对数据用坐标点的形式描绘出来，用于反映两变量之间相关关系的图

形。不同形态的散点图如图 8 - 2 所示。

图 8 - 2　不同形态的散点图

根据表 8 - 1 资料绘制的相关图如图 8 - 3 所示。

图 8 - 3　销售额和广告费的相关图

　　从图 8 - 3 可以看出，样本数据 (x_i, y_i) 大致分别落在一条直线附近，这说明变量 x 与 y 之间具有明显的线性相关关系。另外，所绘制的散点图呈现出从左至右的上升趋势，它表明 x 与 y 之间存在着一定的正相关关系，即随着广告费用的增加，销售额也增加。

　　(四)简单线性相关系数

　　在各种相关关系中，单相关是基本的相关关系，它是复相关和偏相关的基础。单相关有线性相关和非线性相关两种表现形式。测定线性相关系数的方法是最基本的相关分析，是测定其他相关系数方法的基础。本节首先研究线性的单相关系数即简单线性相关系数，也就是在线性条件下说明两个变量之间相关关系密切程度的统计分析指标，简称相关系数（correlation coefficient）。

　　1. 总体简单线性相关系数

　　对于所研究的总体，表示两个相互联系的变量线性相关程度的相关系数称为总体简单线性相关系数，用 ρ 来表示，其计算公式如下：

$$\rho = \frac{Cov(x,y)}{\sqrt{D(x) \cdot D(y)}} = \frac{Cov(x,y)}{\sigma_x \cdot \sigma_y} \tag{8.1}$$

其中：$Cov(x,y)$ 是变量 x 和 y 的协方差，$D(x)$、σ_x 分别是变量 x 的方差和标准差，$D(y)$、σ_y 分别是变量 y 的方差和标准差。

总体简单线性相关系数反映总体两个变量 x 和 y 的线性相关程度。总体简单线性相关系数具有如下特点：①对于特定的总体来说，x 和 y 的数值是既定的，即总体简单线性相关系数是客观存在的特定数值；②由于总体的两个变量的所有数值是不可能直接观测的，所以总体简单线性相关系数一般是未知的。

2. 样本简单线性相关系数

由于总体简单线性相关系数是不可直接观测的，需要从总体中抽取样本容量为 n 的一个样本，通过 x 和 y 的样本观测值计算简单线性相关系数，此简单线性相关系数称为样本简单线性相关系数，又称为皮尔逊（Pearson）相关系数，用来测量定距变量间的线性相关关系（如测量身高与体重、工龄与收入等变量间的线性相关系数，记为 r_{xy}，简记为 r，其基本计算公式如下：

$$r_{xy} = \frac{\sigma_{xy}^2}{\sigma_x \cdot \sigma_y} = \frac{\sum_{i=1}^{n}(x_i - \bar{x})(y_i - \bar{y})/n}{\sqrt{\sum_{i=1}^{n}(x_i - \bar{x})^2/n} \cdot \sqrt{\sum_{i=1}^{n}(y_i - \bar{y})^2/n}} \tag{8.2}$$

其中，x_i 和 y_i 分别是 x 和 y 的样本观测值，$\bar{x}$ 和 $\bar{y}$ 分别是 x 和 y 的样本观测值的均值。由于相关系数是通过将各个离差相乘来说明现象相关密切程度的，所以称这种计算相关系数的方法为"积差法"。

公式 8.2 经过进一步化简，得到 r_{xy} 的简便计算公式，即：

$$r_{xy} = \frac{n\sum_{i=1}^{n}x_i y_i - \sum_{i=1}^{n}x_i \cdot \sum_{i=1}^{n}y_i}{\sqrt{n\sum_{i=1}^{n}x_i^2 - \left(\sum_{i=1}^{n}x_i\right)^2} \cdot \sqrt{n\sum_{i=1}^{n}y_i^2 - \left(\sum_{i=1}^{n}y_i\right)^2}} \tag{8.3}$$

3. 样本简单线性相关系数的特点

样本简单线性相关系数 r 是根据 x 和 y 的样本观测值计算出来的，可以证明样本简单线性相关系数 r 是总体简单相关系数 ρ 的无偏、一致估计。简单线性相关系数 r 有如下特点：

（1）简单线性相关系数 r 的取值范围为：$-1 \leqslant r \leqslant 1$，即 $0 \leqslant |r| \leqslant 1$。

（2）当 $r > 0$ 时，表明 x 和 y 为正线性相关；当 $r < 0$ 时，表明 x 和 y 为负线性相关。

（3）当 $0 < |r| < 1$ 时，表示 x 和 y 存在着一定的线性相关。r 的绝对值愈接近于 1，表示 x 和 y 线性相关程度愈高；反之，r 的绝对值愈接近于 0，表示 x 和 y 线性相关程度愈低。

（4）当 $|r| = 1$ 时，x 和 y 为完全线性相关，即 x 和 y 之间存在着确定的函数关系。且当 $r = 1$ 时，称 x 和 y 为完全正线性相关；当 $r = -1$ 时，称 x 和 y 为完全负线性相关。

（5）当 $r = 0$ 时，表明 x 和 y 完全没有线性相关关系，但并不表明两者之间不存在其他类型的关系，可能还存在其他非线性相关关系。

【例 8 - 1】 表 8 - 1 是某公司 8 年来的年销售额和广告费资料，计算销售额与广告费的简单线性相关系数。

解：该公司销售额与广告费的简单线性相关系数计算表如表 8 - 2 所示。

表 8 - 2 销售额与广告费的简单线性相关系数计算表 单位：万元

年份	销售额(y)	广告费(x)	xy	y^2	x^2
1	15	10	150	225	100
2	18	12	216	324	144
3	22	15	330	484	225
4	26	20	520	676	400
5	30	25	750	900	625
6	34	28	952	1 156	784
7	41	33	1 353	1 681	1 089
8	43	35	1 505	1 849	1 225
合计	229	178	5 776	7 295	4 592

$$r_{xy} = \frac{n\sum_{i=1}^{n} x_i y_i - \sum_{i=1}^{n} x_i \cdot \sum_{i=1}^{n} y_i}{\sqrt{n\sum_{i=1}^{n} x_i^2 - (\sum_{i=1}^{n} x_i)^2} \cdot \sqrt{n\sum_{i=1}^{n} y_i^2 - (\sum_{i=1}^{n} y_i)^2}}$$

$$= \frac{8 \times 5\,776 - 178 \times 229}{\sqrt{8 \times 4\,592 - 178^2} \cdot \sqrt{8 \times 7\,295 - 229^2}}$$

$$= 0.995\,9$$

计算结果表明，该公司的销售额与广告费之间存在着程度较高的正线性相关关系。

注：使用 Excel 中的 CORREL 或 PEARSON 函数都可以计算两组数据的相关系数。其语法为 CORRL(Array1, Array2)，Array1 和 Array2 是两个变量的数据区域。也可以用"工具"→"数据分析"中的"相关系数"工具计算相关系数。

如例 8 - 1 中的数据，用 Excel 中"数据分析"中的"相关系数"工具计算相关系数如表 8 - 3 所示。

表 8 - 3 销售额与广告费用之间的相关系数表

项 目	销售额(y)	广告费(x)
销售额(y)	1	
广告费(x)	0.995 9	1

4. 简单线性相关系数的显著性检验

样本简单线性相关系数 r 是根据样本观测值 $(x_i, y_i)(i = 1, 2, \cdots, n)$ 计算出来的，是对总体简单线性相关系数 ρ 的一个估计。由于样本不同，所计算出来的样本简单线性相关系数也不一样，所以样本简单线性相关系数 r 是一个随机变量。因此，由样本简单线性相关系数 r 来判别变量 x 和 y 是否具有相关性需要经过统计检验才能确定。

（1）样本简单线性相关系数 r 的分布。

当 x 和 y 都服从正态分布,在假设总体简单线性相关系数 ρ 为 0 的情况下,可以证明:与样本简单线性相关系数 r 有关的统计量服从自由度为 $(n-2)$ 的 t 分布,即:

$$t = \frac{r\sqrt{n-2}}{\sqrt{1-r^2}} \sim t(n-2) \tag{8.4}$$

(2)简单线性相关系数的检验步骤。

第一步,提出假设:$H_0: \rho = 0$,$H_1: \rho \neq 0$;

第二步,选取检验统计量,并计算统计量的值:$t = \frac{r\sqrt{n-2}}{\sqrt{1-r^2}} \sim t(n-2)$;

第三步,确定显著性水平 α 和临界值 $t_{\frac{\alpha}{2}}(n-2)$;

第四步,将统计量的值与临界值进行比较,作出决策。

若 $|t| \geq t_{\frac{\alpha}{2}}(n-2)$,则拒绝 H_0,当显著性水平为 α 时,表明总体相关系数 ρ 在统计上显著不为零,即总体两个变量之间的线性相关显著。

若 $|t| < t_{\frac{\alpha}{2}}(n-2)$,则不能拒绝 H_0,当显著性水平为 α 时,表明总体相关系数 ρ 在统计上显著为零,即总体两个变量之间的线性相关不显著。

【例 8 - 2】 表 8 - 1 是有关某公司 8 年来的年销售额和广告费资料,对销售额与广告费的简单线性相关系数进行检验。($\alpha = 0.05$)

解:设 $H_0: \rho = 0$,$H_1: \rho \neq 0$

选取检验统计量:$t = \frac{r\sqrt{n-2}}{\sqrt{1-r^2}} \sim t(n-2)$,则有

$$t = \frac{0.9959 \times \sqrt{8-2}}{\sqrt{1-0.9959^2}} = 26.9668$$

$\because \alpha = 0.05$,$\therefore t_{\frac{\alpha}{2}}(n-2) = t_{0.025}(6) = 2.4469$

$|t| = 26.9668 > 2.4469$,拒绝 H_0,总体相关系数 ρ 在统计上显著不为零,即销售额与广告费之间的线性相关显著。

此外,当所研究的变量不是数量型变量时,简单线性相关关系的相关分析方法不宜使用,这时可以用 Spearman 等级相关关系作相关分析。

对于样本容量为 n 的变量 x 和 y,如果 x 和 y 的取值分别可以分为 n 个等级,没有两个单位取相同等级的情况下,而且样本的 n 个单位分别不重复地属于 x 和 y 的不同等级,d_i 表示样本单位属于 x 的等级和属于 y 的等级的级差,Spearman 等级相关系数 r_s 为:

$$r_s = 1 - \frac{6\sum d_i^2}{n(n-1)}$$

样本等级相关系数 r_s 的取值意义与简单相关关系的含义相同。

最后需要说明的是,线性相关关系与因果关系是不同的。相关系数很大未必表示变量间存在因果关系,也可能两个变量同时受第三个变量的影响而使它们有很强的相关。比如,人的肺活量与人的身高会呈现高度相关,其实肺活量和身高都受人的体重的影响,因此如果固定人的体重来研究肺活量与身高的关系,则会发现相关性很低。这涉及偏相关系数的计算。又如,我们计算 1980—2004 年某地猪肉销售量与感冒片销售量的相关系数,该系数可能很大,但这并不说明猪肉销售量与感冒片销售量之间有线性相关关系,因为它们

都受这个时期人口增长因素的影响,把逻辑上不存在联系的两个变量放在一起做相关分析,没有意义,在统计上称之为"虚假相关"。

三、运用 SPSS 进行相关分析

【例8-3】 设某公司在全国 20 个市场同时推销产品,表 8-4 是该公司在各个市场所派出的推销员人数(x_1)、所支出的广告及推销费用(x_2)和产品年销售量(y)的资料,假定各市场的其他条件相同,试作产品年销售量(y)对推销员人数(x_1)和广告推销费用(x_2)的相关分析。

表 8-4 销售量、推销员个数和广告推销费用

市场序号	销售量 y(万箱)	推销员人数 x_1(人)	广告推销费 x_2(万元)	市场序号	销售量 y(万箱)	推销员人数 x_1(人)	广告推销费 x_2(万元)
1	58	7	5.11	11	121	17	11.02
2	152	18	16.72	12	112	12	9.51
3	41	5	3.20	13	50	6	3.79
4	93	14	7.03	14	82	12	6.45
5	101	11	10.98	15	48	8	4.60
6	38	5	4.04	16	127	15	13.86
7	203	23	22.07	17	140	17	13.03
8	78	9	7.03	18	150	21	15.21
9	117	16	10.62	19	39	6	3.64
10	44	5	4.76	20	90	11	9.57

资料来源:陈珍珍等.统计学(第一版)[M].厦门:厦门大学出版社,2002,第 162 页

解:具体的操作步骤及软件功能介绍见第十章实验八的相关分析。本例只作简要分析。

(1)建立相关分析的数据文件。

(2)执行相关分析命令。选择"Analyze"→"Correlate"→"Bivariate...",打开"双变量相关分析"(Bivariate Correlations)的主对话框,并选择"销售量"、"推销人数"、"广告费用"等三个变量列入变量列表框,其他采用 SPSS 默认格式,如图 8-4 所示。

图 8-4 双变量相关分析
(Bivariate Correlations)主对话框

(3)在"双变量相关分析"(Bivariate Correlations)的主对话框中单击"OK"得到皮尔森(Pearson)相关分析的结果如表 8-5 所示。

表 8 – 5　相关分析表

		销售量	推销人数	广告费用
销售量	Pearson Correlation	1	0.968^*	0.979^*
	Sig.（2 – tailed）		0.000	0.000
	N	20	20	20
推销人数	Pearson Correlation	0.968^*	1	0.926^*
	Sig.（2 – tailed）	0.000		0.000
	N	20	20	20
广告费用	Pearson Correlation	0.979^*	0.926^*	1
	Sig.（2 – tailed）	0.000	0.000	
	N	20	20	20

* 　Correlation is significant at the 0.01 level（2 – tailed）.

（4）皮尔森（Pearson）相关分析的结果解释。

从表 8 – 5 可知：①销售量分别与推销员人数、广告推销费用的相关系数为 0.968、0.979；且在显著性水平 $\alpha = 0.01$ 下，销售量分别与推销员人数、广告推销费用之间显著存在线性相关关系。②推销员人数与广告推销费用的相关系数为 0.926；且在显著性水平 $\alpha = 0.01$ 下，推销员人数与广告推销费用之间显著存在线性相关关系。

第二节　一元线性回归分析

当变量之间的相关关系显著时，为了明确变量之间的具体数量关系，便可以配合一定的数学模型进行回归分析（regression analysis）。

一、回归分析的一般问题

（一）"回归"的含义

1."回归"的古典含义

"回归"一词最先由弗朗西斯·高尔顿（Francis Galton）引入。高尔顿在一篇著名的论文中阐述道，虽然有这样一个趋势：父母高，儿女也高；父母矮，儿女也矮；但给定父母的身高，儿女辈的平均身高却趋向于或者"回归"到全体人口的平均身高。换言之，尽管父母都异常高或异常矮，但儿女的身高却有走向总体平均身高的趋势。高尔顿的普遍回归定律（law of universal regression）还被他的朋友卡尔·皮尔森（Karl Pearson）证实。皮尔森曾收集过一些家庭群体 1 000 多名成员的身高记录，他发现，对于一个父亲高的群体，儿辈的平均身高低于他们父辈的身高，而对于一个父亲矮的群体，儿辈的平均身高则高于其父辈的身高。这样就把高的和矮的儿辈身高一同"回归"到所有男子的平均身高。用高尔顿的话说，这是"回归到中等"（regression to medioerity）。

2."回归"的现代含义

然而，"回归"的现代含义与高尔顿对"回归"一词的解释是不同的。"回归"的现代含义大致上可以解释为一个因变量(也称为被解释变量)对其他自变量(也称为解释变量)的依赖关系。其目的在于通过自变量的值来估计或预测因变量的均值。

(二)回归分析的分类

1. 按照变量的个数,回归分析可以分为一元回归分析和多元回归分析

只有一个自变量的回归分析称为一元回归分析,也称为简单回归分析。例如销售额依广告费的回归分析就是一元回归分析。两个或两个以上自变量的回归分析称为多元回归分析,也称为复回归分析,例如销售额依广告费及价格的回归分析就是多元回归分析。

2. 按照回归线的形状,回归分析可以分为线性回归分析和非线性回归分析

以一元回归分析为例,当一个自变量发生变动,因变量随之发生大致均等的变动,从图形上看,其观测点的分布近似地表现为直线形式,就可以进行线性回归分析。而当一个自变量发生变动,因变量也随之发生变动,但是这种变动不是均等的,从图形上看,其观察点的分布表现为各种不同的曲线形式,就可以进行非线性分析。

总之,回归分析的数学模型可以用图 8 − 5 来表示。

图 8 − 5　回归分析的数学模型

二、选择回归模型的方法

(一)回归模型的选择必须遵循的原则

(1)根据研究对象所反映的变量与变量之间的关系及其变化规律来选择回归模型。所选用的回归模型要能够准确地、客观地反映研究对象变量与变量之间的依存关系,反映变量与变量之间的客观过程及其变化趋势。

(2)根据研究目的和内容来选择和应用回归模型。

(3)根据目标函数和制约变量变化的主导因素来选择回归模型。

(二)用回归模型进行分析的程序和步骤

(1)通过调查或实验取得资料和数据,并进行数据的科学处理,使其表格化。

(2)依据资料和数学知识及专业知识作散点图,初步判断相关类型。

(3)根据确定的相关类型,依据最小二乘法原则,求解待定参数,建立回归模型。

三、相关分析与回归分析的关系

(一)相关分析与回归分析的联系

相关分析和回归分析是研究现象之间相关关系的两种基本方法,二者有着密切的联

系，它们不仅具有共同的研究对象，而且在具体运用时，常常需要互相补充。两者的联系在于：第一，在相关分析中，相关分析能确定两个变量之间的相关方向和相关的密切程度；而回归分析就是对具有相关关系的两个或两个以上变量之间数量变化的一般关系进行测定，并选择一个合适的数学模型，以便用自变量来估计或预测因变量。第二，相关分析需要依靠回归分析表明现象数量相关的具体形式；而回归分析需要依靠相关分析来表明现象数量变化的相关程度，只有变量之间存在着高度相关时，进行回归分析寻求其相关的具体形式才有意义。因此，在一些统计学的相关书籍中，回归分析和相关分析也合并称为相关关系分析或广义的相关分析。

（二）相关分析与回归分析的区别

虽然相关分析与回归分析有着紧密的联系，但是相关分析和回归分析在研究目的和具体的研究方法上是有明显区别的。两者的主要区别在于：第一，在相关分析中，只是研究变量之间的相关方向和相关的密切程度，无须确定自变量和因变量；而在回归分析中，必须事先确定哪个为自变量，哪个为因变量，而且只能从自变量去推测因变量，而不能从因变量去推断自变量。第二，相关分析不能指出变量间相互关系的具体形式，也无法从一个变量的变化推测另一个变量的变化情况；而回归分析能确切地指出变量之间相互关系的具体形式，它可根据回归模型从已知量来估计和预测未知量。第三，相关分析所涉及的变量一般都是随机变量；而回归分析中因变量是随机的，自变量则作为研究时给定的非随机变量。

相关分析和回归分析是对现象间相关关系进行分析的有效的科学方法，近年来在社会经济现象的研究和预测中被广泛采用。但是必须指出，它们也有一定的局限性。在确定对某现象是否适于应用相关分析和回归分析之前，必须对所研究的具体现象进行充分的认识和分析，需要有足够的理论知识、专业知识和必要的经验作为定性分析的基础，来判断现象之间是否具有真正的相关，是具有实质性的内在联系还是表面上的联系，或只不过是一种偶然的巧合。对没有内在联系的事物进行相关分析和回归分析，不但没有意义，反而会得出荒谬的虚假的结论。因此在应用相关分析和回归分析对客观现象进行研究时，一定要注意把定性分析和定量分析结合起来，在定性分析的基础上开展定量分析。

四、总体回归函数与样本回归函数

在回归分析中，由于总体的数据不容易获取，所以总是通过样本数据来进行回归分析。回归分析的思想，就是要通过样本回归函数对总体回归函数作出合理的估计。下面就总体回归线和样本回归线、总体回归函数和样本回归函数进行讨论。

【例 8-3】 在一个假想的经济社会中，已知构成总体的 60 个家庭及其周收入(x)和周消费支出(y)的美元数量。这 60 个家庭被分成 10 个收入组(从 80 美元到 260 美元)，各组中每个家庭的周支出如表 8-6 所示。因此，我们有 10 个固定的 x 值和与每个 x 相对应的 y 值；可以说，有 10 个 y 的子总体。

表 8 – 6　周家庭消费支出与收入

x y	周家庭收入 x 美元									
	80	100	120	140	160	180	200	220	240	260
周家庭 消费支出 y 美元	55	65	79	80	102	110	120	135	137	150
	60	70	84	93	107	115	136	137	145	152
	65	74	90	95	110	120	140	140	155	175
	70	80	94	103	116	130	144	152	165	178
	75	85	98	108	118	135	145	157	175	180
	—	88	—	113	125	140	—	160	189	185
	—	—	—	115	—	162	—	191	—	—
合计	325	462	445	707	678	750	685	1 046	966	1 211
y 的条件期 望 $E(y/x)$	65	77	89	101	113	125	137	149	161	173

资料来源：［美］古扎拉蒂. 计量经济学基础（第四版）［M］. 林少宫等译. 北京：中国人民大学出版社，2005，第25 页

根据表 8 – 6 的数据画出散点图（图 8 – 6），从图中可以清楚地看出，对应于每个收入组的周消费支出都有相当大的变化。但是平均来讲，周消费支出随着收入的上升而增加。为了清楚地看出这一点，我们在表 8 – 6 中已经给出了与 10 个收入水平中相对应的平均周消费支出。于是，对应于 80 美元的周收入水平，平均消费支出是 65 美元，而对应于 200 美元收入水平的平均消费支出则是 137 美元。对 y 的 10 个子总体，共有 10 个均值。我们称这些均值为条件期望值（conditional exported values），因为它们取决于（条件）变量 x 的给定值，用符号表示为 $E(y/x)$。

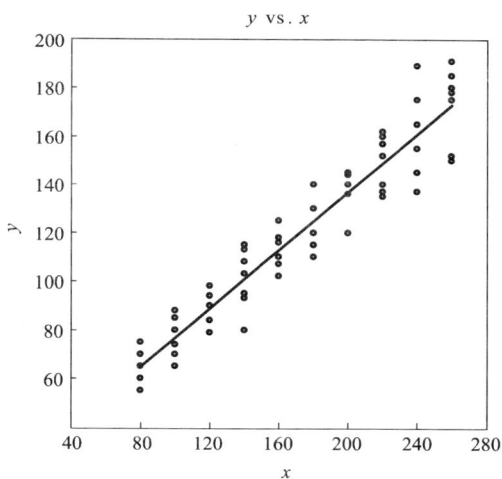

图 8 – 6　周消费支出 y 与周收入 x

（一）总体回归线和样本回归线

由于自变量与因变量之间不是确定的函数关系，而是不确定的相关关系，故对于某个固定的自变量的取值，因变量的值并不固定，因变量的不同取值会形成一定的分布，这就是当自变量取某一固定值时因变量的分布，即条件分布。对于自变量某一个固定的值，虽然因变量的取值不固定，但其数学期望或均值是固定的，这时的数学期望或均值也称条件期望或条件均值。以一元回归分析为例，由例 8 – 3 可以看出，对于自变量 x 的某个固定值 x_i，均有唯一确定的 $E(y|x_i)$ 与之对应，即 $E(y|x_i)$ 是 x_i 的函数，则平面上的点 $[x_i, E(y|x_i)]$ 的轨迹所形成的直线或曲线称为回归线。若 $[x_i, E(y|x_i)]$ 属于总体数据，则点 $[x_i, E(y|x_i)]$ 的轨迹所形成的直线或曲线就称为总体回归线；若 $[x_i, E(y|x_i)]$ 属于样本数据，则点 $[x_i, E(y|x_i)]$

的轨迹所形成的直线或曲线就称为样本回归线。

(二)总体回归函数和样本回归函数

以一元回归分析为例,总体回归线的方程就称为总体回归函数(population regression function,PRF),用符号表示为:$E(y|x_i) = f(x_i)$;样本回归线的方程就称为样本回归函数(sample regression function,SRF)。

只有一个自变量的线性回归分析称为一元线性回归分析,其总体回归函数可表示为:

(1)条件期望表示形式:

$$E(y|x_i) = \beta_0 + \beta_1 x_i \quad (i = 1, 2, \cdots, N) \tag{8.5}$$

(2)个别值表示形式:

$$y_i = \beta_0 + \beta_1 x_i + u_i \quad (i = 1, 2, \cdots, N) \tag{8.6}$$

y_i 称为因变量;x_i 称为自变量;β_0,β_1 称为回归系数,也称待估计参数或总体回归系数,β_0 表示当自变量 x_i 为 0 时因变量 y_i 的均值,β_1 表示当自变量 x_i 变动一个单位时因变量 y_i 的均值变动值;u_i 称为随机误差项,它一般是指所有可能影响 y,但又未能包括到回归模型中来的被忽略变量或因素。

对于一元线性回归分析,样本回归函数可表示为:

(1)条件期望表示形式:

$$\hat{y}_i = \hat{\beta}_0 + \hat{\beta}_1 x_i \quad (i = 1, 2, \cdots, n) \tag{8.7}$$

(2)个别值表示形式:

$$y_i = \hat{\beta}_0 + \hat{\beta}_1 x_i + e_i \quad (i = 1, 2, \cdots, n) \tag{8.8}$$

$\hat{y}_i$ 称为 $E(y|x_i)$ 的估计值;$\hat{\beta}_0$,$\hat{\beta}_1$ 称为样本回归系数,也就是总体回归系数的估计值;e_i 称为残差。

五、一元线性回归分析

相关分析的目的在于测度变量之间的关系强度,它所使用的测度工具有相关图、相关表和相关系数。而回归分析则侧重于考察变量之间的数量伴随关系,并通过一定的数学表达式将这种关系描述出来,进而确定一个或几个变量(自变量)的变化对另一个特定变量(因变量)的影响程度。具体来说,回归分析主要解决以下几个问题:

(1)从一组样本数据出发,确定变量之间的数学关系式。

(2)对这些关系式的可信程度进行各种统计检验,并从影响某一特定变量的诸多变量中找出哪些变量的影响是显著的,哪些是不显著的。

(3)利用所求的关系式,根据一个或几个变量的取值来估计或预测另一个特定变量的取值,并给出这种估计或预测的可靠程度。

(一)一元线性回归模型与估计的回归方程

1. 一元线性回归模型

进行回归分析时,首先要确定哪个变量是因变量,哪个变量是自变量。在回归分析中,被预测或被解释的变量为因变量,用 y 表示;用来预测或解释因变量的一个或多个变量称为自变量,用 x 表示。当回归分析中只涉及一个自变量时称为一元回归,涉及两个或两个以上自变量时称为多元回归。

对于具有线性关系的两个变量,可以用一个线性方程来表示它们之间的关系。描述因

变量 y 如何依赖于自变量 x 和误差项 ε 的方程称为回归模型。一元线性回归模型是最简单的回归模型，在模型中只有一个自变量，其一般形式为：

$$y = \beta_0 + \beta_1 x + \varepsilon \tag{8.9}$$

在一元回归模型中，y 是 x 的线性函数 $\beta_0 + \beta_1 x$ 加上误差项 ε，$\beta_0 + \beta_1 x$ 反映了由于 x 的变化而引起的 y 的线性变化；ε 是称为误差项的随机变量，反映了除 x 和 y 之间的线性关系之外的随机因素对 y 的影响，是不能由 x 和 y 之间的线性关系所解释的变异性。β_0 和 β_1 称为模型的参数。

2. 一元线性回归模型的基本假定

回归分析的主要目的是要通过样本回归函数（模型）尽可能准确地估计总体回归函数（模型）。估计方法有很多种，其中使用最广泛的是普通最小二乘法。为保证参数估计量具有良好的性质，通常对模型提出若干基本假定。如果实际模型满足这些基本假定，普通最小二乘法就是一种适用的估计方法；如果实际模型不满足这些基本假定，普通最小二乘法就不再适用，而要发展其他方法来估计模型。所以，严格地说，下面的基本假定并不是针对模型的，而是针对普通最小二乘法的。

对公式 8.9，基本假设包括对自变量的假定和对随机误差项的假定。

假定 1：确定性假定。自变量 x_i 是确定性变量，不是随机变量，而且在重复抽样中取固定值。

假定 2：零均值假定。在给定 x_i 的条件下，随机误差项 u_i 具有零均值，即

$$E(u_i | x_i) = 0 \tag{8.10}$$

假定 3：同方差假定。在给定 x_i 的条件下，随机误差项 u_i 的方差为常数 σ^2，即

$$D(u_i | x_i) = \sigma^2 \tag{8.11}$$

假定 4：无序列相关假定。随机误差项 u_i、$u_j (i \neq j)$ 不相关，即

$$E(u_i, u_j) = 0, \ (i \neq j) \tag{8.12}$$

假定 5：随机误差项 u_i 与自变量 x_i 之间不相关，即

$$Cov(u_i, x_i) = 0 \tag{8.13}$$

假定 6：正态性假定。随机误差项服从均值为零、方差为 σ^2 的正态分布，即

$$u_i \sim N(0, \sigma^2) \tag{8.14}$$

以上假定也称为线性回归模型的经典假定或高斯（Gauss）假定，满足该假定的线性回归模型也称为经典线性回归模型（classical linear regression model，CLRM）。

3. 一元线性回归中估计的回归方程

总体回归系数 β_0、β_1 是未知的，必须利用样本数据去估计，得到 β_0、β_1 的估计量 $\hat{\beta}_0$、$\hat{\beta}_1$，用 $\hat{\beta}_0$、$\hat{\beta}_1$ 分别代替 β_0、β_1，就得到一元线性回归中估计的回归方程：

$$\hat{y} = \hat{\beta}_0 + \hat{\beta}_1 x \tag{8.15}$$

由此可见，一元线性回归中估计的回归方程又称为样本回归方程，也就是样本回归函数的条件期望表示形式。

（二）回归系数的估计

如果一元线性回归模型满足基本假定，那么就可以采用普通最小二乘法（ordinary least squares，OLS）来估计回归系数。

已知一组样本观测值$(x_i, y_i)(i = 1, 2, \cdots, n)$，要求样本回归函数尽可能好地拟合这组值，即样本回归线上的点$\hat{y}_i$与真实观测点y_i的误差总和尽可能地小，或者说因变量的估计值与观测值应该在总体上最为接近。普通最小二乘法给出的判断标准是：二者之差的平方和最小，也就是使

$$f(\hat{\beta}_0, \hat{\beta}_1) = \sum_{i=1}^{n} e_i^2 = \sum_{i=1}^{n} (y_i - \hat{y}_i)^2 = \sum_{i=1}^{n} (y_i - \hat{\beta}_0 - \hat{\beta}_1 x_i)^2 \qquad (8.16)$$

达到最小，要使观测值y_i与其估计值$\hat{y}_i$之差的平方和$\sum\limits_{i=1}^{n} (y_i - \hat{\beta}_0 - \hat{\beta}_1 x_i)^2$最小，就要适当地选取$\hat{\beta}_0$、$\hat{\beta}_1$。根据微积分中求极值的相关原理，为使$\sum\limits_{i=1}^{n} (y_i - \hat{\beta}_0 - \hat{\beta}_1 x_i)^2$达到最小，待定系数$\hat{\beta}_0$、$\hat{\beta}_1$必须满足

$$\frac{\partial f}{\partial \hat{\beta}_0} = \sum_{i=1}^{n} [2(y_i - \hat{\beta}_0 - \hat{\beta}_1 x_i)(-1)] = 0$$

$$\frac{\partial f}{\partial \hat{\beta}_1} = \sum [2(y_i - \hat{\beta}_0 - \hat{\beta}_1 x_i)(-x_i)] = 0$$

经化简得到如下方程组：

$$\begin{cases} n\hat{\beta}_0 + \hat{\beta}_1 \sum\limits_{i=1}^{n} x_i = \sum\limits_{i=1}^{n} y_i \\ \hat{\beta}_0 \sum\limits_{i=1}^{n} x_i + \hat{\beta}_1 \sum\limits_{i=1}^{n} x_i^2 = \sum\limits_{i=1}^{n} x_i y_i \end{cases}$$

解该方程组得：

$$\begin{cases} \hat{\beta}_1 = \dfrac{n \sum\limits_{i=1}^{n} x_i y_i - \sum\limits_{i=1}^{n} x_i \cdot \sum\limits_{i=1}^{n} y_i}{n \sum\limits_{i=1}^{n} x_i^2 - \left(\sum\limits_{i=1}^{n} x_i \right)^2} \\ \\ \hat{\beta}_0 = \dfrac{\sum\limits_{i=1}^{n} y_i}{n} - \hat{\beta}_1 \cdot \dfrac{\sum\limits_{i=1}^{n} x_i}{n} = \bar{y} - \hat{\beta}_1 \bar{x} \end{cases} \qquad (8.17)$$

式中，n为样本容量，$\bar{x}$、$\bar{y}$分别为样本观测值x_i、y_i的均值。

【例 8-4】 采用表 8-1 的数据，试建立销售额对广告费用的线性回归模型。

解：由例 8-2 可知，销售额与广告费用存在显著的线性相关关系，所以可以建立销售额对广告费用的线性回归模型，回归系数计算表如表 8-7 所示。设所建立的模型为：$y_i = \beta_0 + \beta_1 x_i + \varepsilon_i$，则有

$$\begin{cases} \hat{\beta}_1 = \dfrac{n \sum\limits_{i=1}^{n} x_i y_i - \sum\limits_{i=1}^{n} x_i \cdot \sum\limits_{i=1}^{n} y_i}{n \sum\limits_{i=1}^{n} x_i^2 - \left(\sum\limits_{i=1}^{n} x_i \right)^2} = \dfrac{8 \times 5\,776 - 178 \times 229}{8 \times 4\,592 - 178^2} = \dfrac{5\,446}{5\,052} = 1.078 \\ \\ \hat{\beta}_0 = \dfrac{\sum\limits_{i=1}^{n} y_i}{n} - \hat{\beta}_1 \cdot \dfrac{\sum\limits_{i=1}^{n} x_i}{n} = \dfrac{229}{8} - \dfrac{5\,446}{5\,052} \times \dfrac{178}{8} = 4.640 \end{cases}$$

表 8 - 7　销售额与广告费的回归系数计算表　　　　　　单位：万元

年份	销售额(y)	广告费(x)	xy	x^2
1	15	10	150	100
2	18	12	216	144
3	22	15	330	225
4	26	20	520	400
5	30	25	750	625
6	34	28	952	784
7	41	33	1 353	1 089
8	43	35	1 505	1 225
合计	229	178	5 776	4 592

故销售额对广告费用的线性回归方程为 $\hat{y}_i = 4.640 + 1.078 x_i$。回归系数 $\hat{\beta}_1 = 1.078$，表示广告费用每增加 1 万元，销售额增加 1.078 万元，在回归分析中，截距 $\hat{\beta}_0 = 4.64$ 通常不做实际意义的解释，或者仅指当广告费用为 0 时，销售额为 4.64 万元。

（三）拟合优度的度量

样本回归方程是依据样本观测值建立起来的，但该方程是否真正反映了变量之间的线性依存关系，其代表性如何，还有待于对回归方程的拟合程度做进一步分析和评价，现以离差平方和的分解为基础进行分析。

1. 离差平方和的分解

（1）总离差平方和。因变量的每个实际值（即观测值）y_i 与其均值之间都存在离差 $y_i - \bar{y}$，而全部的 n 个观测值与其均值之间的总离差可用这些离差的平方和表示，称为总离差平方和（记为 SST），它反映了因变量 y 的总变差。即

$$SST = \sum_{i=1}^{n} (y_i - \bar{y})^2 \qquad (8.18)$$

（2）回归平方和。根据一元线性样本回归函数 $\hat{y}_i = \hat{\beta}_0 + \hat{\beta}_1 x_i$，$\sum_{i=1}^{n} (\hat{y}_i - \bar{y})^2$ 是估计值 $\hat{y}_i$ 与均值 $\bar{y}$ 离差的平方和，可以把 $\sum_{i=1}^{n} (\hat{y}_i - \bar{y})^2$ 看作是由于自变量 x 的变动所引起的，它反映了在 y 的总变差中由于 x 与 y 的线性依存关系而引起 y 的变化部分，即总变差的变化中被判明或已经解释了的部分，称为回归平方和（记为 SSR），它反映了因变量 y 的总变差中能被自变量 x 解释的那部分变差，即

$$SSR = \sum_{i=1}^{n} (\hat{y}_i - \bar{y})^2 \qquad (8.19)$$

（3）残差平方和。$\sum_{i=1}^{n} (y_i - \hat{y}_i)^2$ 是每个观测点距回归直线离差的平方和，也就是每个观测值 y_i 与估计值 $\hat{y}_i$ 的离差的平方和。根据最小平方法原理，$\sum_{i=1}^{n} (y_i - \hat{y}_i)^2$ 是所有的直线中与观测点距离平方和最小的一个，它反映的是除了自变量 x 对因变量 y 的线性关系影响之外的一切因素（包括自变量 x 对因变量 y 的非线性关系及观测误差）对因变量 y 的影响

部分。从表面上看，就是总离差平方和中减去回归平方和的剩余部分，称为残差平方和（记为 SSE）。即

$$SSE = \sum_{i=1}^{n} (y_i - \hat{y}_i)^2 \qquad (8.20)$$

（4）各离差平方和的关系。为了便于分析，通过图形来说明。各离差的关系如图 8-7 所示。

由图 8-7 可知，因变量 y 的离差 $y_i - \bar{y}$ 可分解为两部分，一是可由自变量 x 解释的离差 $\hat{y}_i - \bar{y}$，二是不能由自变量 x 解释的残留的那部分残差 $y_i - \hat{y}_i$，即

$$y_i - \bar{y} = (\hat{y}_i - \bar{y}) + (y_i - \hat{y}_i) \qquad (8.21)$$

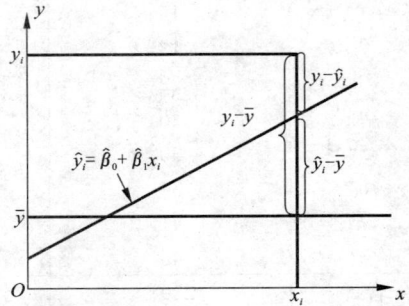

图 8-7　离差的分解

可以证明，公式 8.21 两边平方后加总，并通过整理可得：

$$\sum_{i=1}^{n} (y_i - \bar{y})^2 = \sum_{i=1}^{n} (\hat{y}_i - \bar{y})^2 + \sum_{i=1}^{n} (y_i - \hat{y}_i)^2 \qquad (8.22)$$

由公式 8.22 可知，总离差平方和等于回归平方和与残差平方和相加，即：

$$SST = SSR + SSE \qquad (8.23)$$

2. 可决系数与相关系数

（1）可决系数的计算公式。

从上面分析可知，总离差平方和（SST）可以分解为回归平方和（SSR）与残差平方和（SSE），其中回归平方和（SSR）反映了影响因变量 y 总变差中已被自变量 x 解释了的部分。当残差平方和（SSE）的数值越小，而回归平方和（SSR）的数值越大，即表示因变量 y 总变差中已被自变量 x 解释了的因素（即自变量 x）的影响越大，在图形上则表现为所有观测点离回归直线越近，这样也就表示自变量 x 对回归的影响越大，而且也表示自变量 x 与因变量 y 的关系越密切。如果所有观测点全在回归直线上，这样 $y = \hat{y}$，就有残差平方和为 0，即 $SSE = 0$，而总离差平方和（SST）就等于回归平方和（SSR），即总变差等于回归变差，剩余变差等于零。这时产生的总变差完全由自变量 x 的变动所引起，也就是因变量的变动可以完全用自变量的变动解释，即变量 x 与 y 是完全相关的。但在一般情况下，除自变量的影响外，还有其他未判明的因素起作用，不是所有的观测点都分布在回归直线上，而是大部分的观测点分布在它的周围，并表现出上下波动的状况。在这种情况下，已判明因素的影响程度主要取决于回归平方和（SSR）与总离差平方和（SST）的比率大小，若回归平方和（SSR）对总离差平方和（SST）的比率逐渐增加，则说明已判明因素即自变量 x 对因变量 y 的影响逐渐增加；反之，若回归平方和（SSR）对总离差平方和（SST）的比率逐渐减小，则说明已判明因素即自变量 x 对因变量 y 的影响也在逐渐降低。

由此可见，通过比较回归平方和（SSR）与总离差平方和（SST）的关系及比率的变动，可以反映已判明因素在总变差中所占比率的大小，即自变量对线性回归的影响程度。现计算回归平方和（SSR）与总离差平方和（SST）的比率，以 R^2 表示，并称之为可决系数（coefficient of determinalion），即

$$R^2 = \frac{SSR}{SST} = 1 - \frac{SSE}{SST} = 1 - \frac{(\hat{y}_i - y_i)^2}{(y_i - \bar{y})^2} \qquad (8.24)$$

（2）可决系数 R^2 有以下特点：

①可决系数 R^2 是一个非负的统计量。

②可决系数 R^2 的取值范围在 0 与 1 之间，即 $0 \leq R^2 \leq 1$。

③可决系数 R^2 是样本观测值的函数，是随着样本变动而变动的一个随机变量。

④在一元线性回归模型中，可决系数 R^2 在数值上是样本简单线性相关系数的平方，即：

$$r = \pm \sqrt{R^2} \tag{8.25}$$

⑤可决系数 R^2 的作用主要在于它反映了自变量对因变量的影响程度，亦即自变量对因变量的解释程度，这一影响程度的大小是衡量所拟合的回归方程是否合适的重要尺度，这一尺度也称为拟合优度。可决系数 R^2 越接近 1，说明所拟合的回归方程拟合程度越高。

【例 8-5】 采用表 8-1 的数据，试计算销售额对广告费用的线性回归模型的可决系数，并解释其含义。

解法一：例 8-4 已求出销售额对广告费用的线性回归方程为 $\hat{y}_i = 4.640 + 1.078x_i$，根据公式 8.24，表 8-1 的数据计算如表 8-8 所示。

表 8-8 销售额与广告费的可决系数计算表

年号	销售额(y)	广告费(x)	$SSE = (\hat{y}_i - y_i)^2$	$SST = (y_i - \bar{y})^2$
1	15	10	0.18	185.64
2	18	12	0.18	112.89
3	22	15	1.42	43.89
4	26	20	0.04	6.89
5	30	25	2.53	1.89
6	34	28	0.68	28.89
7	41	33	0.62	153.14
8	43	35	0.40	206.64
合计	229	178	6.03	739.88

$$R^2 = \frac{SSR}{SST} = 1 - \frac{SSE}{SST} = 1 - \frac{(\hat{y}_i - \bar{y})^2}{(y_i - \bar{y})^2} = 1 - \frac{6.03}{739.88} = 0.9918$$

解法二：由例 8-1 可知，销售额与广告费用之间的简单线性相关系数为 $r = 0.9959$，所以由可决系数与简单线性相关系数的关系可得，可决系数 $R^2 = 0.9959^2 = 0.9918$。解法一与解法二的结果是一致的。

计算结果表明，可决系数的值很高，十分靠近 1，说明广告费用这一因素对销售额的解释程度达到 99.18%，即在影响销售额大小的各种因素中，广告费用的大小起着决定性的作用，同时也表明通过观测点配合的回归方程较好地反映了广告费用 x 与销售额 y 之间的线性依存关系。

（3）可决系数与样本简单线性相关系数的关系。

虽然，可决系数 R^2 在数值上等于样本简单线性相关系数 r 的平方，但是这两者之间是有区别的，可决系数 R^2 总是正值，而 r 既可能是正值，也可能是负值。当 x 与 y 存在正相关时，r 是正值；当 x 与 y 存在负相关时，r 是负值。r 的符号与样本回归系数 $\hat{\beta}_1$ 的符号一致。按前例：可决系数 $R^2 = 0.995\ 9^2 = 0.998\ 0$，由于样本回归系数 $\hat{\beta}_1 = 1.078 > 0$，所以 r 是正值，表明广告费用 x 与销售额 y 之间存在正相关关系。

可决系数和相关系数既有联系又有各自独立的意义。可决系数 R^2 和相关系数 r 都可以测定两变量线性关系的密切程度，但是 r 既能反映正相关，又能反映负相关，R^2 则不能反映负相关。同时应看到，可决系数 R^2 反映的是自变量对因变量的影响程度，是用于评价回归方程拟合优度的指标，而 r 是用于评价两变量关系密切程度的指标。

（四）估计标准误差

可决系数用于度量回归直线的拟合程度，残差平方和则可以说明实际观察值 y_i 对估计值 $\hat{y}_i$ 的平均离差，它是残差均方 MSE 的平方根，用 S_e 来表示，称为估计标准误差。就直线回归来说，估计标准误差愈小，则所有观察点愈靠近回归直线，即关系愈密切；而估计标准误差愈大，则所有观察点离回归直线愈远，即愈不密切。可见这个指标是从另一侧面反映关系的密切程度的。

估计标准误差是以回归直线为中心反映各观察值与估计值平均数之间离差程度的大小，从另一方面看，也就是反映着估计值平均数 $\hat{y}_i$ 的代表性的可靠程度。

估计标准误差的计算公式：

$$S_e = \sqrt{\frac{\sum (y_i - \hat{y}_i)^2}{n-2}} = \sqrt{\frac{SSE}{n-2}} = \sqrt{MSE} \tag{8.26}$$

公式中 S_e 代表估计标准误差，即 x 为自变量，y 为因变量时的估计标准误差。

（五）一元线性回归方程的显著性检验

回归分析的主要目的是根据所建立的估计方程用自变量 x 来估计或预测因变量 y 的取值。当建立了估计方程后，还不能马上进行估计或预测，因为该估计方程是根据样本数据得出的，它是否真实地反映了变量 x 和 y 的关系，则需要检验后才能证实。

对线性回归模型的显著性检验包括两个方面的内容：一是对整个回归方程的显著性检验（F 检验），二是对各回归系数的显著性检验（t 检验）。就一元线性回归模型而言，上述两个检验是等价的。

1. 整个回归方程显著性检验的步骤

（1）提出假设：$H_0: \beta_1 = 0$；$H_1: \beta_1 \neq 0$。

（2）构建检验统计量。这里的 F 检验其实就是方差分析的内容，如表 8 - 9 所示。

表 8 - 9   一元线性回归方程的方差分析表

方差来源	平方和	自由度	均方	F 值
回归	SSR	1	$MSR = \dfrac{SSR}{1}$	$F = \dfrac{MSR}{MSE}$
误差	SSE	$n-2$	$MSE = \dfrac{SSE}{n-2}$	
总计	SST	$n-1$		

（3）给定显著性水平 α，确定临界值 $F_\alpha(1, n-2)$。

（4）若 $F \geq F_\alpha(1, n-2)$，则拒绝 H_0，说明总体回归系数 $\beta_1 \neq 0$，即回归方程是显著的。

2. 回归系数显著性检验的步骤

（1）提出假设：$H_0: \beta_1 = 0$；$H_1: \beta_1 \neq 0$。

（2）t 检验的计算公式为：$t = \dfrac{\hat{\beta}_1}{S_1}$，其中 S_1 是回归系数估计量 $\hat{\beta}_1$ 的标准差。

$$S_1 = \sqrt{Var(\hat{\beta}_1)} = \frac{S_e}{\sqrt{\sum (x - \bar{x})^2}} \tag{8.27}$$

（3）给定显著性水平 α，确定临界值 $t_{\frac{\alpha}{2}}(n-2)$。

（4）若 $|t| \geq t_{\frac{\alpha}{2}}(n-2)$，则拒绝 H_0，接受备择假设，即总体回归系数 $\beta_1 \neq 0$；否则不能拒绝 H_0。

就一元线性回归方程而言，这两种检验是等价的。

【例 8-6】 某企业汽车配件 1992—2010 年的销售量与该地区汽车保有量的统计数据如表 8-10 所示，试运用一元线性回归法建立汽车配件销售量与汽车保有量之间的回归模型，并对回归模型进行检验。

表 8-10 汽车配件与汽车保有量统计数据表

项目 年份	汽车保有量（千辆）	配件销售量（万件）
1992	6.54	7.20
1993	4.76	9.30
1994	5.93	9.90
1995	6.80	10.96
1996	6.70	11.12
1997	7.30	10.57
1998	8.52	12.34
1999	8.43	11.23
2000	10.43	14.65
2001	11.97	16.90
2002	13.84	20.15
2003	16.79	17.81
2004	20.57	31.30
2005	24.55	26.84
2006	30.52	42.02
2007	36.92	49.31
2008	43.45	49.52
2009	51.36	61.06
2010	57.99	69.60
Σ	373.37	481.78

解法一：手工计算。

第一步：根据题目要求及表 8-10 的数据，建立汽车保有量和配件销售量回归系数计算表，如表 8-11 所示。

表 8-11　汽车保有量和配件销售量回归系数计算表

年份 项目	汽车保有量 x（千辆）	配件销售量 y（万件）	xy	x^2
1992	6.54	7.20	47.09	42.77
1993	4.76	9.30	44.27	22.66
1994	5.93	9.90	58.71	35.16
1995	6.80	10.96	74.53	46.24
1996	6.70	11.12	74.50	44.89
1997	7.30	10.57	77.16	53.29
1998	8.52	12.34	105.14	72.59
1999	8.43	11.23	94.67	71.06
2000	10.43	14.65	152.80	108.78
2001	11.97	16.90	202.29	143.28
2002	13.84	20.15	278.88	191.55
2003	16.79	17.81	299.03	281.90
2004	20.57	31.30	643.84	423.12
2005	24.55	26.84	658.92	602.70
2006	30.52	42.02	1 282.45	931.47
2007	36.92	49.31	1 820.53	1 363.09
2008	43.45	49.52	2 151.64	1 887.90
2009	51.36	61.06	3 136.04	2 637.85
2010	57.99	69.60	4 036.10	3 362.84
Σ	373.37	481.78	15 238.59	12 323.16

第二步：建立回归模型为

$$y = \beta_0 + \beta_1 x + \varepsilon$$

$$\hat{\beta}_1 = \frac{n\sum_{i=1}^{n} x_i y_i - \sum_{i=1}^{n} x_i \cdot \sum_{i=1}^{n} y_i}{n\sum_{i=1}^{n} x_i^2 - (\sum_{i=1}^{n} x_i)^2} = \frac{19 \times 15\,238.59 - 373.37 \times 481.78}{19 \times 12\,323.16 - 373.37^2}$$

$$= \frac{109\,651}{93\,734.91} = 1.157$$

$$\hat{\beta}_0 = \frac{\sum_{i=1}^{n} y_i}{n} - \hat{\beta}_1 \cdot \frac{\sum_{i=1}^{n} x_i}{n} = \frac{481.78}{19} - 1.157 \times \frac{373.37}{19} = 2.62$$

故配件销售量和汽车保有量的线性回归方程为：

$$\hat{y}_i = 2.62 + 1.157 x_i$$

第三步：对回归方程进行检验。

（1）拟合优度的检验，计算可决系数。把数据代入公式，计算可得：

$$\bar{y} = \frac{481.78}{19} = 25.36$$

$$SST = \sum_{i=1}^{n} (y_i - \bar{y})^2 = 6\,799.21$$

$$SSE = \sum_{i=1}^{n} (y_i - \hat{y}_i)^2 = 119.44$$

$$R^2 = \frac{SSR}{SST} = 1 - \frac{SSE}{SST} = 1 - \frac{(\hat{y}_i - \bar{y})^2}{(y_i - \bar{y})^2} = 1 - \frac{119.44}{6\,799.21} = 0.982$$

计算结果表明，可决系数的值很高，十分靠近 1，说明汽车保有量这一因素对配件销售量的解释程度达到 98.2%，即在影响销售量大小的各种因素中，汽车保有量的大小起着决定性的作用，同时也表明通过观测点配合的回归方程较好地反映了汽车保有量 x 与配件销售量 y 之间的线性依存关系。

（2）整个回归方程的显著性检验。

①提出假设：$H_0 : \beta_1 = 0$；$H_1 : \beta_1 \neq 0$。

②计算检验统计量 F。根据表 8－9 的计算结果得：

$$SSR = SST - SSE = 6\,799.21 - 119.44 = 6\,679.77$$

$$F = \frac{SSR/1}{SSE/(n-2)} = \frac{6\,679.77}{119.44/17} = 950.74$$

③选取显著性水平 $\alpha = 0.05$，确定临界值 $F_\alpha(1, n-2)$，本例中 $n = 19$，所以查附表四确定 $F_{0.05}(1, 17) = 4.451$。

④由于 $F > F_{0.05}$，所以拒绝原假设，表明回归方程是显著的。

（3）回归系数的显著性检验。

①提出假设：$H_0 : \beta_1 = 0$；$H_1 : \beta_1 \neq 0$。

②t 检验的计算公式为：$t = \dfrac{\hat{\beta}_1}{S_1}$，其中 S_1 是回归系数估计量 $\hat{\beta}_1$ 的标准差。

$$S_e = \sqrt{\frac{SSE}{n-2}} = \sqrt{\frac{119.44}{19-2}} = 2.65$$

$$S_1 = \frac{S_e}{\sqrt{\sum (x - \bar{x})^2}} = \frac{2.65}{\sqrt{4\,986.05}} = 0.038$$

$$t = \frac{\hat{\beta}_1}{S_1} = \frac{1.157}{0.038} = 30.45$$

③给定显著性水平 $\alpha = 0.05$，确定临界值 $t_{\frac{\alpha}{2}}(n-2)$；查附表二得 $t_{0.025}(17) = 2.1199$

④显然 $t > t_{0.025}(17)$，则拒绝 H_0，接受备择假设，即总体回归系数 $\beta_1 \neq 0$。表明 x 对 y 的影响是显著的，即汽车保有量和配件销售量之间存在着显著的线性关系。

通过以上分析，可以认为回归方程是可靠的，可通过此回归方程进行预测。

解法二：用 SPSS 求解。

第一步：建立数据文件。

建立数据文件：汽车配件销售量. sav，如图 8 – 8 所示。

第二步：执行回归分析命令。

选择"Analyze"→"Regression"→"Linear..."，打开"线性回归分析"（Linear Regression）的主对话框，如图 8 – 9 所示。各项设置完成后，单击"线性回归分析"（Linear Regression）主对话框中的"OK"即输出线性回归分析结果。

	x	y
1	6.54	7.20
2	4.76	9.30
3	5.93	9.90
4	6.80	10.96
5	6.70	11.12
6	7.30	10.57
7	8.52	12.34
8	8.43	11.23
9	10.43	14.65

图 8 – 8 汽车配件销售量数据文件

图 8 – 9 线性回归分析
（Linear Regression）的主对话框

（1）把 y 选入因变量列表框（Dependent），把 x 选入自变量列表框 [Independent(s)]。

（2）在"Method:"中选择回归的方法，由于是一元回归，直接选择"Enter"

（3）单击"Statistics..."，进入"统计量"（Linear Regression：Statistics）的对话框，如图 8 – 10 所示。

①在回归系数（Regression Coefficients）中。有三项复选项，选择"Estimates"（估计值）。选择此项输出结果可显示每个回归系数 $\beta_j (j = 0, 1, 2, \cdots, k)$ 的估计值 $\hat{\beta}_j (j = 0, 1, 2, \cdots, k)$ 及其标准误差 $S_e(\hat{\beta}_j) (j = 0, 1, 2, \cdots, k)$、标准化回归系数的估计值、检验回归系数的 t 值及双侧检验的 P

图 8 – 10 统计量（Linear
Regression：Statistics）的对话框

值（又称可观测的显著性水平，SPSS 用符号 Sig. 表示）。此项为 SPSS 的默认选项。

②回归方程的统计量共有五项复选项。选择"Model fit"（模型拟合）。选择此项输出结果可显示被引入模型或被剔除的自变量及其复相关系数 R、可决系数 R^2、修正可决系数 $\bar{R}^2$、估计标准误差 $S_e \hat{\sigma}$ 和方差分析表。此项为 SPSS 的默认选项。

设置完成后，单击"Continue"，回到"线性回归分析"（Linear Regression）的主对话框。

（4）系统默认 $\alpha = 0.05$，如果需要改变，单击"Options..."（更改）。

本例只是建立回归模型和进行显著性检验，所以其他选项略。

（5）设置完成后，单击"OK"输出结果。分析如下：

①第一个表是描述统计表，如表 8 – 12 所示。表示 x 的均值为 25.36，标准差为 19.44；

y 的均值为 19.65 , 标准差为 16.65 。

表 8 - 12　描述统计表

	Mean	Std. Deviation	N
y	25.356 8	19.435 37	19
x	19.651 1	16.643 40	19

②相关系数表，如表 8 - 13 所示。表明 x 和 y 之间的相关系数为 0.991 , 对于相关系数的检验，显著性概率为 $0 < 0.05$, 同时也说明总体 x 和 y 是高度相关的。

表 8 - 13　相关系数检验表

		y	x
Pearson Correlation	y	1.000	0.991
	x	0.991	1.000
Sig. (1 - tailed)	y		0.000
	x	0.000	
N	y	19	19
	x	19	19

③模型描述表，如表 8 - 14 所示。依据该表可进行拟合优度的检验。由于只有一个自变量，不需要用调整的可决系数，所以可决系数为 $R^2 = 0.982$, 较接近于 1 , 因此认为拟合优度很高。

表 8 - 14　模型描述表

Model	R	R Square	Adjusted R Square	Std. Error of the Estimate
1	0.991	0.982	0.981	2.650 63

a　Predictors: (Constant), X

④方差分析表，如表 8 - 15 所示。表中数据如下：

回归平方 $SSR = 6\ 679.768$, 残差平方 $SSE = 119.439$, 总的离差平方 $SST = 6\ 799.207$

回归均方 $MSR = \dfrac{SSR}{1} = 6\ 679.768$, 残差均方 $MSE = \dfrac{SSE}{17} = 7.026$ 。

检验统计量 $F = \dfrac{MSR}{MSE} = \dfrac{6\ 679.768}{7.026} = 950.745$, F 值相对应的概率为 0 。

从结果可看出，SPSS 计算结果与手工计算结果完全一致，结论说明从略。

表 8 - 15　方差分析表

Model		Sum of Squares	df	Mean Square	F	Sig.
1	Regression	6 679.768	1	6 679.768	950.745	0.000
	Residual	119.439	17	7.026		
	Total	6 799.207	18			

a　Predictors：(Constant)，x

b　Dependent Variable：y

⑤一元线性回归分析结果，如表 8 - 16 所示。

表 8 - 16　一元线性回归分析结果

Model		Unstandardized Coefficients		Standardized Coefficients	t	Sig.
		B	Std. Error	Beta		
1	(Constant)	2.612	0.956		2.732	0.014
	x	1.157	0.038	0.991	30.834	0.000

a　Dependent Variable：y

表中计算结果：常数项 Constant 为 $\beta_0 = 2.612$。

回归系数 $\beta_1 = 1.157$，在回归系数的检验中，$t = 30.834$，相对应的概率为 sig. $= 0.00 < 0.05$，拒绝回归系数检验的原假设，即总体回归系数 $\beta_1 \neq 0$；表明 x 对 y 的影响是显著的，即汽车保有量和配件销售量之间存在着显著的线性关系。

通过以上分析，可以认为回归方程是可靠的，可通过此回归方程进行预测。

由两种方法可以看出，结果是完全一致的，但用 SPSS 简单、方便，计算量大大减少。

六、利用回归方程进行估计和预测

建立回归模型的目的就是为了能够用它进行预测，经过检验的回归方程可以用以点估计和区间估计。

（一）点估计

利用估计的回归方程，对于 x 的一个特定值，求出 y 的一个估计值就是点估计。点估计有两种，一个是平均值的点估计，一个是个别值的点估计。

平均值的点估计是利用估计的回归方程，对于 x 的一个特定值 x_0，求出 y 的平均值的一个估计值 $E(y_0)$，个别值的点估计是利用估计的回归方程，对于 x 的一个特定值 x_0，求出 y 的一个个别值的估计值 $\hat{y}_0$。

【例 8 - 7】　根据例 8 - 6 的资料，如果该地区汽车保有量将每年递增 10%，试预测该企业 2011 年该地区汽车配件的销售量。

例 8 - 6 中，求得的配件销售量和汽车保有量的线性回归方程为：

$$\hat{y}_i = 2.62 + 1.157x_i$$

如果汽车保有量每年将递增 10%，则 2011 年的汽车保有量为 63.79 千辆。如果汽车保有量为 63.79 千辆，求所有年份配件销售量的平均值就是平均值的点估计。根据估计的回归方程，得：

$$E(y_0) = 2.62 + 1.157x = 2.62 + 1.157 \times 63.79 = 76.425(\text{万件})$$

如是只想知道某年汽车保有量的值，预测当年汽车配件的销售量，则为点估计，如 2000 年汽车保有量为 10.43 千辆，估计 2000 年汽车配件销售量，根据回归方程，得：

$$\hat{y} = 2.62 + 1.157x = 2.62 + 1.157 \times 10.43 = 14.68(\text{万件})$$

即，2000 年汽车保有量为 10.43 千辆，2000 年汽车配件销售量的估计值是 14.68 万件。

在点估计条件下，对于同一个 x_0，平均值的点估计和个别值的点估计的结果是一样的。

（二）区间估计

回归分析的预测区间（prediction interval）是指对于给定的 x_0 值，求出 y 的平均值的置信区间或 y 的一个个别值的预测区间，如图 8 – 11 所示。

图 8 – 11　回归分析的区间估计

1. y 的平均值的置信区间估计

当自变量给定，要预测因变量时，先将 $x = x_0$ 代入回归方程，得到 y 的估计值 $\hat{y}_0$。$\hat{y}_0$ 是对应于 x_0 的点估计值，但我们往往更希望能给出因变量的一个预测值范围。

对于给定的 x_0，统计学家给出了估计 $\hat{y}_0$ 标准差的公式，用 $S_{\hat{y}_0}$ 表示 $\hat{y}_0$ 标准差的估计量，计算公式为：

$$S_{\hat{y}_0} = S_e \cdot \sqrt{\frac{1}{n} + \frac{(x_0 - \bar{x})^2}{\sum\limits_{i=1}^{n}(x_i - \bar{x})^2}} \qquad (8.28)$$

对于给定的 x_0，$E(y_0)$ 的 $1 - \alpha$ 的置信区间为：$\hat{y}_0 \pm t_{\frac{\alpha}{2}} \cdot S_{\hat{y}_0}$，即：

$$\hat{y}_0 \pm t_{\frac{\alpha}{2}} \cdot S_e \cdot \sqrt{\frac{1}{n} + \frac{(x_0 - \bar{x})^2}{\sum\limits_{i=1}^{n}(x_i - \bar{x})^2}} \qquad (8.29)$$

【例 8 – 8】　根据例 8 – 6 所求得的估计方程，如果汽车保有量为 63.79 千辆，建立汽车配件销售量在 95% 的置信区间。

解：根据前面计算的结果，已知：$n = 19$，$S_e = 2.65$，查附表二得 $t_{\frac{\alpha}{2}}(n-2) = t_{0.025}(17) = 2.119\,9$。汽车配件的点估计值为：

$$E(y_0) = 2.62 + 1.157x = 2.62 + 1.157 \times 63.79 = 76.425(\text{万件})$$

根据式 8.29 得 $E(y_0)$ 的置信区间为：

$$76.425 \pm 2.119\,9 \times 2.65 \times \sqrt{\frac{1}{19} + \frac{(63.79 - 25.35)^2}{4\,986.05}} = 76.425 \pm 3.32$$

得：$73.105 < E(y_0) < 79.745$

当汽车保有量为 63.79 千辆时，配件销售量的平均值有 95% 的可靠性在 73.105 ~ 76.745 万件之间。

2. y 的个别值 y_0 的预测区间估计

y 的个别值 y_0 的预测区间估计是对给定的 x_0，求出 y 的一个个别值的区间估计。

为求出预测区间，首先必须知道用于估计的标准差。y 的一个个别估计值 y_0 的标准差的估计量，用 S_f 表示：

$$S_f = S_e \cdot \sqrt{1 + \frac{1}{n} + \frac{(x_0 - \bar{x})^2}{\sum_{i=1}^{n}(x_i - \bar{x})^2}} \quad (8.30)$$

因此，给定的 x_0，y 的一个个别值 y_0 在 $1 - \alpha$ 置信水平下的预测区间可表示为：

$$\hat{y}_0 \pm t_{\frac{\alpha}{2}} \cdot S_e \cdot \sqrt{1 + \frac{1}{n} + \frac{(x_0 - \bar{x})^2}{\sum_{i=1}^{n}(x_i - \bar{x})^2}} \quad (8.31)$$

公式 8.31 与公式 8.29 的根号内多加一个 1，因此，对于同一个 x_0，个别值预测区间要比平均值的置信区间宽一些。

【例 8-9】　根据例 8-6 所求得的估计方程，如果 2011 年汽车保有量为 63.79 千辆，建立 2011 年汽车配件销售量在 95% 的预测区间。

根据前面计算的结果，已知：$n = 19$，$S_e = 2.65$，查附表二得 $t_{\frac{\alpha}{2}}(n-2) = t_{0.025}(17) = 2.1199$。汽车配件的点估计值为：

$$\hat{y}_0 = 2.62 + 1.157x = 2.62 + 1.157 \times 63.79 = 76.425(\text{万件})$$

根据公式 8.31 得配件销售量的预测区间为：

$$76.425 \pm 2.1199 \times 2.65 \times \sqrt{1 + \frac{1}{19} + \frac{(63.79 - 25.35)^2}{4986.05}} = 76.425 \pm 6.52$$

得：$69.905 < E(y_0) < 82.945$

当 2011 年的汽车保有量为 63.79 千辆时，2011 年配件销售量有 95% 的可靠性在 69.905 ~ 82.945 万件之间。

归纳两个预测区间的特点：首先，由于 $S_{\hat{y}_0} < S_f$，故总体均值的置信区间比个别值的预测区间要窄；二者的差别表明，估计 y 的平均值比预测 y 的一个特定值更精确，其次，样本容量 n 越大，则残差的方差越小，预测精度越大；最后，在 n 一定时，当预测点 $x_0 = \bar{x}$ 时，残差的方差最小，预测区间最窄，离 $\bar{x}$ 越远，残差的方差越大，预测区间越宽，预测可信度下降。

第三节　多元线性回归分析

前面一节所讨论的一元回归模型在实践中往往是不够的。比如，在消费、收入一例中，我们假定了只有收入影响着消费支出。但经济理论很少有这般简单的情形。因为，除了收入，还有许多其他的变量会影响着消费支出。一个显然的变量是消费者的财富。作为另一个例子，对某商品的需求很可能不仅依赖于它本身的价格，而且还依赖于其他相互竞争（互替）或相互补充（互补）的产品价格；此外，还有消费者的收入、社会地位，等等。因此，我们需要把这个简单的一元回归模型推广到包含有两个或两个以上自变量的模型，这就要讨论多元回归模型，也就是说，要讨论因变量 y 依赖于两个或更多个自变量的模型。多元回归分析的原理同一元线性回归基本相同，但计算上要复杂得多，因此需要借助计算机来完成。

一、多元线性回归模型与估计的回归方程

（一）多元线性回归模型与回归方程

设因变量为 y，k 个自变量分别为 x_1，x_2，$\cdots$，x_k，描述因变量 y 如何依赖于自变量 x_1，x_2，$\cdots$，x_k 和误差项 ε 的方程称为多元回归模型，一般形式可表示为

$$y_i = \beta_0 + \beta_1 x_1 + \beta_2 x_2 + \cdots + \beta_k x_k + \varepsilon$$

式中 β_0，β_1，β_2，$\cdots$，β_k 称为总体回归系数，也称为待估计的参数，$\beta_j (j = 1，2，\cdots，k)$ 表示在其他自变量保持不变的情况下，$x_j (j = 1，2，\cdots，k)$ 每变化 1 个单位时，y 的均值 $E(y)$ 的变化值，所以 β_0，β_1，β_2，$\cdots$，β_k 也称为偏回归系数；ε 为随机误差项。

（二）多元线性回归模型的基本假定

在多元回归分析，为了使回归系数的估计量具有良好的统计性质，能有效地对模型中的回归系数进行统计检验，需对多元线性回归模型作出类似于一元线性回归分析那样的基本假定，即：

（1）自变量是确定性变量；

（2）随机误差项的均值为零；

（3）随机误差项的方差为常数 σ^2；

（4）随机误差项的无序列相关；

（5）随机误差项与自变量不相关；

（6）随机误差项服从均值为零、方差为 σ^2 的正态分布；

（7）各自变量之间不存在线性关系（即无多重共线性）。

其中，前 6 条基本假定与一元线性回归分析相同，而第 7 条是多元线性回归分析所特有的。

（三）多元线性回归中估计的回归方程

总体回归系数 β_0，β_1，$\cdots$，β_k 是未知的，必须利用样本数据去估计，得到 β_0，β_1，$\cdots$，β_k 的估计量 $\hat{\beta}_0$，$\hat{\beta}_1$，$\cdots$，$\hat{\beta}_k$，用 $\hat{\beta}_0$，$\hat{\beta}_1$，$\cdots$，$\hat{\beta}_k$ 分别代替 β_0，β_1，$\cdots$，β_k，就得到多元线性回归中估计的回归方程：

$$\hat{y} = \hat{\beta}_0 + \hat{\beta}_1 x_1 + \hat{\beta}_2 x_2 + \cdots + \hat{\beta}_k x_k \tag{8.32}$$

式中，$\hat{\beta}_0$，$\hat{\beta}_1$，$\cdots$，$\hat{\beta}_k$ 是参数 β_0，β_1，$\cdots$，β_k 的估计值，$\hat{y}$ 是因变量 y 的估计值。

二、多元线性回归模型回归系数的估计

同一元线性回归模型回归系数的估计一样，多元线性回归模型回归系数估计的任务仍有两项：其一是求得回归系数的估计量 $\hat{\beta}_0$，$\hat{\beta}_1$，$\cdots$，$\hat{\beta}_k$；其二是求得随机误差项的方差的估计量 $\hat{\sigma}^2$。多元线性回归模型若满足多元回归模型所列的基本假定，就可以采用普通最小

二乘法估计回归系数。

（一）多元线性回归模型回归系数的估计

随机抽取一组样本观测值 $(x_{i1}, x_{i2}, \cdots, x_{ik}, y_i)(i = 1, 2, \cdots, n)$，如果回归系数的估计值已经得到，则有

$$\hat{y}_i = \hat{\beta}_0 + \hat{\beta}_1 x_{i1} + \hat{\beta}_2 x_{i2} + \cdots + \hat{\beta}_k x_{ik}(i = 1, 2, \cdots, n)$$

与一元线性回归模型的估计方法一样，可采用残差平方和最小的准则来估计回归系数，根据最小二乘原理，回归系数的估计值应使下式达到最小：

$$f(\hat{\beta}_0, \hat{\beta}_1, \cdots, \hat{\beta}_k) = \sum_{i=1}^{n} e_i^2 = \sum_{i=1}^{n} (y_i - \hat{y}_i)^2$$
$$= \sum_{i=1}^{n} (y_i - \hat{\beta}_0 - \hat{\beta}_1 x_{i1} - \cdots - \hat{\beta}_k x_{ik})^2$$

由微积分知识可知，$\hat{\beta}_0, \hat{\beta}_1, \cdots, \hat{\beta}_k$ 必须满足：

$$\frac{\partial f}{\partial \hat{\beta}_0} = \sum_{i=1}^{n} 2(y_i - \hat{\beta}_0 - \hat{\beta}_1 x_{i1} - \cdots - \hat{\beta}_k x_{ik})(-1) = 0$$

$$\frac{\partial f}{\partial \hat{\beta}_1} = \sum_{i=1}^{n} 2(y_i - \hat{\beta}_0 - \hat{\beta}_1 x_{i1} - \cdots - \hat{\beta}_k x_{ik})(-x_{i1}) = 0$$

$$\vdots$$

$$\frac{\partial f}{\partial \hat{\beta}_k} = \sum_{i=1}^{n} 2(y_i - \hat{\beta}_0 - \hat{\beta}_1 x_{i1} - \cdots - \hat{\beta}_k x_{ik})(-x_{ik}) = 0$$

经过整理后，就可得到回归系数的估计值的正规方程组为：

$$n\hat{\beta}_0 + \hat{\beta}_1 \sum_{i=1}^{n} x_{i1} + \cdots + \hat{\beta}_k \sum_{i=1}^{n} x_{ik} = \sum_{i=1}^{n} y_i$$

$$\hat{\beta}_0 \sum_{i=1}^{n} x_{i1} + \hat{\beta}_1 \sum_{i=1}^{n} x_{i1}^2 + \cdots + \hat{\beta}_k \sum_{i=1}^{n} x_{i1} x_{ik} = \sum_{i=1}^{n} x_{i1} y_i$$

$$\vdots$$

$$\hat{\beta}_0 \sum_{i=1}^{n} x_{ik} + \hat{\beta}_1 \sum_{i=1}^{n} x_{i1} x_{ik} + \cdots + \hat{\beta}_k \sum_{i=1}^{n} x_{ik}^2 = \sum_{i=1}^{n} x_{ik} y_i \qquad (8.33)$$

公式 8.33 称为多元线性回归模型的正规方程，求解该正规方程即可得多元线性回归模型的回归系数的估计值，由于直接表示公式较复杂，故把正规方程用矩阵形式来表示。可表示为：

$$(X'X)\hat{B} = X'Y \qquad (8.34)$$

由多元线性回归模型基本假定的第 7 条可知，各自变量不存在线性关系，故矩阵 $X'X$ 的秩为 $k+1$，矩阵 $X'X$ 是满秩矩阵，故其逆矩阵 $(X'X)^{-1}$ 存在，用 $(X'X)^{-1}$ 左乘公式 8.34，得到回归系数的最小二乘估计量为：

$$\hat{B} = (X'X)^{-1}X'Y \qquad (8.35)$$

多元线性回归模型回归系数的估计用手工计算工作量非常大，故一般用统计软件来求解，其内容参见第十章实验八。

（二）随机误差项方差 σ^2 的估计

在多元回归分析中，对模型及其回归系数进行检验时需要用到随机误差项的方差 σ^2，

但由于 u_i 不能直接观测，故 σ^2 也是未知的，可用样本回归的残差 e_i 来代替 u_i，对 σ^2 进行估计。可以证明，在最小二乘估计的基础上，σ^2 的无偏估计为：

$$\hat{\sigma}^2 = \frac{\sum_{i=1}^{n} e_i^2}{n-(k+1)} = \frac{\sum_{i=1}^{n} (y_i - \hat{y}_i)^2}{n-k-1} \tag{8.36}$$

$$\hat{\sigma} = \sqrt{\frac{\sum_{i=1}^{n} (y_i - \hat{y}_i)^2}{n-k-1}} \tag{8.37}$$

其中 $n-k-1$ 是自由度，n 为样本观测值的个数，$k+1$ 为多元线性回归模型中待估计的回归系数的个数。

σ^2 的无偏估计的标准差称为回归方程的估计标准误差，它反映了用估计的回归方程预测因变量 y 时的预测误差，用来衡量回归方程的拟合程度。估计标准误差越小，回归方程的拟合程度越高。

三、多元线性回归模型的拟合优度

（一）多重可决系数

多元线性回归模型拟合优度的计算和含义与一元线性回归模型的拟合优度相同，其拟合优度又称为多重可决系数，用 R^2 表示，用来衡量估计的回归方程对实际观测值的拟合程度，并说明自变量 x_1，x_2，$\cdots$，x_k 对因变量 y 的解释程度。

类似于一元线性回归模型，总离差平方和记为 $SST = \sum_{i=1}^{n} (y_i - \bar{y})^2$，回归平方和记为 $SSE = \sum_{i=1}^{n} (\hat{y}_i - \bar{y})^2$，残差平方和记为 $SSR = \sum_{i=1}^{n} (y_i - \hat{y}_i)^2$，则三者的关系如下：

$$\sum_{i=1}^{n} (y_i - \bar{y})^2 = \sum_{i=1}^{n} (\hat{y}_i - y)^2 + \sum_{i=1}^{n} (y_i - \hat{y}_i)^2 \tag{8.38}$$
$$SST = SSR + SSE$$

自由度

$$(n-1) = k + (n-k-1)$$

总离差平方和 SST 反映了因变量 y 的总变差的大小；回归平方和 SSR 反映了在 y 的总变差中由于自变量 x_1，x_2，$\cdots$，x_k 与 y 的线性依存关系而引起的 y 的变化部分，即总变差的变化中被判明或已经解释了的部分离差；残差平方和 SSE 反映的是除了自变量 x_1，x_2，$\cdots$，x_k 对因变量 y 的线性关系影响之外的其他一切因素对因变量 y 的影响部分，即残差平方和 SSE 指的是未能被自变量 x_1，x_2，$\cdots$，x_k 解释的那部分离差。当残差平方和 SSE 的数值越小，而回归平方和 SSR 的数值越大，即表示因变量 y 总变差中已被自变量 x_1，x_2，$\cdots$，x_k 解释了的因素（即自变量 x_1，x_2，$\cdots$，x_k）的影响越大，说明自变量 x_1，x_2，$\cdots$，x_k 对因变量的解释程度越高。故多重可决系数可定义为：

$$R^2 = \frac{SSR}{SST} = 1 - \frac{SSE}{SST} \tag{8.39}$$

多重可决系数 R^2 的取值范围在 0 与 1 之间，即 $0 \leqslant R^2 \leqslant 1$。多重可决系数 R^2 越接近 1，说明所回归方程拟合程度越高。R^2 的取值越大，其算术平方根 R 的值也越大，说明自变量与因变量线性相关关系越强，所以 R 也称复相关系数。

(二)修正的多重可决系数

在应用过程中发现，如果在模型中增加一个自变量，R^2 往往增大。这是因为残差平方和往往随着自变量个数的增加而减少，至少不会增加。这就给人一个错觉：要使得模型拟合得好，只要增加自变量即可。但是，现实情况往往是，随着自变量的增加，待估计的回归系数也会随着增加，在样本观测值有限的条件下，增加自变量必定使得自由度减少，这样就会影响到回归系数的估计精度，故由增加自变量个数引起的 R^2 的增大与拟合好坏无关，因此在多元回归模型之间比较拟合优度，R^2 就不是一个合适的指标，必须加以修正。

在样本容量一定的情况下，增加自变量必定使得自由度减少，所以调整的思路是将残差平方和与总离差平方和分别除以各自的自由度，以剔除自变量个数对拟合优度的影响。记 $\overline{R}^2$ 为修正的可决系数，则有：

$$\overline{R}^2 = 1 - \frac{SSE/(n-k-1)}{SST/(n-1)} = 1 - \frac{n-1}{n-k-1} \cdot \frac{SSE}{SST} = 1 - \frac{n-1}{n-k-1}(1-R^2) \qquad (8.40)$$

其中 $n-k-1$ 为残差平方和的自由度，$n-1$ 为总离差平方和的自由度，k 为回归模型中自变量的个数，$k+1$ 为待估计的回归系数的个数。

显然，如果增加的自变量没有解释能力，则对残差平方和 SSR 的减小没有多大帮助，却增加了待估计的回归系数的个数，从而使 R^2 有较大幅度的下降。由公式 8.39 可知，$\overline{R}^2 \leqslant R^2$。

在实际应用中，一般来说 R^2 和 $\overline{R}^2$ 越大越好。对于 R^2 和 $\overline{R}^2$ 达到多大才算好，没有绝对的标准，要看具体情况而定。R^2 和 $\overline{R}^2$ 的值大只是说明模型的拟合度高，但模型的拟合优度并不是判断模型质量的唯一标准，有时为追求模型的经济意义，甚至可以牺牲一点拟合优度。

四、多元线性回归模型的统计检验

线性回归模型的统计检验(即显著性检验)，目的在于推断模型中自变量与因变量之间的线性关系是否显著成立，或者说考察所选择的自变量是否对因变量有显著的线性影响。从上面的拟合优度中可以看出，拟合优度高，则自变量对因变量的解释程度就大，线性影响就强，可以推测模型线性关系成立；反之，就不成立。但这只是一个模糊的推测，不能给出一个统计上的严格的结论。因此，还必须对线性回归模型进行统计检验，其检验内容包含两个方面，一是对回归系数的统计检验，二是对回归方程的统计检验。

(一)线性回归模型回归系数的统计检验

线性回归模型回归系数检验的目的在于根据样本回归系数来判断总体回归系数是否显著为零，从而判别在其他自变量不变的情况下，与该回归系数对应的自变量对因变量的影响是否显著。经过检验后，若总体某回归系数显著不为零，则在其他自变量不变的情况下，与之相对应的自变量对因变量就有显著影响，即该自变量与因变量之间存在线性关系；但若某总体回归系数显著为零，则在其他自变量不变的情况下，与之相对应的自变量对因变量的影响不显著，即该自变量与因变量之间就不存在线性关系。

(二)回归系数估计量的分布

在回归分析中，对于多元线性回归模型 $y_i = \beta_0 + \beta_1 x_{i1} + \beta_2 x_{i2} + \cdots + \beta_k x_{ik} + u_i$ 的回归系

数的估计量 $\hat{\beta}_j(j=0，1，2，\cdots，k)$ 是随着样本观测值变动而变动的一个随机变量，即对于不同的样本观测值，回归系数的估计量 $\hat{\beta}_j(j=0，1，2，\cdots，k)$ 的值是不相同的。但若回归模型满足基本假定，则回归系数的估计量 $\hat{\beta}_j(j=0，1，2，\cdots，k)$ 服从均值为 $\beta_j(j=0，1，2，$ $\cdots，n)$、方差为 $D(\hat{\beta}_j)(j=0，1，2，\cdots，k)$ 的正态分布，这一点与一元线性回归分析类似，证明从略。即：

$$\hat{\beta}_j \sim N[\beta_j，D(\hat{\beta}_j)] \quad (j=0，1，2，\cdots，k) \tag{8.41}$$

因为 $D(\hat{\beta}_j)$ 涉及到随机误差项 u_i 的方差 σ^2，而方差 σ^2 是未知的，故需用样本方差即方差 σ^2 的估计量 $\hat{\sigma}^2$ 代替来构造统计量，所构造的统计量为：

$$t_j = \frac{\hat{\beta}_j - \beta_j}{S_e(\hat{\beta}_j)} \sim t(n-k-1) \tag{8.42}$$

其中，$S_e(\hat{\beta}_j)(j=0，1，2，\cdots，k)$ 为估计量 $\hat{\beta}_j(j=0，1，2，\cdots，k)$ 的标准差，n 为样本容量，$k+1$ 为待估计的回归系数的个数。

（三）检验回归系数的步骤

第一步，提出假设。对于回归系数 $\beta_j(j=0，1，2，\cdots，k)$，有

$$H_0：\beta_j=0，H_1：\beta_j \neq 0$$

第二步，选取检验统计量 t，并计算该统计量的值。在 H_0 成立的前提下，所选取的检验统计量为：

$$t_j = \frac{\hat{\beta}_j - \beta_j}{S_e(\hat{\beta}_j)} = \frac{\hat{\beta}_j}{S_e(\hat{\beta}_j)} \sim t(n-k-1)$$

第三步，选取显著性水平 α，确定临界值 $t_{\frac{\alpha}{2}}(n-k-1)$。

第四步，作出统计决策。

若 $|t_j| \geq t_{\frac{\alpha}{2}}(n-k-1)$，则拒绝 H_0，即当显著性水平为 α 时，在其他自变量不变的情况下，与之相对应的自变量 x_j 对因变量有显著影响，也就是该自变量 x_j 与因变量之间存在线性关系；此时也称回归系数显著不为零，回归系数通过了 t 检验。

若 $|t_j| < t_{\frac{\alpha}{2}}(n-k-1)$，则不能拒绝 H_0，即当显著性水平为 α 时，在其他自变量不变的情况下，与之相对应的自变量 x_j 对因变量无显著影响，也就是该自变量 x_j 与因变量之间不存在线性关系；此时也称回归系数显著为零，回归系数没有通过 t 检验。

五、回归方程的统计检验

回归系数的统计检验是分别对各回归系数进行显著性检验，只能检验在其他自变量不变的情况下，与之相对应的自变量对因变量是否有显著影响，即该自变量与因变量之间是否存在线性关系，但不能检验回归模型中所有自变量联合起来与因变量之间的线性关系在总体上是否显著成立。要检验回归模型中所有自变量联合起来与因变量之间的线性关系在总体上是否显著成立，这就要对整个方程进行显著性检验。

（一）检验回归方程的统计量的构造

回归方程的统计检验是要检验模型 $y_i = \beta_0 + \beta_1 x_1 + \beta_2 x_2 + \cdots + \beta_k x_k + \varepsilon$ 中回归系数 $\beta_0，\beta_1，$ $\beta_2，\cdots，\beta_k$ 是否同时显著不为零，按照假设检验的原理与程序，原假设与备择假设分别为：

$$H_0：\beta_0 = \beta_1 = \beta_2 = \cdots = \beta_k = 0，H_1：\beta_0，\beta_1，\beta_2，\cdots，\beta_k \text{ 不全为零}$$

回归方程的检验是在方差分析的基础上利用 F 检验进行的，F 检验的思想来自于总离差平方和的分解式：

$$SST = SSR + SSE$$

由于回归平方和 $SSR = \sum_{i=1}^{n} (\hat{y}_i - y)^2$ 是自变量 x_1，x_2，$\cdots$，x_k 的联合体对因变量 y 线性作用的共同结果，当残差平方和 $SSE = \sum_{i=1}^{n} (y_i - \hat{y}_i)^2$ 的数值越小，而回归平方和 $SSR = \sum_{i=1}^{n} (\hat{y}_i - y)^2$ 的数值越大，即表示因变量 y 总变差中已被判明的因素（即自变量 x_1，x_2，$\cdots$，x_k）的影响越大，说明自变量 x_1，x_2，$\cdots$，x_k 对因变量的解释程度越高，故可用回归平方和 SSR 与残差平方和 SSE 来构造统计量。

根据假设检验中的知识，在原假设 H_0 成立的条件下，统计量

$$F = \frac{SSR/k}{SSE/(n-k-1)} \sim F(k, n-k-1) \tag{8.43}$$

其中，回归平方和与其自由度的比值 SSR/k 称为回归均方差，记为 MSR；残差平方和与其自由度的比值 $SSE/(n-k-1)$ 称为残差均方差，记为 MSE。

为了便于分析，将回归方程的 F 检验有关数据汇总形成表格形式，此表又称为方差分析表，如表 8-17 所示。

表 8-17　检验回归方程的方差分析表

离差来源	平方和(SS)	自由度(df)	均方差(MS)	F
回归	$SSR = \sum_{i=1}^{n} (\hat{y}_i - y)^2$	k	SSR/k	$\dfrac{SSR/k}{SSE/(n-k-1)}$
残差	$SSE = \sum_{i=1}^{n} (y_i - \hat{y}_i)^2$	$n-k-1$	$SSE/(n-k-1)$	—
总离差	$SST = \sum_{i=1}^{n} (y_i - \bar{y})^2$	$n-1$	$SST/(n-1)$	—

（二）检验回归方程的步骤

第一步，提出假设。对于回归系数 β_0，β_1，β_2，$\cdots$，β_k，有

$H_0 : \beta_0 = \beta_1 = \beta_2 = \cdots = \beta_k = 0$，$H_1 : \beta_0$，$\beta_1$，$\beta_2$，$\cdots$，$\beta_k$ 不全为零

第二步，选取检验统计量 F，并计算该统计量的值。在 H_0 成立的前提下，所选取的检验统计量为：

$$F = \frac{SSR/k}{SSE/(n-k-1)} = \frac{MSR}{MSE} \sim F(k, n-k-1)$$

第三步，选取显著性水平 α，确定临界值 $F_\alpha(k, n-k-1)$。

第四步，作出统计决策。即：

若 $F \geqslant F_\alpha(k, n-k-1)$，则拒绝 H_0，即当显著性水平为 α 时，回归模型中所有自变量联合起来对因变量有显著影响，也就是回归模型中所有自变量联合起来与因变量之间的线性关系在总体上显著成立；也称回归方程有意义，回归方程通过了 F 检验。

若 $F < F_\alpha(k, n-k-1)$，则不能拒绝 H_0，即当显著性水平为 α 时，回归模型中所有自变量联合起来对因变量无显著影响，也就是回归模型中所有自变量联合起来与因变量之间的线性关系在总体上显著不成立；此时也称回归方程无意义，回归方程没有通过 F 检验。

【例 8-10】　设某公司在全国 20 个市场同时推销产品，该公司在各个市场所派出的推销员人数为 x_1（单位：人），所支出的广告及推销费用为 x_2（单位：万元），产品年销售量为 y（单位：万箱），假定各市场的其他条件相同，产品年销售量（y）对推销员人数（x_1）和广告推销费用（x_2）的回归模型如下：

$$\hat{y} = 4.120 + 3.590x_1 + 5.197x_2$$
$$S_e = (3.298)(0.651)(0.705)$$
$$t = (1.249)(5.513)(7.367)$$
$$P = (0.228)(0.000)(0.000)$$
$$R^2 = 0.985,\ \overline{R}^2 = 0.983,\ F = 561.843(P = 0.000),\ D.W. = 1.819$$

试在显著性水平为 $\alpha = 0.05$ 下，对回归系数和回归方程进行检验。

解：（1）回归系数的检验。

对于 β_0，设 $H_0: \beta_0 = 0$，$H_1: \beta_0 \neq 0$

对于 β_1，设 $H_0: \beta_1 = 0$，$H_1: \beta_1 \neq 0$

对于 β_2，设 $H_0: \beta_2 = 0$，$H_1: \beta_2 \neq 0$

$t_{\frac{\alpha}{2}}(n-k-1) = t_{0.025}(20-2-1) = t_{0.025}(17) = 2.1099$

$t_0 = 1.249 < t_{0.025}(17) = 2.1099$，即对于 β_0，不能拒绝 H_0，即 $\beta_0 = 0$；

$t_1 = 5.513 > t_{0.025}(17) = 2.1099$，即对于 β_1，拒绝 H_0，即 $\beta_1 \neq 0$；

$t_2 = 7.367 > t_{0.025}(17) = 2.1099$，即对于 β_0，拒绝 H_0，即 $\beta_2 \neq 0$；

所以，β_0 没有通过 t 检验，而 β_1、β_2 通过了 t 检验。

（2）回归方程的检验。

设 $H_0: \beta_0 = \beta_1 = \beta_2 = 0$

$H_1: \beta_0,\ \beta_1,\ \beta_2$ 不全为零

$F_\alpha(k, n-k-1) = F_{0.05}(2, 17) = 3.59$

$F = 561.843 > F_{0.05}(2, 17) = 3.59$

所以，拒绝 H_0，即 β_0、β_1、β_2 不全为零，回归方程通过了 F 检验。

在多元线性回归模型的回归系数和回归方程的统计检验中，也可以利用 P 值来作决策。不管是临界值来作决策还是 P 值来作决策，其计算量都很大，故手工计算不太可行，一般都要借助统计软件来完成。

因为篇幅所限，以下问题留待计量经济学研究：其一，如何判断回归模型是否满足基本假定问题；其二，若回归模型不满足基本假定，回归系数如何估计问题；其三，非线性回归模型问题。

思考与练习

(一)单项选择题

1. 当一个变量减少时,另一个变量随之增加,则变量之间存在(　　)关系。
A. 直线相关　　　　　B. 曲线相关　　　　　C. 正相关　　　　　D. 负相关

2. 两变量的线性相关程度越低,则线性相关系数越接近于(　　)。
A. 0　　　　　　　　　　　　　　　　　B. -1
C. 1　　　　　　　　　　　　　　　　　D. 以上答案均不对

3. 线性相关系数的取值范围是(　　)。
A. $0 \leqslant r \leqslant 1$　　　B. $-1 \leqslant r \leqslant 0$　　　C. $-1 \leqslant r \leqslant 1$　　　D. $-1 \leqslant r < 1$

4. 当两变量的相关系数为 0.9 时,则两变量(　　)。
A. 不相关　　　　　B. 完全相关　　　　　C. 完全正相关　　　　　D. 不完全相关

5. 居民可支配收入与消费支出之间的相关系数可能是(　　)。
A. -0.953　　　　　B. 0.953　　　　　C. -1.113　　　　　D. 1.113

6. 在一元线性回归模型中,样本回归函数可以表示为(　　)。
A. $E(y|x_i) = \beta_0 + \beta_1 x$　　　　　B. $y_i = \hat{\beta}_0 + \hat{\beta}_1 x$
C. $y_i = \hat{\beta}_0 + \hat{\beta}_1 x + e_i$　　　　　D. $y_i = \beta_0 + \beta_1 x + u_i$

7. 用最小二乘法估计的回归方程,要求满足因变量的(　　)。
A. 平均值与其估计值之差的平方和最小
B. 实际值与其平均值之差的平方和最小
C. 实际值与其估计值之差的总和最小
D. 实际值与其估计值之差的平方和最小

8. 学习成绩(分)与学习时间(小时)的回归方程为 $\hat{y} = 20.4 + 5.2x$,则以下说法正确的是(　　)。
A. 学习时间每增加 1 小时,学习成绩就减少 5.2 分
B. 学习时间每增加 1 小时,学习成绩就增加 5.2 分
C. 学习时间每增加 1 小时,学习成绩就减少 20.4 分
D. 学习时间每增加 1 小时,学习成绩就增加 20.4 分

9. 可决系数可以说明回归方程的(　　)。
A. 拟合优度　　　　　B. 显著性水平　　　　　C. 有效度　　　　　D. 置信度

10. 在多元线性回归中,修正的多重可决系数 $\overline{R}^2$ 与多重可决系数 R^2 之间的关系是(　　)。
A. $\overline{R}^2 \geqslant R^2$

B. $\overline{R}^2 = 1 - (1 - R^2) \dfrac{n-1}{n-k-1}$ ($k+1$ 为待估计参数的个数)

C. $\overline{R}^2 = 1 - (1 - R^2) \dfrac{n-k-1}{n-1}$ ($k+1$ 为待估计参数的个数)

D. $R^2 = 1 - (1 - \overline{R}^2) \dfrac{n-1}{n-k-1}$ ($k+1$ 为待估计参数的个数)

（二）判断题

1．若两个变量的相关系数为零，说明两个变量不完全相关。（　）

2．相关系数是测定相关关系的唯一方法。（　）

3．只有当相关系数为 1 时，两变量才是完全相关。（　）

4．当简单线性相关系数 $r=0$ 时，说明两变量之间不存在任何相关关系。（　）

5．假定变量 x 与 y 的线性相关系数为 0.88，变量 u 与 v 的线性相关系数为 -0.95，则 x 与 y 的相关密切程度更高。（　）

6．当两变量相关程度较高时，进行回归分析才有意义。（　）

7．若直线回归方程为 $\hat{y}$，则 x 与 y 存在负相关关系。（　）

8．设估计的一元回归方程为 $\hat{y}=189+10.75x$，当 x 增加一个单位时，y 平均增加10.75 个单位。（　）

9．一元线性回归模型中回归系数 β_1 的符号与简单线性相关系数 r 的符号，可以相同也可以不相同。（　）

10．在一元线性回归分析中，两个变量是对等的，不需要区分因变量和自变量。（　）

（三）思考题

1．什么是相关关系？相关关系的分类有哪些？

2．样本简单线性相关系数有哪些特点？

3．检验简单线性相关系数的步骤有哪些？为什么要对相关系数进行检验？

4．回归分析有哪些分类？

5．相关分析与回归分析的区别和联系有哪些？

6．什么是总体回归函数和样本回归函数？它们之间的区别有哪些？

7．什么是随机误差项和残差？它们的区别是什么？

8．为什么要对回归模型提出一些基本假定？

9．据世界卫生组织统计，全球肥胖症患者达 3 亿人，其中儿童占 2 200 万人，11 亿人体重过重。肥胖症和体重超常早已不是发达国家的"专利"，已遍及五大洲。目前，全球因"吃"致病乃至死亡的人数已高于因饥饿死亡的人数。你认为相关和回归分析能在这个问题上发挥什么作用？

10．为什么用可决系数能够度量回归方程对样本数据的拟合程度？

11．简单线性相关系数与可决系数的区别和联系是什么？

12．为什么要对多元线性回归的多重可决系数进行修正？

13．在多元线性回归分析中，t 检验和 F 检验的作用是什么？

（四）计算题

1.下表是道琼斯工业指数（DJIA）和标准普尔 500 种股票指数（S&P500）1988—1997 年对应股票的收益率资料：

1997 年美国 DJIA 收益率和 S&P500 收益率

年份	DJIA 收益率 (%)	S&P500 收益率 (%)	年份	DJIA 收益率 (%)	S&P500 收益率 (%)
1988	16.0	16.6	1993	16.8	10.1
1989	31.7	31.5	1994	4.9	1.3
1990	−0.4	−3.2	1995	36.4	37.6
1991	23.9	30.0	1996	28.6	23.0
1992	7.4	7.6	1997	24.9	33.4

计算两种指数收益率的相关系数，分析其相关程度，以 0.05 的显著性水平检验相关系数的显著性。

2. 美国各航空公司业绩的统计数据公布在《华尔街日报 1999 年年鉴》(The Wall Street Journal Almanac 1999)上。航班正点到达率和每 10 万名乘客投诉次数的数据如下：

1998 年美国航空公司航班正点到达率和乘客投诉率

航空公司名称	航班正点率(%)	投诉率(次/10 万名乘客)
西南航空公司	81.8	0.21
大陆航空公司	76.6	0.58
西北航空公司	76.6	0.85
美国航空公司	75.7	0.68
联合航空公司	73.8	0.74
美洲航空公司	72.2	0.93
德尔塔航空公司	71.2	0.72
美国西部航空公司	70.8	1.22
环球航空公司	68.5	1.25

(1) 画出这些数据的散点图；
(2) 根据散点图，说明两变量之间存在什么关系；
(3) 求出投诉率对航班正点率的估计的回归方程；
(4) 对估计的回归方程的斜率作出解释；
(5) 如果航班正点率为 80%，估计每 10 万名乘客投诉的次数是多少？

3. 下表为某企业近年来总成本和产量的数据：

1999—2010 年间某企业总成本与产量

年份	总成本 y (万元)	产量 x (件)	年份	总成本 y (万元)	产量 x (件)
1999	329	410	2005	863	906
2000	524	608	2006	1 390	1 223
2001	424	512	2007	1 157	1 107
2002	629	723	2008	1 548	1 319
2003	741	811	2009	1 787	1 424
2004	1 020	1 009	2010	2 931	1 541

（1）计算总成本对产量的线性相关系数；

（2）用已知数据估计一元线性回归模型 $y_i = \beta_0 + \beta_1 x_i + u_i$；

（3）对回归系数进行显著性检验；（$\alpha = 0.05$）

（4）对回归方程的进行显著性检验。（$\alpha = 0.05$）

4. 在建立一元线性回归模型 $y_i = \beta_0 + \beta_1 x_i + u_i$ 时，已得到以下结果，如下表所示。

一元线性回归方程的方差分析表

离差来源	平方和（SS）	自由度（df）	均方差（MS）	F
回归			2 179.56	
残差	99.11	22		
总离差				

（1）把表格中的空格填写完整；

（2）对一元线性回归方程进行检验。（$\alpha = 0.05$）

5. 下表是 1992 年亚洲各国人均寿命（y）、人均 GDP（x_1）、成人识字率（x_2）、一岁儿童疫苗接种率（x_3）的数据。

1992 年亚洲各国人均寿命、人均 GDP、成人识字率和一岁儿童疫苗接种率

序号	国家和地区	平均寿命 y（年）	人均 GDP x_1（百美元）	成人识字率 x_2（%）	一岁儿童疫苗接种率 x_3（%）
1	日　本	79	194	99	99
2	中国香港	77	185	90	79
3	韩　国	70	83	97	83
4	新加坡	74	147	92	90
5	泰　国	69	53	94	86
6	马来西亚	70	74	80	90
7	斯里兰卡	71	27	89	88
8	中国内地	70	29	80	94
9	菲律宾	65	24	90	92
10	朝　鲜	71	18	95	96
11	蒙　古	63	23	95	85
12	印度尼西亚	62	27	84	92
13	越　南	63	13	89	90
14	缅　甸	57	7	81	74
15	巴基斯坦	58	20	36	81
16	老　挝	50	18	55	36
17	印　度	60	12	50	90
18	孟加拉国	52	12	37	69
19	柬埔寨	50	13	38	37
20	尼泊尔	53	11	27	73
21	不　丹	48	6	41	85
22	阿富汗	43	7	32	35

资料来源：联合国发展规划署《人的发展报告》。

（1）建立人均寿命对人均 GDP、成人识字率、一岁儿童疫苗接种率的线性回归模型；

（2）对所建立的回归模型的回归系数进行检验；（$\alpha = 0.05$）

（3）对所建立的回归模型的回归方程进行检验。（$\alpha = 0.05$）

6. 在建立二元线性回归模型 $y = \beta_0 + \beta_1 x_1 + \beta_2 x_2 + \varepsilon$ 时，已得到以下结果：

二元线性回归方程的方差分析表

离差来源	平方和（SS）	自由度（df）	均方差（MS）	F
回归	65 965			—
残差				
总离差	66 042	30		—

（1）把表格中的空格填写完整；

（2）对二元线性回归方程进行检验；（$\alpha = 0.05$）

7. 一家房地产评估公司想对某城市的房地产销售价格（y）与地产评估价值（x_1）、房产评估价值（x_2）和使用面积（x_3）进行调查，以便对房地产销售价格作出合理的预测。为此，该公司收集了 20 栋住宅的房地产资料如下：

某年某城市房地产销售价格与地产估价、房产估价和使用面积

房地产编号	销售价格 y（元/m²）	地产估价 x_1（万元）	房产估价 x_2（万元）	使用面积 x_3（m²）
1	6 890	596	4 497	18 730
2	4 850	900	2 780	9 280
3	5 550	950	3 144	11 260
4	6 200	1 000	3 959	12 650
5	11 650	1 800	7 283	22 140
6	4 500	850	2 732	9 120
7	3 800	800	2 986	8 990
8	8 300	2 300	4 775	18 030
9	5 900	810	3 912	12 040
10	4 750	900	2 935	17 250
11	4 050	730	4 012	10 800
12	4 000	800	3 168	15 290
13	9 700	2 000	5 851	24 550
14	4 550	800	2 345	11 510
15	4 090	800	2 089	11 730
16	8 000	1 050	5 625	19 600
17	5 600	400	2 086	13 440
18	3 700	450	2 261	9 880
19	5 000	340	3 595	10 760
20	2 240	150	578	9 620

用 SPSS 进行相关与回归分析,试求:

(1)销售价格分别与地产估价、房产估价、使用面积的线性相关系数,并对相关系数进行检验,判断销售价格分别与地产估价、房产估价、使用面积是否存在显著的线性关系。

(2)销售价格对地产估价、房产估价、使用面积的线性回归模型,并对回归系数和回归方程进行检验。

(3)可决系数 R^2,并说明地产估价、房产估价、使用面积对销售价格的解释程度。

(五)案例分析

中国电力供求量分析

电力供应是保障国民经济健康发展的重要因素,目前我国的电力供应还不能完全满足国民经济发展的需求。不少地区严重缺电,不得不时时陷入拉闸限电的困境。为了解决电力供求的矛盾,应对电力供求早作规划,这就需要分析影响电力供求的主要因素。从理论上分析,影响电力供求的主要因素可能有经济发展水平、主要工农业产品生产、人民生活水平等。由于电力难以储存,而且我国电力基本上没有进出口,可以用全国的发电量作为我国电力供应量。经济的总体发展可用国内生产总值和第一、二、三产业增加值表示;人民生活水平的变动可用人均国内生产总值的变动来代表;有代表性的耗电工业产品选择了生铁、原油、原煤等;农业生产已用第一产业增加值表示;直接耗电量较大的运输业选择铁路货运量来代表。由《中国统计年鉴》取得了改革开放以来的有关数据如下表所示。

讨论:

(1)通过比较分析,选出影响我国电力供求量最显著的一些因素。

(2)用各种回归方法选择自变量,建立各种类型的回归模型,并分析这些模型是否存在问题。

(3)从各种回归模型中选出你认为最理想的模型,并说明为什么。

(4)运用你选出的模型,预测我国 2011 年和 2012 年电力供求量。

1979—2009 年我国电力供应量及其影响因素

年份	电力产量（亿千瓦小时）y	GDP（亿元）x_1	一产增加值（亿元）x_2	二产增加值（亿元）x_3	三产增加值（亿元）x_4	人均 GDP（元/人）x_5	原油产量（万吨）x_6	生铁产量（万吨）x_7	原煤产量（亿吨）x_8	铁路货运量（万吨）x_9
1978	2 566	3 645.2	1 027.5	1 745.2	872.5	381	10 405	3 479	6.18	110 119
1979	2 820	4 062.6	1 270.2	1 913.5	878.9	419	10 415	3 673	6.35	111 893
1980	3 006	4 545.6	1 371.6	2 192	982	463	10 595	3 802	6.2	111 279
1981	3 093	4 891.6	1 559.5	2 255.5	1 076.6	492	10 122	3 417	6.22	107 673
1982	3 277	5 323.4	1 777.4	2 383	1 163	528	10 212	3 551	6.66	113 495
1983	3 514	5 962.7	1 978.4	2 646.2	1 338.1	583	10 607	3 738	7.15	118 784
1984	3 770	7 208.1	2 316.1	3 105.7	1 786.3	695	11 461	4 001	7.89	124 074
1985	4 107	9 016	2 564.4	3 866.6	2 585	858	12 490	4 384	8.72	130 709
1986	4 495	10 275.2	2 788.7	4 492.7	2 993.8	963	13 069	5 064	8.94	135 635
1987	4 973	12 058.6	3 233	5 251.6	3 574	1 112	13 414	5 503	9.28	140 653
1988	5 452	15 042.8	3 865.4	6 587.2	4 590.3	1 366	13 705	5 704	9.8	144 948
1989	5 848	16 992.3	4 265.9	7 278	5 448.4	1 519	13 764	5 820	10.54	151 489
1990	6 212	18 667.8	5 062	7 717.4	5 888.4	1 644	13 831	6 238	10.8	150 681
1991	6 775	21 781.5	5 342.2	9 102.2	7 337.1	1 893	14 099	6 765	10.87	152 893
1992	7 539	26 923.5	5 866.6	11 699.5	9 357.4	2 311	14 210	7 589	11.16	157 627
1993	8 395	35 333.9	6 963.8	16 454.4	11 915.7	2 998	14 524	8 956	11.5	162 794
1994	9 281	48 197.9	9 572.7	22 445.4	16 179.8	4 044	14 608	9 741	12.4	163 216

续表

年份	电力产量（亿千瓦小时）y	GDP（亿元）x_1	一产增加值（亿元）x_2	二产增加值（亿元）x_3	三产增加值（亿元）x_4	人均GDP（元/人）x_5	原油产量（万吨）x_6	生铁产量（万吨）x_7	原煤产量（亿吨）x_8	铁路货运量（万吨）x_9
1995	10 077	60 793.7	12 135.8	28 679.5	19 978.5	5 046	15 004	10 529	13.61	165 962
1996	10 813	71 176.6	14 015.4	33 835	23 326.2	5 846	15 733	10 723	13.97	171 024
1997	11 356	78 973	14 441.9	37 543	26 988.1	6 420	16 074	11 511	13.73	172 149
1998	11 670	84 402.3	14 817.6	39 004.2	30 580.5	6 796	16 100	11 864	12.5	164 309
1999	12 393	89 677.1	14 770	41 033.6	33 873.4	7 159	16 000	12 539	10.45	167 554
2000	13 556	99 214.6	14 944.7	45 555.9	38 714	7 858	16 300	13 101	9.98	178 581
2001	14 808	109 655.2	15 781.3	49 512.3	44 361.6	8 622	16 396	15 554	11.61	198 581
2002	16 540	120 332.7	16 537	53 896.8	49 898.9	9 398	16 700	17 085	13.8	204 956
2003	19 104	135 822.8	17 381.7	62 436.3	56 004.7	10 542	16 960	21 367	18.35	224 248
2004	22 027	159 878.3	21 412.7	73 904.3	64 561.3	12 336	17 587	26 831	21.23	249 017
2005	25 003	184 937.4	22 420	87 598.1	74 919.3	14 185	18 135	34 375	23.5	269 296
2006	28 653	216 314.4	24 040	103 719.5	88 554.9	16 500	18 477	41 245	25.29	288 224
2007	32 808	265 810.3	28 627	125 831.4	111 351.9	20 169	18 632	47 652	26.92	314 237
2008	34 669	314 045.4	33 702	149 003.4	131 340	23 708	19 043	47 824	28.02	330 354
2009	37 130	340 506.9	35 226	157 638.8	147 642.1	25 575	18 949	55 283	29.73	333 348

资料来源：国家统计局. 中国统计年鉴（2010），北京：中国统计出版社，2010

第九章　时间序列分析和预测

改革开放以来，我国社会经济取得了很大发展，特别是进入 21 世纪以后，国内生产总值(GDP)逐年增加，居民的收入增加，生活水平逐年提高。为了展望我国经济发展的前景，需要对我国各年的经济数据进行分析，下表是我国 2005—2010 年各项经济指标的时间序列，从表中，可以分析国内生产总值、居民消费价格、全社会固定资产投资、城镇居民可支配收入等指标发展的总体趋势及发展变动的程度，可以分析各项指标间相互联系的程度及其演变关系，同时还可以通过研究指标的发展规律预测其未来变动的可能趋势。

我国 2005—2010 年各项经济指标

指标	2005 年	2006 年	2007 年	2008 年	2009 年	2010 年
国内生产总值(亿元)	184 937	216 314	265 810	314 045	335 353	397 983
居民消费价格涨跌幅(%)	1.8	1.5	4.8	5.9	-0.7	3.3
国家财政收入(亿元)	31 649	38 760	51 322	61 330	68 477	83 080
粮食产量(万吨)	48 402	49 804	50 160	52 871	53 082	54 641
工业增加值(亿元)	77 231	91 311	110 535	130 260	134 625	160 030
全社会固定资产投资(亿元)	88 774	109 998	137 324	172 828	224 846	278 140
社会消费品零售总额(亿元)	67 177	76 410	89 210	108 488	125 343	156 998
农村居民人均纯收入(亿元)	3 255	3 587	4 140	4 761	5 153	5 919
城镇居民人均可支配收入(亿元)	10 493	11 759	13 786	15 781	17 175	19 109
全国总人口	130 756	131 448	132 129	132 802	133 474	134 100

资料来源：中华人民共和国 2005—2009 年国民经济和社会发展统计公报。

教学要求：

通过本章学习，了解时间序列的概念、种类及编制原则。掌握现象发展水平指标和现象发展速度指标的计算，了解时间数列的影响因素，掌握时间数列的构成模型和影响因素，掌握长期趋势与季节变动的测定与预测方法。学会运用 Excel 画折线图及线性长期趋势方程的估计。

主要内容：

```
                                                      ┌ 发展水平
                                          ┌ 水平分析 ┤ 平均发展水平
                                          │          │ 增减量
                                          │          └ 平均增减量
                              ┌ 指标分析 ┤
                              │           │          ┌ 发展速度
                              │           │          │ 增减速度
                              │           └ 速度分析 ┤ 平均发展速度
              时间序列分析 ┤                         └ 平均增减速度
                              │
                              │                       ┌ 长期趋势分析
                              │                       │ 季节变动分析
                              └ 构成要素分析 ─────────┤ 循环变动分析
                                                      └ 不规则变动分析
```

第一节　时间序列的编制

一、时间序列的概念

与经济现象有关的统计数据，大多数都是在不同时间观测记录的。为了研究某种事物在不同时间的发展状况，通常需要对事物变化情况进行跟踪观测，记录某种现象在时间上变化发展的一系列同类的统计数据，按时间先后顺序排列，就形成时间序列，也称为动态数列。时间序列由两个基本要素构成：一个是资料所属的时间，另一个是各时间上的统计指标数值。时间序列中每一项数据是某种指标在对应时间的数值，反映了现象在各个时间上达到的规模或水平，序列中每一项数值也称为相应时间上的发展水平。表 9 - 1 中 2010 年 1—12 月 CPI 值就是一个时间序列。

表 9 - 1　2010 年 1 月至 2010 年 12 月一年间各月 CPI 值

月份	1	2	3	4	5	6	7	8	9	10	11	12
2010 年 CPI(%)	1.5	2.7	2.4	2.8	3.1	2.9	3.3	3.5	3.6	4.4	5.1	4.6

在一个时间序列中，各时间上的发展水平按时间顺序可以记为：$x_0, x_1, x_2, \cdots, x_n$。在对各时间的发展水平进行比较时，把作为比较基础的那个时期称为基期，相对应的发展水平称为基期水平，把所研究考察的那个时期称为报告期，相对应的发展水平称为报告期水平。

对时间序列进行分析的目的：一是描述事物在过去时间的状态，分析其随时间推移的发展趋势；二是揭示事物发展变化的过程、趋势和规律性；三是预测事物在未来时间的数量。

编制时间序列是为了通过对各时间的变量数值进行对比，研究现象发展变化的过程和规律，因此，保证序列中各变量数值在所属时间、总体范围、经济内容、计算口径、计算方法等方面具有充分的可比性，可比性是编制时间序列的基本原则。

图 9 – 1 2010 年 1—12 月各月 CPI 走势图

对时间序列的分析包括两个方面：一是计算一系列分析指标，用以表述现象发展的规律和变化幅度；二是借助一定的数学模型来测定时间序列的长期趋势和季节变动等，从而研究现象发展变化的趋势和规律，并作为统计预测的依据。本章仅就第二种情况对时间序列进行分析研究。

二、时间序列的种类

时间序列按统计指标的性质不同，可以分为绝对数时间序列、相对数时间序列和平均数时间序列三种。其中，绝对数时间序列是基本数列，相对数时间序列和平均数时间序列则是由绝对数时间序列派生而形成的数列。

表 9 – 2 2005—2009 年国民经济部分指标

年份 项目	2005	2006	2007	2008	2009
国内生产总值（亿元）	184 937	216 314	265 810	314 045	335 353
全国年末总人口（万人）	130 756	131 448	132 129	132 802	133 474
居民消费价格涨跌幅（%）	1.8	1.5	4.8	5.9	- 0.7
国家财政收入（亿元）	31 649	38 760	51 322	61 330	68 477
城镇居民人均可支配收入（元）	10 493	11 759	13 786	15 781	17 175
粮食产量（万吨）	48 402	49 804	50 160	52 871	53 082
工业增加值（亿元）	77 231	91 311	110 535	130 260	134 625

资料来源：中华人民共和国 2009 年国民经济和社会发展统计公报。

在表 9 – 2 中，国内生产总值、全国年末总人口数都是绝对数时间序列，反映社会经济现象在各期达到的绝对水平及其变化发展的状况。如果按照指标所反映的社会经济现象所属的时间不同，绝对数时间序列又可分为时期数列和时点数列两种。时期数列是反映某种现象在一段时期内发展过程的总量，如国内生产总值、国家财政收入。时点数列反映现象在某一时点上（瞬间）所处的数量水平，如全国年末总人口数。

居民消费价格涨跌幅是相对数时间序列,反映现象对比关系的发展变化情况,说明社会经济现象比例关系、结构、速度的发展变化过程。在相对数时间序列中,各个指标数值是不能相加的。

城镇居民人均可支配收入是平均数时间序列,它反映社会现象一般水平的发展趋势。平均数时间序列反映了各指标不同时期的水平逐年基本增长的趋势。

第二节　时间序列水平分析指标

一、发展水平和平均发展水平

(一)发展水平

在时间序列中,各项具体的指标数值叫做发展水平,即该指标反映的社会经济现象在所属时间的发展水平。表 9 – 2 中,2005 年的国内生产总值为 184 937 亿元,即为 2005 年的 GDP 发展水平;2005 年的年末人口数为 130 756 万人,即为 2005 年的人口发展水平。在一个时间序列中,各时期的发展水平按时间顺序可以记为 x_0, x_1, x_2, $\cdots$, x_n。在对各个时期的发展水平进行比较时,把作为比较基础的那个时期称为基期,相对应的发展水平称为基期水平;把所研究考察的那个时期称为报告期,相对应的发展水平称为报告期水平。基期和报告期将根据研究的需要而定。

(二)平均发展水平

为了综合说明社会经济现象在一段时期内的发展水平,需要计算平均发展水平。平均发展水平又称序时平均数,它与平均指标的概念有相同也有不同。相同点是两种平均数都是所有变量值的代表数值,表现的都是现象的一般水平。不同点是平均发展水平平均的是现象在不同时间上指标数值的差别,是从动态上说明现象的一般水平,是根据时间序列计算的;而平均指标平均的是现象在同一时间上的数量差别,是从静态上说明现象的一般水平,是根据变量数列计算的。

计算平均发展水平的方法根据时间序列指标的性质来确定,以下将具体介绍总量指标、相对指标和平均指标的平均发展水平的计算方法。

1. 总量指标平均发展水平

总量指标分为时期指标和时点指标,两者计算平均发展水平的方法不同。

(1)时期序列的平均发展水平。时期序列平均发展水平的计算比较简单,采取简单算术平均数方法计算。用公式表示为:

$$\bar{x} = \frac{x_1 + x_2 + \cdots + x_n}{n} = \frac{\sum_{i=1}^{n} x_i}{n} \qquad (9.1)$$

式中,$\bar{x}$——平均发展水平;

x_i——各期发展水平;

n——时期项数。

【例 9 – 1】　表 9 – 3 显示的是我国 1995—2005 年若干统计指标的时间序列,根据第 2 列数据计算 1996—2005 年期间我国的年均国内生产总值。

表9-3 中国的国内生产总值、人口及第三产业产值

年份	国内生产总值（亿元）	年末人口数（万人）	年平均人口数（万人）	人均国内生产总值（元/人）	第三产业产值（亿元）	第三产业所占比重（%）
(1)	(2)	(3)	(4)	(5)	(6)	(7)
1995	60 793.7	121 121	120 486	5 046	20 094.3	33.1
1996	71 176.6	122 389	121 755	5 846	23 455.8	33.0
1997	78 973.0	123 626	123 007.5	6 420	27 165.4	34.4
1998	84 402.3	124 761	124 193.5	6 796	30 780.1	36.5
1999	89 677.1	125 786	125 273.5	7 159	34 095.3	38.0
2000	99 214.6	126 743	126 264.5	7 858	38 942.5	39.3
2001	109 655.2	127 627	127 185	8 622	44 626.7	40.7
2002	120 332.7	128 453	128 040	9 398	50 197.3	41.7
2003	135 822.8	129 227	128 840	10 542	56 318.1	41.5
2004	159 878.3	129 988	129 607.5	12 336	65 018.2	40.7
2005	183 084.8	130 756	130 372	14 040	72 967.7	39.9

注：人均国内生产总值按年平均人口数计算。

资料来源：中国统计年鉴（2006），北京：中国统计出版社

解：将1996—2005年的国内生产总值代入公式9.1，即1996—2005年的平均国内生产总值为：

$$\bar{x} = \frac{x_1 + x_2 + \ldots + x_n}{n} = \frac{71\ 176.6 + 78\ 973 + \cdots + 183\ 084.8}{10} = 113\ 221.74(亿元)$$

（2）时点序列的平均发展水平。如果利用公式9.1计算时点序列的平均发展水平，理论上要求掌握现象在每一时点上的数据。但是时点序列的各项数据大多是间断统计的，例如有的每月、每季或每年统计一次，而有的是现象发生时才统计一次，即不定期统计。对于这些不同的资料情况，时点序列平均发展水平的计算方法也有所不同。

①间隔相同的时点序列平均发展水平的计算采用"首末折半法"，公式如下：

$$\bar{x} = \frac{\frac{x_1 + x_2}{2} + \frac{x_3 + x_4}{2} + \cdots + \frac{x_{n-1} + x_n}{2}}{n-1} = \frac{\frac{x_1}{2} + x_2 + \cdots + x_{n-1} + \frac{x_n}{2}}{n-1} \qquad (9.2)$$

式中，$\bar{x}$——平均发展水平；

x_i——各期发展水平；

n——时期项数。

这个公式基于一个假设，即每个时间间隔的现象数量的变化是均匀的。

【例9-2】 根据表9-3第3列数据计算1996—2005年我国年平均人口数。

解：首先要考虑的是首项应该是哪一年的数据，显然，首项不是1996年年末人口数，而是1995年年末人口数。1996年的人口变化从1995年年末开始到1996年年末，所以

1996 年年末人口数不能作为 1996 年人口的代表值。将 1995 年年末的人口数看成是 1996 年年初的人口数，1996 年的年平均人口就是年初和年末人口的简单平均数。

$$1996 \text{ 年的人口数} = \frac{121\ 121 + 122\ 389}{2} = 121\ 755 (\text{万人})$$

类似地，可以计算 1997—2005 年各年平均人口数，计算结果如表 9 - 3 中第 4 列所示。然后再对各年平均人口数进行算术平均，求出 1996—2005 年的年平均人口数。

$$\bar{x} = \frac{\dfrac{121\ 121 + 122\ 389}{2} + \dfrac{122\ 389 + 123\ 626}{2} + \cdots + \dfrac{129\ 988 + 130\ 756}{2}}{11 - 1}$$

$$= \frac{121\ 755 + 123\ 007.5 + \cdots + 130\ 372}{11 - 1} = 126\ 453.85 (\text{万人})$$

②间隔不等的时点序列平均发展水平的计算思路与间隔相等的时点序列相同，同样假设每个时间间隔的现象数量的变化是均匀的，由于时点间隔不同，需要用时点间隔为权数进行加权计算。计算公式如下：

$$\bar{x} = \frac{\dfrac{x_1 + x_2}{2}f_1 + \dfrac{x_3 + x_4}{2}f_2 + \cdots + \dfrac{x_{n-1} + x_n}{2}f_{n-1}}{f_1 + f_2 + \cdots + f_{n-1}} \qquad (9.3)$$

式中，$\bar{x}$——平均发展水平；

　　x_i——各期发展水平；

　　f——时点间隔的距离。

【例 9 - 3】 某农场某年的生猪存栏数如表 9 - 4 所示，计算该农场的年平均生猪存栏数。

表 9 - 4　某农场某年的生猪存栏数

日期	1 月 1 日	3 月 1 日	8 月 1 日	10 月 1 日	12 月 31 日
生猪存栏数(头)	1 420	1 400	1 200	1 250	1 460

解：该农场的年平均生猪存栏数为：

$$\bar{x} = \frac{\dfrac{x_1 + x_2}{2}f_1 + \dfrac{x_3 + x_4}{2}f_2 + \cdots + \dfrac{x_{n-1} + x_n}{2}f_{n-1}}{f_1 + f_2 + \cdots + f_{n-1}}$$

$$= \frac{\dfrac{1\ 420 + 1\ 400}{2} \times 2 + \dfrac{1\ 400 + 1\ 200}{2} \times 5 + \dfrac{1\ 200 + 1\ 250}{2} \times 2 + \dfrac{1\ 250 + 1\ 460}{2} \times 3}{2 + 5 + 2 + 3}$$

$$\approx 1\ 320 (\text{头})$$

③现象发生变动时登记一次的时点序列平均发展水平的计算：

$$\bar{x} = \frac{x_1 f_1 + x_2 f_2 + \cdots + x_n f_n}{f_1 + f_2 + \cdots + f_n} \qquad (9.4)$$

式中，$\bar{x}$——平均发展水平；

　　x_i——各期发展水平；

f——时点间隔的距离。

公式 9.4 和公式 9.3 不同的原因在于：公式 9.3 中，后一时点的数据是前一时点数据逐渐变化而来，我们假设这种变动是均匀变动，可计算两个时点数据的简单平均数作为两个时点之间的代表值；公式 9.4 中，后一时点的数据并非前一时点数据逐渐变化而来的，是前一时点现象一直维持到后一时点的前一时刻，在后一时点上才发生变化。因此，现象发生变动时登记一次的时点序列也称为连续时点序列。这也是公式 9.4 区别于公式 9.3 的原因所在，公式 9.3 反映的情况是现象在两个时点逐渐变化发展的，而公式 9.4 反映的情况是现象从前一时点一直维持到后一时点，在后一时点发生瞬间变化的，所以，在计算之前必须要先分析现象的变化特点。

【例 9 - 4】　某企业 2007 年 6 月份某成品的库存量资料如表 9 - 5 所示，计算该企业 6 月份某成品的平均库存量。

表 9 - 5　某企业某成品的库存量

日期	6 月 1 日	6 月 8 日	6 月 15 日	6 月 21 日	6 月 30 日
库存量(个)	85	6	105	50	20

解：该企业 6 月份某成品的平均库存量为：

$$\bar{x} = \frac{85 \times 7 + 6 \times 7 + 105 \times 6 + 50 \times 9 + 20 \times 1}{7 + 7 + 6 + 9 + 1} = 58(\text{个})$$

2. 相对指标和平均指标

由于相对指标和平均指标是由总量指标派生出来的，相对指标或平均指标时间序列都是派生序列，即其中各项指标都是由两个总量指标对比计算出来的。所以在计算相对指标和平均指标的平均发展水平时不能直接计算其各项指标的平均数，而要分别先计算出两个总量指标的平均发展水平，然后再进行对比。公式表示如下：

$$\bar{x} = \frac{\bar{a}}{\bar{b}} \tag{9.5}$$

式中，$\bar{x}$——相对数或平均数时间序列的平均发展水平；

$\bar{a}$——分子数列的平均发展水平；

$\bar{b}$——分母数列的平均发展水平。

【例 9 - 5】　根据表 9 - 3 的数据计算 1996—2005 年我国年平均的人均 GDP。

解：人均 GDP 的各项发展水平不能直接进行算术平均，而应先计算国内生产总值的平均发展水平和年均人口数，再对比得到年平均的人均 GDP。具体计算如下：

$$\bar{a} = 113\,221.74(\text{亿元}), \ \bar{b} = 126\,453.85(\text{万人})$$

$$\bar{x} = \frac{\bar{a}}{\bar{b}} = \frac{113\,221.74(\text{亿元})}{126\,453.85(\text{万人})} = 8\,953.6(\text{元/人})$$

二、增长量和平均增长量

(一)增长量

增长量也称增长水平，是报告期发展水平与基期发展水平之差。增长量有逐期增长量和累计增长量之分。逐期增长量是报告期水平与前一期水平之差,即以前一期为基期;累计增长量是报告期水平与某一固定时间发展水平之差,即将基期固定在某一时间。这两个指标用公式表示如下:

逐期增长量: $x_1 - x_0$, $x_2 - x_1$, $\cdots$, $x_n - x_{n-1}$ (9.6)

累计增长量: $x_1 - x_0$, $x_2 - x_0$, $\cdots$, $x_n - x_0$ (9.7)

【例9-6】　根据表9-3的数据计算2001—2005年我国GDP的逐期增长量和累计增长量,如表9-6所示。

表9-6　中国国内生产总值历年的逐期增长量和累计增长量　　单位:亿元

时间		2000 年	2001 年	2002 年	2003 年	2004 年	2005 年
GDP		99 215	109 655	120 333	135 823	159 878	183 085
增长量	逐期	9 538	10 441	10 678	15 490	24 056	23 207
	累计	38 421	48 862	59 539	75 029	99 085	122 291

(二)平均增长量

平均增长量也称平均增长水平,它是逐期增长量的平均数。计算公式如下:

$$平均增长量 = \frac{逐期增长量之和}{逐期增长量个数} = \frac{累计增长量}{时间序列项数 - 1}$$ (9.8)

【例9-7】　根据表9-2的数据计算1995—2005年我国GDP的平均增长量。

$$平均增长量 = \frac{逐期增长量之和}{逐期增长量个数} = \frac{10\ 383 + 7\ 796 + \cdots + 23\ 207}{10}$$
$$= 12\ 229.11(亿元)$$

或

$$平均增长量 = \frac{累计增长量}{时间序列项数 - 1} = \frac{12\ 2291}{10} = 12\ 229.1(亿元)$$

第三节　时间序列的速度分析指标

一、发展速度和增长速度

(一)发展速度

发展速度是反映社会经济现象发展快慢的相对指标,用两个不同时期的发展水平相对比而求得,一般用百分比来表示。计算公式如下:

$$发展速度 = \frac{报告期水平}{基期水平}$$ (9.9)

由于发展速度的基期不同,可以将其分为环比发展速度和定基发展速度。环比发展速度是将基期定为报告期的前一期,反映现象的逐期发展程度。定基发展速度是将基期固定为某一期,反映现象在较长一段时间内的发展程度,也称为总发展速度。这两种发展速度用公式表示如下:

$$环比发展速度：\frac{x_1}{x_0}, \frac{x_2}{x_1}, \cdots, \frac{x_n}{x_{n-1}} \qquad (9.10)$$

$$定基发展速度：\frac{x_1}{x_0}, \frac{x_2}{x_0}, \cdots, \frac{x_n}{x_0} \qquad (9.11)$$

环比发展速度和定基发展速度之间存在一定的数量关系,即:

(1)环比发展速度的连乘积等于相应的定基发展速度。

$$\frac{x_1}{x_0} \times \frac{x_2}{x_1} \times \cdots \times \frac{x_n}{x_{n-1}} = \frac{x_n}{x_0} \qquad (9.12)$$

(2)相邻两个时期的定基发展速度之商等于相应时期的环比发展速度。

$$\frac{x_i}{x_0} \div \frac{x_{i-1}}{x_0} = \frac{x_i}{x_{i-1}} \qquad (9.13)$$

(二)增长速度

增长速度是表明社会经济现象增长程度的相对指标。它可以根据增长量与基期发展水平对比求得,也可以根据发展速度来求得。公式如下:

$$增长速度 = \frac{增长量}{基期发展水平} = 发展速度 - 1 \qquad (9.14)$$

由于基期的不同,增长速度也有环比增长速度和定基增长速度之分。环比增长速度是将基期定为报告期的前一期,用报告期的增长量与前一期的发展水平对比而得,反映现象的逐期增长程度。定基增长速度是将基期固定为某一期,用报告期的增长量与固定基期的发展水平对比而得,反映现象在较长一段时间内的增长速度。

$$定基增长速度 = 定基发展速度 - 1 \qquad (9.15)$$

$$环比增长速度 = 环比发展速度 - 1 \qquad (9.16)$$

【例9-8】　某企业几年来产量不断增长,已知2001年比2000年增长20%,2002年比2000年增长50%,2003年比2002年增长25%,2004年比2003年增长15%,2005年比2000年增长132.5%,计算表9-7空缺数字。

表9-7　某企业2001—2005年产量增长速度

年份	2001	2002	2003	2004	2005
环比增长速度(%)	20	(2)	25	15	(5)
定基增长速度(%)	(1)	50	(3)	(4)	132.5

解:由于环比发展速度和定基发展速度之间存在着公式9.12和公式9.13的数量关系,增长速度可以根据发展速度求得,所以计算增长速度时先计算各期的发展速度,然后再通过"增长速度 = 发展速度 - 1"的关系式,计算出各期增长速度。

2001年定基增长速度 = 20%

$$2002年环比增长速度 = \frac{1 + 50\%}{1 + 20\%} - 1 = 25\%$$

$$2003年定基增长速度 = (1 + 20\%) \times (1 + 25\%) \times (1 + 25\%) - 1$$
$$= 87.5\%$$

2004 年定基增长速度 = (1 + 87.5%) × (1 + 15%) − 1 = 115.6%

2005 年环比增长速度 = $\dfrac{1 + 132.5\%}{1 + 115.6\%} - 1 = 7.8\%$

二、平均发展速度和平均增长速度

平均发展速度是各个时期环比发展速度的平均数，说明社会经济现象在较长时期内速度变化的平均程度。

我国计算平均发展速度有两种方法：水平法和累计法。水平法又称几何平均法，是以时间数列最后一年的发展水平同基期水平对比来计算平均每年增长（或下降）速度。累计法又称代数平均法或方程法，是以时间数列内各年发展水平的总和同基期水平对比来计算平均每年增长（或下降）速度，即时间数列中各年发展水平的总和等于全期的总水平，各期发展水平是基期水平与各该期定基发展速度的乘积。

水平法侧重于考察最末一年的发展水平，按这种方法确定的平均发展速度，推算的最后一年发展水平，等于最末一年的实际发展水平；推算的最末一年的定基发展速度和根据实际资料计算的最末一年定基发展速度是一致的。累计法侧重考察全期各部分发展水平的总和，按这种方法确定的平均发展速度，推算的全期各部分发展水平的总和与实际资料的总数是一致的；推算的各部分定基发展速度的总和与根据实际资料计算的定基发展速度的总和是一致的。

在正常情况下，两种方法计算的平均每年增长速度比较接近；但在经济发展不平衡、出现大起大落时，两种方法计算的结果差别较大。在我国的实际统计工作中，除固定资产投资用累计法计算外，其余均用水平法计算。所以在此我们只对水平法做重点介绍。

水平法的公式如下：

$$\bar{x}^n = \frac{x_n}{x_0} \Rightarrow \bar{x} = \sqrt[n]{\frac{x_n}{x_0}} \tag{9.17}$$

$$x_0 \cdot X_1 \cdot X_2 \cdot \cdots \cdot X_n \Rightarrow x_0 \cdot \bar{x} \cdot \bar{x} \cdot \cdots \cdot \bar{x} = x_n \Rightarrow \bar{x} = \sqrt[n]{\frac{x_n}{x_0}} \tag{9.18}$$

式中，$\bar{x}$——平均发展速度；

X_i——环比发展速度；

n——环比发展速度的项数。

公式 9.18 是水平法公式的推导过程，其中蕴涵的数学依据是：现象发展的总速度不等于各期发展速度之和，而等于各期环比发展速度的连乘积，也就是说，现象从最初的水平通过 n 期的增长（或下降）最终发展到了最末期的水平。

平均增长速度和平均发展速度的关系是：

平均增长速度 = 平均发展速度 − 1

【例 9 − 9】 根据表 9 − 3 的数据，按水平法计算我国 2001—2005 年这五年期间国内生产总值的平均增长率。

解：根据题意，基期水平为 2000 年的国内生产总值，最末水平是 2005 年的国内生产总值，因此，2001—2005 年这五年间国内生产总值的平均发展速度为：

$$\bar{x} = \sqrt[n]{\frac{x_n}{x_0}} \times 100\% = \sqrt[5]{\frac{x_{2005}}{x_{2000}}} \times 100\% = \sqrt[5]{\frac{183\ 084.8}{99\ 214.8}} \times 100\% = 113.04\%$$

$$平均增长速度 = 平均发展速度 - 1 = 13.4\%$$

这里计算的平均增长速度是按当年价格计算的名义平均增长速度，与按可比价格计算的增长速度有所不同。

三、发展速度分析应注意的问题

时间序列的速度指标是由水平指标对比计算而来的，以百分数表示的抽象化指标。速度指标把现象的具体规模或水平抽象掉了，不能反映现象的绝对量差别，所以运用速度指标时，最好结合基期水平进行分析。平均发展速度只依赖于最初水平和最末水平，如果期间的环比发展速度很不平衡，那么用这样的资料来计算平均发展速度将降低或失去指标的代表性和实际分析意义，所以可以结合各个时期的环比发展速度来补充说明平均发展速度。

第四节　时间序列分析

一、时间序列的因素分解

时间序列分析，是指以时间序列为依据，通过对影响时间序列变动过程的主要因素及其相互关系实行分解与综合，来认识社会经济现象发展变化的规律性，从而为科学管理提供依据。

时间序列的变动是多种因素共同作用的结果。通常，把时间序列在形式上的变化分为 4 种组成因素，即长期趋势、季节性趋势、循环变动和不规则变动。

如果以直角坐标系的横轴代表时间，纵轴代表所研究的变量，将时间序列各坐标点依次连接起来，

图 9 - 2　时间序列中各变动因素示意图

就得到时间序列线形图。这个线形图实际上是由前述四种因素合成的。时间跨度足够大的线形图能够大略显示出长期趋势、循环变动和季节性变动，如图 9 - 2 所示。

1. 长期趋势(T)

长期趋势是指现象在一段相当长的时期内所表现出来的持续上升或下降或不变的趋势。长期趋势是受某种根本性支配因素的影响。例如，我国的国民生产总值呈现逐年上升的趋势，人口总量也呈现逐年上升的趋势（如图 9 - 3 所示）。需要注意的是，这里的长期并非时间意义上的绝对长短，而是针对时间序列的各期间隔而言的。也就是说，当我们的时间序列以年为间隔，那么两年三年不为长期，所表现出来的变化趋势不具有长期规律性；如果时间序列以月为间隔，则一年有 12 个月，也可以从中看出一些长期规律。

图 9 - 3　1995—2005 年我国人口数量的长期趋势

2. 季节变动(S)

季节变动指时间序列在一年内重复出现的周期性波动。原来最基本的意义是受自然界季节更替影响而发生的年复一年的有规律的变化。例如,农产品生产、水电消费的季节变动等。在实际分析中,季节变动也包括一年内由于社会、政治、经济、自然因素影响形成的有规律的周期性的重复变动。例如,民工潮造成的交通部门的客流量在一年中的规律性变化。图 9 - 4 是某农场禽蛋产值一年内随月份变动的图形。

图 9 - 4　某农场禽蛋产值季节变化

3. 循环变动(C)

循环变动是指变动周期大于一年的有一定规律的重复变动,经济增长中的繁荣、衰退、萧条、复苏、繁荣的循环也称为商业周期,是最常见的循环变动。2008 年发生了世界性的金融风暴,但下一次经济危机何时会发生谁都无法预测。循环变动和季节变动都是一种重复出现的周期性变动,不同的是,季节变动是一年内按月或按季的周期性变动,而循环变动的周期一般超过一年,而且循环变动的周期长短不一致,规律性不明显。

4. 不规则变动(I)

不规则变动也称随机变动,指现象受偶然因素的影响而出现的不规则变动。包括由突发的自然灾害、意外事故或重大政治事件所引起的剧烈变动,也包括由大量无可名状的随机因素干扰造成的起伏波动。例如,2005 年印度洋海啸对东南亚地区的旅游业造成的影响表现在旅游人数上就是一种不规则变动。

二、时间序列的组合模型

时间序列分析的变动一般是以上四种构成因素综合作用的结果，时间序列分析的目的就是对以上的四大构成要素进行测定，将各种变动对时间序列的影响分离开来，以研究现象变化发展的原因，揭示现象变动的规律性，为认识和预测事物的发展提供依据。按照四大构成要素影响方式的不同，可以设定为不同的组合模型，其中最常见的有乘法模型和加法模型两种。以 Y 表示时间序列的指标数值，T 表示长期趋势成分，S 表示季节变动成分，C 表示循环变动成分，I 表示不规则变动成分，用下标 t 表示时间（$t = 1, 2, \cdots, n$），n 为时间序列的项数。乘法模型和加法模型的表现形式如下：

$$乘法模型 \quad Y_t = T_t \times S_t \times C_t \times I_t \tag{9.19}$$

$$加法模型 \quad Y_t = T_t + S_t + C_t + I_t \tag{9.20}$$

乘法模型是假定四个构成要素对现象发展的影响是相互的，长期趋势成分与时间序列原始指标值都是以绝对数的形式存在的，其余成分则均以比例形式（相对数）表示。

加法模型是假定四个要素的影响相对独立，时间序列各时期发展水平是各个构成因素的总和，每个成分均以时间序列原始指标数值相同的绝对数表示。

实际中，各种变动对现象的影响一般都是相互的，因此应用较多的是乘法模型。

第五节　长期趋势的测定与预测

时间序列的长期趋势是就一个较长的时期而言的，一般来说，分析长期趋势所选的时期越长越好。对长期趋势的测定和分析是时间序列的重要工作，其主要目的有三个：一是为了认识现象随时间发展变化的趋势和规律性；二是为了对现象未来的发展趋势作出预测；三是为了从时间序列中剔除长期趋势成分，以便分解出其他类型的影响因素。时间序列趋势的测定方法有许多种，最常用的有时距扩大法、移动平均法和趋势模型法。

一、时距扩大法

时距扩大法是测定长期趋势最原始、最简单的方法。它是将原来时间序列中较小时距单位的若干个数据加以合并，得到较大时距单位的数据。当原始时间序列中各指标数值上下波动，使得现象变化规律表现不明显时，可通过扩大序列时间间隔，使得较小时距数据所受到的偶然因素的影响相互抵消，以反映现象发展的长期趋势。

【例 9 – 10】　根据表 9 – 8 的数据，用时距扩大法分析某商场商品销售额的长期趋势。

表 9 – 8　某商场某年商品销售额资料　　　　　　　　　　　　　　　　单位：万元

月份	1	2	3	4	5	6	7	8	9	10	11	12
销售额	50	55	48	46	56	57	56	52	57	54	60	66

解：将以月为时距的时间序列合并为以季为时距的时间序列，如表 9 – 9 所示。原时间序列中并不能很好地观察出长期趋势来，通过扩大时距后的新时间序列中，可以明显地看

出商场的销售量呈现出增加的趋势。

表 9-9 时距扩大法计算某商场某年商品销售额的长期趋势 单位：万元

项目	一季度	二季度	三季度	四季度
商品销售额	153	159	165	180
平均月销售额	51	53	55	60

时距扩大法的优点是简便直观。但是它的缺点也很突出，扩大时距后形成的新时间序列包含的数据减少，信息量大量流失，不便做进一步分析。

二、移动平均法

移动平均法是采取逐期递推移动的方法对原数列按一定时距扩大，得到一系列扩大时距的平均数。它的原理和时距扩大法类似，通过扩大时距来消除时间序列中的不规则变动和其他变动，揭示出时间序列的长期趋势。移动平均法较时距扩大法的优点在于可以保留更多的数据信息，对原时间序列的波动起一定的修匀作用。移动平均法的具体步骤如下：

（1）扩大原时间序列的时间间隔，选定一定的时距项数 N。

（2）采用递次移动的方法对原序列递次移动 N 项计算一系列序时平均数。

【例 9-11】 表 9-10 是某地粮食产量及其三项移动平均和四项移动平均的计算结果。

表 9-10 某地粮食产量 单位：吨

年份	粮食产量	3项移动	粮食产量	4项移动	2项移动
1993	2.86	—	2.86		—
1994	2.83	2.91	2.83	3.02	—
1995	3.05	3.07	3.05	3.10	3.06
1996	3.32	3.19	3.32	3.21	3.16
1997	3.21	3.26	3.21	3.33	3.27
1998	3.25	3.00	3.25	3.47	3.40
1990	3.54	3.55	3.54	3.68	3.58
2000	3.87	3.82	3.87	3.82	3.75
2001	4.07	3.91	4.07		—
2002	3.79	—	3.79		—

在三项移动中，

$$T_{1994} = \frac{Y_{1993} + Y_{1994} + Y_{1995}}{3} = \frac{2.86 + 2.83 + 3.05}{3} = 2.91 （吨）$$

$$T_{1995} = \frac{Y_{1994} + Y_{1995} + Y_{1996}}{3} = \frac{2.83 + 3.05 + 3.32}{3} = 3.07 （吨）$$

⋮

$$T_{2001} = \frac{Y_{2000} + Y_{2001} + Y_{2002}}{3} = \frac{3.87 + 4.07 + 3.79}{3} = 3.91(\text{吨})$$

四项移动与三项移动有所不同，四项移动要求移动两次，第一次移动也是按照以上方法求的一个时间序列的趋势值。

$$T_{1994*} = \frac{Y_{1993} + Y_{1994} + Y_{1995} + Y_{1996}}{4} = \frac{2.86 + 2.83 + 3.05 + 3.32}{4} = 3.02(\text{吨})$$

$$T_{1995*} = \frac{Y_{1994} + Y_{1995} + Y_{1996} + Y_{1997}}{4} = \frac{2.83 + 3.05 + 3.32 + 3.21}{4} = 3.10(\text{吨})$$

$$\vdots$$

$$T_{2000*} = \frac{Y_{1999} + Y_{2000} + Y_{2001} + Y_{2002}}{4} = \frac{3.54 + 3.87 + 4.07 + 3.79}{4} = 3.82(\text{吨})$$

然后再对以上求得的趋势值进行两项平均得到长期趋势值。

$$T_{1995} = \frac{T_{1994*} + T_{1995*}}{2} = \frac{3.02 + 3.10}{2} = 3.06(\text{吨})$$

$$T_{1996} = \frac{T_{1995*} + T_{1996*}}{2} = \frac{3.10 + 3.21}{2} = 3.16(\text{吨})$$

$$\vdots$$

$$T_{2000} = \frac{T_{1999*} + T_{2000*}}{2} = \frac{3.68 + 3.82}{2} = 3.75(\text{吨})$$

从例 9 – 11 中我们可以看出，移动平均法具有以下特点：

（1）时距项数 N 越大，对时间序列的修匀效果越强，例 9 – 10 中，三项移动平均的波动较原序列明显削弱了，但是仍存在一些小波动，四项移动平均进一步削弱了波动，时间序列呈现出持续上升的长期趋势。

（2）移动平均时距项数 N 为奇数时，只需要一次移动平均，其移动平均值作为移动平均项数的中间一期的趋势代表值；当移动平均时距项数 N 为偶数时，移动平均值代表的是这偶数项的中间位置的水平，无法对正某一时期，所以需要进行一次相邻两项平均值的再次移动平均，如此才能使得平均值对正某一时期，第二次移动平均称为移正平均，也称中心化的移动平均数。

（3）N 的选择要考虑周期性波动的周期长短，平均时距 N 应和周期长度一致。当时间序列包含季节变动时，移动平均时距项数 N 应与季节变动长度一致，一般为 4 个季度或 12 个月。

（4）移动平均以后，其序列的项数较原序列减少。当原序列的项数为 N 时，移动 n 项，那么，移动后新序列项数为 $N - (n-1) = N - n + 1$ 项，比原序列项数减少 $(n-1)$ 项。

（5）虽然移动项数越多，修匀效果越强，但是移动项数过多，还将造成数据丢失增加的结果。由此，必须综合地考虑以上几个特点来选择适合的移动平均时距项数。

三、趋势模型法

时间序列的长期趋势可以分为线性趋势和非线性趋势。当时间序列的长期趋势近似地呈现为直线，每期的增减数量大致相同时，则称时间序列具有线性趋势。当时间序列在各时期的变动随时间而不同，各时期的变化率或趋势线的斜率有明显变动但又有一定规律性时，现象的长期趋势就不再是线性趋势，而可能是非线性趋势。在本书中，我们重点介绍线性趋势的模型法。

线性趋势的模型法，是利用以时间 t 作为解释变量和指标值 Y 为被解释变量的线性回归方法，对原时间序列进行拟合线性方程，消除其他成分变动，揭示时间序列的长期线性趋势。线性方程的一般形式为：

$$\hat{Y}_t = a + bt \tag{9.21}$$

式中，$\hat{Y}_t$——时间序列的趋势值；

　　　t——时间标号；

　　　a——趋势线在 Y 轴上的截距；

　　　b——趋势线的斜率，表示时间 t 变动一个单位时趋势值 $\hat{Y}_t$ 的平均变动数量。

通常利用最小二乘法估计线性趋势方程的参数，即

$$\begin{cases} b = \dfrac{n\sum tY_t - \sum t \sum Y_t}{n\sum t^2 - \left(\sum t\right)^2} \\ a = \overline{Y}_t - b\overline{t} \end{cases} \tag{9.22}$$

式中，n——时间序列中数据的项数；

　　　Y_t——原时间序列中各项的原始数值。

取时间序列的中间时期为原点时，有 $\sum t = 0$，上式可化简为：

$$\begin{cases} b = \overline{y} \\ a = \dfrac{\sum ty}{n} \end{cases} \tag{9.23}$$

【例 9 – 12】　利用表 9 – 11 中的数据，根据最小二乘法确定汽车产量的直线趋势方程，计算出 1991—2008 年各年汽车产量的趋势值，并预测 2010 年的汽车产量，作图与原序列比较。

表 9 – 11　汽车产量直线趋势计算表

年份	时间标号 t	产量（万辆）Y_t	$t \cdot Y_t$	t^2	趋势值
1991	1	17.56	17.56	1	0.00
1992	2	19.63	39.26	4	9.50
1993	3	23.98	71.94	9	19.00
1994	4	31.64	126.56	16	28.50
1995	5	43.72	218.60	25	38.00
1996	6	36.98	221.88	36	47.50
1997	7	47.18	330.26	49	57.00
1998	8	64.47	515.76	64	66.50
1999	9	58.35	525.15	81	76.00
2000	10	51.40	514.00	100	85.50

续表

年份	时间标号 t	产量(万辆)Y_t	$t \cdot Y_t$	t^2	趋势值
2001	11	71.42	785.62	121	95.00
2002	12	106.67	1 280.04	144	104.51
2003	13	129.85	1 688.05	169	114.01
2004	14	136.69	1 913.66	196	123.51
2005	15	145.27	2 179.05	225	133.01
2006	16	147.52	2 360.32	256	142.51
2007	17	158.25	2 690.25	289	152.01
2008	18	163.00	2 934.00	324	161.51
合计	171	1 453.58	18 411.96	2 109	1 453.58

解：根据上表利用最小二乘法求得 a 和 b 的结果如下：

$$\begin{cases} b = \dfrac{18 \times 18\,411.96 - 171 \times 1\,453.58}{18 \times 2\,109 - (171)^2} = 9.500\,4 \\ a = \dfrac{1\,453.58}{18} - 9.500\,4 \times \dfrac{171}{18} = -9.499\,5 \end{cases}$$

汽车产量的直线趋势方程为：

$$Y_t = -9.499\,5 + 9.500\,4t$$

将 $t = 1, 2, \cdots, 18$ 分别代入上式中，计算出趋势值列在表 9-5 中。

计算 2010 年汽车产量的预测值，即将 $t = 20$ 代入上式中，得到：

$$Y_t = -9.499\,5 + 9.500\,4 \times 20 = 180.51（万辆）$$

原序列和各期的趋势值序列绘制成图，如图 9-5 所示。

图 9-5　汽车产量直线趋势图

四、用 Excel 进行长期趋势的预测与测定

（一）画折线图

【例 9 – 13】　利用例 9 – 12 资料，建立数据文件"汽车销售数据.xls"，分析汽车销售额的线性长期趋势。

步骤 1：打开 Excel 格式的数据文件"汽车销售数据.xls"。

步骤 2：插入"图表"或直接点击"图表向导"，进入"图表类型"，见图 9 – 6，选择"折线图"。

图 9 – 6　图表类型——折线图

步骤三：点击"下一步"按钮，进入"图表源数据"，点击"序列"→"添加"，把销售额数据添加到"值(v)"中，把时间输入到"x 轴"框中，名称栏填写"汽车销售量"，见图 9 – 7。

图 9 – 7　图表源数据：添加系列 1

步骤 4：继续点击"添加"，增加系列 2，把趋势值数据添加到"值(v)"中，名称栏填写"趋势值"，见图 9 – 8。然后点击"完成"，即可得到 1991—2008 年汽车销售额及预测值的折线图，见图 9 – 9。

图9－8　图表源数据：增加系列2

图9－9　1991—2008年汽车销售额及预测值的折线图

（二）移动平均

【例9－14】　利用例9－11的资料，用Excel进行三项移动平均和四项移动平均。

　　点击"工具"菜单"数据分析"→"移动平均"，见图9－10移动平均对话框，输入有关数据，点击"确定"即可。如果选择图表输出，则输出移动平均后的折线图，结果见图9－11。

图9－10　移动平均对话框

年份	粮食产量	
1993	2.86	
1994	2.83	2.913333
1995	3.05	3.066667
1996	3.32	3.193333
1997	3.21	3.26
1998	3.25	3.333333
1999	3.54	3.553333
2000	3.87	3.826667
2001	4.07	3.91
2002	3.79	

图 9 – 11　移动平均值及折线图

(三)线性长期趋势方程的估计

【例 9 – 15】　利用例 9 – 13 资料：数据文件"汽车销售数据. xls"，估计汽车销售额的线性长期趋势方程。

步骤 1：把鼠标放在折线图中的任一点上，然后点击鼠标右键，出现一个菜单，其中有一项是"增加趋势线"，打开"增加趋势线"对话框，见图 9 – 12。

图 9 – 12　增加趋势线

步骤 2：点击"类型"，选择"线性(L)"，在"选择数据系列"中选择"产量"。

步骤 3：点击"选项"，如图 9 – 13 所示，选择显示公式及显示 R^2 值，点击"确定"即可。趋势方程的估计结果、趋势线见图 9 – 14。

图 9 – 13　增加趋势线选项框

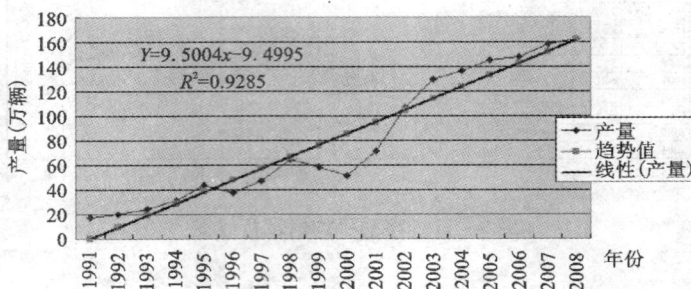

图 9 – 14　趋势线方程

第六节　季节变动的测定与预测

季节变动常会给人们的社会经济生活带来某种影响，如影响某些商品的生产、销售与库存。测定季节变动的意义主要在于通过分析与测定过去的季节变动规律，为当前的经营管理决策提供依据，特别是组织商业活动，避免由于季节变动引起的不良影响。还可以预测未来，制订计划，提前做好合理安排。由于季节变动的最大周期为一年，所以以年份为间隔单位的时间序列中不可能有季节变动。测定季节变动的方法很多，下面介绍常用的同期平均法和趋势剔除法。

一、同期平均法

这种方法是测定季节变动最简便的方法，其特点是测定季节变动时，不考虑长期趋势的影响。它是以若干年资料数据求出同月（季）的平均水平与全年各月（季）水平，二者对比得出各月（季）的季节指数来表明季节变动的程度。季节指数是用来刻画序列在一个年度内各月或季的典型季节特征，反映某一月份或季度的数值占全年平均数值的大小。如果现象的发展没有季节变动，则各期的季节指数应等于100%，季节变动的程度是根据各季节指数与其平均数（100%）的偏差程度来测定的，如果某一月份或季度有明显的季节变化，则各期的季节指数应大于或小于100%。

同期平均法的具体步骤如下：

（1）列表，将各年同月（季）的数值列在同一栏内；

（2）将各年同月（季）数值加总，求出月（季）平均；

（3）将所有月（季）数值加总，求出总的月（季）平均；

（4）求季节指数 S = 各月（季）平均/全期各月（季）平均×100%。

【例 9 – 16】　根据表 9 – 12 中数据用同期平均法计算季节指数。如果今年 4 月份禽蛋增加值为 100 万元，预计今年 10 月份的禽蛋增加值为多少？

表9-12　某禽蛋加工厂增加值资料　　　　　　　　　　单位：万元

月份 年份	1	2	3	4	5	6	7	8	9	10	11	12
第一年	10	50	80	90	50	20	8	9	10	60	50	20
第二年	15	54	85	93	51	22	9	9	11	75	54	22
第三年	22	60	88	95	56	23	9	10	14	81	51	23
第四年	23	64	90	99	60	30	11	12	15	85	59	25
第五年	25	70	93	98	62	32	13	14	19	90	61	28
月平均数	19	60	87	95	56	25	10	11	14	78	56	24
季节比率%	43	134	196	213	125	57	22	24	31	176	126	53

解：

第一步：列表，将各年同月的数值列在同一栏内。

第二步：将各年同月数值加总，求出月平均。

第三步：将所有月数值加总，求出总的月平均。

$$各月总平均 = \frac{2\,667}{60} = 44.45（万元）$$

第四步：求季节指数。

$$S = \frac{各月（季）平均}{全期各月（季）总平均} \times 100\%$$

第五步：画出季节指数图，如图9-15所示。

第六步：预测10月份的禽蛋增加值。

$$10月份产量增加值 = \frac{100}{213} \times 176\% = 82.63（万元）$$

图9-15　禽蛋加工增加值的季节指数

二、趋势剔除法

在具有明显的长期趋势变动的数列中，为了测定季节变动，必须先将长期趋势变动因素加以剔除。假定长期趋势、季节变动、循环变动和不规则变动对时间序列的影响可以用乘法模型来反映，为了精确计算季节指数，首先设法从数列中消除趋势因素（T），然后再用平均的方法消除循环变动（S），从而分解出季节变动成分。具体的步骤如下：

（1）计算移动平均值（季度数据采用4项移动平均，月份数据采用12项移动平均），并将其结果进行"中心化"处理，得到各期的长期趋势值T。

（2）计算移动平均的比值，即将序列的各观察值除以相应的中心化移动平均值，得到包含了循环变动和不规则变动的季节变动指数$S_t \times C_t \times I_t$。

$$S_t \times C_t \times I_t = \frac{T_t \times S_t \times C_t \times I_t}{T_t} = \frac{Y_t}{T_t} \qquad (9.24)$$

（3）用平均的方法消除循环变动和不规则变动，计算出各比值的季度（或月份）平均值，即季节指数。

（4）季节指数调整，各季节指数的平均数应等于 1 或 100%，若根据第三步计算的季节比率的平均值不等于 1，则需要进行调整。具体方法是：将第三步计算的每个季节比率的平均值除以它们的总平均值。

【例 9 - 17】 按趋势剔除法计算表 9 - 13 中某企业电视机销售量的季节指数。

表 9 - 13 某企业四年的季度电视机销售量 单位：千台

年份＼季度	第一季度	第二季度	第三季度	第四季度
第一年	4.8	4.1	6	6.5
第二年	5.8	5.2	6.8	7.4
第三年	6	5.6	7.5	7.8
第四年	6.3	5.9	8	8.4

解：首先，用移动平均法求得长期趋势值 T_t，然后利用公式 $Y_t/T_t = S_t \cdot C_t \cdot I_t$ 计算出各季的包含了循环变动和不规则变动的季节变动指数，如表 9 - 14 所示。

表 9 - 14 电视机销售量季节指数计算表（一）

年份	季度	销售量（千台）Y_t	4 季移动平均	移正平均 T_t	剔除趋势值 $\dfrac{Y_t}{T_t} = S_t \cdot C_t \cdot I_t$
第一年	1	4.8			
	2	4.1	5.350		
	3	6.0	5.600	5.475	1.096
	4	6.5	5.875	5.738	1.113
第二年	1	5.8	6.075	5.975	0.971
	2	5.2	6.300	6.188	0.840
	3	6.8	6.350	6.325	1.075
	4	7.4	6.450	6.400	1.156
第三年	1	6.0	6.625	6.538	0.918
	2	5.6	6.725	6.675	0.839
	3	7.5	6.800	6.763	1.109
	4	7.8	6.875	6.838	1.141
第四年	1	6.3	7.000	6.938	0.908
	2	5.9	7.150	7.075	0.834
	3	8.0			
	4	8.4			

其次,利用同季平均的方法计算出电视机销售量时间序列的季节指数,消除循环变动和不规则变动。求得的季节指数分别是:0.93,0.84,1.09,1.14,如表 9 – 15 所示。

表 9 – 15　电视机销售量季节指数计算表(二)

季节变动指数 (包括循环—不规则变动)	第一季度	第二季度	第三季度	第四季度
第一年			1.096	1.113
第二年	0.971	0.840	1.075	1.156
第三年	0.918	0.839	1.109	1.141
第四年	0.908	0.834		
各季平均(消除 C 和 I)	0.932	0.838	1.093	1.137
季节指数(%)	93.2	83.8	109.3	113.7

如果上一步求得的四个季节指数的平均数不为 1,还要进行调整,先求得四个季节指数的总平均数,再用四个季节指数和总平均数的比例作为最后的季节指数。该例题中上一步计算的四个季节指数的平均数已经为 1,所以不用再进行调整。

思考与练习

(一)填空题

1. 时间序列按其指标表现形式的不同,分为_____时间序列、_____时间序列和_____时间序列。

2. 平均发展水平又称_____,它是一种_____平均数,是对不同时期的_____求平均数。

3. 某厂 1 月份平均工人数为 190 人,2 月份平均工人数为 215 人,3 月份平均工人数为 220 人,4 月份平均工人数为 230 人。那么,第一季度的平均工人数为_____人。

4. 已知某产品产量 1996 年与 1995 年相比增长了 5%,1997 年与 1995 年相比增长了 12%,则 1997 年与 1996 年相比增长了_____。

5. 计算平均发展速度有_____和_____两种方法。

(二)单项选择题

1. 时间序列中,每项指标数值可以相加的是( )。

A.时期数列　　　　　　　　B.时点数列

C.相对指标时间数列　　　　D.平均指标时间数列

2. 累计增长量与相应的各逐期增长量之间的关系表现为( )。

A.相加关系　　B.相减关系　　C.相乘关系　　D.以上都不对

3. 动态数列的构成要素是( )。

A.变量和次数　　　　　　　B.时间和指标数值

C.时间和次数　　　　　　　D.主词和宾词

4. 若无季节变动，季节比率应为（　　）。

A. 0　　　　　　B. 100%　　　　　C. 小于 100%　　　　D. 大于 100%

5. 已知环比增长速度分别为 5%、9%、10%，则定基增长速度的计算公式为（　　）。

A. 5% ×9% ×10% – 100%　　　　　B. 5% ×9% ×10%

C. 105% ×109% ×110% – 100%　　　　D. 105% ×109% ×110%

6. 环比增长速度与定基增长速度的关系是（　　）。

A. 定基增长速度是环比增长速度的连乘积

B. 定基增长速度是环比增长速度之和

C. 定基增长速度是各环比增长速度加 1 后的连乘积减 1

D. 定基增长速度是各环比增长速度减 1 后的连乘积减 1

7. 反映报告期比基期增加（减少）的绝对数量的指标是（　　）。

A. 增长量　　　B. 发展水平　　　C. 变量　　　　D. 发展速度

8. 下列指标和时间构成的数列中，属于相对数时间序列的是（　　）。

A. 年末总人口　　　　　　　B. 人口自然增长率

C. 居民消费水平　　　　　　D. 钢产量

9. 某企业 2000 年工业总产值 408.72 万元，要求 2000 年至 2005 年平均发展速度为 105%，则 2005 年工业总产值为（　　）。

A. 522 万元　　　B. 548 万元　　　C. 497 万元　　　D. 531 万元

10. 编制时间序列的基本原则是保证序列中各指标数值具有（　　）。

A. 可加性　　　B. 连续性　　　C. 可比性　　　D. 间断性

（三）判断题

1. 循环变动与季节变动相同，都属于周期性为一年的变动。（　　）

2. 根据发展的战略目标，某产品产量 20 年要翻两番，即增加 4 倍。（　　）

3. 某企业生产某种产品，其产量每年增加 5 万吨，则该产品产量的环比增长速度年年下降。（　　）

4. 经济数据的随机波动或偶发事件都属于不规则变动。（　　）

5. 若将 1990—1995 年末国有企业固定资产净值按时间先后顺序排列，此种动态数列称为时点数列。（　　）

6. 已知某市工业总产值 1981—1985 年年增长速度分别为 4%、5%、9%、11% 和 6%，则这五年的平均增长速度为 6.97%。（　　）

7. 发展水平就是时间序列中的每一项具体指标数值，它只能表现为绝对数。（　　）

8. 平均增长速度不是根据各个增长速度直接来求得，而是根据平均发展速度计算的。（　　）

9. 无论是月度数据、季度数据或年度数据都可以清楚地观察出季节变动。（　　）

10. 时间序列乘法模型的假设前提是，影响时间序列的各个因素是相互独立的。（　　）

（四）计算题

1. 2001 年 1 月 1 日，我国人口为 12.9 亿人，为争取 2020 年年末我国人口控制在 15 亿人之内，要求：

（1）试计算年人口平均增长率。

（2）若今后平均增长率控制在10‰时，试计算2020年年末我国人口数量。

2. 设某厂10年的产量环比发展速度如下：第1、2年各为105%，第3、4、5年各为110%，第6、7、8年各为120%，第9、10年各为130%，求平均发展速度。

3. 设某种股票2004年各统计时点的收盘价如下表，计算该股票2004年的年平均价格。

统计时点	1月1日	3月1日	7月1日	10月1日	12月31日
收盘价（元）	15.2	14.2	17.6	16.3	15.8

4. 1982年末我国人口是10.15亿人，人口净增长率14.49‰，如果按此速度增长，2000年末将有多少亿人？若2000年要将人口控制在12亿人以内，人口年均净增长率应控制在多少？

5. 某商店2010年各月末商品库存额资料如下：

月份	1	2	3	4	5	6	8	11	12
库存额（万元）	60	55	48	43	40	50	45	60	68

又知1月1日商品库存额为63万元，试计算上半年、下半年和全年的平均商品库存额。

6. 对某地居民消费价格指数数据（如下表所示），分别取移动间隔 $k=3$ 和 $k=5$，用Excel计算各期居民消费价格指数的预测值，计算出预测误差，并将原序列和预测后的序列绘制成图形进行比较，并求出趋势性方程。

年份	居民消费价格指数（%）	年份	居民消费价格指数（%）
1996	106.5	2004	124.1
1997	107.3	2005	117.1
1998	118.8	2006	108.3
1999	118.0	2007	102.8
2000	103.1	2008	99.2
2001	103.4	2009	98.6
2002	106.4	2010	100.4
2003	114.7		

7. 对第6题的居民消费价格指数数据，用最小二乘法确定直线趋势方程，计算出各期的趋势值和预测误差，预测2011年的居民消费价格指数。

8. 某公司2005年初固定资产为580万元。历年末利润额（单位：万元）统计资料如下：

年份	2005	2006	2007	2008	2009	2010
固定资产	600	628	712	745	790	840
利润额	40	48	56	65	73	82

（1）计算该公司 2005—2010 年平均固定资产利润率。

（2）对固定资产和利润额的发展速度作出分析。

9. 某厂 2010 年产值为 300 万元，计划今后产值每年递增 10%，到 2015 年产值应为多少万元？若计划到 2015 年产值达到 480 万元，问平均每年递增多少？若已知 2010 年产值 300 万元，计划每年递增 10%，问几年才能达到 480 万元？

第十章　统计与统计分析实验

教学要求：

通过实验教学，使学生验证并加深理解和巩固课堂教学内容，掌握常用统计分析方法在 Excel 和 SPSS 中的实现，更好地理解和掌握统计分析方法的应用原理、基本条件、实现步骤、结果的内涵等问题。通过实验，使学生能够结合具体任务和条件对社会经济问题进行初步的调查研究，结合自己的专业，在定性分析基础上做好定量分析，提高学生的科研能力和解决实际问题的能力，以适应社会主义市场经济中各类问题的实证研究、科学决策和经济管理的需要。

主要内容：

Excel 和 SPSS 中的统计分析功能，包括：

（1）数据的整理与显示，包括数据的排序与筛选、数据透视表与分类汇总、制作频数分布表和绘制各种统计图。计算描述统计量，选择适合的描述统计量反映统计数据的集中和离散趋势。

（2）SPSS 的假设检验，包括单样本的 t 检验，两独立样本的 t 检验及配对样本的 t 检验。

（3）SPSS 的方差分析，包括单因素方差分析和多因素方差分析。

（4）相关与回归分析，SPSS 中相关系数的计算，包括 Pearson 积差相关系数，Spearman 等级相关系数、Kendall's 相关系数。回归分析包括建立一元线性回归方程和多元线性回归方程及回归方程的显著性检验。

实验一　用 Excel 对数据的整理与显示

【实验目的及要求】　面对杂乱无章的数据，要熟练掌握应用 Excel 对数据进行整理，并以一定的形式显示出来。主要包括：数据的筛选和排序，利用直方图制作频数分布表，数据透视表，熟练掌握直方图、条形图、圆形图、散点图等统计图的制作方法。

【实验内容及步骤】

一、数据的筛选和排序

（一）数据的筛选

在对统计数据进行整理时，首先需要进行审核，以保证数据的质量。对审核中发现的错误应尽可能予以纠正。如果对发现的错误无法纠正，或者有些数据不符合调查的要求而又无法弥补时，就要对数据进行筛选。

数据筛选有两方面内容：一是将某些不符合要求的数据或有明显错误的数据予以剔除；二是将符合某种特定条件的数据筛选出来，不符合特定条件的数据予以剔除。数据筛选可借助计算机自动完成。

下面通过实例说明用 Excel 进行数据筛选的过程。

【例 10 – 1】 表 10 – 1 是 8 名学生 4 门课程的考试成绩数据(单位：分)。试找出统计学成绩等于 70 分的学生、英语成绩最高的前三名学生、4 门课程都高于 60 分的学生。

表 10 – 1　8 名学生的考试成绩数据

	A	B	C	D	E
1	姓名	统计学	高等数学	概率论	大学英语
2	明丹凤	68	89	84	80
3	明扬	72	60	88	95
4	耿桐	54	78	75	63
5	曹萌	70	90	60	78
6	赵士鹏	78	85	56	75
7	王俭	64	65	90	69
8	聂雪	67	63	63	80
9	董梦妍	68	82	78	85

首先，选中统计学数据，选择"工具"菜单，并选择"筛选"命令。如果要筛选出满足给定条件的数据，可使用自动筛选命令。如图 10 – 1 所示。这时会在第一行出现下拉箭头，用鼠标点击箭头会出现下面的结果，如图 10 – 2 所示。

图 10 – 1　自动筛选(1)

图 10 – 2　自动筛选(2)

要筛选出统计学成绩为 70 分的学生，选择"70"，得到结果如图 10 – 3 所示。

要筛选出大学英语成绩最高的前三名学生，可点"大学英语"下拉菜单，选择"前 10 个"，并在对话框中输入数据 3，得到的结果如图 10 – 4 所示。

图 10 – 3　自动筛选(3)

如果要筛选出 4 门课程成绩都大于 60 分的学生，由于设定的条件比较多，需要使用"高级筛选"命令。使用"高级筛选"时，必须建立条件区域。这时需要在数据清单上面至少留出 3 行作为条件区域，然后把数据清单中含有筛选值的数据列复制粘贴到条件区域的一个空行，再在条件标志下面的一行中键入要匹配的条件。如图 10 – 5 所示。

图 10 - 4　自动筛选（4）

图 10 - 5　自动筛选（5）

然后，在高级筛选对话框中修改"数据区域"或"条件区域"。结果如图 10 - 6 所示。单击"确定"后出现如图 10 - 7 所示的结果。

图 10 - 6　高级筛选（1）

图 10 - 7　高级筛选（2）

（二）数据的排序

数据排序就是按一定顺序将数据排列，其目的是为了便于研究者通过浏览数据发现一些明显的特征或趋势，找到解决问题的线索。排序还有助于对数据检查、纠错，为重新分组或归类提供依据。在某些场合，排序本身就是分析的目的之一，例如，美国的《财富》杂志每年都要排出世界 500 强企业，通过这一信息，经营者不仅能知道本企业所处的地位和差距，还可以了解到竞争对手的状况，从而有效地制订本企业的发展规划和战略目标。

各类数据，如果是字母型数据，排序有升序与降序之分，升序更常见些，因为升序与字母的排列顺序相同；如果是汉字型数据，排列方式很多，比如按汉字的首位拼音字母排列，这与字母型数据的排序完全一样，也可按笔画顺序，其中也有笔画多少的升序与降序之分。交替运用不同方式排序，在汉字型数据的检查、纠错中十分有用。顺序数据和数值型数据的排序只有两种，即递增和递减。设一组数据为 $x_1, x_2, \cdots, x_N$，递增排序后可表示为：$x_{(1)} \leqslant x_{(2)} \leqslant \cdots \leqslant x_{(N)}$；递减排序后可表示为：$x_{(1)} \geqslant x_{(2)} \geqslant \cdots \geqslant x_{(N)}$。排序后的数据亦称为顺序统计量（order statistics）。无论是定性数据还是定量数据，其排序均可借助计算机完成。

【例 10 - 2】　对表 10 - 1 的学生成绩，求出四门课的平均成绩，如表 10 - 2 所示，试按平均成绩升序排序。

表 10－2　学习成绩统计表

	A	B	C	D	E	F
1	姓名	统计学	高等数学	概率论	大学英语	平均成绩
2	明丹凤	68	89	84	80	80.3
3	明扬	72	60	88	95	78.8
4	耿桐	54	78	75	63	67.5
5	曹萌	70	90	60	78	74.5
6	赵士鹏	78	85	56	75	73.5
7	王俭	64	65	90	69	72.0
8	聂雪	67	63	63	80	68.3
9	董梦妍	68	82	78	85	78.3

所谓按列排序就是根据一列或几列中的数据清单进行排序。排序时，Excel 将按指定字段的值和指定的"升序"、"降序"排序次序重新设定行。操作步骤如下：

（1）选择所有数据。

（2）选取"数据"菜单中的"排序"命令，出现"排序"对话框，如图 10－8 所示。在对话框中，单击"主要关键字"右边的下拉列表按钮，在字段下拉列表中选取主关键字段，如"平均成绩"。

（3）选择"升序"或"降序"，单击主要关键字右边的"升序"或"降序"单选钮。

（5）还可以用同样的方法选择"次要关键字"、"第三关键字"以及升降序。

（6）排除字段名行。因为字段名行不参加排序，选择数据框中如果含有字段名行，应单击"有标题行"单选钮将其排除，否则单击"没有标题行"单选钮。

（7）单击"确定"按钮执行排序。数据被重新组织，平均成绩由小到大排序。如图 10－9 所示。

图 10－8　排序（1）

图 10－9　按"总成绩"排序的成绩单

当对数据清单按列进行排序且只有一个排序关键字时，可以直接使用标准工具栏中的"升序"或"降序"工具按钮来完成排序，如图 10－10 所示。

操作步骤：

（1）单击排序字段中的任意一个单元格。

图 10－10　"升序"或"降序"工具按钮

(2)单击工具栏中的"升序"或"降序"工具按钮。

通常情况下,Excel 是按列排序的,但也可以按行排序。

所谓按行排序就是根据一行或几行中的数据清单进行排序。排序时,Excel 将按指定行的值和指定的"升序"或"降序"排序次序重新设定列。

操作步骤如下:

(1)单击数据区域内的任何一个单元格。

(2)选取"数据"菜单中的"排序"命令,出现"排序"对话框。

(3)单击对话框中的"选项"按钮,出现"排序选项"对话框,如图 10 – 11 所示。

(4)在"排序选项"对话框中的"方向"框中,选取"按行排序"单选钮。

(5)单击"确定"按钮。

其他步骤和按列排序的步骤相同。

图 10 – 11 按行排序

二、利用直方图制作频数分布表

【例 10 – 3】 某房产专业 40 名学生统计学考试成绩(单位:分)如表 10 – 3 所示。试按组距分组,并制作频数分布表。

表 10 – 3 学生成绩表

83	66	85	78	73	93	94	83
76	75	81	73	70	73	77	51
86	85	81	88	90	85	69	60
60	32	52	73	70	52	79	75
88	77	68	79	61	84	79	93

操作步骤:

用 Excel 的数据分析功能需要使用 Excel 扩展功能,如果 Excel 尚未安装数据分析,请选择"工具"→"加载宏",在安装光盘支持下加载"分析数据库"。加载成功后,可以在"工具"下拉菜单中看到"数据分析"选项。

(1)建立数据文件,把所有数据按列排列,建立数据文件:"统计学成绩. xls",并在数据的空白处输入接收区域,输入各组的上限值。Excel 在制作频数分布表时,每一组的频数包括一个组的上限,所以本例可采用上组限不重合的分组,按 90 分以下、40 ~ 59 分、60 ~ 69 分组等进行分组,最后一组为 90 ~ 100 分。如图 10 – 12 所示。

(2)选择"数据分析"对话框中"直方图",出现"直方图"对话框,如图 10 – 13 所示。

图 10 – 12 统计学成绩.xls

图 10 – 13 "直方图"对话框

（3）在"输入区域"对应编辑框选择所有学生成绩数据。在"接受区域"对应编辑框输入接收区域的分组数据，在输出选项中选择图表输出的位置，如在本表中输出，则在输出区域右边的框中选择在本表中的某一位置。

（4）看是否在输入栏里选择了标志单元格，考虑选定"标志"。在输出选项中选择"新工作表组"，在其对应编辑框中输入输出工作表名称，如"图表输出"中，选择"柏拉图"、"累积百分率"、"图表输出"选项。

（5）单击"确定"，结果如图 10 – 14 所示。但需要指出的是，要得到所需要的频数分布表和直方图，仍需要对输出结果进行编辑，如把接收改为统计学成绩，频率改为频，再计算频率等，更改后的频数分布表如表 10 – 4 所示。图中所示的直方图按实际意义上来讲也仅是柱形图，需要修正，参见下一节直方图的制作方法。

图 10 – 14 直方图输出结果

表 10 – 4 统计学成绩频数分布表

统计学成绩	频数	频率（%）	累积频率（%）
39	1	2.50	2.50
59	3	7.50	10.00
69	6	15.00	25.00
79	15	37.50	62.50
89	11	27.50	90.00
100	4	10.00	100.00
其他	0		
合计	40	100	100

应当注意,图 10 – 14 实际上是一个条形图,而不是直方图,若要把它变成直方图,可按如下操作:

用鼠标左键单击任一直条,然后单击右键,在弹出的快捷菜单中选取数据系列格式,弹出数据系列格式对话框,如图 10 – 15 所示。

在对话框中选择选项标签,把间距宽度改为 0,按"确定"后即可得到直方图,如图 10 – 16 所示。

图 10 – 15　数据系列格式对话框

图 10 – 16　调整后的直方图

在图 10 – 14 中显示的统计结果中,可以看见输出的内容分为两部分,一部分是数据表形式,一部分是直方图形式。在数据表部分,显示每个区间中的人数及累计百分率数值。通过该统计结果,我们可以知道,在统计学的考试成绩中,39 分以下的有 1 人,占 2.5%,40 ~ 59 分的有 3 人,占 7.5%。

三、数据透视表

假设我们已经建立了一张统计表,若要建立一个交叉式的复合分组统计表,可使用数据透视表功能。

【**例 10 – 4**】　如果我们已经建立了一张某单位部分人事统计表,利用数据透视表按性别统计各职称的基本工资总额(数据文件名:数据透视表. xls)。

操作步骤:

(1)打开数据文件"数据透视表. xls",如图 10 – 17 所示。

	A	B	C	D	E	F	G	H
1	编号	姓名	性别	职称	工龄	基本工资	职务津贴	奖金
2	101001	刘剑锋	男	助理工程师	1	600.00	60.00	180.00
3	101002	李兵	女	助理工程师	3	660.00	66.00	198.00
4	101003	尤奇	男	助理工程师	5	726.00	72.60	217.80
5	101004	袁建英	男	助理工程师	7	798.60	79.86	239.58
6	101005	章尧	男	会计师	9	878.46	87.85	263.54
7	101006	汤振华	男	工程师	11	966.31	96.63	289.89
8	101007	黄暖丹	女	工程师	13	1062.94	106.29	318.88
9	101008	孙岚	男	工程师	15	1169.23	116.92	350.77
10	101009	徐喜荣	男	高级工程师	17	1286.15	128.62	385.85
11	101010	周冥皓	男	高级工程师	19	1414.77	141.48	424.43

图 10 – 17　数据透视表. xls

（2）单击"数据"菜单，选择"数据透视表和数据透视图"命令，进入数据透视表和数据透视图向导，在"所需创建的报表类型"中选择"数据透视表"，如图 10-18 所示。

（3）单击"下一步"，键入或选定建立数据透视表的数据源区域，如图 10-19 所示。

图 10-18　数据透视表和数据透视图向导

图 10-19　选定建立数据透视表的数据源

（4）单击"下一步"，在数据透视表显示位置中选择新建工作表，如图 10-20 所示。

（5）单击"完成"，则在新建工作表中生成数据透视表，如图 10-21 所示。

（6）将"职称"拖至行字段处；将"性别"拖至列字段处；将"基本工资"拖至数据项处。即得到数据透视表——按性别统计各职称的基本工资总额为内容的交叉式的复合分组统计表，如图 10-22 所示。

图 10-20　选择数据透视表显示位置

图 10-21　数据透视表编辑框

求和项:基本工资	性别		
职称	男	女	总计
高级工程师	2700.921901		2700.921901
工程师	2135.53626	1062.9366	3198.47286
会计师		878.46	878.46
助工	2124.6	660	2784.6
总计	7839.518161	1722.9366	9562.454761

图 10-22　复合分组统计表

四、统计图

Excel 有较强的作图功能，可根据需要选择各类型的图形。Excel 提供的统计图包括柱形图、条形图、折线图、饼图、散点图、面积图、环形图、雷达图、曲面图、气泡图、股价图、圆柱图、圆锥图等,各种图的做法大同小异,下面只介绍饼图的绘制。

1. 饼图

饼图也称圆形图,是用圆形及圆内扇形的面积来表示数值大小的图形。饼图主要用于表示总体中各组成部分所占的比例,即总体内部结构,对于研究结构性问题十分有用。

【例 10 – 5】 据中国互联网络信息中心 2006 年 6 月底的统计,我国目前网民的年龄分布如表 10 – 5 所示,根据资料利用 Excel 绘制饼图。

步骤:先把数据输入到工作表中,如图 10 – 23 所示,可按下面的步骤操作。

(1) 选择"插入"下拉菜单,选择"图表"。

(2) 在"图表类型"中选择"饼图",然后在子图表类型中选择一种类型,这里我们选用系统默认的方式。然后单击"下一步"按钮,打开"源数据"对话框。如图 10 – 24 所示。

表 10 – 5　我国目前网民的年龄分布表

年龄(岁)	比重(%)
18 以下	14.90
18 ~ 24	38.90
25 ~ 30	18.40
31 ~ 35	10.10
36 ~ 40	7.50
41 ~ 50	7.00
51 ~ 60	2.40
60 以上	0.80

图 10 – 23　在 Excel 中建立数据文件

图 10 – 24　选择图表类型

(3) 在图表源数据对话框中填入数据所在区域,单击"下一步",在图表选项中,对"标题"、"图例"和"数据标志"适当处理。如果要对图形修改,可用鼠标双击图表,然后用鼠标双击需要修改的部分,并进行修改。结果即可得如图 10 – 25 所示的饼图。

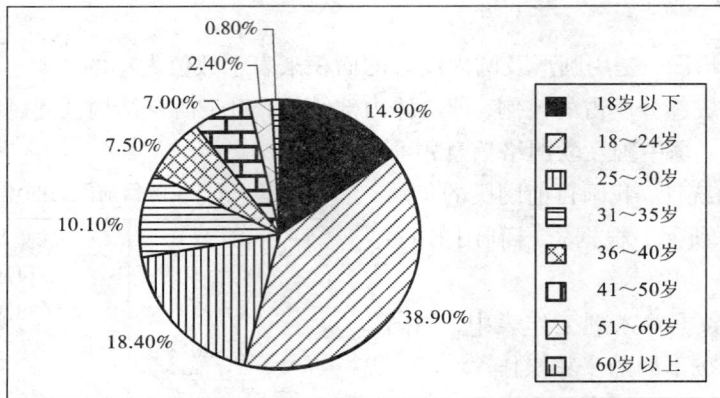

图 10 - 25　饼图

2. 条形图(bar)

条形图可用于显示离散型变量的次数分布。最主要是显示顺序数据和分类数据的频数分布。条形图是用宽度相同的条形的高度或长短来表示数据的多少的图形。条形图可以横置或纵置，纵置时也称为柱形图。此外，条形图有单式、复式等形式。

在表示分类数据的分布时，用条形图的高度或长度来表示各类别数据的频数或频率。绘制时，各类别可以放在纵轴，称为条形图；也可以放在横轴，称为柱形图，如图 10 - 26 所示。

图 10 - 26　类别数据条形图

条形图用于显示离散型变量的次数分布，用条形的高度来表示变量值的大小，如图 10 - 27 所示。

3. 直方图(histogram)和折线图

直方图和折线图用于显示连续型变量的次数分布。直方图是用矩形的宽度和高度(即面积)来表示频数分布的图形。在平面直角坐标中，用横轴表示数据分组，纵轴表示频数或频率，这样，各组与相应的频数就形成了一个矩形，即直方图。在直方图中，实际上是用矩形的面积来表示各组的频数分布。在直方图基础上添加趋势线，形成折线图。例如根据资料绘制的直方图和折线图如图 10 - 28 和图 10 - 29 所示。

图 10 - 27　离散型变量次数分布条形图

图 10 - 28　某生产车间 50 名工人日加工零件频数分布直方图

图 10 - 29　某生产车间 50 名工人日加工零件频数分布折线图

　　直方图与条形图不同。首先，条形图是用条形的长度（横置时）表示各类别频数的多少，其宽度（表示类别）则是固定的；直方图是用面积表示各组频数的多少，矩形的高度表示每一组的频数或频率，宽度则表示各组的组距，因此，其高度与宽度均有意义。其次，由于分组数据具有连续性，直方图的各矩形通常是连续排列，而条形图则是分开排列。最后，条形图主要用于展示分类数据，而直方图主要用于展示数值型数据。

　　4. 环形图

　　环形图与饼形图类似，但又有区别。环形图中间有一个"空洞"，总体或样本中的每一部分数据用环中的一段表示。饼图只能显示一个总体和样本各部分所占的比例，而环形图则可以同时绘制多个总体或样本的数据系列，每一个总体或样本的数据系列为一个环。因此环形图可显示多个总体或样本各部分所占的相应比例，从而有利于我们进行比较研究。例如根据资料绘制成的环形图，如图 10 – 30 所示。

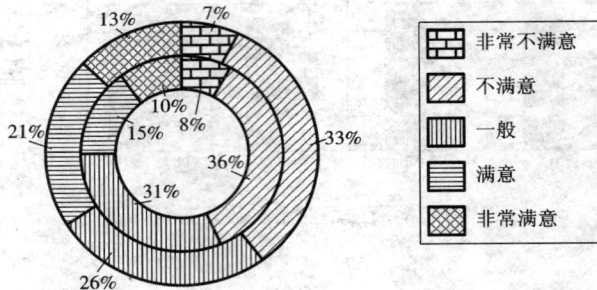

图 10 – 30　环形图

5. 线图(line)

线图是在平面坐标上用折线表现数量变化特征和规律的图形。主要用于显示连续型变量的次数分布和现象的动态变化。例如，根据资料绘制成的乙城市家庭对住房状况的评价线图，如图 10 – 31(a)、(b)所示。

图 10 – 31(a)　乙城市向下累积频数分布图

图 10 – 31(b)　乙城市向上累计频数分布图

6. 散点图(scatter)

主要用来观察变量间的相关关系，也可显示数量随时间的变化情况。如图 10 – 32 所示。

图 10－32　散点图

实验二　用 Excel 计算描述统计量

【实验目的及要求】　熟练掌握应用 Excel 软件统计分析工具计算单变量统计描述分析，包括均值、中位数、众数、标准差、方差、偏态、峰态的计算，提供数据集中趋势和离散趋势的信息。

【实验内容及步骤】

1. 输入区域

在此输入待分析数据区域的单元格引用。该引用必须由两个或两个以上按列或行组织的相邻数据区域组成。

2. 分组方式

如果需要指出输入区域中的数据是按行还是按列排列，请单击"逐行"或"逐列"。

3. 标志位于第一行/列

如果输入区域的第一行中包含标志项，请选中"标志位于第一行"复选框；如

图 10－33　"描述统计"对话框

果输入区域的第一列中包含标志项，请选中"标志位于第一列"复选框；如果输入区域没有标志项，则该复选框不会被选中，Microsoft Excel 将在输出表中生成适宜的数据标志。

4. 平均数置信度

如果需要在输出表的某一行中包含均值的置信度，请选中此复选框，然后在右侧的编辑框中，输入所要使用的置信度。例如，数值95%可用来计算在显著性水平为5%时的均值置信度。

5. 第 K 大值

如果需要在输出表的某一行中包含每个区域的数据的第 K 个最大值，请选中此复选框，然后在右侧的编辑框中输入 K 的数值。如果输入 1，则这一行将包含数据集中的最大数值。

6. 第 K 小值

如果需要在输出表的某一行中包含每个区域的数据的第 K 个最小值，请选中此复选框，然后在右侧的编辑框中，输入 K 的数值。如果输入 1，则这一行将包含数据集中的最小数值。

7. 输出区域

在此输入对输出表左上角单元格的引用。此工具将为每个数据集产生两列信息。左边一列包含统计标志项，右边一列包含统计值。根据所选择的"分组方式"选项的不同，Microsoft Excel 将为输入表中的每一行或每一列生成一个两列的统计表。

8. 新工作表组

单击此选项，可在当前工作簿中插入新工作表，并由新工作表的 A1 单元格开始粘贴计算结果。如果需要给新工作表命名，请在右侧编辑框中键入名称。

9. 新工作簿

单击此选项，可创建一新工作簿，并在新工作簿的新工作表中粘贴计算结果。

10. 汇总统计

如果需要 Microsoft Excel 在输出表中生成下列统计结果，请选中此复选框。这些统计结果有：平均值、标准误差（相对于平均值）、中值、众数、标准偏差、方差、峰值、偏斜度、极差（全距）、最小值、最大值、总和、总个数、Largest（#）、Smallest（#）和置信度。

【例 10 – 6】　某老师对几名学生的五次考试成绩进行分析，以便对这几个学生在学习方面的问题加以解决。使用"描述统计"分析工具对其数据进行分析（数据文件名：描述统计 . xls）。

操作步骤：

（1）打开数据文件"描述统计 . xls"，如图 10 – 34 所示。

（2）选择"数据分析"对话框中"描述统计"，跳出"描述统计"对话框，如图 10 – 35 所示。

图 10 – 34　描述统计 . xls

图 10 – 35　"描述统计"对话框

（3）在"输入区域"编辑框中键入数据所在的单元格区域（A4：F8）。

（4）单击"逐行"选项。

（5）选中"标志位于第一行"选项。

（6）在"输出选项"下单击"新工作表组"选项，并在对应编辑框中输入新工作表的名称。如："描述统计结果"。

（7）选中"汇总统计"。

（8）选中"平均数置信度"，并在其相应的编辑框中输入"95"。

（9）选中"第 K 大值"和"第 K 小值"，并在其相应编辑框中输入"1"。

（10）单击"确定"。

（11）数据输出在新创建的工作表"协方差分析结果"中的"A1：J18"区域，如图 10-36 所示。

	A	B	C	D	E	F	G	H	I	J
1	王华		张晓桢		王敏		赵梅		刘明	
2										
3	平均	88.2	平均	89.8	平均	89.6	平均	86.6	平均	93.4
4	标准误差	8.3150466	标准误差	2.634388	标准误差	3.7496667	标准误差	2.9086079	标准误差	2.0149442
5	中值	96	中值	91	中值	89	中值	94		
6	模式	#N/A	模式	#N/A	模式	96	模式	92	模式	97
7	标准偏差	18.593009	标准偏差	5.8906706	标准偏差	8.3845095	标准偏差	6.503845	标准偏差	4.5055521
8	样本方差	345.7	样本方差	34.7	样本方差	70.3	样本方差	42.3		20.3
9	峰值	4.9278817	峰值	-1.040039	峰值	-2.899239	峰值	-0.73789	峰值	2.1153146
10	偏斜度	-2.21588	偏斜度	-0.248035	偏斜度	-0.670307	偏斜度	-0.912717	偏斜度	-1.420251
11	区域	43	区域	15	区域	17	区域			11
12	最小值	55	最小值	82	最小值	79	最小值	77	最小值	86
13	最大值	98	最大值	97	最大值	96	最大值	92	最大值	97
14	求和	441	求和	449	求和	448	求和	433		467
15	计数	5	计数	5	计数	5	计数	5		5
16	最大(1)	98	最大(1)	97	最大(1)	96	最大(1)	92		97
17	最小(1)	55	最小(1)	82	最小(1)	79	最小(1)	77		86
18	置信度	(95.5 23.086318	置信度	(95.5 7.3142487	置信度	(95.5 10.410765	置信度	(95.5 8.0756069	置信度	(95.5 5.5943935

图 10-36　描述统计输出结果

在数据输出的工作表中，可以看出每个学生的成绩的各种分析结果。其中第 3 行至第 18 行分别为：平均值、标准误差、中值、标准误差、样本方差、峰值、偏度、最大值、最小值、求和、计数、第 1 大值、第 1 小值、95% 概率保证程度的置信度。根据"标准偏差"值可以看出王华的成绩离散程度最大，即其成绩极不稳定；刘明的成绩是最稳定的。若取中值进行分析则是王华的成绩最好，平均值为刘明最佳。总体上而言，王华的成绩应该是最好的，只是最后一次的成绩太差，造成了较大的影响。

实验三　SPSS 数据文件的建立与编辑

【SPSS 软件简介】

SPSS 是软件英文名称的首字母缩写，原意为 Statistical Package for the Social Sciences，即"社会科学统计软件包"。但是随着 SPSS 产品服务领域的扩大和服务深度的增加，SPSS公司已于 2000 年正式将英文全称更改为 Statistical Product and Service Solutions，意为"统计产品与服务解决方案"，这标志着 SPSS 的战略方向作出了重大调整。SPSS 是世界上最早的统计分析软件，由美国斯坦福大学的三位研究生于 20 世纪 60 年代末研制，研制者同时成立了 SPSS 公司，并于 1975 年在芝加哥组建了 SPSS 总部。1984 年 SPSS 总部首先推出了世界上第一个统计分析软件微机版本 SPSS/PC+，开创了 SPSS 微机系列产品的开发方向，极大地扩充了它的应用范围，并使其能很快地应用于自然科学、技术科学、社会科学的各个领域，世界上许多有影响的报纸杂志纷纷就 SPSS 的自动统计绘图、数据深入分析、使用方便、功能齐全等方面给予了高度的评价与称赞。迄今为止，SPSS 软件已有 30 余年的成长历史。全球约有25万家产品用户，它们分布于通讯、医疗、证券、保险、制造、商业、市场研究、科研教育等多个领域和行业，是世界上应用最广泛的专业统计软件。SPSS最突出的特点就是操作界面极为友好，输出结果美观漂亮，它使用Windows的窗口方式展示各种管理和分析数据方法的功能，使用对话框展示出各种功能选择项。

SPSS的基本功能包括数据管理、统计分析、图表分析、输出管理，等等。SPSS统计分析过程包括描述性统计、均值比较、一般线性模型、相关分析、回归分析、对数线性模型、聚类分析、数据简化、生存分析、时间序列分析、多重响应等几大类，每类中又分好几个统计过程，比如回归分析中又分线性回归分析、曲线估计、Logistic回归、Probit回归、加权估计、两阶段最小二乘法、非线性回归等多个统计过程，而且每个过程中又允许用户选择不同的方法及参数。SPSS也有专门的绘图系统，可以根据数据绘制各种图形。

【实验目的及要求】　熟练掌握变量的定义，数据的输入、编辑、转换和保存。
【实验内容及步骤】

一、定义变量

启动SPSS后，出现如图10-37所示数据编辑窗口。由于目前还没有输入数据，因此显示的是一个空文件。

输入数据前首先要定义变量。定义变量即要定义变量名、变量类型、变量长度（小数位数）、变量标签（或值标签）和变量的格式。

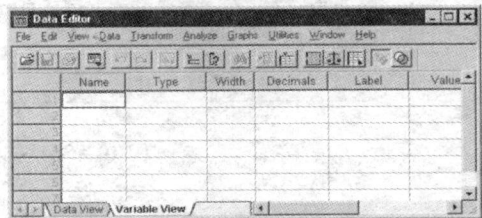

图10-37　SPSS数据编辑示意图（变量视图）

单击数据编辑窗口左下方的"Variable View"标签或双击列的题头（Var），进入如图10-37所示的变量定义窗口，在此窗口中即可定义变量。

（一）变量的定义信息

该窗口的每一行代表一个变量的定义信息，包括Name、Type、Width、Decimal、Label、Values、Missing、Columns、Align、Measure等。

1. 定义变量名Name

SPSS默认的变量为Var00001、Var00002等，用户也可以根据自己的需要来命名变量。SPSS变量的命名和一般的编程语言一样，有一定的命名规则，具体内容如下：

（1）变量名必须以字母、汉字或字符"@"开头，其他字符可以是任何字母、数字或"_"、"@"、"#"、"$"等符号。

（2）变量最后一个字符不能是句号。

（3）变量名总长度不能超过8个字符（即4个汉字）。

（4）不能使用空白字符或其他特殊字符（如"！"、"？"等）。

（5）变量命名必须唯一，不能有两个相同的变量名。

（6）在SPSS中不区分大小写，例如，HXH、hxh或Hxh对SPSS而言，均为同一变量名称。

（7）SPSS的句法系统中表达逻辑关系的字符串不能作为变量的名称，如ALL、AND、WITH、OR等。

2. 定义变量类型 Type

单击 Type 相应单元中的按钮，出现如图
10−38 所示的对话框，在对话框中选择合适
的变量类型并单击"OK"按钮，即可定义变量
类型。

SPSS 的常用变量类型如下：

（1）Numeric：数值型。定义数值的宽度
（Width），即"整数部分 + 小数点 + 小数部分"

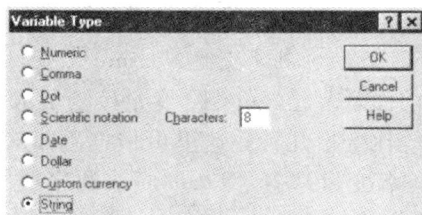

图 10−38　SPSS 变量类型定义对话框

的位数，默认为 8 位；定义小数位数（Decimal Places），默认为 2 位。

（2）Comma：加显逗号的数值型。即整数部分每 3 位数加一逗号，其余定义方式同数
值型，也需要定义数值的宽度和小数位数。

（3）Scientific notation：科学记数型。同时定义数值宽度（Width）和小数位数
（Decimal），在数据编辑窗口中以指数形式显示。如定义数值宽度为 9，小数位数为
2 345.678就显示为"3.46E + 02"。

（4）Custom currency：用户自定义型。如果没有定义，则默认显示为整数部分每 3 位加
一逗号。用户可定义数值宽度和小数位数。如 12 345.678 显示为 12 345.678。

（5）String：字符型。用户可定义字符长度（Characters）以便输入字符。

3. 变量长度 Width

设置变量的长度，当变量为日期型时无效。

4. 变量小数点位数 Decimal

设置变量的小数点位数，当变量为日期型时无效。

5. 变量标签 Label

变量标签是对变量名的进一步说明或注释，变量名的长度不能超过 8 个字符，而 8 个
字符经常不足以说清楚变量的含义。变量标签可长达 120 个字符，可显示大小写，需要时
可借此对变量名的含义加以较为清晰的解释。

6. 变量值标签 Values Labels

变量值标签是对变量的每一个可能取值
的进一步描述。当变量是称名变量或顺序变
量时，这是非常有用的。例如，在统计中经常
用不同的数字代表被试的性别是男或女；被试
的职业是教师、警察还是公务员；被试的教育
程度是高中以下、本科、硕士、博士等信息。
为避免以后对数字所代表的类别发生遗忘，就

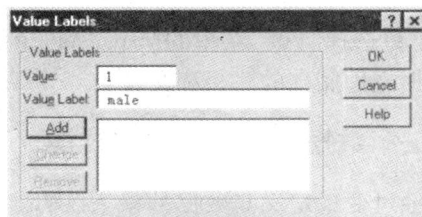

图 10−39　变量值标签定义对话框

可以使用变量值标签加以说明和记录。比如用 1 代表"male"（男）、2 代表"female"（女），
其设置方法为：单击"values"相应单元，出现如图 10−39 所示的对话框；在第一个 Value
文本框内输入 1，在第二个 Value 文本框内输入"male"；单击 Add 按钮；再重复这一过程完
成变量值 2 的标签，就完成了该变量所有可能取值的标签的添加。

7. 变量的显示宽度 Columns

输入变量的显示宽度，默认为 8。

8. 变量的测量尺度 Measure

前面章节已经介绍，变量按测量水平可被划分为称名变量、顺序或等级变量、等距变量和等比变量几种。这里可根据测量表的不同水平设置对应的变量测量尺度，设置方式为：称名变量选择"Nominal"，顺序或等级变量选择"Ordinal"，等距或等比变量均选择"Scale"。

(二)变量定义信息的复制

如果有多个变量的类型相同，可以先定义一个变量，然后把该变量的定义信息复制给其他类型相同的变量。具体操作为：先定义好一个变量，在该变量的行号上单击右键，在弹出的快捷菜单中选择"Copy"命令，然后选样其他同类型变量所在行，单击鼠标右键，在弹出的快捷菜单中选择"Paste"。这样就复制了同样的变量定义信息给一个新的变量，用户再根据需要将自动产生的新变量名改为所需的变量名。

二、数据的输入与保存

(一)数据输入的一般方法

定义了所有变量后，单击"Data view"标签，即可在数据视图中输入数据。数据编辑窗口中黑框所在的单元为当前的数据单元，表示用户正在对该数据单元录入数据或正在修改该单元中的数据。因此，在录入数据时，用户应首先将黑框移至想要输入数据的单元格上。

数据录入时可以逐行录入，即完成一个个案行所有变量数值的录入，再转入下一行即下一个个案；也可以逐列录入，即按照变量录入数据，录完一个变量列后再转入到下一个变量列。

(二)SPSS 数据文件的保存

在录入数据时，应及时保存数据，防止数据的丢失，以便以后再调用该数据。具体步骤如下：

(1)选择"File"菜单的"Save"命令，可直接保存为 SPSS 默认的数据文件格式(*. sav)。

(2)选择"File"菜单的"Save As"命令，弹出"Save Data As"对话框，根据自己的需要指定数据文件储存的路径和文件名。

三、数据文件的编辑与转换

经过变量定义与数据的录入，初期的数据文件即可建成。但在后续的数据分析过程中，常常需要对数据文件进行多方面的修订、编辑与变换。我们选择其中最为常用的操作给予简明的介绍。

(一)数据的编辑

1. 增加和删除一个个案

研究者经常需要在某个个案前面或后面插入新的个案。例如要在第 6 个观察单位前增加一个观察单位(即在第 6 行前增加一行，使原来的第 6 行下移成为第 7 行)，可先激活第

6行的任一单元格，然后选择"Data"菜单中的"Insert Cases"命令，系统自动在第6行前插入一个新的行，原第6行自动下移一行成为第7行。然后把新增个案的各个变量值输入相应的单元格。

如要删除某一行(即删除这个个案的所有观察值)，则可先单击该行的行头，这时该行整行被选中(呈黑底白字状)，然后按"Delete"键或选择"Edit"菜单中的"Clear"命令，该行即被删除。

2. 数据的排序

在数据文件中，可根据一个或多个排序变量的值重排个案的顺序。选择"Data"菜单的"Sort Cases"命令，弹出对话框，如图10-40所示。

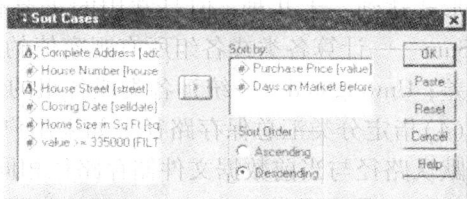

图10-40 根据变量值对个案重新排序对话框

在变量名列表框中选择一个需要按其数值大小排序的变量(也可选多个变量，系统将按变量选择的先后逐级依次排序)，单击图中"▶"按钮使之添加到"Sort by"框中，然后在"Sort order"框中选择是按升序(Ascending,从小到大)还是降序(Descending,从大到小)排列，单击"OK"钮即可。

3. 选择个案子集

在数据统计中可从所有资料中选择部分数据进行统计分析。选择"Data"菜单中的"Select Cases"命令，弹出对话框，如图10-41所示。通过单击该对话框上不同的按钮，可以确定用不同的方式对个案进行选择。系统提供的选择方式有五种，但是常用的主要有如下两种：

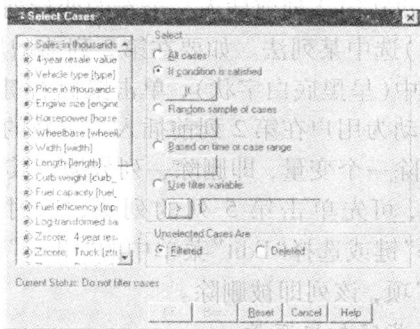

图10-41 选择个案子集对话框

(1)All cases：选择所有的个案(行)。该选项可用于解除先前的选择。

(2)If condition is satisfied：按指定条件选择。单击"If"按钮，弹出"Select Cases:If"对话框，先选择变量，然后定义条件。

定义完成后，还要确定对未被选择个案的处理方式。主对话框给出两个选择："Filtered"(过滤)和"Deleted"(删除)。如果选择了"Deleted"，则数据文件中将只保留被选择的那些个案，那些未被选择的个案被删除。不过，研究者通常选择"Filtered"方式，将未被选择的个案暂时过滤掉，但仍将这些个案保留在数据文件里，以便这些个案还可以参与后续的其他统计分析。系统默认方式也是"Filtered"。

4. 数据的分类汇总

用户还可以按指定变量的数值对数据文件中其他变量的数据进行归类分组汇总。例如要了解不同性别的同学的语文平均成绩，这需要首先按性别对数据进行分类，然后分别计算出男同学和女同学各自的平均成绩。在SPSS中，实现数据文件分类汇总需要三个步骤：首先，指定分类变量和汇总变量；然后，计算机根据分类变量的若干个不同取值将个案数据分成若干类，并对每类个案计算汇总变量的描述性特征量；最后，将分类汇总计算结果保存到一个文件中。实现的主要步骤如下：

（1）选择"Data"菜单中的"Aggregate"命令，弹出对话框。

（2）在变量名列表框中选择分类变量，比如"性别"，进入"Break Variables"框中。

（3）在变量名列表框中选择汇总变量，例如"语文"变量，进入"Aggregate Variables"框。因为欲求语文成绩的平均值，故单击"Function"按钮，弹出"Aggregate Data：Aggregate Function"对话框。选择"Mean of values"，然后单击"Continue"按钮返回。分组汇总提供的函数形式达到二十几种，但是常用的主要有以下几种：Mean——计算各类或各组的平均值；Sum——计算各类或各组所有观察值的总和；Standard deviation——计算各类或各组的标准差；Unweighted——统计各类或各组的个案数。

（4）指定分类汇总保存路径。如果用户不专门指定汇总数据的储存路径与文件名，则系统默认路径与当前数据文件储存路径相同，且以"Aggr. sav"文件名储存。

（二）变量的操作

1. 增加和删除一个变量

增加一个变量，即增加一个新的列。使用下列两种方法都很容易实现这一目的：

（1）菜单操作法。例如要在第2列前增加新的一列，使原来的第2列右移变成第3列，则可先激活第2列的任一单元格，然后选择"Data"菜单中的"Insert a variable"项，系统自动为用户在第2列前插入一个新的变量列，原第2列自动向右移一列成为第3列。

（2）选中某列法。如要在第2列前增加新的一列，先单击第2列的列头，这时整个第2列被选中（呈黑底白字状），单击鼠标右键，在其右键快捷菜单中选择"Insert Variable"项，系统自动为用户在第2列前插入一个新的变量列，原第2列自动右移一列成为第3列。

删除一个变量，即删除一列数据。其方法和增加一个变量相对应。例如要删除第5个变量列，可先单击第5列的列头，这时整个第5列被选中（呈黑底白字状），然后按"Delete"键或选择"Edit"菜单中的"Clear"命令，或者单击鼠标右键，在其快捷菜单中选择"Clear"项，该列即被删除。

2. 指定加权变量

在实际的统计中，经常需要计算数据的加权平均数。例如，希望了解某超市一天售出商品的平均价格。如果仅以各种商品的单价平均数作为平均价格显然是不合理的，还应考虑到各商品的销售数量对平均价格的影响。因此，以商品的销售量作为权重计

图 10－42　Weight Cases 的对话框

算各种商品单价的加权平均数，才是我们需要的结果。在 SPSS 过程中就需要将商品销售数量作为加权变量。操作方法是选择"Data"菜单中的"Weight Cases"命令，出现如图10－42 所示的对话框。

其中，"Do not weight cases"项表示不做加权，这可用于取消加权；"Weight cases by"项表示选择1个变量做加权。在加权操作中，系统只对数值变量进行有效加权，即大于0的数按变量的实际值加权，0、负数和缺失值加权为0。

3. 根据已有变量建立新变量

在数据统计分析中，有时候需要通过数据转换来提示变量之间的真实关系。这时需要

通过对已经存在的变量进行处理，从而生成新的变量。

操作过程是选择"Transform"菜单中的
"Compute"项，打开如图 10－43 所示的对
话框。

在对话框的"Target Variable"（目标变
量）框中输入变量名，目标变量可以是现存
变量或新变量。然后在"Numeric
Expression"（数值表达式）框中输入计算目
标变量值的表达式。表达式中能够使用左

图 10－43　借助于 Computer 产生新变量的对话框

下框中列出的现存变量名、计算器板列出的算术运算符、常数。"Functions"（函数）列表框
中给出了 70 多个函数，可用于对目标变量计算式的编辑。

4. 产生分组变量

在统计过程中，往往需要对某个连续变量进行分组，使其变成离散的组别变量。如对
于某课程成绩，可以规定 90 以上是 A 等，80～90 是 B 等，70～80 是 C 等，60～70 是 D
等，小于 60 是 E 等。这时候就需要将成绩变成离散的组别变量。

调用 SPSS 中"Transform"菜单的"Categorize Variables"命令可以实现这个功能，程序将
会产生新的变量，包含分组结果。具体的操作过程是：选择"Transform"菜单的"Categorize
Variables"命令，弹出相应的对话框。在左边的变量列表框中选定一个用于分组的连续变
量，将其移动到右边的"Create Categories"框中。在"Number of categories"后的文本框中输
入要分成的组别数，系统会自动生成一个新的变量，其变量名是"n＋原变量名"，该变量
用于保存各个案被分配到的组别数。如用于分组的变量是"math"，那么产生的分组变量名
就是"nmath"。

5. 变量的重新赋值

用户可对个案的某个变量重新赋值，此操作只适用于数值变量。方法是先选择
"Transform"菜单中的"Recode"项，此时有两种选择：一种是对变量自身重新赋值即"Into
Same Variables"，产生的新变量值覆盖原有变量值；另一种是赋值到其他变量或新生成的
变量即"Into Different Variables"，产生的新变量值以另一个变量名保存。通常为了保留原
变量的信息而倾向于选择第二种方法，弹出如图 10－44 所示的"Recode Into Different
Variables"对话框。

先在变量名列表中选择 1 个或多个变量，使之添加到"Numeric Variable"→"Output
Variable"框中，同时在"Output Variable"框中确定新变量名和标签（可以是左侧列表中已有
的变量，也可以是用户重新定义的新变量名），单击"Change"确认。

然后单击"Old and New Values"按钮，弹出如图 10－45 所示的对话框。用户根据实际
情况确定旧值和新值，单击"Continue"按钮返回上一画面，再单击"OK"按钮即可。

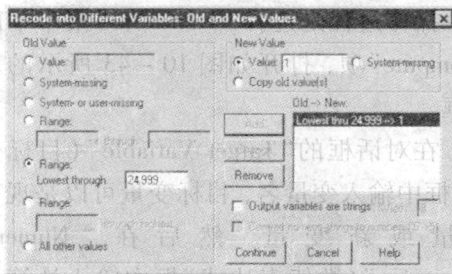

图 10 -44　借助于重新赋值产生新变量的对话框　　　**图 10 -45　变量重新赋值时新变量值定义对话框**

在数据文件的编辑与转换功能中，还有一些命令也是很有用的，可以为数据分析带来便利，比如"Data"菜单中的"Transpose"命令可以实现数据编辑器中数据的行与列互换；"Merge Files"命令可以将两个符合一定要求的文件合并成一个文件；"Transform"菜单中的"Count"命令可以产生一个计数变量，以反映各个个案符合若干规定条件中的几项。此处不再对这些命令的使用进行介绍，需要的用户可以直接点击相应命令打开对话框，按照对话框的提示能够很容易完成相应操作。

实验四　用 SPSS 进行统计描述分析

【实验目的及要求】　本实验主要是引导学生初步掌握利用 SPSS 软件进行基本统计分析。掌握利用 SPSS 软件进行基本统计量均值与均值标准误、中位数、众数、全距、方差和标准差、四分位数、十分位数和百分位数、频数、峰度、偏度的计算，进行标准化 Z 分数及其线形转换，统计表、统计图的显示。

【实验内容及步骤】

一、Descriptive 过程

利用 SPSS 软件，对一组数据进行描述性统计量或特征量的计算是一个很简单的过程，众多的特征量几乎通过一个对话框就可完成。具体操作是选择 "Analyze"菜单中的"Descriptive Statistics"，然后单击"Descriptive"，如图 10 - 46（a）所示。打开如图 10 - 46（b）所示的描述性统计分析的主对话框。从对话框左边的变量列表中选择一个或多个要进行分析的变量，点击"▶"按钮将选中变量置入右边的变量框中。如果要计算各个个案在这些变量上所得观测结果的标准分，则勾选对话框左下角的"Save standardized values as variables"命令，系统会自动计算各变量的标准分，并以"z + 原变量名"的变量名将计算结果存入数据编辑器中。例如，要求系统计算变量"math"的标准分，系统就会在数据文件中生成一列变量名为"zmath"的标准分数据。这一列标准分数有正、有负，而且还有小数，如果需要进行线性转换以消除负号和小数点，可以使用前述的"Compute"命令来完成。

图 10 −46　描述性统计分析的菜单打开方式和主对话框

接着，单击对话框上的"Options"按钮打开如图 10 −47 所示的对话框。对话框上有一系列描述性统计特征量的选择框，其中平均数（mean）、标准差（Std. deviation）的默认状态就是被勾选的，用户可以根据计算的需要勾选。一般来说，在描述性统计分析中，常常需要计算的特征量是平均数、总和（Sum）、标准差、方差（Variance）、全距（Range）、最小值（Minimum）和最大值（Maximum）。

勾选完成后，单击"Continue"按钮返回上一个主对话框，然后单击"OK"按钮，即可输出所需要的描述性特征量计算结果。

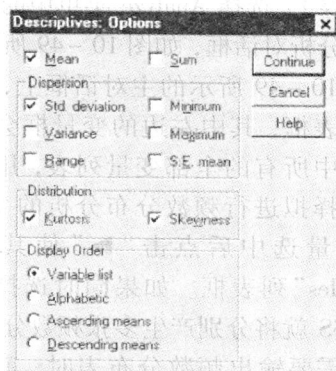

图 10 −47　描述性特征量选项对话框

二、Frequences 过程

上述描述性统计量的计算大部分还可以通过"Frequences"命令来完成，其程序与"Descriptive"过程相似。具体操作为选择"Analyze"菜单中的"Descriptive Statistics"，然后单击"Frequences"打开 Frequences 的主对话框。从对话框左边的变量列表中选择一个或多个要进行分析的变量，点击"▶"按钮将选中变量置入右边的变量框中。如果要计算各个变量值在数据列中出现的次数，则需要勾选对话框左下角的"Display Frequency Tables"命令，系统会输出一个变量值的频数分布表。接着单击对话框上的"Statistics"按钮，就可以打开如图 10 − 48 所示的对话框。

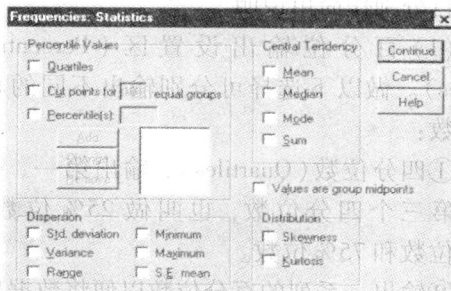

图 10 − 48　频数分布的特征量选项对话框

如果需要，利用这一对话框，也可以得到平均数、总和、标准差、方差、全距、最大值和最小值的计算结果，同时还可以获得众数（Mode）、中位数（Median）、四分位数（Quartiles）等的计算结果。

　　如果需要计算其他的百分位数，则可以在"Percentiles"命令前的方框中打勾，激活其后面的方框，在其中填入所需要计算的百分位数对应的百分等级，然后单击"Add"将其加载到方框中，该方框可以加载许多个百分等级数。然后单击"Continue"返回上一层次的对话框，再单击"OK"即可得到所需要的描述性特征量和要求其计算的百分位数。

三、频数分布表的制作

　　某一随机事件在 n 次试验中出现的次数称为该随机事件的频数（frequency）。各种随机事件在 n 次试验中出现的次数分布称为频数分布，将其用表格的形式表示出来称为频数分布表。频数分布表的制作及相应频数分析的 SPSS 过程主要包括以下步骤：

　　步骤 1：选择 Analyze 菜单中的"Descriptive Statistics"，然后单击"Frequencies"命令打开频数分析对话框，如图 10 - 49 所示，该对话框的主要功能是用来定义频数分析。

　　图 10 - 49 所示的主对话框上，有两个变量列表框，其中左边的变量框会给出数据文件中所有的全部变量列表，用户可以从中选择拟进行频数分布分析的变量，将这些变量选中后点击"▶"使其进入到"Variables"列表框。如果同时选择多个变量，SPSS 就将分别产生多张频数分布表。

图 10 - 49　频数分析的主对话框

　　当需要输出频数分布表时，就在对话框上"Display frequency tables"前的小方框中单击一下，小方框中会出现"√"标记，表示已选择此功能，系统将输出要分析的变量的频数分布表。如果要取消频数分布表的输出设置，可再单击该小方框，"√"标记消失，系统就不会输出频数分布表。

　　步骤 2：单击对话框上的"Statistics"按钮，打开如图 10 - 50 所示的对话框，该对话框主要由 4 个选项区组成，下面就其中主要的项目分别作简单说明。

　　（1）百分位输出设置区（Percentile Values）。做以下选择可分别输出不同的百分位数：

　　①四分位数（Quartiles），输出第一、第二、第三个四分位数，也叫做 25% 位数、50% 位数和 75% 位数。

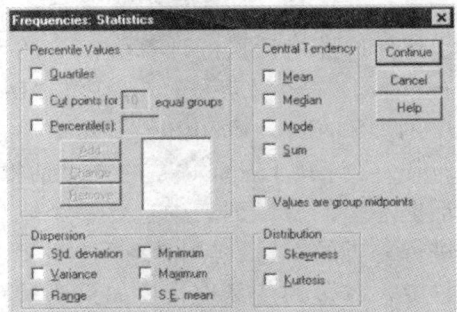

图 10 - 50　频数分布分析的特征量选项对话框

　　②输出一系列的百分位数以便将数据样本按照个案数平均划分成若干相等的组份（Cut point for equal group），并显示出这些百分位数。如在"Cut point for"输入 5，则系统就会输出 20%、40%、60%、80% 四个百分位值。

　　③用户自定义需要输出的百分位数（Percentiles）。用户在勾选了"Percentiles"功能后，可在其后的方框中输入 0 ~ 100 之间的任一整数，单击"Add"按钮添加到下面的方框内，此

操作可以根据需要重复多次进行。单击"Change"和"Remove"按钮，可以修改或删除框内的数值。

（2）输出设置区（Central Tendency、Dispersion）。此区域与前一章介绍的"Descriptive"过程打开的对话框功能相似，用户根据需要，也可以利用这两个设置区获得变量的平均数、总和、标准差、方差、全距、最大值和最小值等的计算结果，同时还可以获得众数（Mode）和中位数（Median）的计算结果。

用户在相应设置区作出需要的选择和设置后单击"Continue"返回上一层次的对话框，再单击"OK"即可得到所需要的频数分布表、描述性特征量和要求其计算的百分位数。

四、频数分布图的制作

单击图 10 - 49 所示对话框上的"Charts"按钮，打开如图 10 - 51 所示的对话框，利用这些对话框可以对频数分布图的类型和变量性质进行设置。

图形类型（Chart type）各选项如下：

（1）None：不显示图形，它是系统默认选项。

（2）Bar charts：条形图，适用于离散型随机变量。当选择"Bar Charts"或"Pie Charts"时，"Chart Values"栏才被激活。如果选择"Bar Charts"，在"Chart Values"栏里选择"Frequencies"，图的纵坐标代表频数；选择"Percentages"，纵坐标将代表频率，即百分数，如图 10 - 51（a）所示。

（3）Histograms：直方图，适用于连续型随机变量。选择此项时还可以确定是否选择"With normal curve"，如果选择，则在显示的直方图中附带正态曲线，有助于判断数据是否呈正态分布，如图 10 - 51（b）所示。

（4）Pie charts：饼图。当选择"Pie charts"时，在"Chart Values"一栏选择"Frequencies"，图的扇形分割片表示频数；选择"Percentages"，扇形分割片将代表频率，即百分数，如图 10 - 51（c）所示。

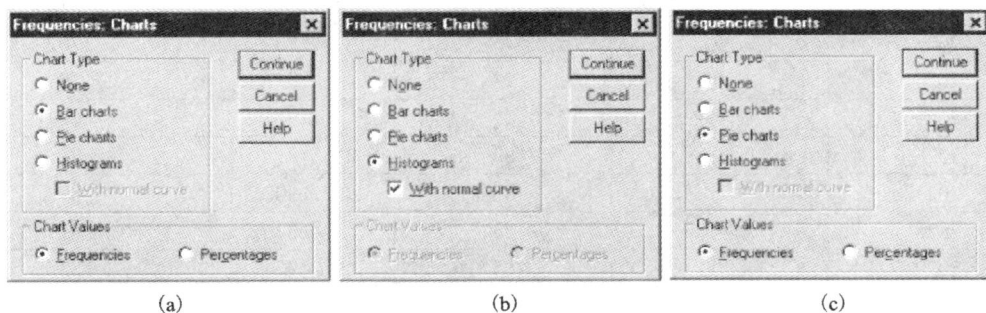

图 10 - 51　频数分布图制作设置对话框

各选项确定后，单击"Continue"按钮返回主对话框，单击"OK"，生成的频数分布图就会在输出窗口中显示出来。

【例 10 - 7】　利用 SPSS 进行统计描述。表 10 - 6 是某初中二年级 1 班在 2009—2010

年度第一学期部分课程期末考试成绩，试针对这些数据制作学生在 3 门课程上的统计描述。

表 10 - 6　某初中二年级 1 班学生 2009—2010 学年第一学期部分课程考试成绩

学号	性别	语文	数学	英语
2001	女	87	89	98
2002	男	65	83	92
2003	男	60	85	89
2004	女	85	93	89
2005	女	70	60	95
2006	男	75	87	90
2007	女	89	83	100
2008	男	67	95	98
2009	女	80	86	98
2010	男	84	88	78
2011	男	77	86	82
2012	男	95	83	87
2013	男	90	90	85
2014	女	70	86	70
2015	男	84	96	73
2016	男	80	80	65
2017	男	82	90	90
2018	女	73	75	95
2019	女	100	93	98
2020	男	78	85	85
2021	女	83	88	82
2022	女	89	85	91
2023	女	75	93	70
2024	女	78	83	79
2025	男	87	92	68
2026	男	89	81	70
2027	男	86	90	89
2028	男	75	82	82
2029	男	65	92	83
2030	女	85	85	82

　　解：主要的操作步骤如下：

步骤 1：建立数据文件。

　　启动 SPSS 系统，进入默认的启动界面——数据编辑器，建立 SPSS 数据文件。如果欲将表 10 - 6 中的信息全部记录在该数据文件中，则需要定义五个变量，即：学号、性别、语文、数学和英语。其中性别的变量值类型可以设置成字符型(string),以便直接输入学生性别"男"或"女",也可以是数字型(numeric),可分别用 1 和 2 代表不同的性别。其他变量值类型均由系统默认为数字型,如图 10 – 52 所示。变量定义好之后,可以使用文档的复制(copy)和粘贴(paste)功能直接将表 10 – 6 中的数据输入到 SPSS 数据编辑窗中,如图 10 – 53 所示。一个变量占一列,一个学生占一行,所以该数据文件的数据区由 30 行 5 列组成。

	Name	Type	Width	Decimals	Label	Values	Missing	Columns	Align	Measure
1	学号	Numeric	8	2		None	None	8	Right	Scale
2	性别	Numeric	8	2		{1.00, 男}...	None	8	Right	Scale
3	语文	Numeric	8	2		None	None	8	Right	Scale
4	数学	Numeric	8	2		None	None	8	Right	Scale
5	英语	Numeric	8	2		None	None	8	Right	Scale

图 10 – 52 定义变量类型

步骤 2:对话框操作。

(1)选择"Analyze"下的"Descriptive Statistics"菜单,单击"Frequencies"命令,弹出"Frequencies"对话框。在对话框左侧的变量列表中选择"语文"、"数学"、"英语"变量,单击添加按钮将这三个变量名添加到"Variable"框中。如图 10 – 54 所示。

	学号	性别	语文	数学	英语
1	2001.00	2.00	87.00	89.00	98.00
2	2002.00	1.00	65.00	83.00	92.00
3	2003.00	1.00	60.00	85.00	89.00
4	2004.00	2.00	85.00	93.00	89.00
5	2005.00	2.00	70.00	60.00	95.00
6	2006.00	2.00	75.00	87.00	90.00
7	2007.00	2.00	89.00	83.00	100.00
8	2008.00	1.00	67.00	95.00	98.00
9	2009.00	2.00	80.00	86.00	98.00
10	2010.00	1.00	84.00	88.00	78.00

图 10 – 53 定义变量后的数据输入

(2)选中对话框左下角的"Display frequency table"复选框,以便系统输出三门课程成绩的频数分布表。

(3)同时获取三门课程成绩的平均数、标准差、最小值、最大值、中位数等统计量,单击图 10 – 54 对话框上的"Statistics"按钮,如图 10 – 55 所示。选中相应的项目后点击"Continue"返回主对话框。

图 10 – 54 添加变量

图 10 – 55 Frequencies:Statistics 的选项

(4)单击图 10 – 54 对话框上的"Charts"按钮,打开频数分布图制作对话框。因为三门课程考试成绩均为连续变量,所以选择输出直方图"Histograms",并选择"With normal curve",以便在直方图上附带正态曲线,如图 10 – 56 所示。单击"Continue"返回主对话框。

(5)单击图 10 – 54 中"OK"按钮,完成对话框操作。系统就会输出所需要的上述结果。

步骤 3：结果读取、选择与编辑。

根据题目要求和上述对话框操作，输出结果主要包括三个部分：频数分布表、数据样本的主要统计量和频数分布直方图。因为针对三门课程成绩的统计分析输出结果内容结构一样，所以这里只选择"语文"数据分析结果为例来说明之。

（1）描述性统计量。为便于将来能够正确读取输出结果，在不对输出结果作任何更改的情况下，直接将其粘贴在这里，如表 10 - 7 所示。

图 10 - 56　Frequencies：Charts 的选项

表 10 - 7　成绩统计分析得到的描述性统计量（Statistics）

		语文	数学	英语
N	Valid	30	30	30
	Missing	0	0	0
Mean		80. 100 0	86. 133 3	85. 100 0
Std. Error of Mean		1. 714 27	1. 259 20	1. 832 25
Median		81. 000 0	86. 000 0	86. 000 0
Mode		75. 00ª	83. 00	82. 00
Std. Deviation		9. 389 47	6. 896 94	10. 035 63
Variance		88. 162 07	47. 567 82	100. 713 8
Range		40. 00	36. 00	35. 00
Minimum		60. 00	60. 00	65. 00
Maximum		100. 00	96. 00	100. 00
Sum		2 403. 00	2 584. 00	2 553. 00
Percentiles	25	74. 500 0	83. 000 0	78. 750 0
	50	81. 000 0	86. 000 0	86. 000 0
	75	87. 000 0	90. 500 0	92. 750 0

由表 10 - 7 可以读取的主要结果如下（以语文成绩为例）：

参加考试的学生人数（N）= 30　语文成绩的平均分（Mean）= 80. 10

中位数（Median）= 81. 00　众数（Mode）= 75. 00

标准差（Sta. Deviation）= 9. 39　方差（Variance）= 88. 16

全距（Range）= 40. 00　总和（Sum）= 2 403

四分位数（Percentiles）：25% 位数 = 74. 50，50% 位数 = 81. 00，75% 位数 = 87. 00

（2）频数分布表（以语文为例）。

将 SPSS 系统输出的频数分布表粘贴于此，如表 10 - 8 所示。

表 10 - 8　语文成绩频数分布表

		Frequency	Percent	Valid Percent	Cumulative Percent
Valid	60.00	1	3.3	3.3	3.3
	65.00	2	6.7	6.7	10.0
	67.00	1	3.3	3.3	13.3
	70.00	2	6.7	6.7	20.0
	73.00	1	3.3	3.3	23.3
	75.00	3	10.0	10.0	33.3
	77.00	1	3.3	3.3	36.7
	78.00	2	6.7	6.7	43.3
	80.00	2	6.7	6.7	50.0
	82.00	1	3.3	3.3	53.3
	83.00	1	3.3	3.3	56.7
	84.00	2	6.7	6.7	63.3
	85.00	2	6.7	6.7	70.0
	86.00	1	3.3	3.3	73.3
	87.00	2	6.7	6.7	80.0
	89.00	3	10.0	10.0	90.0
	90.00	1	3.3	3.3	93.3
	95.00	1	3.3	3.3	96.7
	100.00	1	3.3	3.3	100.0
	Total	30	100.0	100.0	

由表 10 - 8 可知道语文考试中出现的所有分数(表中按从低到高排列)、每一个分数出现的人次(Frequency)及其占总人数的比率(Percent)、由小到大累加的百分数(Cumulative percent)。

(3)频数分布图(以语文为例)。

将 SPSS 系统输出的频数分布直方图直接粘贴于此,如图 10 - 57 所示。

该图是以分数区间来登记频数的,而每一区间的宽度为 5 分,横坐标上标出的坐标值是每一区间的组中值,纵坐标的高度代表人次数,而图中的曲线是附带的正态分布曲线,是作为参考使用的。从图中可以看出,57.5 ~ 62.5 区间有 1 人、62.5 ~ 67.5 区间有 3 人次,频数密度最大的是 82.5 ~ 87.5 区间,

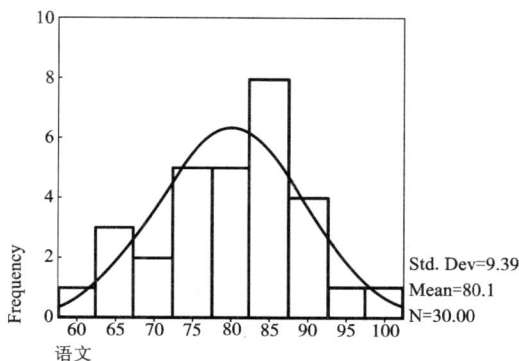

图 10 - 57　语文成绩的频数分布直方图

共有 8 人次。此外,还可以看出,数据分布形态未能很好地与正态分布吻合。数学和英语的频数分析结果的结构与解释方法与上述语文成绩频数分析相同。

实验五 用 SPSS 进行假设检验分析

【实验目的和要求】 本实验主要是引导学生掌握利用 SPSS 进行统计均值比较和进行单一样本 T 检验、两独立样本 T 检验和两配对样本 T 检验的基本方法,并能够解释软件运行结果。

【实验内容及步骤】

一、单样本 t 检验

SPSS 单样本 t 检验是检验一个数据样本所在总体的平均数与某指定值之间的差异性,统计检验的前提是样本所在的总体服从正态分布。

下面以具体实例分析 SPSS 在单样本 T 检验中的应用。

【例 10 − 8】 某班级学生在参加学校年级会考时,全班同学的数学成绩如表 10 − 9 所示。已知全校学生的平均成绩为 80 分,请问该班同学的成绩与全校同学的平均分相比是否具有显著性差异。

表 10 − 9 数学成绩表

97	85	67	83	86	79	92	90	74	79	81	63	70	69	70
88	65	68	87	56	78	83	69	70	90	75	79	75	70	80
81	72	85	65	66	75	73	80	82	85	75	71	70	80	75

解:按照以下步骤进行操作:

步骤 1:建立数据文件:数学成绩.sav,如图 10 − 58 所示。

步骤 2:单击菜单"Analyze",选择"Compare Means"中的"One-Sample T test"命令,打开如图 10 − 59 所示的对话框。

	数学成绩
1	97.00
2	85.00
3	67.00
4	83.00
5	86.00
6	79.00
7	92.00
8	90.00
9	74.00

One-Sample T Test

Test Variable(s):
◈ 数学成绩

OK
Paste
Reset
Cancel
Help
Options...

Test Value: 80

图 10 − 58 单样本 t 数据输入   **图 10 − 59 单样本 t 检验对话框**

步骤 3:将对话框左侧变量列表中的变量"数学成绩"置入到右侧"Test Variable(s)"下

边的方框中，然后在"Test Value"右边的小方框中输入全年级学生数学的总平均分"80"。

步骤4：单击对话框上的"OK"按钮，即可输出统计分析结果，主要包括两个表格。

输出的第一个表格主要包括数据样本的一些描述性统计分析结果：45个学生的数学平均值为76.73，标准差为8.70，均值抽样分布的标准误差为1.30，如表10－10所示；输出的第二个表格是t检验的结果（如表10－11所示）：样本数据平均数与年级均分差异量为－3.27，检验统计量$t=-2.519$，自由度$df=44$，概率$P=0.015<0.05$，应拒绝原假设，可以认为该班同学的均值与全年级的数学平均值有显著性的差异。

表10－10　单样本描述统计

One-Sample Statistics

	N	Mean	Std. Deviation	Std. Error Mean
数学成绩	45	76.73	8.698	1.297

表10－11　单样本t检验结果

One-Sample Test-Test Value = 80

	Test Value = 80					
	t	df	Sig. (2－tailed)	Mean Difference	95% Confidence Interval of the Difference	
					Lower	Upper
数学成绩	－2.519	44	0.015	－3.27	－5.88	－0.65

二、两独立样本t检验

独立样本平均数的差异t检验的前提是：①两个样本应是互相独立的，即从一总体中抽取一批样本对从另一总体中抽取一批样本没有任何影响，两组样本个案数目可以相同，也可以不相同，个案顺序可以随意调整；②样本来自的两个总体应该服从正态分布。

【例10－9】　分别从两个班级各随机抽取12名学生，分析他们某一项心理能力测试分数的平均数是否存在显著性差异。测试的分数如表10－12所示。

表10－12　抽取出的学生的心理能力测试分数

班级一	85	67	83	79	92	90	74	79	81	63	70	69
班级二	88	65	68	87	56	78	83	69	70	90	75	79

解：按照以下步骤进行操作：

步骤1：建立数据文件：测试分数.sav，如图10－60所示。

步骤2：单击菜单"Analyze"，选择"Compare Means"中的"Independent-Sample T test"命令，打开如图10－61所示的对话框。

図 10 – 60　两个独立样本
t 检验数据输入

图 10 – 61　两个独立样本 t 检验的主对话框

步骤 3：将对话框左侧变量列表中的
"Score"变量置入右侧"Test Variables"下的方
框中；将变量"Class"置入"Grouping Variable"
下面的小方框中，单击"Define Groups"按钮，
打开定义分组变量水平的对话框，如图 10 –
62 所示，选择所要分析的两个样本。

步骤 4：单击"Continue"按钮返回到
"Independent-Samples T Test"主对话框，如图

图 10 – 62　定义分组变量值对话框

10 – 61 所示，单击"OK"按钮，即输出所需要的分析结果。输出的结果主要包括两个表格：
一个表格中的数据是关于两个数据样本的描述性统计分析结果，主要反映两个数据样本的
个案数、平均数、标准差和标准误差等信息，如表 10 – 13 所示；另一个表格中的数据是关
于差异性检验的主要结果，主要包括方差齐性检验结果、t 检验结果等，如表 10 – 14 所示。

表 10 – 13　描述统计表

Group Statistics

	CLASS	N	Mean	Std. Deviation	Std. Error Mean
SCORE	班级一	11	77.67	9.198	2.655
	班级二	12	75.67	10.413	3.006

由表 10 – 13 可知，来自一班和二班的样本平均数分别为 77.67、75.67，标准差分别为
9.20、10.41，标准误差分别为 2.66、3.01。

表 10 – 14 中结果分两行列出，其中第一行的结果是方差齐性条件满足（Equal
variances assumed）时可以使用的结果、第二行的结果是方差齐性条件不满足（Equal
variances not assumed）时可使用的结果。

表 10 – 14　两独立样本 t 检验结果

Independent Samples Test

		Levene's Test for Equality of Variances		t-test for Equality of Means						
		F	Sig.	t	df	Sig. (2 – tailed)	Mean Difference	Std. Error Difference	95% Confidence Interval of the Difference	
									Lower	Upper
SCORE	Equal variances assumed	0.206	0.654	0.499	22	0.623	2.00	4.011	– 6.318	10.318
	Equal variances not assumed			0.499	21.67	0.623	2.00	4.011	– 6.325	10.325

　　在结果使用中，首先要看方差齐性检验的结果，即"Levene's Test for Equality of Variances"一栏中的结果。本例中方差齐性检验的结果是 $F = 0.206$、显著性水平 $P = 0.654 > 0.05$，不能拒绝原假设，说明方差齐性条件成立，使用第一行的 t 检验结果。如果将来遇到方差齐性条件不成立时，则使用第二行的 t 检验结果。

　　根据第一行的 t 检验结果可知，本例中：两样本平均数的差异量为 2.0，检验统计量 $t = 0.499$，自由度 $df = 22$，概率 $P = 0.623 > 0.05$，因此，不能拒绝原假设，可以认为两个班级学生的平均成绩差没有显著性的差异。表中最后两列为两总体差的 95% 置信区间的下限和上限，由于该置信区间跨零，即有 95% 的可靠性认为两总体均值差在 – 6.318 至 10.318 之间，同样认为两总体均值没有显著性差异。

三、两配对样本 t 检验

　　前文已经指出，配对样本 t 检验的两个数据样本来自于两种情况下，一种情况是配对组实验涉及的数据资料，即在研究一个变量的改变是否会引起被试者某种心理或行为的改变时，除这一研究变量之外，根据其他与被试者的这些心理或行为可能有关的因素对被试者进行配对分组，使得两个被试组具有一一对应的关系，由此得到的两个数据样本也具有一一对应的关系；另一种情况是，由一组被试者在两种不同情况下，接受某种行为倾向或心理能力的测试，得到两个数据样本，两个数据样本也具有一一对应的关系。

　　配对组的数据样本容量是一致的，具有一定的相关性，所以也叫做相关样本。在差异性 t 检验中也要考虑到其相关性。正如前文已经看到的，在计算样本平均数差异量抽样分布的标准误差的公式中包含了两个样本之间的相关系数。

　　现在我们以具体的例子说明配对组 t 检验的 SPSS 过程。

【例 10 – 10】　某一小班教学实验班的学生 18 人接受了一项教学实验，即接受新的学习方法的训练，在训练前和训练后，均使用标准化的测试试卷分别测试了他们的数学成绩和英语成绩，数据如表 10 – 15 所示。试分析学生数学和英语前后测试的成绩是否存在显著性差异。

表 10 – 15　　教学实验数据

序号	数学 1	数学 2	英语 1	英语 2
1	70	79	89	87
2	72	92	97	98
3	85	87	76	98
4	70	90	100	99
5	65	74	89	89
6	36	56	89	98
7	82	78	89	88
8	86	83	98	99
9	68	69	78	87
10	65	79	78	87
11	70	70	89	88
12	80	81	68	79
13	76	90	70	99
14	68	63	50	89
15	64	70	67	88
16	72	75	78	98
17	54	69	89	78
18	56	79	56	89

分析步骤如下：

步骤 1：建立数据文件：教学实验. sav，单击菜单"Analyze"选择"Compare Means"中的"Paired-Samples T test"命令，打开如图 10 – 63 所示的对话框。

步骤 2：从对话框左侧的变量列表中选中"数学 1"与"数学 2"、"英语 1"与"英语 2"，形成两个配对变量。点击对话框上的▶按钮，两对变量被置入右侧的"Paired Variables"变量框中。

图 10 – 63　　配对样本 t 检验的主对话框

步骤 3：单击"OK"按钮，系统即输出分析结果。这一分析过程输出的结果主要包括三个表格，其中第一个表格如表 10 – 16 所示，它反映的四个数据样本的描述性统计分析结果，包括各个数据样本的平均数、标准差和标准误差。

表 10 – 16　　配对样本描述统计表

		Mean	N	Std. Deviation	Std. Error Mean
Pair 1	数学 1	68. 833 3	18	11. 996 32	2. 827 56
	数学 2	76. 888 9	18	9. 712 87	2. 289 35
Pair 2	英语 1	80. 555 6	18	14. 163 84	3. 338 45
	英语 2	91	18	6. 808 3	1. 604 73

输出的第二个表如表 10 – 17 所示，它主要反映的是两个配对数据样本各自的相关系数（相关系数的概念将在后续章节中专门介绍）及其显著性水平。从表中数据看出，数学 1 与数学 2 之间的相关系数为 0.659，显著性检验得到的伴随概率 $P = 0.003 < 0.05$，说明前后两次测验的数学成绩有一定的相关性；英语 1 与英语 2 的相关系数等于 0.272，显著性检验得到的伴随概率 $P = 0.275 > 0.05$，未达到显著性水平，说明前后两次测验的英语成绩没有相关。

表 10 – 17　配对样本相关系数表

		N	Correlation	Sig.
Pair 1	数学 1 & 数学 2	18	0.659	0.003
Pair 2	英语 1 & 英语 2	18	0.272	0.275

表 10 – 18　配对样本 t 检验结果表

		Paired Differences					t	df	Sig. (2 – tailed)
		Mean	Std. Deviation	Std. Error Mean	95% Confidence Interval of the Difference				
					Lower	Upper			
Pair 1	数学 1 & 数学 2	– 8.06	9.206 60	2.170 02	– 12.633 9	– 3.477 2	– 3.712	17	0.002
Pair 2	英语 1 & 英语 2	– 10.44	13.946 21	3.287 15	– 17.379 7	– 3.509 2	– 3.177	17	0.006

输出的第三个表格是 t 检验的主要结果，如表 10 – 18 所示。使用新教学方法前后数学和英语成绩差值序列的平均值分别为 – 8.06 和 – 10.44，计算出的 t 统计值分别为 – 3.712 和 – 3.177，伴随概率分别为 0.002 和 0.006，均达到了显著性水平。也就是说，使用新教学方法前后数学和英语成绩都有了明显变化，从两个样本的平均值可以看出，使用新教学方法后的成绩比使用前的成绩要高。

实验六　用 SPSS 进行方差分析

【实验目的及要求】　本实验主要是引导学生掌握利用 SPSS 进行单因素方差分析、多因素方差分析的基本方法，并能够解释软件运行结果。

【实验内容及步骤】

一、单因素的方差分析

下面以实例来说明如何在 SPSS 中正确地进行单因素方差分析，具体功能在第七章有较详细的介绍，请参阅。

【例 10 – 11】　调查居民对亚运会的总态度平均得分如表 10 – 19 所示（满分为 50 分），进行单因素方差分析，比较各组之间平均得分有没有显著差异。

表 10 – 19　居民对亚运会的总态度平均得分

组别	平均得分	组别	平均得分	组别	平均得分
1	42	2	39	3	43
1	41	2	40	3	44
1	42	2	40	3	43
1	42	2	41	3	45
1	43	2	40	3	45

解：在 SPSS 中进行方差分析的步骤如下：

步骤 1：建立 SPSS 数据文件，变量名为"Group"和"Score"，数据如图 10 – 64 所示。

步骤 2：单击菜单"Analyze"，选择"Compare Means"中的"One-Way ANOVA"，打开单因素完全随机实验设计资料方差分析的主对话框，如图 10 – 65 所示。将观测变量"Score"置入"Dependent List"框中，将控制变量"Group"置入 Factor 框中。

图 10 – 64　方差分析数据文件

图 10 – 65　One-Way ANOVA 的主对话框

步骤 3：设置多重比较检验。单因数方差分析只能判断控制变量是否对观测变量产生了显著影响，如果控制变量确实对观测变量产生了显著影响，还应进一步确定控制变量不同水平对观测变量的影响程度如何，其中哪个水平的作用明显区别于其他水平，哪个水平的作用是不明显的，即要区别哪个组的得分有明显的区别，就需要做多重比较检验。方法是：单击图 10 – 65"One-Way ANOVA"主对话框上的"Post Hoc..."按钮，打开一个对话框，对话框上有很多多重比较方法的选项，最常用的是最小显著性差异法"LSD"。勾选"LSD"对应的复选框，单击"Continue"返回主对话框。如图 10 – 66 所示。

步骤 4：要求方差分析程序输出样本数据的描述统计量、方差齐性检验、因变量随着自变量变化的线图等这些信息是方差分析中常常需要输出的。设置方法是：单击图 10 – 65"One-Way ANOVA"主对话框上的"Options..."按钮打开对话框，如图 10 – 67 所示，可以勾选的常用项目有："Descriptive"，输出样本数据的一些常见描述性统计量；"Homogeneity of Variance test"，输出方差齐性检验的结果，方差分析的假设前提是每个总体都应服从正态分布，所以要进行方差齐次性检验，勾选此框；"Means plot"，输出因变量随自变量变化的线图。设置好之后，点击"Continue"返回主对话框。

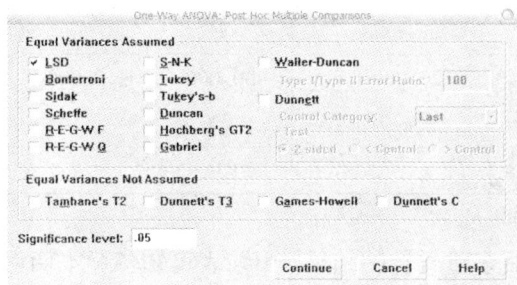

图 10 - 66　多重比较检验窗口　　　　　图 10 - 67　方差分析 Options 的主对话框

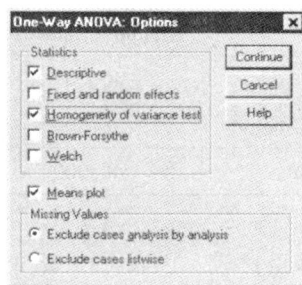

步骤 5：单击主对话框上的"OK"按钮，系统输出所需要的方差分析结果。单因素完全随机设计的方差分析，一般需要的或常见输出结果主要由五个部分组成：

（1）样本数据的基本统计量。主要有各个数据样本的平均数、标准差、标准误差、置信区间等，如表 10 - 20 所示。

表 10 - 20　居民对亚运会的总态度平均得分描述统计表

	N	Mean	Std. Deviation	Std. Error	95% Confidence Interval for Mean		Min	Max
					Lower Bound	Upper Bound		
1	5	42	0.707 11	0.316	41.122	42.878	41	43
2	5	40	0.707 11	0.316	39.122	40.878	39	41
3	5	44	1	0.447	42.758	45.242	43	45
Total	15	42	1.851 64	0.478	40.975	43.025	39	45

（2）方差齐性检验。以表 10 - 21 形式输出方差齐性检验结果，显著性水平 $\alpha = 0.05$，由于概率（sig.）为 0.397 > 0.05，所以不拒绝原假设，认为三个组的居民平均得分的总体方差无显著性差异，满足方差分析的前提要求，方差齐性成立。

表 10 - 21　不同组间的方差齐性检验结果

Levene Statistic	df_1	df_2	Sig.
1.000	2	12	0.397

（3）方差分析表。以表 10 - 22 的形式输出方差分析结果，该表由变异源、平方和（Sum of Squares）、自由度、均方（Mean Square）、检验统计量 F、显著性水平或伴随概率（Sig.）组成。本例中 $F = 30$，显著性水平 $P = 0.000 < 0.05$，则应拒绝原假设，认为不同组的平均得

分有显著性的差异。

表 10 - 22 不同组间的方差分析表

	Sum of Squares	df	Mean Square	F	Sig.
Between Groups	40.000	2	20.000	30.000	0.000
Within Groups	8.000	12	0.667		
Total	48.000	14			

（4）多重比较。以表 10 - 23 的形式输出事后多重比较的结果，由该表可知各样本两两之间的差异量是否达到了显著性水平等信息。本例中，由于两两检验结果的概率值均小于 0.05，所以，认为各组之间均有显著性的差异。

表 10 - 23 不同组间的多重比较检验

(I) GROUP (J) GROUP		Mean Difference (I-J)	Std. Error	Sig.	95% Confidence Interval	
					Lower Bound	Upper Bound
1.00	2.00	2.000 0	0.516 40	0.002	0.874 9	3.125 1
	3.00	-2.000 0	.5164 0	0.002	-3.125 1	-0.874 9
2.00	1.00	-2.000 0	0.516 40	0.002	-3.125 1	-0.874 9
	3.00	-4.000 0	0.516 40	0.000	-5.125 1	-2.874 9
3.00	1.00	2.000 0	0.516 40	0.002	0.874 9	3.125 1
	2.00	4.000 0	0.516 40	0.000	2.874 9	5.125 1

* The mean difference is significant at the 0.05 level.

（5）因变量与自变量之间关系的线图。输出如图10-68所示的线图，它反映了随着自变量水平的变化，相应的各个因变量数据组平均数的变化情况。本例中，由图10-68看出，对应于实验条件 1 和 2 的因变量值越来越低，即平均得分越来越低，对应于 2 和 3 的因变量值越来越高，即平均得分越来越高。

图 10 - 68 One-Way ANOVA 输出图

二、双因素方差分析

1. 无交互作用下的双因素方差分析

下面以例 10 – 12 的实验模式和数据为例来说明双因素方差分析的过程。

【例 10 – 12】　从由五名操作者操作的三台机器每小时产量中分别抽取 1 个不同时段的产量，观测到的产量如表 10 – 24 所示。试进行产量是否依赖于机器类型和操作者的方差分析。

表 10 – 24　三台机器五名操作者的产量数据　　　　　　单位：件

	机器 1	机器 2	机器 3	操作者均值
操作者 1	53	61	51	55
操作者 2	47	55	51	51
操作者 3	46	52	49	49
操作者 4	50	58	54	54
操作者 5	49	54	50	51
机器均值	49	56	51	52

本例用多因素方差进行分析，原假设为：操作者对产量没有显著影响，机器对产量没有显著影响。

步骤 1：建立 SPSS 数据文件，如图 10 – 69 所示。

步骤 2：打开主对话框，单击菜单"Analyze"，选择"General Linear Model"中的"Univariate"，将观测变量"产量"置入"Dependent Variable"下的方框中，将控制变量"机器"、"操作者"置入"Fixed Factors"下的方框中，如图 10 – 70 所示。

步骤 3：单击图 10 – 70 中"Model…"后出现一个对话框，用于设置在模型中包含哪些主效应和交互因子，默认情况为"Full factorial"，即分析所有的主效应和交互作用。我们这里没有交互作用可分析，所以要改一下，否则将得不出结果来。将按钮切换到右侧的"Custom"，这

	机器	操作者	产量
2	1.00	2.00	47.00
3	1.00	3.00	46.00
4	1.00	4.00	50.00
5	1.00	5.00	49.00
6	2.00	1.00	61.00
7	2.00	2.00	55.00
8	2.00	3.00	52.00
9	2.00	4.00	58.00
10	2.00	5.00	54.00
11	3.00	1.00	51.00
12	3.00	2.00	51.00
13	3.00	3.00	49.00
14	3.00	4.00	54.00
15	3.00	5.00	50.00

图 10 – 69　双因素方差分析数据格式

时中部的"Build Term"下拉列表框就变黑可用，该框用于选择进入模型的因素交互作用级别，即是分析主效应、两阶交互、三阶交互，还是全部分析。这里我们只能分析主效应：选择"main effects"，再用黑色箭头将"机器"和"操作者"选入右侧的"Model"框中，如图 10 – 71 所示。

图 10 - 70　多因素方差分析主对话框

图 10 - 71　Univariate：Model 对话框

步骤 4：描述性统计分析与方差齐性检验。

单击图 10 - 70 对话框上的"Options..."，打开一个对话框，勾选对话框上的描述统计"Descriptive Statistics"和方差齐次性检验"Homogeneity tests"两项，以输出各样本数据的基本描述性统计量和方差齐性检验结果，如图 10 - 72 所示。单击"Continue"按钮返回主对话框。

步骤 5：事后多重比较设置。

对于自变量达到三个以上水平的，一般可以在方差分析过程中同时进行多重比较。具体设置方法是：单击图 10 - 70 对话框上的"Post Hoc..."按钮，打开相应的对话框，将要进行比较的自变量"机器"和"操作者"置入"Post Hoc Tests for："，如图 10 - 73 所示，同时勾选对话框上的"LSD"项，然后单击"Continue"按钮返回主对话框。

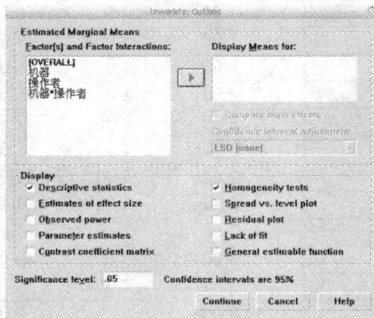

图 10 - 72　Univariate：Options 对话框

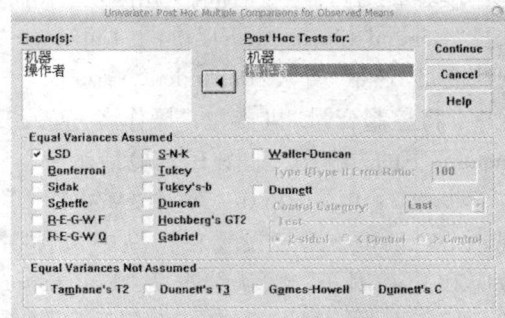

图 10 - 73　Univariate：Post Hoc... 对话框

步骤 6：设置制作变量的交互作用图。

因为是多因素实验设计，为了直观地表达变量之间的交互作用关系，可以设置制作交互作用图。如果确定变量间无交互作用，可以不做此分析，当然也可以用此方法判断变量间的交互作用，如本例中，可以制作自变量"机器"与"操作者"的交互作用图。设置方法是：单击主对话框上的"Plots..."按钮，打开相应的对话框，将"机器"与"操作者"两个自变量分别置入"Separate Lines"、"Horizontal Axis"下的方框中，单击"Add"将"机器＊操作者"置入"Plots"下的方框中。然后单击"Continue"按钮返回主对话框，如图10－74所示。

步骤7：单击主对话框上"OK"按钮，输出分析结果。输出的结果主要有以下几个部分：

（1）描述性统计分析结果。给出各个数据样本的平均数、标准差，如表10－25所示。

图10－74　"Univariate：Plots..."对话框

表10－25　描述统计分析表

Dependent Variable：产量

机器	操作者	Mean	Std. Deviation	N
1.00	1.00	53.000 0		1
	2.00	47.000 0		1
	3.00	46.000 0		1
	4.00	50.000 0		1
	5.00	49.000 0		1
	Total	49.000 0	2.738 61	5
2.00	1.00	61.000 0		1
	2.00	55.000 0		1
	3.00	52.000 0		1
	4.00	58.000 0		1
	5.00	54.000 0		1
	Total	56.000 0	3.535 53	5
3.00	1.00	51.000 0		1
	2.00	51.000 0		1
	3.00	49.000 0		1
	4.00	54.000 0		1
	5.00	50.000 0		1
	Total	51.000 0	1.870 83	5
Total	1.00	55.000 0	5.291 50	3
	2.00	51.000 0	4.000 00	3
	3.00	49.000 0	3.000 00	3
	4.00	54.000 0	4.0000 0	3
	5.00	51.000 0	2.645 75	3
	Total	52.000 0	4.000 00	15

（2）方差齐性检验。本例中输出的方差齐性检验如表 10 –26 所示，表中显示方差齐性成立。

表 10 –26　方差齐性检验表

Levene's Test of Equality of Error Variances

Dependent Variable：产量

F	df_1	df_2	Sig.
	14	0	

Tests the null hypothesis that the error variance of the dependent variable is equal across groups.

a　Design：Intercept + 机器 + 操作者

（3）方差分析结果。输出的方差分析结果主要包括所有自变量的主效应和交互效应。本例中，方差分析的结果如表 10 –27 所示。由表 10 –27 可知，自变量"机器"、"操作者"的主效应（$F_{机器} = 23.636$，$P = 0.000$；$F_{操作者} = 6.545$，$P = 0.012$）有显著性影响。结论是：产量依赖于机器类型和操作者。

表 10 –27　方差分析结果

Tests of Between – Subjects Effect

Source	Type Ⅲ Sum of squares	df	Mean Square	F	Sig.
Corrected Model	202.000	6	33.667	12.242	0.001
Intercept	40 560.000	1	40 560.000	14 749.09	0.000
机器	130.00	2	65.000	23.636	0.000
操作者	72.00	4	18.000	6.545	0.012
Error	22.000	8	2.750		
Total	40 784.000	15			
Corrected Total	224.000	14			

（4）自变量的交互效应图。从图 10 –75 两变量的交互效应图上看，可明显判断两个自变量"机器"和"操作者"对因变量的影响不具有交互性。

2. 有交互作用下的双因素方差分析

以例 7 –4 的数据为例来说明有交互作用下的双因素方差分析 SPSS 过程。

【例 10 –13】　为了分析光照（因素 A）和噪音（因素 B）对工人生产有无影响，光照效应与噪音效应是否有交互作用，在此两因素不同的水平组合下做试验，得到

图 10 –75　自变量的交互效应图

产量数据如表 10 - 28 所示。

表 10 - 28 光照和噪音的不同水平下的产量

		噪音因素 B								
		B_1			B_2			B_3		
光 照 因 素 A	A_1	15	15	17	19	19	16	16	18	21
	A_2	17	17	17	15	15	15	19	22	22
	A_3	15	17	16	18	17	16	18	18	18
	A_4	18	20	20	15	16	17	17	17	17

本例可用多因素方差分析进行研究，以光照和噪音为控制变量，以产量为观测变量。其中的原假设为：不同的光照和噪音对产量没有产生显著影响，不同光照下的产量没有显著差异，不同噪音下的产量没有显著差异，光照和噪音对产量没有显著的交互影响。

步骤 1：建立 SPSS 数据文件：生产产量. sav，如图 10 - 76 所示。

步骤 2：打开主对话框，单击菜单"Analyze"，选择"General Linear Model"中的"Univariate"，将观测变量"工人产量"置入"Dependent Variable"下的方框中，将控制变量"光照 A"、"噪音 B"置入"Fixed Factors"下的方框中，如图 10 - 77 所示。

步骤 3：单击图 10 - 77 "Model..."后出现一个对话框，用于设置在模型中包含哪些主效应和交互因子，默认情况

图 10 - 76 有交互作用的双因素方差分析数据

为"Full factorial"，即分析所有的主效应和交互作用。我们这里是要进行交互作用分析，所以默认"Full factorial"就可以了，如图 10 - 78 所示。

图 10 - 77 单变量多因素方差分析主对话框

图 10 - 78 "Univariate：Model"对话框

步骤4：描述性统计分析与方差齐性检验。

单击图 10 – 77 对话框上的"Options..."，打开一个对话框，勾选对话框上的"Descriptive Statistics"和"Homogeneity tests"两项，以输出各样本数据的基本描述性统计量和方差齐性检验结果。单击"Continue"按钮，返回主对话框。如图 10 –79 所示。

步骤5：事后多重比较设置。

单击图 10 –77 对话框上的"Post Hoc..."按钮，打开相应的对话框，将要进行比较的自变量"光照 A"和"噪音 B"置入到"Post Hoc Tests for："下面的方框中，同时勾选对话框上的"LSD"项，然后单击"Continue"按钮，返回主对话框。如图 10 –80 所示。

图 10 –79　"Univariate：Options"对话框

图 10 –80　"Univariate：Post Hoc..."对话框

步骤6：设置制作变量的交互作用图。

因为是多因素实验设计，为了直观地表达变量之间的交互作用关系，可以设置制作交互作用图。本例中，可以制作自变量"光照 A"与"噪音 B"的交互作用图。设置方法是：单击主对话框上的"Plots..."按钮，打开相应的对话框，将"光照 A"与"噪音 B"两个自变量分别置入"Separate Lines"、"Horizontal Axis"下的方框中，单击"Add"，将"光照 A × 噪音 B"置入"Plots"下的方框中。然后单击"Continue"按钮，返回主对话框。如图 10 –81 所示。

图 10 –81　"Univariate：Plots..."对话框

步骤7：单击主对话框上"OK"按钮，输出分析结果。主要有以下几个部分：

（1）描述性统计分析结果。给出各个数据样本的平均数、标准差，如表 10 –29 所示。

表 10 – 29 描述统计分析结果

Dependent Variable：工人产量

光照 A	光照 B	Mean	Std. Deviation	N
1.00	1.00	15.666 7	1.154 7	3
	2.00	18	1.732 05	3
	3.00	18.333 3	2.516 61	3
	Total	17.333 3	2.061 55	9
2.00	1.00	17	0	3
	2.00	15	0	3
	3.00	21	1.732 05	3
	Total	17.666 7	2.783 88	9
3.00	1.00	16	1	3
	2.00	17	1	3
	3.00	18	0	3
	Total	17	1.118 03	9
4.00	1.00	19.333 3	1.154 7	3
	2.00	16	1	3
	3.00	17	0	3
	Total	17.444 4	1.666 67	9
Total	1.00	17	1.705 61	12
	2.00	16.5	1.507 56	12
	3.00	18.583 3	2.020 73	12
	Total	17.361 1	1.929 51	36

（2）方差齐性检验。本例中输出的方差齐性检验如表 10 – 30 所示，表中 $P = 0.004 < 0.05$，显示方差齐性成立。

表 10 – 30 方差齐性检验结果

Dependent Variable：工人产量

F	df_1	df_2	Sig.
3.678	11	24	0.004

Tests the null hypothesis that the error variance of the dependent variable is equal across groups. a

Design：Intercept + 光照 A + 噪音 B + 光照 A × 噪音 B

（3）方差分析结果。输出的方差分析结果主要包括所有自变量的主效应和交互效应。本例中，方差分析的结果如表 10 – 31 所示。由表 10 – 31 可知，自变量"光照 A"、自变量"噪音 B"的主效应 $F_{光照A} = 0.463$，$P = 0.711$；$F_{噪音B} = 9.463$，$P = 0.001$，说明光照因素对工人产量没有显著影响，噪音因素对工人产量有显著影响，交互效应为 $F_{光照A×噪音B} = 7.093$，$P = 0.000$，说明光照和噪音具有很好的交互性作用。

表 10 – 31　方差分析结果

Tests of Between-Subjects Effects

Dependent Variable：工人产量

Source	Type Ⅲ Sum of Squares	df	Mean Square	F	Sig.
Corrected Model	94.306	11	8.573	5.715	0.000
Intercept	10 850.694	1	10 850.694	7 233.796	0.000
光照 A	2.083	3	0.694	0.463	0.711
噪音 B	28.389	2	14.194	9.463	0.001
光照 A × 噪音 B	63.833	6	10.639	7.093	0.000
Error	36.000	24	1.500		
Total	10 981.000	36			
Corrected Total	130.306	35			

a　R Squared = 0.724（Adjusted R Squared = 0.597）

（4）自变量的交互效应图。根据交互作用图的交叉是否明显，判断两个自变量对因变量的影响是否具有交互性，从图 10 – 82 自变量的交互效应图上看，光照和噪音对工人产量有明显的交互作用。

图 10 – 82　自变量的交互效应图

实验七　用 SPSS 进行相关分析

　　在掌握了皮尔逊积差相关、斯皮尔曼等级相关、肯德尔和谐系数 W 以及偏相关的概念、原理和计算方法之后，我们感到，当数据量很大时，其中的计算量是很大的，所以我们更感兴趣的是利用 SPSS 软件如何快捷地计算这些相关系数。

　　【实验目的及要求】　本实验主要是要求学生掌握利用 SPSS 软件进行相关分析的基本方法，包括简单相关分析、偏相关分析和其他相关系数的计算。

【实验内容及步骤】

一、二元相关分析

二元变量相关分析(bivariate correlation)就是直接根据两个变量的观测值计算二者的相关系数,这是最为常用的相关分析,它既包括皮尔逊(Pearson)积差相关,也包括斯皮尔曼(Spearman)等级相关,也就是说这两种相关分析的命令在同一个对话框上,研究者根据需要作出选择即可。下面我们结合实例运用SPSS进行二元相关分析。

【例10-14】 表10-32是某班级学生数学和化学的期末考试成绩,试分析该班学生的数学和化学成绩之间是否具有相关性。

表10-32　某班学生的数学和化学成绩

姓　名	数　学	化　学
Hxh	99.00	90.00
Yaju	88.00	99.00
Yu	65.00	70.00
Shizg	89.00	78.00
Hah	94.00	88.00
Smith	90.00	88.00
Watet	79.00	75.00
Jess	95.00	98.00
Wish	95.00	98.00
Laly	80.00	99.00
John	70.00	89.00
Chen	89.00	98.00
David	85.00	88.00
Caber	50.00	60.00
Marry	87.00	87.00
Joke	87.00	87.00
Jake	86.00	88.00
Herry	76.00	79.00

具体操作过程如下:

步骤1:根据表10-32中各个变量及其数据形式,建立SPSS数据文件,如图10-83所示。

步骤2:单击"Analyze"菜单,选择"Correlate"中的"Bivariate"命令项,打开对话框,如图10-84所示。

姓名	数学	化学
1 hxh	99.00	90.00
2 yaju	88.00	99.00
3 yu	65.00	70.00
4 shizg	89.00	78.00
5 hah	94.00	88.00
6 smith	90.00	88.00
7 watet	79.00	75.00
8 jess	95.00	98.00
9 wish	95.00	98.00
10 laly	80.00	99.00
11 john	70.00	89.00
12 chen	89.00	98.00
13 david	85.00	88.00
14 caber	50.00	60.00
15 marry	87.00	87.00
16 joke	87.00	87.00
17 jake	86.00	88.00
18 herry	76.00	79.00

图 10 - 83　学生成绩相关分析的输入　　　　　　**图 10 - 84　二元相关分析对话框**

步骤 3：先计算皮尔逊(Pearson)积差相关。从对话框的左边变量列表中选择两个变量，将这两个变量置入右边的变量框中。在对话框上勾选"Pearson"项(一般是默认的选项)。在不能确定是正相关还是负相关时，选择双侧检验(一般为默认选项)。单击"OK"按钮，输出两个变量间的 Pearson 积差相关。

步骤 4：根据输出结果，读取两个变量之间的相关系数。SPSS 系统输出的结果如表 10 - 33 所示，数学与化学相关系数为 0.742，呈中度线性相关，显著性水平 $P = 0.000 < 0.05$，在 $\alpha = 0.05$ 水平下数学和化学之间线性关系显著。

表 10 - 33　数学与化学 Pearson 相关系数表

Correlations

		数学	化学
数学	Pearson Correlation	1	0.742
	Sig. (2 - tailed)		0.000
	N	18	18
化学	Pearson Correlation	0.742	1
	Sig. (2 - tailed)	0.000	
	N	18	18

＊　Correlation is significant at the 0.01 level (2 - tailed).

步骤 5：计算斯皮尔曼(Spearman)等级相关。斯皮尔曼等级相关主要适用于变量值为等级的变量，但是对于变量值表现为数值的变量，如果无法假定其总体分布，有时也可以用等级相关系数分析其相关性，要求将原始数据由大到小排列而把观察值的取值范围划分为若干等级，并赋予每个观察值秩次，然后计算等相关系数。如果数据中一个相同的值在一列数据中，必然会有相同的秩次，那么在计算中采用的秩次就是数值在按从大到小排列时所有位置的平均值。现将表 10 - 32 的数据转化为表 10 - 34。

表 10 – 34　数学与化学 Spearman 等级相关计算

姓名	数学	化学	数学秩次	化学秩次
Hxh	60	50	1	1
Yaju	70	65	2	2
Yu	89	70	3	12
Shizg	79	76	4	5
Hah	75	79	5	3
Smith	99	80	6	17.5
Watet	88	85	7	9.5
Jess	88	86	8	9.5
Wish	87	87	9	6.5
Laly	87	87	10	6.5
John	99	88	11	17.5
Chen	78	89	12.5	4
David	98	89	12.5	15
Caber	88	90	14	9.5
Marry	88	94	15	9.5
Joke	98	95	16.5	15
Jake	98	95	16.5	15
Herry	90	99	18	13

重新修正数据文件,如图 10 – 85 所示。

同样,单击"Analyze"菜单,选择"Correlate"中的"Bivariate"命令项,打开对话框,从对话框的左边变量列表中选择"数学秩次"和"化学秩次"两个变量,将它们置入右边的变量框中,在对话框上勾选"Spearman"项。在不能确定是正相关还是负相关时,选择双侧检验(一般为默认选项),如图 10 – 86 所示。单击"OK"按钮,输出两个变量间的等级相关。

图 10 – 85　数学与化学 Spearman 等级相关计算

图 10 – 86　Spearman 相关分析对话框

步骤 6:根据输出结果,读取数学与化学的等级间的等级相关系数。SPSS 系统输出的结果表 10 – 35 与表 10 – 33 相似,也是一个相关矩阵。本例中得到:数学与化学成绩等级相关为 0.535,显著性水平 $P = 0.022 < 0.05$,在 $\alpha = 0.05$ 水平下线性关系显著。

表 10 – 35   Spearman 相关系数结果

Correlations

			数学秩次	化学秩次
Spearman's rho	数学秩次	Correlation Coefficient	1.000	0.535
		Sig.（2 – tailed）		0.022
		N	18	18
	化学秩次	Correlation Coefficient	0.535	1.000
		Sig.（2 – tailed）	0.022	
		N	18	18

* Correlation is significant at the 0.05 level (2 – tailed).

二、肯德尔(Kendall) W 系数

肯德尔(Kendall)W系数又称和谐系数，是表示多列等级变量相关程度的一种方法。适用这种方法的数据资料一般是采用等级评定的方法收集的，即让 K 个评委（被试）评定 N 件事物，或 1 个评委（被试）先后 K 次评定 N 件事物。等级评定法下每个评价者对 N 件事物排出一个等级顺序，最小的等级序数为 1，最大的为 N，若并列等级时，则平分应该共同占据的等级。例如，平时所说的两个并列第一名，他们应该占据 1、2 名，所以它们的等级应是 1.5，又如一个第一名，两个并列第二名，三个并列第三名，则它们对应的等级应该是 1、2.5、2.5、5、5、5，这里 2.5 是 2 和 3 的平均，5 是 4、5、6 的平均。下面我们通过实例运用 SPSS 计算肯德尔和谐系数的过程。

【例 10 – 15】   在某面试考场，有 5 位考官给 10 位考生打分，分数是以 1～9 的等级表示的，结果如表 10 – 36 所示。请评定这 5 位考官评分的一致性。

解：以下列步骤完成肯德尔和谐系数的计算：

步骤 1：根据表 10 – 36 中的数据建立合适的数据文件。因为计算和谐系数的特殊需要，这一数据文件的建立要以考官为个案、以考生的得分作为变量列，即该 SPSS 数据文件是 5 行 10 列，如图 10 – 87 所示。

表 10 – 36   考官评分数据

	ks1	ks2	ks3	ks4	ks5	ks6	ks7	ks8	ks9	ks10
kg1	8	6	9	6	5	7	8	9	9	5
kg2	7	5	8	6	5	8	8	9	8	4
kg3	8	4	9	7	6	8	9	9	8	6
kg4	7	5	9	5	5	7	8	9	9	6
kg5	6	5	8	6	5	8	9	9	9	5

步骤 2：单击菜单"Analyze"，选择"Nonparametric Tests"中的"K Related Samples"，打开对话框，如图 10 – 88 所示。

	ks1	ks2	ks3	ks4	ks5	ks6	ks7	ks8	ks9	ks10
1	8	6	9	6	5	7	8	9	9	5
2	7	5	8	6	5	8	9	9	8	4
3	8	4	9	7	6	8	9	9	8	6
4	7	5	9	5	5	7	8	9	9	6
5	6	5	8	6	5	8	9	9	9	5

图 10 – 87   SPSS 数据输入

图 10 – 88   肯德尔和谐系数计算对话框

步骤 3：将对话框左边变量表列中的"ks1，ks2，…，ks10"变量全部置入右边"Test Variables"下面的方框中，然后勾选对话框上的"Kendall's W"。单击"OK"按钮即可输出结果。

步骤 4：读取肯德尔和谐系数。该结果输出比较简单，就本例来说，其输出的结果如表 10 – 37 所示。由该表可知，5 名考官评分的一致性肯德尔和

表 10 – 37   Test Statistics

N	5
Kendall's W	0.889
Chi-Square	39.986
df	9
Asymp. Sig.	0.000

a Kendall's Coefficient of Concordance

谐系数为 $W = 0.889$，其显著性水平 $P = 0.000 < 0.001$，说明考官评分具有很高的一致性。

三、SPSS 在偏相关分析中的应用

二元变量的相关分析在一些情况下无法较为真实准确地反映事物之间的相关关系。例如，在研究某农场春季早稻产量与平均降雨量、平均温度之间的关系时，产量和平均降雨量之间的关系中实际还包含了平均温度对产量的影响。同时平均降雨量对平均温度也会产生影响。在这种情况下，单纯计算简单相关系数，显然不能准确地反映事物之间的相关关系，而需要在剔除其他相关因素影响的条件下计算相关系数。偏相关分析正是用来解决这个问题的。偏相关分析是指当两个变量同时与第三个变量相关时，将第三个变量的影响剔除，只分析另外两个变量之间相关程度的过程。

【例 10 – 16】   某农场通过试验取得某农作物产量与春季降雨量和平均温度的数据，如表 10 – 38 所示。求降雨量对产量的偏相关。

表 10 – 38   稻产量与降雨量和温度之间的关系

产量(千克)	降雨量(毫米)	温度(℃)
150.00	25.00	6.00
230.00	33.00	8.00
300.00	45.00	10.00
450.00	105.00	13.00
480.00	111.00	14.00
500.00	115.00	16.00
550.00	120.00	17.00
580.00	120.00	18.00
600.00	125.00	18.00
600.00	130.00	20.00

解：具体过程如下：

步骤 1：根据表 10 - 38 中各个变量及其数据形式，建立正确的 SPSS 数据文件。该文件应该是 10 行，三列变量分别是产量、降雨量、温度，如图 10 - 89 所示。

步骤 2：单击"Analyze"菜单，选择"Correlate"中的"Partial…"命令项，打开对话框，如图 10 - 90 所示。

	产量	降雨量	温度
1	150.00	25.00	6.00
2	230.00	33.00	8.00
3	300.00	45.00	10.00
4	450.00	105.00	13.00
5	480.00	111.00	14.00
6	500.00	115.00	16.00
7	550.00	120.00	17.00
8	580.00	120.00	18.00
9	600.00	125.00	18.00
10	600.00	130.00	20.00

图 10 - 89　偏相关分析数据输入

图 10 - 90　偏相关系数计算对话框

步骤 3：选择变量"产量"和"降雨量"置入右侧"Variables"下的方框中、选择变量"温度"置入"Controlling for"下面的方框中，点击"Options…"选择"Zero Order Partials"（零阶相关），然后单击"OK"即可输出偏相关系数，如图 10 - 91 所示。从结果可以看出，在温度为控制变量的条件下，产量与降雨量的偏相关系数为 0.780 3，与简单相关系数 0.981 1 相比

```
Zero Order Partials
产量        降雨量        温度
产量         1.000 0        .981 1         .986 3
          (    0)        (    8)        (    8)
          P = .         P = .000       P = .000

降雨量        .981 1        1.000 0        .956 8
          (    8)        (    0)        (    8)
          P = .000      P = .         P = .000

温度         .986 3        .956 8        1.000 0
          (    8)        (    8)        (    0)
          P = .000      P = .000      P = .

Controlling for..温度

产量        降雨量
产量         1.000 0        .780 3
          (    0)        (    7)
          P = .         P = .013

降雨量        .780 3        1.000 0
          (    7)        (    0)
          P = .013      P = .

(Coefficient / (D. F.) / 2 - tailed Significance)
"  .  " is printed if a coefficient cannot be computed
```

图 10 - 91　偏相关系数表

略低一些。分析其原因，由于温度与产量也呈高度相关，相关系数为 0.986 3，正是由于温度与产量的相关性，使得产量与降雨量相关性增加；当消除温度这个因素后，相关性下降，但由于 $P = 0.013$，在 $\alpha = 0.05$ 下，产量和降雨量的相关关系显著。

实验八 用 SPSS 进行回归分析

【实验目的及要求】 不管是一元回归还是多元回归，在进行回归分析时，均需要建立回归模型，估计回归方程，并对回归方程进行拟合优度检验、回归方程整体检验和回归系数检验，并进行残差分析，数据计算量非常庞大，必须借助专业的统计分析软件来完成，SPSS 能够迅速完成相关的计算，给出计算结果。通过本实验，要求学生能熟练掌握运用 SPSS 软件回归分析功能对回归分析进行各项计算，并能进行系列分析，作出决策。

【实验内容及步骤】

一、运用 SPSS 进行线性回归分析的步骤及其相关功能介绍

第一步，建立回归分析的 SPSS 数据文件。此项步骤见实验三。

第二步，执行回归分析命令。

（1）选择"Analyze"→"Regression"→"Linear..."，打开"线性回归分析（Linear Regression）"的主对话框，如图 10 – 92 所示。各项设置完成后，单击"线性回归分析"（Linear Regression）主对话框中的"OK"即输出线性回归分析结果。

①Dependent：因变量列表。可选定一个变量，单击"▶"把它选入因变量列表框。如图 10 – 93 所示。

图 10 – 92 线性回归分析
（Linear Regression）的主对话框（1）

图 10 – 93 线性回归分析
（Linear Regression）的主对话框（2）

②Independent(s)：自变量列表。可选定一个或多个变量，单击"▶"把它选入自变量列表框，如图 10 – 94 所示。

③method：回归方法。单击框的右边"▼"下拉菜单，可选择回归的方法，如图 10 – 95 所示。其具体方法有以下五种。

图 10 − 94   线性回归分析
（Linear Regression）的主对话框（3）

图 10 − 95   线性回归分析
（Linear Regression）的主对话框（4）

Enter：强迫进入法。选择此方法，自变量一次全部进入模型。

Stepwise：逐步回归法。选择此方法，在每一步中，把一个 F 检验的 P 值小于标准（一般为 0.05）的自变量引入回归模型；若引入自变量 F 检验的 P 值大于标准（一般为 0.1），则将该变量剔除出回归模型。当无变量被引入或被剔除时，则终止回归过程。

Remove：强迫剔除法。先让所有自变量进入回归模型，再把所有自变量剔除，分别作回归分析，有利于两者进行比较。

Backword：向后消去法。先一次性把所有自变量引入回归模型，再依次剔除。首先剔除与因变量相关最小且符合剔除标准（F 检验的 P 值大于标准）的自变量，然后剔除第二个与因变量相关最小且符合剔除标准（F 检验的 P 值大于标准）的自变量，依此类推。当模型中的变量均不满足标准时，则终止回归过程。

Forward：前向逐步法。自变量依次进入回归模型，首先引入与因变量偏相关最大且符合引入标准（F 检验的 P 值小于标准）的自变量，然后引入第二个与因变量偏相关最大且符合引入标准（F 检验的 P 值小于标准）的自变量，依此类推。当无变量符合引入标准时，则终止回归过程。

注：SPSS 默认的引入变量的标准为 0.05，剔除变量的标准为 0.1。若要自己设置相应的标准，则在"选项"（Options）对话框中设定，此项功能在后面详细介绍。

④Selection Variable：选择变量。指定回归分析中个案的选择规则。若要对个案进行选择，则在"线性回归分析"（Linear Regression）的主对话框中先选定某个变量，单击"▶"把它选入"选择变量"（Seletion Variable）框内，如图 10 − 96 所示。

图 10 − 96   线性回归分析
（Linear Regression）的主对话框（5）

再单击"Rule"按钮，进入"线性回归分析：设定规则"（Linear Regression：Set Rule）对话框，如图 10 − 97 所示。

定义选择规则"Difinle Selection Rule"的运算符的下拉菜单"▼"可以选择以下运算符：

等于(equal to)、不等于(not equal to)、小于(less than)、大于(greater than)、小于或等于(less than or equal to)、大于或等于(greater than or equal to)，如图 10 – 98 所示。最后在"Value"下的框中输入符合标准的变量值。设置完成后单击"Continue"，回到"线性回归分析(Linear Regression)"的主对话框。

⑤Case Labels：个案标识。在"线性回归分析(Linear Regression)"的主对话框中先选定一个变量，单击"▶"把它选入"个案标识(Case Labels)"框内，则被选中的变量可在图形中标注点的值。

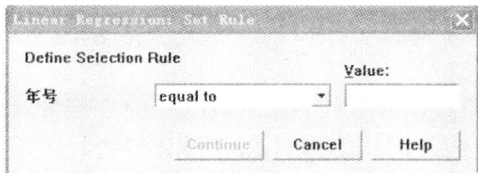

图 10 – 97　线性回归分析：设定规则
(Linear Regression：Set Rule)对话框(1)

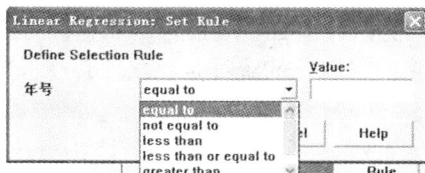

图 10 – 98　线性回归分析：设定规则
(Linear Regression：Set Rule)对话框(2)

⑥WLS Weight：加权最小二乘法。此法用于随机误差项 u_i 不满足同方差假定时的回归分析。在"线性回归分析"(Linear Regression)主对话框中单击"WLS"，会出现"加权最小二乘法"(WLS Weight)的方框，如图 10 – 99 所示。选定一个变量(非因变量与自变量)作为加权的变量，单击"▶"把它选入"加权最小二乘法"(WLS Weight)框内，即可用于加权最小二乘分析。

(2)在"线性回归分析"(Linear Regression)主对话框中单击"Statistics..."，进入"线性回归分析：统计量"(Linear Regression：Statistics)的对话框，如图 10 – 100 所示。设置完成后单击"Continue"，回到"线性回归分析"(Linear Regression)主对话框。

图 10 – 99　线性回归分析
(Linear Regression)的主对话框(5)

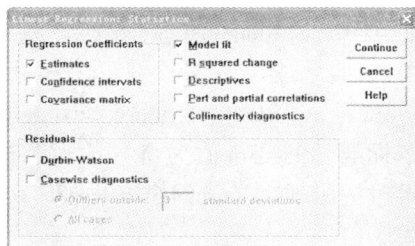

图 10 – 100　线性回归分析：统计量
(Linear Regression：Statistics)的对话框

①Regression Coefficients：回归系数。此项是与回归系数相关的统计量，有三个复选

项，具体如下：

Ⅰ. Estimates：估计值。选择此项输出结果可显示每个回归系数 $\beta_j(j=0,1,2,\cdots,k)$ 的估计值 $\hat{\beta}_j(j=0,1,2,\cdots,k)$ 及其标准误差 $S_e(\hat{\beta}_j)(j=0,1,2,\cdots,k)$、标准化回归系数的估计值、检验回归系数的 t 值及双侧检验的 P 值（又称可观测的显著性水平，SPSS 用符号 Sig. 表示）。此项为 SPSS 的默认选项。

Ⅱ. Confidence intervals：置信区间。选择此项输出结果可显示每个回归系数 $\beta_j(j=0,1,2,\cdots,k)$ 的估计值 $\hat{\beta}_j(j=0,1,2,\cdots,k)$ 的置信水平为 0.95 的置信区间。

Ⅲ. Covariance Matrix：协方差矩阵。选择此项输出结果显示回归系数 $\beta_j(j=0,1,2,\cdots,k)$ 的估计值 $\hat{\beta}_j(j=0,1,2,\cdots,k)$ 协方差矩阵及相关系数矩阵。

②回归方程的统计量：此处共有五项复选项。

Ⅰ. Model fit：模型拟合。选择此项输出结果可显示被引入模型或被剔除的自变量及其复相关系数 R、可决系数 R^2、修正可决系数 $\overline{R^2}$、估计标准误差 $\hat{\sigma}$ 和方差分析表。此项为 SPSS 的默认选项。

Ⅱ. R squared change：R^2 的改变量。选择此项输出结果可显示增加或减少一个自变量时所产生的 R^2 的改变量，可用来判别某个自变量是否有效。

Ⅲ. Descriptives：描述性统计量。选择此项输出结果可显示进入回归模型的每个变量的有效个数、均值、标准差，每两个变量间的相关系数及其检验（即相关系数矩阵）。

Ⅳ. Part and Partial correlations：部分及偏相关系数。选择此项输出结果可显示部分及偏相关系数。

Ⅴ. Collinearity diagnostics：共线性诊断。选择此项输出结果可显示方差膨胀因子（variance-inflat factor，VIF）；一般认为，当 $VIF<10$ 时，自变量之间的线性相关不严重，可忽略、容许度（tolerance，TOL）、矩阵 $X'X$ 的特征根（eigenvalue，一般记为 λ）、条件指数（condition index，CI）。

③Residuals：残差。此项是有关残差检验的统计量，具体有两个复选项。

Ⅰ. Durbin-wotson：德宾 - 沃森统计量。选择此项输出结果可显示德宾 - 沃森统计量的值，用于诊断随机误差项 u_i 的一阶序列相关性。

Ⅱ. Casewise diagnostics：个案诊断。共有两项单选项，具体如下：

Outliers outside n standard deviations：超过 n 倍标准差的变量值为奇异值。选择此项在分析时把出现奇异值的个案去掉。SPSS 默认 n 为 3 倍。

图 10 - 101　线性回归分析：图形
（Linear Regression：Plot）对话框

All cases：所有个案。选择此项在分析时包括所有的个案。

④在"线性回归分析"（Linear Regression）的主对话框中单击"Plot"，进入"线性回归分析：图形"（Linear Regression：Plot）对话框，如图 10 - 101 所示。设置完成后，单击"Continue"，回到"线性回归分析"（Linear Regression）的主对话框。

Ⅰ. Scatter：散点图。可从左边的变量列表中选择一个变量，单击"▶"按钮把它放入"Y"框中，当作纵轴；在从左边的变量列表中选择另一个变量，单击"▶"按钮把它放入"X"框中。

Produce allpartial plots：产生所有的偏残差图。选择此项各自变量残差与因变量残差的散点图，至少有两个自变量才能产生偏残差图。

Ⅱ. Standardized Residual Plots：标准残差图。此项有两个复选项，具体如下：

Histogram：直方图。选择此项产生标准化残差的直方图。

Normal probability plot：正态概率图。选择此项产生标准化残差的正态概率图，由此可判断随机误差项是否服从正态分布。

⑤ 在"线性回归分析"（Linear Regression）的主对话框中单击"Save"，进入到"线性回归分析：保存"（Linear Regression：Save）的对话框中，如图 10 – 102 所示。设置完成后，单击"Continue"，回到"线性回归分析"（Linear Regression）的主对话框。

图 10 – 102　线性回归分析：保存（Linear Regression：Save）的对话框

Ⅰ. Predicted Values：预测值。此项可在 SPSS 的数据文件中保存每个个案因变量的非标准化的预测值、标准化的预测值、修正的预测值、预测值均值的标准差。本项共有四项复选项，具体如下：

Unstandardized：非标准化的预测值。选择此项可在 SPSS 的数据文件中保存每个个案因变量的非标准化的预测值。

Stadardized：标准化的预测值。选择此项可在 SPSS 的数据文件中保存每个个案因变量的标准化的预测值。

Adjusted：修正的预测值。选择此项可在 SPSS 的数据文件中保存每个个案因变量修正的预测值。

S. E. of mean predictions：预测值的标准差。选择此项可在 SPSS 的数据文件中保存每个个案因变量的预测值的标准差。

Ⅱ. Residuals：残差。此项可在 SPSS 的数据文件中保存每个个案的非标准化残差、标准化残差、Student 残差、删除残差和 Student 删除残差。本项共有五个复选项，具体如下：

Unstandardized：非标准化残差。选择此项可在 SPSS 的数据文件中保存每个个案的非标准化残差。

Stadardized：标准化残差。选择此项可在 SPSS 的数据文件中保存每个个案的标准化残差。

Studentized：Student 残差。选择此项可在 SPSS 的数据文件中保存每个个案的 Student 残差。

Deleted：删除残差。选择此项可在 SPSS 的数据文件中保存每个个案的删除残差。

Studentized deleted：选择此项可在 SPSS 的数据文件中保存每个个案的 Student 删除残差。

Ⅲ. Distances：距离。此项可在 SPSS 的数据文件中保存每个个案的 Mahalanobics 距离、Cook's 距离、杠杆值。本项共有三项复选项，具体如下：

Mahalanobics：Mahalanobics 距离。选择此项可在 SPSS 的数据文件中保存每个个案的 Mahalanobics 距离。

Cook's：Cook's 距离。选择此项可在 SPSS 的数据文件中保存每个个案的 Cook's 距离。

Leverage value：杠杆值。选择此项可在 SPSS 的数据文件中保存每个个案的杠杆值。

Ⅳ. Influence Statistics：影响统计量。此项可在 SPSS 的数据文件中保存每个个案的 β 的差值、标准化的 β 的差值、拟合值的差值、标准化的拟合值的差值、协方差矩阵的比率，以测定某个个案被剔除后对模型的影响。本项共有五项复选项，具体如下：

Dfbeta(s)：β 的差值。选择此项可在 SPSS 的数据文件中保存每个个案的 β 的差值。

Stadardized Dfbeta(s)：标准化的 β 的差值。选择此项可在 SPSS 的数据文件中保存每个个案的标准化的 β 的差值。

DfFit：拟合值的差值。选择此项可在 SPSS 的数据文件中保存每个个案的拟合值的差值。

Stadardized DfFit：标准化的拟合值的差值。选择此项可在 SPSS 的数据文件中保存每个个案的标准化的拟合值的差值。

Covariance ratio：协方差矩阵的比率。选择此项可在 SPSS 的数据文件中保存每个个案的协方差矩阵的比率。

Ⅴ. Prediction Interval：预测区间。此项可在 SPSS 的数据文件中保存每个个案均值和个体值的预测区间，置信水平默认为 0.95。

Mean：均值的预测区间。选择此项可在 SPSS 的数据文件中保存每个个案均值的预测区间的上下限。

Individual：个体值的预测区间。选择此项可在 SPSS 的数据文件中保存每个个案个体值的预测区间的上下限。其中，Confidence Interval（置信区间的置信水平）可在"线性回归分析：保存"（Linear Regression：Save）对话框中"置信区间的置信水平"（Confidence Interval）右边的方框中直接输入（用百分点表示）。

Ⅵ. Save to New File：保存到新文件。此项可把回归系数保存到一个新文件中，具体如下：

Coefficient statistics：回归系数统计量。可在"线性回归分析：保存"（Linear Regression：Save）对话框中勾选"Coefficient statistics"后，再单击"File"进入"线性回归分析：保存到文件"（Linear Regression：Save to File）的对话框中，在此对话框指定保存的路径和文件名，方法与保存一般文件相同。

Ⅶ. Export model information to XML file：把模型信息以 XML 的格式文件输出。可在"线性回归分析：保存"（Linear Regression：Save）对话框中单击"Browse"，进入"线性回归

分析：保存到文件"（Linear Regression：Save to File）对话框中，在此对话框指定保存的路径和文件名，方法与保存一般文件相同。

⑥Options：选项。在"线性回归分析"（Linear Regression）主对话框中单击"Options"，进入到"线性回归分析：选项"（Linear Regression：Options）对话框中，如图10－103所示。设置完成后，单击"Continue"，回到"线性回归分析"（Linear Regression）的主对话框。

Ⅰ.Stepping Method Criteria：逐步回归法的设定值标准。在此处指定逐步回归法引入变量或剔除变量的标准。共有两个单选项，具体如下：

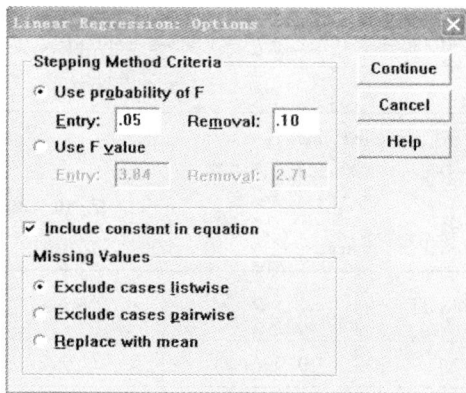

图10－103　线性回归分析：选项
（Linear Regression：option）的对话框

Use probability of F：使用 F 检验的 P 值。选择此项可使用 F 检验的 P 值的方式指定逐步回归法引入变量或剔除变量的标准。此项为 SPSS 的默认项。

Entry：引入变量。可在"Entry"右边的方框中输入引入变量的标准，SPSS 默认为0.05。

Remove：剔除变量。可在"Remove"右边的方框中输入剔除变量的标准，SPSS 默认为0.1。

Use F value：使用 F 统计值。选择此项可使用 F 统计值的方式指定逐步回归法引入变量或剔除变量的标准。

Entry：引入变量。可在"Entry"右边的方框中输入引入变量的标准，SPSS 默认为3.84。

Remove：剔除变量。可在"Remove"右边的方框中输入剔除变量的标准，SPSS 默认为2.71。

Ⅱ.Include constant in equation：模型包含常数项。勾选此项，回归模型中就包含常数项。此项为 SPSS 的默认项。

Ⅲ.Missing Value：缺失值。如何处理含有缺失值的个案，共有三项单选项，具体如下：

Exclude cases listwise：剔除含有缺失值的所有个案。选择此项是指当某个个案的所有变量均为有效值时才参与回归分析。此项为 SPSS 的默认项。

Exclude cases pairwise：成对剔除含有缺失值的个案。选择此项是指当某个个案的两变量均为有效值时才参与分析。

Replace with mean：用均值代替缺失值。当某变量出现缺失值时，就用该变量的均值来代替缺失值。

⑦在"线性回归分析"（Linear Regression）的主对话框中单击"OK"，得到线性回归分析的主要结果如表10－39～表10－42所示。

表 10-39   变量引入或剔除表

Regression

Variables Entered/Removed(b)

Model	Variables Entered	Variables Removed	Method
1	广告费(a)		Enter

a All requested variables entered.

b Dependent Variable：销售额

表 10-40   模型摘要表

Model Summary

Model	R	R Square	Adjusted R Square	Std. Error of the Estimate
1	0.996(a)	0.992	0.990	1.002 83

a Predictors：(Constant)，广告费

表 10-41   方差分析表

ANOVA(b)

Model		Sum of Squares	df	Mean Square	F	Sig.
1	Regression	733.841	1	733.841	729.700	0.000(a)
	Residual	6.034	6	1.006		
	Total	739.875	7			

a Predictors：(Constant)，广告费

b Dependent Variable：销售额

表 10-42   回归系数列表

Coefficients(a)

Model		Unstandardized Coefficients		Standardized Coefficients	t	Sig.
		B	Std. Error	Beta		
1	(Constant)	4.640	0.956		4.853	0.003
	广告费	1.078	0.040	0.996	27.013	0.000

a Dependent Variable：销售额

二、运用 SPSS 进行线性回归分析的实例

【例 10-17】 设某公司在全国 20 个市场同时推销产品，表 10-43 是该公司在各个市场所派出的推销员人数(x_1，单位：人)、所支出的广告及推销费用(x_2，单位：万元)和产品年销售量(y，单位：万箱)的资料，假定各市场的其他条件相同，试建立产品年销售量(y)对推销员人数(x_1)和广告推销费用(x_2)的回归模型。

表 10 – 43　销售量、推销员个数和广告推销费用表

市场序号	销售量 y(万箱)	推销员人数 x_1(人)	广告推销费 x_2(万元)	市场序号	销售量 y(万箱)	推销员人数 x_1(人)	广告推销费 x_2(万元)
1	58	7	5.11	11	121	17	11.02
2	152	18	16.72	12	112	12	9.51
3	41	5	3.2	13	50	6	3.79
4	93	14	7.03	14	82	12	6.45
5	101	11	10.98	15	48	8	4.6
6	38	5	4.04	16	127	15	13.86
7	203	23	22.07	17	140	17	13.03
8	78	9	7.03	18	150	21	15.21
9	117	16	10.62	19	39	6	3.64
10	44	5	4.76	20	90	11	9.57

资料来源：陈珍珍等.统计学.厦门：厦门大学出版社，2002，第 162 页

解：

步骤 1：利用散点图检验变量间的线性关系

（1）建立数据文件：销售量.sav。

（2）执行选择"Graphs"→"Scatter"，打开散点图选择框，如图 10 – 104 所示。

散点图类型号选择有 4 种散点图可选，包括 Simple 简单散点图、Matrix 矩阵散点图、Overlay 重叠散点图、3 – D 三维散点图。本例选择 Matrix 矩阵散点图。如图 10 – 105 所示，把需要绘制矩阵散点图的变量置入"Matrix Variables"方框中。

图 10 – 104　散点图类型选择框

图 10 – 105　Matrix 矩阵散点图对话框

（3）单击"OK"，输出矩阵散点图（如图 10 – 106 所示），生成的矩阵单元格数目就是变量数目的平方，变量的添加顺序决定了生成散点图中变量排列的顺序。

从图 10 – 106 中可以明显看出，销售量和人数、销售量和广告费之间呈明显的相关关系数。

步骤 2：建立回归模型，拟合回归方程

从散点图中分析，变量之间呈线性关系，当然线性相关性的检验也可以由相关分析得出，此步骤见实验七。

图 10 – 106　矩阵散点图

（1）建立回归模型：

$$y = \beta_0 + \beta_1 x_1 + \beta_2 x_2 + \cdots + \beta_k x_k + \varepsilon$$

（2）作回归分析。

①选择"Analyze"→"Regression"→"Linear..."，打开"线性回归分析"（Linear Regression）的主对话框，并选择被解释变量"销售量"进入"因变量"（Dependence）框中，选择解释变量"推销人数"、"广告费用"两个变量进入"自变量"（Independence）框中，如图 10 – 107 所示。Method 筛选策略中选择 Enter 强制进入回归方程。

②在"线性回归分析"（Linear Regression）的主对话框中单击"Statistics..."，进入"线性回归分析：统计量"（Linear Regression：Statistics）的对话框，如图 10 – 108 所示，勾选"R squared change"（可调整的可决系数）、"Descripitive"（描述统计量）"Collinearity diagnostics"（共线性诊断）和"Durbin-Wotson"（德宾 – 沃森统计量）。选择完毕后单击"Continue"回到图 10 – 107 对话框中。

图 10 –107　线性回归分析
（Linear Regression）的主对话框

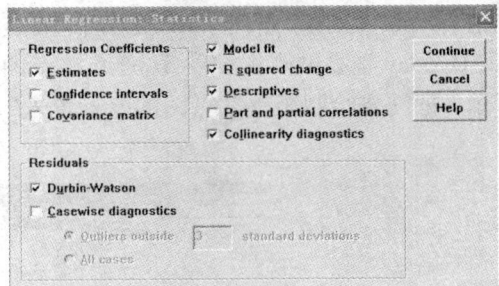

图 10 –108　统计量（Linear
Regression：Statistics）的对话框

③其他采用 SPSS 默认格式，在"线性回归分析"（Linear Regression）的主对话框中单击"OK"，得到线性回归分析结果如表 10 – 44 ~ 表 10 – 49 所示。

表 10 − 44 变量引入和剔除表

Regression

Variables Entered/Removed(b)

Model	Variables Entered	Variables Removed	Method
1	广告费用，推销人数(a)		Enter

a All requested variables entered.

b Dependent Variable：销售量

表 10 − 45 模型摘要表

Model Summary(b)

Model	R	R Square	Adjusted R Square	Std. Error of the Estimate	Durbin-Watson
1	0.993(a)	0.985	0.983	5.955 01	1.819

a Predictors：(Constant)，广告费用，推销人数

b Dependent Variable：销售量

表 10 − 46 方差分析表

ANOVA(b)

Model		Sum of Squares	df	Mean Square	F	Sig.
1	Regression	39 848.343	2	19 924.171	561.843	0.000(a)
	Residual	602.857	17	35.462		
	Total	40 451.200	19			

a Predictors：(Constant)，广告费用，推销人数

b Dependent Variable：销售量

表 10 − 47 回归系数列表

Coefficients(a)

Model		Unstandardized Coefficients		Standardized Coefficients	t	Sig.	Collinearity Statistics	
		B	Std. Error	Beta			Tolerance	VIF
1	(Constant)	4.120	3.298		1.249	0.228		
	推销人数	3.590	0.651	0.433	5.513	0.000	0.142	7.03
	广告费用	5.197	0.706	0.578	7.367	0.000	0.142	7.03

a Dependent Variable：销售量

表 10 - 48   多重共线性诊断表

Collinearity Diagnostics(a)

Model	Dimension	Eigenvalue	Condition Index	Variance Proportions		
				(Constant)	推销人数	广告费用
1	1	2.847	1.000	0.02	0.00	0.00
	2	0.139	4.527	0.78	0.01	0.06
	3	0.014	14.097	0.20	0.98	0.94

a Dependent Variable：销售量

表 10 - 49   残差统计量表

Residuals Statistics(a)

	Minimum	Maximum	Mean	Std. Deviation	N
Predicted Value	38.701 9	201.397 3	94.200 0	45.796 08	20
Residual	- 8.748 2	15.372 4	0.000 0	5.632 88	20
Std. Predicted Value	- 1.212	2.341	0.000	1.000	20
Std. Residual	- 1.469	2.581	0.000	0.946	20

a Dependent Variable：销售量

（3）多元线性回归分析结果解释。

①变量引入和剔除表：此表说明引入变量和剔除变量的具体情况。从此表中可知，多元线性回归分析方法是强迫进入法，即所有的自变量全部进入回归模型。

②模型摘要表：此表主要列出复相关系数 R、可决系数 R^2（R Square）、修正的可决系数 $\bar{R}^2$（Adjusted R Square）、估计标准误差 $\hat{\sigma}$（Std. Error of the Estimate）、德宾 - 沃森统计量 $D.W.$（Durbin-Watson）等。

从此表中可知，复相关系数 $R = 0.993$，可决系数 $R^2 = 0.985$，修正的可决系数 $\bar{R}^2 = 0.983$，估计标准误差 $\hat{\sigma} = 5.955$，德宾 - 沃森统计量 $D.W. = 1.819$。由此可见，从可决系数 $R^2 = 0.985$ 看，多元线性回归模型的自变量对因变量的解释程度高达 98.5%，模型拟合程度高；德宾 - 沃森统计量 $D.W. = 1.819$ 很接近 2，说明随机误差项 ε 的一阶序列相关不严重，随机误差项 u_i 可视为无序列相关。

③方差分析表：此表列出检验回归方程相关统计量，主要用于回归方程的检验。其列出的统计量主要有"总离差平方和 SST、回归平方和 SSR、残差平方和 SSE 及其自由度、回归均方差 MSR、残差均方差、F 统计量的值及其 P 值（SPSS 记为 Sig.）"。

从此表中可知，二元线性回归模型 $y = \beta_0 + \beta_1 x_1 + \beta_2 x_2 + \varepsilon$ 的总离差平方和 $SST = 40\ 451.200$，回归平方和 $SSR = 39\ 848.343$，残差平方和 $SSE = 602.857$，三者的自由度分别为 19、2、17，回归均方差 $MSR = 19\ 924.171$，残差均方差 $MSR = 35.462$，$F = 561.843$（$P = 0.000$）。由此可见，在显著性水平 $\alpha = 0.05$ 下，F 检验的 P 值满足：$P = 0.000 < 0.05$，故在显著性水平 $\alpha = 0.05$ 下，回归方程有意义，即回归方程通过了检验。

④回归系数列表：此表列出检验二元线性回归模型 $y = \beta_0 + \beta_1 x_1 + \beta_2 x_2 + \varepsilon$ 的回归系数的统计量：常数项（Constance）$\hat{\beta}_0$ 和 x_1，x_2 两个自变量的系数 $\hat{\beta}_1$，$\hat{\beta}_2$ 的非标准化值及其标准差和标准化值、检验各回归系数 β_0，β_1，β_2 的 t 统计量的值及其 P 值（SPSS 记为 Sig.）等，诊断多重共线性的统计量：容许度 TOL 和方差膨胀因子 VIF 等。

从此表中可知，各回归系数的估计值及其标准差、t 统计量的值和 P 值分别为：非标准化值 $\hat{\beta}_0 = 4.120$，$\hat{\beta}_1 = 3.590$，$\hat{\beta}_2 = 5.197$；$S_e(\hat{\beta}_0) = 3.298$，$S_e(\hat{\beta}_1) = 0.651$，$S_e(\hat{\beta}_2) = 0.706$；$t_0 = 1.249$，$t_1 = 5.513$，$t_2 = 7.367$；$P_0 = 0.228$，$P_1 = 0.000$，$P_2 = 0.000$；$\hat{\beta}_1$、$\hat{\beta}_2$ 标准化值分别为 0.433、0.578；诊断多重共线性的统计量的值为：$TOL_1 = TOL_2 = 0.142$；$VIF_1 = VIF_2 = 7.028$。

由此可见，第一，在显著性水平为 $\alpha = 0.05$ 的情况下，$P_0 = 0.228 > 0.05$，$P_1 = 0.000 < 0.05$，$P_2 = 0.000 < 0.05$，故 β_0 显著为零，β_1、β_2 显著不为零，故 β_0 没有通过 t 检验，而 β_1、β_2 通过了 t 检验；第二，因为 $VIF_1 = VIF_2 = 7.028 < 10$，所以自变量 x_1、x_2 多重共线性不太严重。

⑤多重共线性诊断表：此表列出诊断多重共线性的统计量：$X'X$ 的特征根（Eigenvalue，记为 λ）、条件指数（Condition Index，CI）、方差比率（Variance Proportions）。

从此表中可知，最大和最小特征根分别为 $\lambda_{max} = 2.847$，$\lambda_{min} = 0.014$；条件指数 $CI = 14.097$。由此可知，$10 < CI = 14.097 < 30$，故自变量 x_1、x_2 中强度多重共线性。

⑥残差统计量表：此表列出因变量的预测值（Predicted Value）、残差（Residual）、预测值的标准值（Std. Predicted Value）、残差的标准值（Std. Residual）等四项的最小值（Minimum）、最大值（Maximum）、均值（Mean）、标准差（Std. Deviation）及其个数，用于判别因变量和残差分布情况。

从此表中可知，预测值的最小值、最大值、均值、标准差分别为 38.702、201.397、94.200、45.796；残差的最小值、最大值、均值、标准差分别为 −0.748、15.372、0.000、5.633；预测值的标准值的最小值、最大值、均值、标准差分别为 −1.212、2.341、0.000、1.000；残差的标准值的最小值、最大值、均值、标准差分别为 −1.469、2.581、0.000、0.946。由此可见，因变量预测值和残差基本上服从正态分布，从而可以判断因变量与随机误差项基本服从正态分布。

从线性回归分析输出结果中可以得到产品年销售量（y）对推销员人数（x_1）和广告推销费用（x_2）的回归模型为：

$$\hat{y} = 4.120 + 3.590 x_1 + 5.197 x_2$$
$$S_e = (3.298)\,(0.651)\,(0.705)$$
$$t = (1.249)\,(5.513)\,(7.367)$$
$$P = (0.228)\,(0.000)\,(0.000)$$
$$R^2 = 0.985,\ \overline{R}^2 = 0.983,\ F = 561.843\,(P = 0.000),\ D.W. = 1.819,\ VIF = 7.028$$

由以上分析可知，除了常数项没有通过 t 检验之外，其他系数和回归方程均通过了相关检验，且回归方程拟合程度高，序列相关和多重共线性不太严重，故所建立的模型较好。

附录一　思考与练习答案

第一章

（一）填空题

1. 描述统计学　推断统计学　理论统计学　应用统计学
2. 数量性　大量性　变异性
3. 收集数据　整理数据　分析数据　方法论
4. 总量指标　相对指标　平均指标
5. 统计总体　总体单位
6. 品质标志　数量标志
7. 全部产品　每一件产品
8. 数量　品质
9. 统计总体　总体单位
10. 指标名称　指标数值

（二）单项选择题

1. C　2. B　3. C　4. D　5. B　6. D　7. C　8. D　9. D　10. A

（三）多项选择题

1. ABDE　2. ABCE　3. BCD　4. CE　5. ACE

（四）判断题

1. ×　2. ×　3. ×　4. ×　5. ×　6. √　7. √　8. ×　9. √　10. ×

（五）思考题

略

第二章

（一）单项选择题

1. B　2. A　3. C　4. C　5. D　6. D　7. D　8. A　9. B　10. C

（二）判断题

1. ×　2. ×　3. √　4. ×　5. √　6. √　7. ×　8. ×　9. √　10. √

（三）思考题

略

（四）计算题

1.

成绩分组	学生人数（频数）	频率（%）	累计百分比（%）
60 分以下	2	5	5
60 ~ 75 分	11	27.5	32.5
76 ~ 89 分	19	47.5	80
90 ~ 100 分	8	20	100
合　　计	40	100	

2.

年龄分组	人数（频数）	频率（%）	累计百分比（%）
20 岁以下	1	1.7	1.7
20 ~ 29 岁	3	5.0	6.7
30 ~ 39 岁	5	8.3	15.0
40 ~ 49 岁	16	26.7	41.7
50 ~ 59 岁	20	33.3	75.0
60 ~ 69 岁	9	15.0	90.0
70 ~ 79 岁	4	6.7	96.7
80 岁以上	2	3.3	100.0
合　　计	60	100.0	

从频数分布表中可以看出，中午来超市的顾客中，40 ~ 60 岁所占比例比较大。

3.

职工家庭基本情况调查表

2001 年第二季度

姓名	性别	年龄	与被调查者的关系	工作单位	参加工作年月	职务或工种	固定工或临时工	级别
刘　盛	男	44	被调查者本人	长城机电公司	1973 年 7 月	干部	固定	20
陈心华	女	40	夫妻	市第一针织厂	1975 年 4 月	工人	固定	无
刘淑影	女	18	父女	待业青年	—	无	无	无
刘平路	男	16	父子	医学院学习	2000 年入学	学生	无	无

第三章

（一）单项选择题

1. B　2. B　3. A　4. A　5. B　6. D　7. D　8. C　9. C　10. D

（二）判断题

1. ×　2. √　3. √　4. ×　5. √　6. ×　7. ×　8. √　9. ×　10. √

（三）思考题

略

（四）计算题

1. 第一组均值是 4，第二组均值是 3.5；

第一组方差是 4，标准差 σ 是 2；第二组方差是 2.92，标准差 σ 是 2。

2. $\bar{x} = \dfrac{m_1 f_1 + m_2 f_2 + \cdots + m_k f_k}{f_1 + f_2 + \cdots + f_k} = \dfrac{\sum\limits_{i=1}^{k} m_i f_i}{\sum\limits_{i} f_i} = \dfrac{1\,194}{50} = 23.88（岁）$

答：该班学生的平均年龄是 23.88 岁。

3. 下分位数 Q_l 位置 $= (n+1)/4 = (11+1)/4 = 3$，$Q_l = 22$（天）

上分位数 Q_u 位置 $= 3(n+1)/4 = 3(11+1)/4 = 9$，$Q_u = 36$（天）

四分位差 $= Q_u - Q_l = 36 - 22 = 14$（天）

计算结果表明，该驾校的 11 人中有一半以上掌握汽车驾驶技能需要 22～36 天。

4. 计算结果如下表所示。

指标	长度（厘米）	重量（克）
均值	2.000	5.000
标准差	0.018	0.022
变异系数	0.009	0.004

答：两者的变异系数都在 0.01 以下。

5. 平均值 $\bar{x} = 81.7$，中位数 $M_e = 81.95$

极差 $= 11.9$，方差 $\sigma^2 = 14.63$，标准差 $\sigma = 3.82$

第四章

（一）单项选择题

1. D　2. B　3. C　4. D　5. A　6. C　7. B　8. C　9. A　10. B　11. D　12. A　13. D　14. D

（二）判断题

1. √　2. √　3. ×　4. √　5. √　6. √　7. ×　8. ×　9. ×　10. ×

（三）计算题

1.（1）略

$$(2) k_p = \frac{\sum p_1 q_1}{\sum p_0 q_1} \times 100\% = 112.28\%$$

$$k_q = \frac{\sum q_1 p_0}{\sum q_0 p_0} \times 100\% = 115.60\%$$

$$(3) \sum p_1 q_1 - \sum p_0 q_1 = 3.02（元）$$

$$2. k_p = \frac{\sum p_1 q_1}{\sum p_0 q_1} \times 100\% = = 107.11\%$$

$$\sum p_1 q_1 - \sum p_0 q_1 = 6\ 000（万元）$$

$$3. k_q = \frac{\sum k q_0 p_0}{\sum q_0 p_0} \times 100\% = 133.92\%（660.8\ 万元）$$

4.（1）109.6%，由于价格变化而增加的总产值为 72 万元。

$$(2) \frac{\sum p_1 q_1}{\sum p_0 q_0} \times 100\% = \frac{8\ 220}{7\ 150} \times 100\% = 114.97\%$$

$$\sum p_1 q_1 - \sum p_0 q_0 = 107（万元）$$

$$\frac{\sum \frac{1}{k} p_1 q_1}{\sum p_0 q_0} \times 100\% = \frac{7\ 500}{7\ 150} \times 100\% = 104.90\%$$

$$\sum \frac{1}{k} p_1 q_1 - \sum p_0 q_0 = 35（万元）$$

（3）114.97% = 104.90% × 109.6%

107 万元 = 35 万元 + 72 万元

5. 131.88% = 120.67% × 109.29%

725.35 万元 = 514 元 + 221.35 元

6. 某市粮食物价指数 $K_p = 100\%$，副食品物价指数 $K_p = 117.08\%$，食品类物价指数 K_p = 109.6%，全部零售商品物价指数 $K_p = 111.56\%$

7.（1）略　（2）$K_p = 103.24\%$

$$8. K_q = \frac{\sum q_1 p_0}{\sum q_0 p_0} = 108.19\%$$

$$\sum q_1 p_0 - \sum q_0 p_0 = 19.78（万元）$$

$$K_p = \frac{\sum p_1 q_1}{\sum \frac{1}{k} p_1 q_1} = 100.29\%$$

$$\sum p_1 q_1 - \sum \frac{1}{k} p_1 q_1 = 0.75（万元）$$

9. 报告期销售量比基期上涨 11.65%

10. (1) $K_p = \dfrac{p_0 q_1}{p_0 q_0} = 103\%$

$\quad$ (2) $K_p = \dfrac{p_1 q_1}{\sum p_0 q_1} = 110.96\%$

$\quad$ (3) $p_0(q_1 - q_0) = 1.05$(万元)

11. $K_p = \sum k_p \times \dfrac{w}{\sum w} = 109.74\%$

12. (1) $\dfrac{\sum p_1 q_1}{\sum p_0 q_0} = \dfrac{\sum q_1 p_0}{\sum q_0 p_0} \times \dfrac{\sum p_1 q_1}{\sum p_0 q_1}$

$\quad 144.44\% = 111.56\% \times 129.47\%$

$\quad 200$ 万元 $= 52.03$ 万元 $+ 147.97$ 万元

$\quad$ (2) $\dfrac{\sum q_1 m_1 p_1}{\sum q_0 m_0 p_0} = \dfrac{\sum q_1 m_0 p_0}{\sum q_0 m_0 p_0} \times \dfrac{\sum q_1 m_1 p_0}{\sum q_1 m_0 p_0} \times \dfrac{\sum q_1 m_1 p_1}{\sum q_1 m_1 p_0}$

$\quad 144.44\% = 105\% \times 106.25\% \times 129.47\%$

$\quad 200$ 万元 $= 22.4$ 万元 $+ 29.4$ 万元 $+ 49.94$ 万元

13. $\dfrac{\sum q_1 m_1 p_1}{\sum q_0 m_0 p_0} = \dfrac{\sum q_1 m_0 p_0}{\sum q_0 m_0 p_0} \times \dfrac{\sum q_1 m_1 p_0}{\sum q_1 m_0 p_0} \times \dfrac{\sum q_1 m_1 p_1}{\sum q_1 m_1 p_0}$

$106.33\% = 110.28\% \times 99.65\% \times 96.76\%$

59.94 元 $= 97.35$ 元 $+ (-3.65)$ 元 $+ (-33.76)$ 元

14. $\dfrac{\sum x_1 \cdot \frac{f_1}{\sum f_1}}{\sum x_0 \cdot \frac{f_0}{\sum f_0}} = \dfrac{\sum x_0 \cdot \frac{f_1}{\sum f_1}}{\sum x_0 \cdot \frac{f_0}{\sum f_0}} \times \dfrac{\sum x_1 \cdot \frac{f_1}{\sum f_1}}{\sum x_0 \cdot \frac{f_1}{\sum f_1}}$

$102.62\% = 112.89\% \times 90.91\%$

13.37 元 $= 56.57$ 元 $+ (-43.2)$ 元

或

$102.62\% = 111.31\% \times 92.32\%$

13.37 元 $= 54.63$ 元 $+ (-41.26)$ 元

第五章

(一)单项选择题

1. D　2. C　3. D　4. B　5. C　6. D　7. C　8. B　9. B　10. B

(二)判断题

1. √　2. ×　3. √　4. √　5. √　6. ×　7. ×　8. √　9. ×　10. ×

（三）计算题

1.（1）$\bar{x}-t\mu_{\bar{x}}\leq X\leq\bar{x}+t\mu_{\bar{x}}$

$918.99\leq X\leq933.81$

（2）$p-t\mu_{p}\leq P\leq p+t\mu_{p}$

$0.12\%\leq P\leq0.68\%$

2.（1）$4.5\%\leq P\leq7.5\%$

（2）$3\%\leq P\leq9\%$，置信区间与把握程度之间呈正方向变化关系。

3.（1）$n=88$　（2）$n=22$

4.（1）$1.797\leq X\leq2.203$　（2）$71.61\%\leq P\leq92.39\%$

5.$t=\dfrac{\Delta\bar{x}}{\mu_{\bar{x}}}$，$\bar{x}-t\mu_{\bar{x}}=160.5(\bar{x}=170)$ 或 $\bar{x}+t\mu_{\bar{x}}=179.5$，$t=2.53$，$\therefore F(t)=98.83\%$

6.（1）$n=16$（件）

（2）重复抽样 $n=267.2$（件），不重复抽样 $n=260.2$（件）

第六章

（一）单项选择题

1. B　2. A　3. A　4. A　5. A　6. C　7. A　8. D　9. C　10. D

（二）判断题

1. ×　2. √　3. ×　4. ×　5. √　6. √　7. √　8. ×　9. √　10. ×

（三）思考题

略

（四）计算题

1. 设 $H_0:\mu\geq700$；$H_1:\mu<700$

已知：$\bar{x}=680$　$\sigma=60$

由于 $n=36>30$，大样本，因此检验统计量：

$$Z=\frac{\bar{x}-\mu_0}{s/\sqrt{n}}=\frac{680-700}{60/\sqrt{36}}=-2$$

当 $\alpha=0.05$，查表得 $Z_\alpha=1.645$。因为 $Z<-Z_\alpha$，故拒绝原假设，接受备择假设，说明这批产品不合格。

2. 设 $H_0:\mu=100$；$H_1:\mu\neq100$

经计算得：$\bar{x}=99.9778$　$s=1.21221$

检验统计量：

$$t=\frac{\bar{x}-\mu_0}{s/\sqrt{n}}=\frac{99.9778-100}{1.21221/\sqrt{9}}=-0.055$$

当 $\alpha=0.05$，自由度 $n-1=9$ 时，查表得 $t_{\frac{\alpha}{2}}(9)=2.262$。因为 $|t|<t_{\frac{\alpha}{2}}$，样本统计量落在接受区域，故接受原假设，拒绝备择假设，说明打包机工作正常。

3. 设 $H_0:\pi\leq0.05$；$H_1:\pi>0.05_{H_0}$

已知：$p=6/50=0.12$

检验统计量：

$$Z = \frac{p - \pi_0}{\sqrt{\pi(1 - \pi_0)/n}} = \frac{0.12 - 0.05}{\sqrt{\dfrac{0.05 \times (1 - 0.05)}{50}}} = 2.271$$

当 $\alpha = 0.05$，查表得 $Z_\alpha = 1.645$。因为 $Z > Z_\alpha$，样本统计量落在拒绝区域，故拒绝原假设，接受备择假设，说明该批食品不能出厂。

4. 设 $H_0 : \mu \leqslant 225$；$H_1 : \mu > 225$

经计算知：$\bar{x} = 241.5$ $s = 98.726$

检验统计量：

$$t = \frac{\bar{x} - \mu_0}{s/\sqrt{n}} = \frac{241.5 - 225}{98.726/\sqrt{16}} = 0.669$$

当 $\alpha = 0.05$，自由度 $n - 1 = 15$ 时，查表得 $t_\alpha(15) = 1.753$。因为 $t < t_\alpha$，样本统计量落在接受区域，故接受原假设，拒绝备择假设，说明元件寿命没有显著大于 225 小时。

5. 建立假设 $H_0 : \mu_1 - \mu_2 = 0$，$H_1 : \mu_1 - \mu_2 \neq 0$

总体正态，小样本抽样，方差未知，方差相等，检验统计量

$$t = \frac{(\bar{x}_1 - \bar{x}_2)}{s_p\sqrt{\dfrac{1}{n_1} + \dfrac{1}{n_2}}}$$

根据样本数据计算，得 $n_1 = 12$，$n_2 = 12$，$\bar{x}_1 = 31.75$，$s_1 = 3.19446$，$\bar{x}_2 = 28.6667$，$s_2 = 2.46183$。

$$s_p^2 = \frac{(n_1 - 1)s_1^2 + (n_1 - 1)s_2^2}{n_1 + n_2 - 2}$$

$$= \frac{(12 - 1) \times 0.92216^2 + (12 - 1) \times 0.71067^2}{12 + 12 - 2} = 8.1326$$

$$t = \frac{(\bar{x}_1 - \bar{x}_2)}{s_p\sqrt{\dfrac{1}{n_1} + \dfrac{1}{n_2}}} = 2.648$$

$\alpha = 0.05$ 时，临界点为 $t_{\frac{\alpha}{2}}(n_1 + n_2 - 2) = t_{0.025}(22) = 2.074$，此题中 $|t| > t_{\frac{\alpha}{2}}$，故拒绝原假设，认为两种方法的装配时间有显著差异。

6. 建立假设 $H_0 : \pi_1 \leqslant \pi_2$；$H_1 : \pi_1 > \pi_2$

$P_1 = 43/205 = 0.2097$ $n_1 = 205$ $P_2 = 13/134 = 0.097$ $n_2 = 134$

检验统计量

$$Z = \frac{(p_1 - p_2) - d}{\sqrt{\dfrac{p_1(1 - p_1)}{n_1} + \dfrac{p_2(1 - p_2)}{n_2}}}$$

$$= \frac{(0.2098 - 0.097) - 0}{\sqrt{\dfrac{0.2098(1 - 0.2098)}{205} + \dfrac{0.097(1 - 0.097)}{134}}}$$

$$= 3$$

当 $\alpha = 0.05$，查表得 $Z_\alpha = 1.645$。因为 $Z > Z_\alpha$，拒绝原假设，说明吸烟者容易患慢性气

管炎。

7. 设 $H_0:\mu\leqslant60$；$H_1:\mu>60$

已知：$\bar{x}=68.1$　$s=45$

由于 $n=144>30$，大样本，因此检验统计量：

$$Z=\frac{\bar{x}-\mu_0}{s/\sqrt{n}}=\frac{68.1-60}{45/\sqrt{144}}=2.16$$

由于 $\bar{x}>\mu$，因此 P 值 $=P(Z\geqslant2.16)=1-\phi(2.16)$，查表得 $\phi(2.16)=0.9846$，$P=0.0154$。

由于 $P>\alpha=0.01$，故不能拒绝原假设，说明贷款的平均规模没有明显地超过 60 万元。

8. 建立假设 $H_0:\pi_1\geqslant\pi_2$；$H_1:\pi_1<\pi_2$

$P_1=104/11\,000=0.00945$　$n_1=11\,000$　$P_2=189/11\,000=0.01718$　$n_2=11\,000$

检验统计量

$$Z=\frac{(p_1-p_2)-d}{\sqrt{\dfrac{p_1(1-p_1)}{n_1}+\dfrac{p_2(1-p_2)}{n_2}}}$$

$$=\frac{(0.00945-0.01718)-0}{\sqrt{\dfrac{0.00945(1-0.00945)}{11\,000}+\dfrac{0.01718(1-0.01718)}{11\,000}}}$$

$$=-5$$

当 $\alpha=0.05$，查表得 $Z_\alpha=1.645$。因为 $Z<-Z_\alpha$，拒绝原假设，说明服用阿司匹林可以降低心脏病发生率。

第七章

（一）单项选择题

1. B　2. D　3. B　4. C　5. A　6. A　7. B　8. D　9. C　10. A

（二）判断题

1. ×　2. √　3. ×　4. √　5. ×　6. ×　7. √　8. ×　9. ×　10. √

（三）计算题

1.

ANOVA

指标值

	Sum of Squares	df	Mean Square	F	Sig.
Between Groups	2.028	1	2.028	0.998	0.326
Within Groups	56.919	28	2.033		
Total	58.947	29			

由以上方差分析表看出，两种材料的质量无显著差异。

2.

ANOVA

比例

	Sum of Squares	df	Mean Square	F	Sig.
Between Groups	0.002	1	0.002	13.083	0.003
Within Groups	0.002	14	0.000		
Total	0.004	15			

由以上方差分析表看出，两位作家写的小品文稿中包含由 3 个字母组成的词的比例有显著的差异。

Descriptives

比例

	N	Mean	Std. Deviation	Std. Error	95% Confidence Interval for Mean		Min	Max
					Lower Bound	Upper Bound		
1	8	0.232	0.014 565	0.005 15	0.219 70	0.244 05	0.217	0.262
2	8	0.210	0.009 695	0.003 43	0.201 39	0.217 61	0.196	0.224
Total	16	0.221	0.016 624	0.00 416	0.211 83	0.229 55	0.196	0.262

Test of Homogeneity of Variances

比例

Levene Statistic	df_1	df_2	Sig.
0.659	1	14	0.431

两组数据的方差无显著差异。

3.

Tests of Between-Subjects Effects

Dependent Variable：工资水平

Source	Type III Sum of Squares	df	Mean Square	F	Sig.
Corrected Model	657 889.650a	7	93 984.236	33.101	0.000
Intercept	3.506E7	1	3.506E7	12 348.986	0.000
地区	148 016.700	4	37 004.175	13.033	0.000
行业	509 872.950	3	169 957.650	59.860	0.000
Error	34 071.300	12	2 839.275		
Total	3.575E7	20			
Corrected Total	691 960.950	19			

a. R Squared $= 0.951$ (Adjusted R Squared $= 0.922$)

由上表可以看出，不同地区不同行业的全民所有制职工工资水平有显著差异。

4.

Tests of Between-Subjects Effects

Dependent Variable：人均纯收入

Source	Type III Sum of Squares	df	Mean Square	F	Sig.
Corrected Model	558 987.811a	9	62 109.757	24.492	0.000
Intercept	3 489 589.496	1	3 489 589.496	1 376.039	0.000
时间	278 158.105	5	55 631.621	21.937	0.000
地区	280 829.706	4	70 207.426	27.685	0.000
Error	50 719.330	20	2 535.966		
Total	4 099 296.637	30			
Corrected Total	609 707.140	29			

a. R Squared $=0.917$ (Adjusted R Squared $=0.879$)

由上表可以看出，不同时间不同地区的农民家庭人均纯收入有显著差异。

5.

Tests of Between-Subjects Effects

Dependent Variable：得率

Source	Type III Sum of Squares	df	Mean Square	F	Sig.
Corrected Model	55.833a	5	11.167	2.185	0.101
Intercept	2 604.167	1	2 604.167	509.511	0.000
浓度	44.333	2	22.167	4.337	0.029
温度	11.500	3	3.833	0.750	0.536
Error	92.000	18	5.111		
Total	2 752.000	24			
Corrected Total	147.833	23			

a. R Squared $=0.378$ (Adjusted R Squared $=0.205$)

由上表可以看出，不同的浓度下的得率的差异是显著的，而不同温度下的得率的差异是不显著的，交互作用的效应是显著的。

第八章

（一）单项选择题

1. D 2. A 3. C 4. D 5. B 6. C 7. D 8. B 9. A 10. B

（二）判断题

1. × 2. × 3. × 4. × 5. × 6. √ 7. √ 8. √ 9. √ 10. ×

（三）思考题

略

（四）计算题

1. $r=0.948\ 1$，故道琼斯工业指数（DJIA）和标准普尔 500 种股票指数（S&P500）的收益率相关程度较高。

设 $H_0 : \rho = 0$，$H_1 : \rho \neq 0$

$\because t = \dfrac{r \sqrt{n-2}}{\sqrt{1-r^2}} = 8.433$，$t_{\frac{\alpha}{2}}(n-2) = t_{0.025}(8) = 2.306$

$\therefore t = 8.433 > 2.306$，故不能拒绝 H_0，即 $\rho \neq 0$，所以相关系数显著不为 0，即道琼斯工业指数(DJIA)和标准普尔 500 种股票指数(S&P500)的收益率存在显著的相关关系。

2.(1)

(2)从散点图上来看，航班正点率与投诉率之间大概存在负线性相关关系。

(3) $\hat{y} = 6.018 - 0.070x$

(4) -0.070 的含义：当航班正点率提高 1% 时，乘客投诉率就下降 0.070 次。

(5) $\hat{y} = 6.018 - 0.070 \times 80 = 0.418$

3.(1) $r = 0.923$

(2) $\hat{y} = -667.215 + 1.842x$

$\quad t = (-2.667)(7.567)$

$\quad p = (0.024)(0.000)$

$\quad R^2 = 0.851$，$\overline{R}^2 = 0.836$，$F = 57.261(P = 0.000)$

(3)对于 β_0，设 $H_0 : \beta_0 = 0$，$H_1 : \beta_0 \neq 0$

$\quad$对于 β_1，设 $H_0 : \beta_1 = 0$，$H_1 : \beta_1 \neq 0$

$\because t_{\frac{\alpha}{2}}(n-k-1) = t_{0.025}(12-1-1) = t_{0.025}(10) = 2.228$

$\therefore t_0 = -2.667 < -2.228$，$t_1 = 7.567 > 2.228$

$\therefore$ 对于 β_0、β_1，均拒绝 H_0，即 β_0、β_1 均显著不为 0，亦即 β_0、β_1 均通过 t 检验，故产量(x)与总成本(y)存在显著的线性关系。

(4)设 $H_0 : \beta_0 = \beta_1 = 0$；$H_1 : \beta_0$、$\beta_1$ 不全为 0

$\because F_{\alpha}(k, n-k-1) = F_{0.05}(1,10) = 4.96$，$\therefore F = 57.261 > 4.96$

$\therefore$ 拒绝 H_0，即 β_0、β_1 不全为 0，亦即回归方程通过了 F 检验，故产量(x)对总成本(y)

存在显著的影响。

4.（1）

离差来源	平方和(SS)	自由度(df)	均方差(MS)	F
回归	2 179.56	1	2 179.56	483.809
残差	99.11	22	4.505	—
总离差	2 278.67	23	99.073	—

（2）设 $H_0:\beta_0=\beta_1=0$；$H_1:\beta_0$、β_1 不全为 0

$\because F_\alpha(k,n-k-1)=F_{0.05}(1,22)=4.30$，$\therefore F=483.809>4.30$

$\therefore$ 拒绝 H_0，即 β_0、β_1 不全为 0，亦即回归方程通过了 F 检验，故自变量 x 对因变量 y 存在显著的影响。

5.（1）$\hat{y}=32/003+0.072x_1+0.169x_2+0.179x_3$

$\qquad t=(10.512)(4.854)(4.223)(3.664)$

$\qquad P=(0.000)(0.000)(0.001)(0.002)$

（2）对于 β_0，设 $H_0:\beta_0=0$，$H_1:\beta_0\neq0$

$\qquad$ 对于 β_1，设 $H_0:\beta_1=0$，$H_1:\beta_1\neq0$

$\qquad$ 对于 β_2，设 $H_0:\beta_2=0$，$H_1:\beta_2\neq0$

$\qquad$ 对于 β_3，设 $H_0:\beta_3=0$，$H_1:\beta_3\neq0$

$\because t_{\frac{\alpha}{2}}(n-k-1)=t_{0.025}(22-3-1)=t_{0.025}(18)=2.101$

$\therefore t_0=10.512>2.101$，$t_1=4.854>2.101$，$t_2=4.223>2.101$，$t_3=3.664>2.101$

$\therefore$ 对于 β_0、β_1、β_2、β_3，均拒绝 H_0，即 β_0、β_1、β_2、β_3 均显著不为 0，亦即 β_0、β_1、β_2、β_3 均通过 t 检验，故人均 GDP(x_1)、成人识字率(x_2)、一岁儿童疫苗接种率(x_3)分别与人均寿命(y)存在显著的线性关系。

（3）设 $H_0:\beta_0=\beta_1=\beta_2=\beta_3=0$

$\qquad H_1:\beta_0$、β_1、β_2、β_3 不全为 0

$\because F_\alpha(k,n-k-1)=F_{0.05}(3,18)=2.42$，$\therefore F=58.205>2.42$

$\therefore$ 拒绝 H_0，即 β_0、β_1、β_2、β_3 不全为 0，亦即回归方程通过了 F 检验，故人均 GDP(x_1)、成人识字率(x_2)、一岁儿童疫苗接种率(x_3)联合起来与人均寿命(y)存在显著的线性关系。

6.（1）

离差来源	平方和(SS)	自由度(df)	均方差(MS)	F
回归	65 965	2	32 982.50	11 993.636
残差	77	28	2.75	—
总离差	66 042	30	2 201.4	—

（2）设 $H_0:\beta_0=\beta_1=\beta_2=0$；$H_1:\beta_0\text{、}\beta_1\text{、}\beta_2$ 不全为 0

$\because F_\alpha(k,n-k-1)=F_{0.05}(2,28)=3.34$，$\therefore F=11\,993.636>3.34$

$\therefore$ 拒绝 H_0，即 $\beta_0\text{、}\beta_1\text{、}\beta_2$ 不全为 0，亦即回归方程通过了 F 检验，故自变量 x_1、x_2 联合起来与因变量 y 存在显著的线性关系。

7. 用 SPSS 进行相关与回归分析结果输出如下：

Correlations

		销售价格	地产估价	房产估价	使用面积
销售价格	Pearson Correlation	1	0.134	0.916*	0.849*
	Sig.（2 – tailed）		0.572	0.000	0.000
	N	20	20	20	20
地产估价	Pearson Correlation	0.134	1	0.121	0.363
	Sig.（2 – tailed）	0.572		0.613	0.116
	N	20	20	20	20
房产估价	Pearson Correlation	0.916*	0.121	1	0.788*
	Sig.（2 – tailed）	0.000	0.613		0.000
	N	20	20	20	20
使用面积	Pearson Correlation	0.849*	0.363	0.788*	1
	Sig.（2 – tailed）	0.000	0.116	0.000	
	N	20	20	20	20

* Correlation is significant at the 0.01 level （2 – tailed）.

Regression

Variables Entered/Removed（b）

Model	Variables Entered	Variables Removed	Method
1	使用面积，地产估价，房产估价（a）		Enter

a All requested variables entered.

b Dependent Variable：销售价格

Model Summary（b）

Model	R	R Square	Adjusted R Square	Std. Error of the Estimate	Durbin-Watson
1	0.942（a）	0.887	0.865	832.194 90	1.499

a Predictors：（Constant），使用面积，地产估价，房产估价

b Dependent Variable：销售价格

ANOVA(b)

Model		Sum of Squares	df	Mean Square	F	Sig.
1	Regression	86 750 906.415	3	28 916 968.805	41.754	0.000(a)
	Residual	11 080 773.585	16	692 548.349		
	Total	97 831 680.000	19			

a　Predictors：(Constant)，使用面积，地产估价，房产估价

b　Dependent Variable：销售价格

Coefficients(a)

Model		Unstandardized Coefficients		Standardized Coefficients	t	Sig.	Collinearity Statistics	
		B	Std. Error	Beta			Tolerance	VIF
1	(Constant)	−62.345	602.903		−0.103	0.919		
	地产估价	−0.100	0.114	−0.083	−0.879	0.393	0.796	1.256
	房产估价	0.908	0.211	0.615	4.306	0.001	0.347	2.882
	使用面积	0.192	0.074	0.394	2.590	0.020	0.306	3.271

a　Dependent Variable：销售价格

（1）由相关分析表可知，房地产销售价格分别与地产估价、房产估价、使用面积的线性相关系数为 0.134、0.916、0.849，且在显著性水平为 $\alpha = 0.01$ 下，房地产销售价格与地产估价的线性关系不显著，而与房产估价、使用面积存在显著的线性关系。

（2）$\hat{y} = -62.345 - 0.100x_1 + 0.908x_2 + 0.192x_3$

$t = (-0.103)(-0.879)(4.306)(2.590)$

$P = (0.919)(0.393)(0.001)(0.020)$

$R^2 = 0.887，\overline{R}^2 = 0.865，F = 41.754(P = 0.000)$

在显著性水平 $\alpha = 0.05$ 下，除了常数项 β_0、β_1 没有通过 t 检验之外，β_2、β_3 和回归方程均通过了相关检验。

（3）$R^2 = 0.887$，说明地产估价、房产估价、使用面积对房地产销售价格的解释程度达到 88.7%。

（五）案例分析

略

第九章

（一）填空题

1.绝对数　相对数　平均数

2.序时平均数　动态　发展水平

3.215

4.9.52%

5.水平法　方程法

（二）单项选择题

1.A　2.A　3.B　4.B　5.C　6.C　7.A　8.B　9.A　10.C

（三）判断题

1.×　2.√　3.√　4.√　5.√　6.√　7.×　8.√　9.×　10.×

（四）计算题

1.（1）0.757%

　（2）15.74 亿人

2.115.66%

3.16.0 元

4.（1）2000 年末将有的人数为：13.15 亿人

　（2）人口年均增长率控制在：0.9345%

5.（1）该商店上半年商品库存额：50.417 万元

　（2）该商店上半年商品库存额：52.75 万元

　（3）该商店全年商品库存额：51.58 万元

6.用 Excel 进行 3 项和 5 项移动平均预测，结果如下表所示。

年份	居民消费价格指数（%）	3 期移动平均	5 期移动平均
1996	106.5		
1997	107.3	110.9	
1998	118.8	114.7	110.7
1999	118	113.3	110.1
2000	103.1	108.2	109.9
2001	103.4	104.3	109.1
2002	106.4	108.2	110.3
2003	114.7	115.1	113.1
2004	124.1	118.6	114.1
2005	117.1	116.5	113.4
2006	108.3	109.4	110.3
2007	102.8	103.4	105.2
2008	99.2	100.2	101.9
2009	98.6	99.4	
2010	100.4		

原序列和预测后的序列绘制成图，求三期移动平均的趋势线方程。

7.

年份	居民消费价格指数（%）	t	ty
1996	106.5	-7	-745.5
1997	107.3	-6	-643.8
1998	118.8	-5	-594
1999	118	-4	-472
2000	103.1	-3	-309.3
2001	103.4	-2	-206.8
2002	106.4	-1	-106.4
2003	114.7	0	0
2004	124.1	1	124.1
2005	117.1	2	234.2
2006	108.3	3	324.9
2007	102.8	4	411.2
2008	99.2	5	496
2009	98.6	6	591.6
2010	100.4	7	702.8
合计	1 628.7	0	-193

$$\begin{cases} b = \bar{y} = \dfrac{-193}{280} = -0.69 \\ a = \dfrac{\sum ty}{n} = \dfrac{1\ 628.7}{15} = 108.58 \end{cases}$$

趋势方程：$y = 108.58 - 0.69t$

2001 年的居民消费价格指数：103.06%

8．（1）2005—2010 年平均固定资产利润率为 8.70%

（2）

年份		2005	2006	2007	2008	2009	2010
固定资产(万元)		600	628	712	745	790	840
固定资产发展速度(%)	定基	—	104.67	118.67	124.17	131.67	140
	环比	—	104.67	113.38	104.63	106.04	106.33
利润额(万元)		40	48	56	65	73	82
利润额发展速度(%)	定基	—	120	140	162.5	182.5	205
	环比	—	120	116.67	116.07	112.31	112.33

固定资产平均发展速度 = 106.37%

利润额的平均发展速度 = 112.71%

利润额比固定资产发展速度要快，可见固定资产的效益逐年提高。

9.（1）2015 年产值 = 483.153 万元。

　（2）平均每年需递增 9.86%。

　（3）$n = 4.93$ 年。

附录二 常用统计表

附表 1 标准正态分布表

$$\phi(x) = \int_{-\infty}^{x} \frac{1}{\sqrt{2\pi}} e^{-\frac{t^2}{2}} dt = P(X \le x)$$

Z	0.00	0.01	0.02	0.03	0.04	0.05	0.06	0.07	0.08	0.09
0.0	0.5	0.504	0.508	0.512	0.516	0.519 9	0.523 9	0.527 9	0.531 9	0.535 9
0.1	0.539 8	0.543 8	0.547 8	0.551 7	0.555 7	0.559 6	0.563 6	0.567 5	0.571 4	0.575 3
0.2	0.579 3	0.583 2	0.587 1	0.591	0.594 8	0.598 7	0.602 6	0.606 4	0.610 3	0.614 1
0.3	0.617 9	0.621 7	0.625 5	0.629 3	0.633 1	0.636 8	0.640 6	0.644 3	0.648	0.651 7
0.4	0.655 4	0.659 1	0.662 8	0.666 4	0.67	0.673 6	0.677 2	0.680 8	0.684 4	0.687 9
0.5	0.691 5	0.695	0.698 5	0.701 9	0.705 4	0.708 8	0.712 3	0.715 7	0.719	0.722 4
0.6	0.725 7	0.729 1	0.732 4	0.735 7	0.738 9	0.742 2	0.745 4	0.748 6	0.751 7	0.754 9
0.7	0.758	0.761 1	0.764 2	0.767 3	0.770 3	0.773 4	0.776 4	0.779 4	0.782 3	0.785 2
0.8	0.788 1	0.791	0.793 9	0.796 7	0.799 5	0.802 3	0.805 1	0.807 8	0.810 6	0.813 3
0.9	0.815 9	0.818 6	0.821 2	0.823 8	0.826 4	0.828 9	0.831 5	0.834	0.836 5	0.838 9
1.0	0.841 3	0.843 8	0.846 1	0.848 5	0.850 8	0.853 1	0.855 4	0.857 7	0.859 9	0.862 1
1.1	0.864 3	0.866 5	0.868 6	0.870 8	0.872 9	0.874 9	0.877	0.879	0.881	0.883
1.2	0.884 9	0.886 9	0.888 8	0.890 7	0.892 5	0.894 4	0.896 2	0.898	0.899 7	0.901 5
1.3	0.903 2	0.904 9	0.906 6	0.908 2	0.909 9	0.911 5	0.913 1	0.914 7	0.916 2	0.917 7
1.4	0.919 2	0.920 7	0.922 2	0.923 6	0.925 1	0.926 5	0.927 8	0.929 2	0.930 6	0.931 9

续表

Z	0.00	0.01	0.02	0.03	0.04	0.05	0.06	0.07	0.08	0.09
1.5	0.933 2	0.934 5	0.935 7	0.937	0.938 2	0.939 4	0.940 6	0.941 8	0.943	0.944 1
1.6	0.945 2	0.946 3	0.947 4	0.948 4	0.949 5	0.950 5	0.951 5	0.952 5	0.953 5	0.954 5
1.7	0.955 4	0.956 4	0.957 3	0.958 2	0.959 1	0.959 9	0.960 8	0.961 6	0.962 5	0.963 3
1.8	0.964 1	0.964 8	0.965 6	0.966 4	0.967 1	0.967 8	0.968 6	0.969 3	0.97	0.970 6
1.9	0.971 3	0.971 9	0.972 6	0.973 2	0.973 8	0.974 4	0.975	0.975 6	0.976 2	0.976 7
2.0	0.977 2	0.977 8	0.978 3	0.978 8	0.979 3	0.979 8	0.980 3	0.980 8	0.981 2	0.981 7
2.1	0.982 1	0.982 6	0.983	0.983 4	0.983 8	0.984 2	0.984 6	0.985	0.985 4	0.985 7
2.2	0.986 1	0.986 4	0.986 8	0.987 1	0.987 4	0.987 8	0.988 1	0.988 4	0.988 7	0.989
2.3	0.989 3	0.989 6	0.989 8	0.990 1	0.990 4	0.990 6	0.990 9	0.991 1	0.991 3	0.991 6
2.4	0.991 8	0.992	0.992 2	0.992 5	0.992 7	0.992 9	0.993 1	0.993 2	0.993 4	0.993 6
2.5	0.993 8	0.994	0.994 1	0.994 3	0.994 5	0.994 6	0.994 8	0.994 9	0.995 1	0.995 2
2.6	0.995 3	0.995 5	0.995 6	0.995 7	0.995 9	0.996	0.996 1	0.996 2	0.996 3	0.996 4
2.7	0.996 5	0.996 6	0.996 7	0.996 8	0.996 9	0.997	0.997 1	0.997 2	0.997 3	0.997 4
2.8	0.997 4	0.997 5	0.997 6	0.997 7	0.997 7	0.997 8	0.997 9	0.997 9	0.998	0.998 1
2.9	0.998 1	0.998 2	0.998 2	0.998 3	0.998 4	0.998 4	0.998 5	0.998 5	0.998 6	0.998 6
3.0	0.998 7	0.999	0.999 3	0.999 5	0.999 7	0.999 8	0.999 8	0.999 9	0.999 9	1.000 0

注：本表最后一行自左至右依次是 $\phi(3.0)$，…，$\phi(3.9)$ 的值。

附表 2 t 分布表

$$P\{|t(n)| > t_\alpha(n)\} = \alpha$$

n	$\alpha=0.25$	0.2	0.15	0.1	0.05	0.025	0.01	0.005	0.002 5	0.001	0.000 5
1	1	1.376	1.963	3.078	6.314	12.71	31.82	63.66	127.3	318.3	636.6
2	0.816	1.061	1.386	1.886	2.92	4.303	6.965	9.925	14.09	22.33	31.600
3	0.765	0.978	1.25	1.638	2.353	3.182	4.541	5.841	7.453	10.21	12.920
4	0.741	0.941	1.19	1.533	2.132	2.776	3.747	4.604	5.598	7.173	8.610
5	0.727	0.920	1.156	1.476	2.015	2.571	3.365	4.032	4.773	5.893	6.869
6	0.718	0.906	1.134	1.44	1.943	2.447	3.143	3.707	4.317	5.208	5.959
7	0.711	0.896	1.119	1.415	1.895	2.365	2.998	3.499	4.029	4.785	5.408
8	0.706	0.889	1.108	1.397	1.86	2.306	2.896	3.355	3.833	4.501	5.041
9	0.703	0.883	1.100	1.383	1.833	2.262	2.821	3.25	3.69	4.297	4.781
10	0.700	0.879	1.093	1.372	1.812	2.228	2.764	3.169	3.581	4.144	4.587
11	0.697	0.876	1.088	1.363	1.796	2.201	2.718	3.106	3.497	4.025	4.437
12	0.695	0.873	1.083	1.356	1.782	2.179	2.681	3.055	3.428	3.930	4.318
13	0.694	0.870	1.079	1.350	1.771	2.160	2.650	3.012	3.372	3.852	4.221
14	0.692	0.868	1.076	1.345	1.761	2.145	2.624	2.977	3.326	3.787	4.140
15	0.691	0.866	1.074	1.341	1.753	2.131	2.602	2.947	3.286	3.733	4.073
16	0.690	0.865	1.071	1.337	1.746	2.12	2.583	2.921	3.252	3.686	4.015
17	0.689	0.863	1.069	1.333	1.74	2.11	2.567	2.898	3.222	3.646	3.965
18	0.688	0.862	1.067	1.33	1.734	2.101	2.552	2.878	3.197	3.61	3.922

续表

n	α=0.25	0.2	0.15	0.1	0.05	0.025	0.01	0.005	0.002 5	0.001	0.000 5
19	0.688	0.861	1.066	1.328	1.729	2.093	2.539	2.861	3.174	3.579	3.883
20	0.687	0.86	1.064	1.325	1.725	2.086	2.528	2.845	3.153	3.552	3.850
21	0.686	0.859	1.063	1.323	1.721	2.08	2.518	2.831	3.135	3.527	3.819
22	0.686	0.858	1.061	1.321	1.717	2.074	2.508	2.819	3.119	3.505	3.792
23	0.685	0.858	1.06	1.319	1.714	2.069	2.500	2.807	3.104	3.485	3.767
24	0.685	0.857	1.059	1.318	1.711	2.064	2.492	2.797	3.091	3.467	3.745
25	0.684	0.856	1.058	1.316	1.708	2.06	2.485	2.787	3.078	3.45	3.725
26	0.684	0.856	1.058	1.315	1.706	2.056	2.479	2.779	3.067	3.435	3.707
27	0.684	0.855	1.057	1.314	1.703	2.052	2.473	2.771	3.057	3.421	3.690
28	0.683	0.855	1.056	1.313	1.701	2.048	2.467	2.763	3.047	3.408	3.674
29	0.683	0.854	1.055	1.311	1.699	2.045	2.462	2.756	3.038	3.396	3.659
30	0.683	0.854	1.055	1.310	1.697	2.042	2.457	2.75	3.030	3.385	3.646
40	0.681	0.851	1.05	1.303	1.684	2.021	2.423	2.704	2.971	3.307	3.551
50	0.679	0.849	1.047	1.299	1.676	2.009	2.403	2.678	2.937	3.261	3.496
60	0.679	0.848	1.045	1.296	1.671	2.000	2.390	2.66	2.915	3.232	3.460
80	0.678	0.846	1.043	1.292	1.664	1.990	2.374	2.639	2.887	3.195	3.416
100	0.677	0.845	1.042	1.290	1.66	1.984	2.364	2.626	2.871	3.174	3.390
120	0.677	0.845	1.041	1.289	1.658	1.98	2.358	2.617	2.86	3.16	3.373
infty	0.674	0.842	1.036	1.282	1.645	1.96	2.326	2.576	2.807		

附表 3 χ^2 分布表

$$P\{\chi^2(n) > \chi^2\alpha(n)\} = \alpha$$

n	$\alpha = 0.995$	0.99	0.975	0.95	0.9	0.75	0.5	0.25	0.1	0.05	0.025	0.01	0.005
1	...	...	...	...	0.02	0.1	0.45	1.32	2.71	3.84	5.02	6.63	7.88
2	0.01	0.02	0.02	0.1	0.21	0.58	1.39	2.77	4.61	5.99	7.38	9.21	10.60
3	0.07	0.11	0.22	0.35	0.58	1.21	2.37	4.11	6.25	7.81	9.35	11.34	12.84
4	0.21	0.3	0.48	0.71	1.06	1.92	3.36	5.39	7.78	9.49	11.14	13.28	14.86
5	0.41	0.55	0.83	1.15	1.61	2.67	4.35	6.63	9.24	11.07	12.83	15.09	16.75
6	0.68	0.87	1.24	1.64	2.20	3.45	5.35	7.84	10.64	12.59	14.45	16.81	18.55
7	0.99	1.24	1.69	2.17	2.83	4.25	6.35	9.04	12.02	14.07	16.01	18.48	20.28
8	1.34	1.65	2.18	2.73	3.4	5.07	7.34	10.22	13.36	15.51	17.53	20.09	21.96
9	1.73	2.09	2.7	3.33	4.17	5.9	8.34	11.39	14.68	16.92	19.02	21.67	23.59
10	2.16	2.56	3.25	3.94	4.87	6.74	9.34	12.55	15.99	18.31	20.48	23.21	25.19
11	2.60	3.05	3.82	4.57	5.58	7.58	10.34	13.7	17.28	19.68	21.92	24.72	26.76
12	3.07	3.57	4.4	5.23	6.3	8.44	11.34	14.85	18.55	21.03	23.34	26.22	28.3
13	3.57	4.11	5.01	5.89	7.04	9.3	12.34	15.98	19.81	22.36	24.74	27.69	29.82
14	4.07	4.66	5.63	6.57	7.79	10.17	13.34	17.12	21.06	23.68	26.12	29.14	31.32
15	4.60	5.23	6.27	7.26	8.55	11.04	14.34	18.25	22.31	25.00	27.49	30.58	32.80
16	5.14	5.81	6.91	7.96	9.31	11.91	15.34	19.37	23.54	26.3	28.85	32.00	34.27
17	5.7	6.41	7.56	8.67	10.09	12.79	16.34	20.49	24.77	27.59	30.19	33.41	35.72

续表

n	α=0.995	0.99	0.975	0.95	0.9	0.75	0.5	0.25	0.1	0.05	0.025	0.01	0.005
							P						
18	6.26	7.01	8.23	9.39	10.86	13.68	17.34	21.6	25.99	28.87	31.53	34.81	37.16
19	6.84	7.63	8.91	10.12	11.65	14.56	18.34	22.72	27.2	30.14	32.85	36.19	38.58
20	7.43	8.26	9.59	10.85	12.44	15.45	19.34	23.83	28.41	31.41	34.17	37.57	40.00
21	8.03	8.9	10.28	11.59	13.24	16.34	20.34	24.93	29.62	32.67	35.48	38.93	41.40
22	8.64	9.54	10.98	12.34	14.04	17.24	21.34	26.04	30.81	33.92	36.78	40.29	42.8
23	9.26	10.2	11.69	13.09	14.85	18.14	22.34	27.14	32.01	35.17	38.08	41.64	44.18
24	9.89	10.86	12.4	13.85	15.66	19.04	23.34	28.24	33.2	36.42	39.36	42.98	45.56
25	10.52	11.52	13.12	14.61	16.47	19.94	24.34	29.34	34.38	37.65	40.65	44.31	46.93
26	11.16	12.2	13.84	15.38	17.29	20.84	25.34	30.43	35.56	38.89	41.92	45.64	48.29
27	11.81	12.88	14.57	16.15	18.11	21.75	26.34	31.53	36.74	40.11	43.19	46.96	49.64
28	12.46	13.56	15.31	16.93	18.94	22.66	27.34	32.62	37.92	41.34	44.46	48.28	50.99
29	13.12	14.26	16.05	17.71	19.77	23.57	28.34	33.71	39.09	42.56	45.72	49.59	52.34
30	13.79	14.95	16.79	18.49	20.6	24.48	29.34	34.8	40.26	43.77	46.98	50.89	53.67
40	20.71	22.16	24.43	26.51	29.05	33.66	39.34	45.62	51.8	55.76	59.34	63.69	66.77
50	27.99	29.71	32.36	34.76	37.69	42.94	49.33	56.33	63.17	67.5	71.42	76.15	79.49
60	35.53	37.48	40.48	43.19	46.46	52.29	59.33	66.98	74.4	79.08	83.3	88.38	91.95
70	43.28	45.44	48.76	51.74	55.33	61.7	69.33	77.58	85.53	90.53	95.02	100.42	104.22
80	51.17	53.54	57.15	60.39	64.28	71.14	79.33	88.13	96.58	101.88	106.63	112.33	116.32
90	59.2	61.75	65.65	69.13	73.29	80.62	89.33	98.64	107.56	113.14	118.14	124.12	128.3
100	67.33	70.06	74.22	77.93	82.36	90.13	99.33	109.14	118.5	124.34	129.56	135.81	140.17

附表4 F分布表

$$P\{F(n_1,n_2) > F_\alpha(n_1,n_2)\} = \alpha$$
$(\alpha = 0.10)$

n_2 \ n_1	1	2	3	4	5	6	7	8	9	10	12	15	20	24	30	40	60	120	∞
1	39.86	49.5	53.59	55.83	57.24	58.2	58.91	59.44	59.86	60.19	60.71	61.22	61.74	62.00	62.26	62.53	62.79	63.06	63.33
2	8.53	9	9.16	9.24	9.29	9.33	9.35	9.37	9.38	9.39	9.41	9.42	9.44	9.45	9.46	9.47	9.47	9.48	9.49
3	5.54	5.46	5.39	5.34	5.31	5.28	5.27	5.25	5.24	5.23	5.22	5.2	5.18	5.18	5.17	5.16	5.15	5.14	5.13
4	4.54	4.32	4.19	4.11	4.05	4.01	3.98	3.95	3.94	3.92	3.9	3.87	3.84	3.83	3.82	3.8	3.79	3.78	3.76
5	4.06	3.78	3.62	3.52	3.45	3.4	3.37.	3.34	3.32	3.3	3.27	3.24	3.21	3.19	3.17	3.16	3.14	3.12	3.1
6	3.78	3.46	3.29	3.18	3.11	3.05	3.01	2.98	2.96	2.94	2.9	2.87	2.84	2.82	2.8	2.78	2.76	2.74	2.72
7	3.59	3.26	3.07	2.96	2.88	2.83	2.78	2.75	2.72	2.7	2.67	2.63	2.59	2.58	2.56	2.54	2.51	2.49	2.47
8	3.46	3.11	2.92	2.81	2.73	2.67	2.62	2.59	2.56	2.54	2.5	2.46	2.42	2.4	2.38	2.36	2.34	2.32	2.29
9	3.36	3.01	2.81	2.69	2.61	2.55	2.51	2.47	2.44	2.42	2.38	2.34	2.3	2.28	2.25	2.23	2.21	2.18	2.16
10	3.29	2.92	2.73	2.61	2.52	2.46	2.41	2.38	2.35	2.32	2.28	2.24	2.2	2.18	2.16	2.13	2.11	2.08	2.06
11	3.23	2.86	2.66	2.54	2.45	2.39	2.34	2.3	2.27	2.25	2.21	2.17	2.12	2.1	2.08	2.05	2.03	2	1.97
12	3.18	2.81	2.61	2.48	2.39	2.33	2.28	2.24	2.21	2.19	2.15	2.1	2.06	2.04	2.01	1.99	1.96	1.93	1.9
13	3.14	2.76	2.56	2.43	2.35	2.28	2.23	2.2	2.16	2.14	2.1	2.05	2.01	1.98	1.96	1.93	1.9	1.88	1.85
14	3.1	2.73	2.52	2.39	2.31	2.24	2.19	2.15	2.12	2.1	2.05	2.01	1.96	1.94	1.91	1.89	1.86	1.83	1.8
15	3.07	2.7	2.49	2.36	2.27	2.21	2.16	2.12	2.09	2.06	2.02	1.97	1.92	1.9	1.87	1.85	1.82	1.79	1.76
16	3.05	2.67	2.46	2.33	2.24	2.18	2.13	2.09	2.06	2.03	1.99	1.94	1.89	1.87	1.84	1.81	1.78	1.75	1.72
17	3.03	2.64	2.44	2.31	2.22	2.15	2.1	2.06	2.03	2	1.96	1.91	1.86	1.84	1.81	1.78	1.75	1.72	1.69
18	3.01	2.62	2.42	2.29	2.2	2.13	2.08	2.04	2	1.98	1.93	1.89	1.84	1.81	1.78	1.75	1.72	1.69	1.66
19	2.99	2.61	2.4	2.27	2.18	2.11	2.06	2.02	1.98	1.96	1.91	1.86	1.81	1.79	1.76	1.73	1.7	1.67	1.63

续表

n_1 \ n_2	1	2	3	4	5	6	7	8	9	10	12	15	20	24	30	40	60	120	∞
20	2.97	2.59	2.38	2.25	2.16	2.09	2.04	2	1.96	1.94	1.89	1.84	1.79	1.77	1.74	1.71	1.68	1.64	1.61
21	2.96	2.57	2.36	2.23	2.14	2.08	2.02	1.98	1.95	1.92	1.87	1.83	1.78	1.75	1.72	1.69	1.66	1.62	1.59
22	2.95	2.56	2.35	2.22	2.13	2.06	2.01	1.97	1.93	1.9	1.86	1.81	1.76	1.73	1.7	1.67	1.64	1.6	1.57
23	2.94	2.55	2.34	2.21	2.11	2.05	1.99	1.95	1.92	1.89	1.84	1.8	1.74	1.72	1.69	1.66	1.62	1.59	1.55
24	2.93	2.54	2.33	2.19	2.1	2.04	1.98	1.94	1.91	1.88	1.83	1.78	1.73	1.7	1.67	1.64	1.61	1.57	1.53
25	2.92	2.53	2.32	2.18	2.09	2.02	1.97	1.93	1.89	1.87	1.82	1.77	1.72	1.69	1.66	1.63	1.59	1.56	1.52
26	2.91	2.52	2.31	2.17	2.08	2.01	1.96	1.92	1.88	1.86	1.81	1.76	1.71	1.68	1.65	1.61	1.58	1.54	1.5
27	2.9	2.51	2.3	2.17	2.07	2	1.95	1.91	1.87	1.85	1.8	1.75	1.7	1.67	1.64	1.6	1.57	1.53	1.49
28	2.89	2.5	2.29	2.16	2.06	2	1.94	1.9	1.87	1.84	1.79	1.74	1.69	1.66	1.63	1.59	1.56	1.52	1.48
29	2.89	2.5	2.28	2.15	2.06	1.99	1.93	1.89	1.86	1.83	1.78	1.73	1.68	1.65	1.62	1.58	1.55	1.51	1.47
30	2.88	2.49	2.28	2.14	2.05	1.98	1.93	1.88	1.85	1.82	1.77	1.72	1.67	1.64	1.61	1.57	1.54	1.5	1.46
40	2.84	2.44	2.23	2.09	2	1.93	1.87	1.83	1.79	1.76	1.71	1.66	1.61	1.57	1.54	1.51	1.47	1.42	1.38
60	2.79	2.39	2.18	2.04	1.95	1.87	1.82	1.77	1.74	1.71	1.66	1.6	1.54	1.51	1.48	1.44	1.4	1.35	1.29
120	2.75	2.35	2.13	1.99	1.9	1.82	1.77	1.72	1.68	1.65	1.6	1.55	1.48	1.45	1.41	1.37	1.32	1.26	1.19
∞	2.71	2.3	2.08	1.94	1.85	1.77	1.72	1.67	1.63	1.6	1.55	1.49	1.42	1.38	1.34	1.3	1.24	1.17	1

（$\alpha = 0.05$）

n_1 \ n_2	1	2	3	4	5	6	7	8	9	10	12	15	20	24	30	40	60	120	∞
1	161	200	216	225	230	234	237	239	241	242	244	246	248	249	250	251	252	253	254
2	18.5	19	19.2	19.2	19.3	19.3	19.4	19.4	19.4	19.4	19.4	19.4	19.5	19.5	19.5	19.5	19.5	19.5	19.5
3	10.1	9.55	9.28	9.12	9.01	8.94	8.89	8.85	8.81	8.79	8.74	8.7	8.66	8.64	8.62	8.59	8.57	8.55	8.53

续表

n_1 / n_2	1	2	3	4	5	6	7	8	9	10	12	15	20	24	30	40	60	120	∞
4	7.71	6.94	6.59	6.39	6.26	6.16	6.09	6.04	6	5.96	5.91	5.86	5.8	5.77	5.75	5.72	5.69	5.66	5.63
5	6.61	5.79	5.41	5.19	5.05	4.95	4.88	4.82	4.77	4.74	4.68	4.62	4.56	4.53	4.5	4.46	4.43	4.4	4.37
6	5.99	5.14	4.76	4.53	4.39	4.28	4.21	4.15	4.1	4.06	4	3.94	3.87	3.84	3.81	3.77	3.74	3.7	3.67
7	5.59	4.74	4.35	4.12	3.97	3.87	3.79	3.73	3.68	3.64	3.57	3.51	3.44	3.41	3.38	3.34	3.3	3.27	3.23
8	5.32	4.46	4.07	3.84	3.69	3.58	3.5	3.44	3.39	3.35	3.28	3.22	3.15	3.12	3.08	3.04	3.01	2.97	2.93
9	5.12	4.26	3.86	3.63	3.48	3.37	3.29	3.23	3.18	3.14	3.07	3.01	2.94	2.9	2.86	2.83	2.79	2.75	2.71
10	4.96	4.1	3.71	3.48	3.33	3.22	3.14	3.07	3.02	2.98	2.91	2.85	2.77	2.74	2.7	2.66	2.62	2.58	2.54
11	4.84	3.98	3.59	3.36	3.2	3.09	3.01	2.95	2.9	2.85	2.79	2.72	2.65	2.61	2.57	2.53	2.49	2.45	2.4
12	4.75	3.89	3.49	3.26	3.11	3	2.91	2.85	2.8	2.75	2.69	2.62	2.54	2.51	2.47	2.43	2.38	2.34	2.3
13	4.67	3.81	3.41	3.18	3.03	2.92	2.83	2.77	2.71	2.67	2.6	2.53	2.46	2.42	2.38	2.34	2.3	2.25	2.21
14	4.6	3.74	3.34	3.11	2.96	2.85	2.76	2.7	2.65	2.6	2.53	2.46	2.39	2.35	2.31	2.27	2.22	2.18	2.13
15	4.54	3.68	3.29	3.06	2.9	2.79	2.71	2.64	2.59	2.54	2.48	2.4	2.33	2.29	2.25	2.2	2.16	2.11	2.07
16	4.49	3.63	3.24	3.01	2.85	2.74	2.66	2.59	2.54	2.49	2.42	2.35	2.28	2.24	2.19	2.15	2.11	2.06	2.01
17	4.45	3.59	3.2	2.96	2.81	2.7	2.61	2.55	2.48	2.45	2.38	2.31	2.23	2.19	2.15	2.1	2.06	2.01	1.96
18	4.41	3.55	3.16	2.93	2.77	2.66	2.58	2.51	2.46	2.41	2.34	2.27	2.19	2.15	2.11	2.06	2.02	1.97	1.92
19	4.38	3.52	3.13	2.9	2.74	2.63	2.54	2.48	2.42	2.39	2.31	2.23	2.16	2.11	2.07	2.03	1.98	1.93	1.88
20	4.35	3.49	3.1	2.87	2.71	2.6	2.51	2.45	2.39	2.35	2.28	2.2	2.12	2.08	2.04	1.99	1.95	1.9	1.84
21	4.32	3.47	3.07	2.84	2.68	2.57	2.49	2.42	2.37	2.32	2.25	2.18	2.1	2.05	2.01	1.96	1.92	1.87	1.81
22	4.3	3.44	3.05	2.82	2.66	2.55	2.46	2.4	2.34	2.3	2.23	2.15	2.07	2.03	1.98	1.94	1.89	1.84	1.78
23	4.28	3.42	3.03	2.8	2.64	2.53	2.44	2.37	2.32	2.27	2.2	2.13	2.05	2.01	1.96	1.91	1.86	1.81	1.76

续表

n_2 \ n_1	1	2	3	4	5	6	7	8	9	10	12	15	20	24	30	40	60	120	∞
24	4.26	3.4	3.01	2.78	2.62	2.51	2.42	2.36	2.3	2.25	2.18	2.11	2.03	1.98	1.94	1.89	1.84	1.79	1.73
25	4.24	3.39	2.99	2.76	2.6	2.49	2.4	2.34	2.28	2.24	2.16	2.09	2.01	1.96	1.92	1.87	1.82	1.77	1.71
26	4.23	3.37	2.98	2.74	2.59	2.47	2.39	2.32	2.27	2.22	2.15	2.07	1.99	1.95	1.9	1.85	1.8	1.75	1.69
27	4.21	3.35	2.96	2.73	2.57	2.46	2.37	2.31	2.25	2.2	2.13	2.06	1.97	1.93	1.88	1.84	1.79	1.73	1.67
28	4.2	3.34	2.95	2.71	2.56	2.45	2.36	2.29	2.24	2.19	2.12	2.04	1.96	1.91	1.87	1.82	1.77	1.71	1.65
29	4.18	3.33	2.93	2.7	2.55	2.43	2.35	2.28	2.22	2.18	2.1	2.03	1.94	1.9	1.85	1.81	1.75	1.7	1.64
30	4.17	3.32	2.92	2.69	2.53	2.42	2.33	2.27	2.21	2.16	2.09	2.01	1.93	1.89	1.84	1.79	1.74	1.68	1.62
40	4.08	3.23	2.84	2.61	2.45	2.34	2.25	2.18	2.12	2.08	2	1.92	1.84	1.79	1.74	1.69	1.64	1.58	1.51
60	4	3.15	2.76	2.53	2.37	2.25	2.17	2.1	2.04	1.99	1.92	1.84	1.75	1.7	1.65	1.59	1.53	1.47	1.39
120	3.92	3.07	2.68	2.45	2.29	2.18	2.09	2.02	1.96	1.91	1.83	1.75	1.66	1.61	1.55	1.5	1.43	1.35	1.25
∞	3.84	3	2.6	2.37	2.21	2.1	2.01	1.94	1.88	1.83	1.75	1.67	1.57	1.52	1.46	1.39	1.32	1.22	1

（$\alpha = 0.025$）

n_2 \ n_1	1	2	3	4	5	6	7	8	9	10	12	15	20	24	30	40	60	120	∞
1	647.8	799.5	864.2	899.6	921.8	937.1	948.2	956.7	963.3	968.6	976.7	984.9	993.1	997.2	1001	1 006	1 010	1 014	1 018
2	38.51	39	39.17	39.25	39.3	39.33	39.36	39.37	39.39	39.4	39.41	39.43	39.45	39.46	39.46	39.47	39.48	39.49	39.5
3	17.44	16.04	15.44	15.1	14.88	14.73	14.62	14.54	14.47	14.42	14.34	14.25	14.17	14.12	14.08	14.04	13.99	13.95	13.9
4	12.22	10.65	9.98	9.6	9.36	9.2	9.07	8.98	8.9	8.84	8.75	8.66	8.56	8.51	8.46	8.41	8.36	8.31	8.26
5	10.01	8.43	7.76	7.39	7.15	6.98	6.85	6.76	6.68	6.62	6.52	6.43	6.33	6.28	6.23	6.18	6.12	6.07	6.02
6	8.81	7.26	6.6	6.23	5.99	5.82	5.7	5.6	5.52	5.46	5.37	5.27	5.17	5.12	5.07	5.01	4.96	4.9	4.85

续表

n_1 \ n_2	1	2	3	4	5	6	7	8	9	10	12	15	20	24	30	40	60	120	∞
7	8.07	6.54	5.89	5.52	5.29	5.12	4.99	4.9	4.82	4.76	4.67	4.57	4.47	4.42	4.36	4.31	4.25	4.2	4.14
8	7.57	6.06	5.42	5.05	4.82	4.65	4.53	4.43	4.36	4.3	4.2	4.1	4	3.95	3.89	3.84	3.78	3.73	3.67
9	7.21	5.71	5.03	4.72	4.48	4.32	4.2	4.1	4.03	3.96	3.87	3.77	3.67	3.61	3.56	3.51	3.45	3.39	3.33
10	6.94	5.46	4.83	4.47	4.24	4.07	3.95	3.85	3.78	3.72	3.62	3.52	3.42	3.37	3.31	3.26	3.2	3.14	3.08
11	6.72	5.26	4.63	4.28	4.04	3.88	3.76	3.66	3.59	3.53	3.43	3.33	3.23	3.17	3.12	3.06	3	2.94	2.88
12	6.55	5.1	4.42	4.12	3.89	3.73	3.61	3.51	3.44	3.37	3.28	3.18	3.07	3.02	2.96	2.91	2.85	2.79	2.72
13	6.41	4.97	4.35	4	3.77	3.6	3.48	3.39	3.31	3.25	3.15	3.05	2.95	2.89	2.84	2.78	2.72	2.66	2.6
14	6.3	4.86	4.24	3.89	3.66	3.5	3.38	3.29	3.21	3.15	3.05	2.95	2.84	2.79	2.73	2.67	2.61	2.55	2.49
15	6.2	4.77	4.15	3.8	3.58	3.41	3.29	3.2	3.12	3.06	2.96	2.86	2.76	2.7	2.64	2.59	2.52	2.46	2.4
16	6.12	4.69	4.08	3.73	3.5	3.34	3.22	3.12	3.05	2.99	2.89	2.79	2.68	2.63	2.57	2.51	2.45	2.38	2.32
17	6.01	4.62	4.01	3.66	3.44	3.28	3.16	3.06	2.98	2.92	2.82	2.72	2.62	2.56	2.5	2.44	2.38	2.32	2.25
18	5.98	4.56	3.95	3.61	3.38	3.22	3.1	3.01	2.93	2.87	2.77	2.67	2.56	2.5	2.44	2.38	2.32	2.26	2.19
19	5.92	4.51	3.9	3.56	3.33	3.17	3.05	2.96	2.88	2.82	2.72	2.62	2.51	2.45	2.39	2.33	2.27	2.2	2.13
20	5.87	4.46	3.86	3.51	3.29	3.13	3.01	2.91	2.84	2.77	2.68	2.57	2.46	2.41	2.35	2.29	2.22	2.16	2.09
21	5.83	4.42	3.82	3.48	3.25	3.09	2.97	2.87	2.8	2.73	2.64	2.53	2.42	2.37	2.31	2.25	2.18	2.11	2.04
22	5.79	4.38	3.78	3.44	3.22	3.05	2.93	2.84	2.76	2.7	2.6	2.5	2.39	2.33	2.27	2.21	2.14	2.08	2
23	5.75	4.35	3.75	3.41	3.18	3.02	2.9	2.81	2.73	2.67	2.57	2.47	2.36	2.3	2.24	2.18	2.11	2.04	1.97
24	5.72	4.32	3.72	3.38	3.15	2.99	2.87	2.78	2.7	2.64	2.54	2.44	2.33	2.27	2.21	2.15	2.08	2.01	1.94
25	5.69	4.29	3.69	3.35	3.13	2.97	2.85	2.75	2.68	2.61	2.51	2.41	2.3	2.24	2.18	2.12	2.05	1.98	1.91
26	5.66	4.27	3.67	3.33	3.1	2.94	2.82	2.73	2.65	2.59	2.49	2.39	2.28	2.22	2.16	2.09	2.03	1.95	1.88
27	5.63	4.24	3.65	3.31	3.08	2.92	2.8	2.71	2.63	2.57	2.47	2.36	2.25	2.19	2.13	2.07	2	1.93	1.85
28	5.61	4.22	3.63	3.29	3.06	2.9	2.78	2.69	2.61	2.55	2.45	2.34	2.23	2.17	2.11	2.05	1.98	1.91	1.83

续表

$n_2 \backslash n_1$	∞	120	60	40	30	24	20	15	12	10	9	8	7	6	5	4	3	2	1
29	1.81	1.89	1.96	2.03	2.09	2.15	2.21	2.32	2.43	2.53	2.59	2.67	2.76	2.88	3.04	3.27	3.61	4.2	5.59
30	1.79	1.87	1.94	2.01	2.07	2.14	2.2	2.31	2.41	2.51	2.57	2.65	2.75	2.87	3.03	3.25	3.59	4.18	5.57
40	1.64	1.72	1.8	1.88	1.94	2.01	2.07	2.18	2.29	2.39	2.45	2.53	2.62	2.74	2.9	3.13	3.46	4.05	5.42
60	1.48	1.58	1.67	1.74	1.82	1.88	1.94	2.06	2.17	2.27	2.33	2.41	2.51	2.63	2.79	3.01	3.34	3.93	5.29
120	1.31	1.43	1.53	1.61	1.69	1.76	1.82	1.94	2.05	2.16	2.22	2.3	2.39	2.52	2.67	2.89	3.23	3.8	5.15
∞	1.00	1.27	1.39	1.48	1.57	1.64	1.71	1.83	1.94	2.05	2.11	2.19	2.29	2.41	2.57	2.79	3.12	3.69	5.02

（$\alpha = 0.01$）

$n_2 \backslash n_1$	∞	120	60	40	30	24	20	15	12	10	9	8	7	6	5	4	3	2	1
1	6 366	6 339	6 313	6 287	6 261	6 235	6 200	6 157	6 106	6 056	6 023	5 982	5 928	5 859	5 746	5 625	5 403	5 000	4 652
2	99.5	99.5	99.5	99.5	99.5	99.5	99.4	99.4	99.4	99.4	99.4	99.4	99.4	99.3	99.3	99.2	99.2	99	98.5
3	26.1	26.2	26.3	26.4	26.5	26.6	26.7	26.9	27.1	27.2	27.3	27.5	27.7	27.9	28.2	28.7	29.5	30.8	34.1
4	13.5	13.6	13.7	13.7	13.8	13.9	14	14.2	14.4	14.5	14.7	14.8	15	15.2	15.5	16	16.7	18	21.2
5	9.02	9.11	9.2	9.29	9.38	9.47	9.55	9.72	9.89	10.1	10.2	10.3	10.5	10.7	11	11.4	12.1	13.3	16.3
6	6.88	6.97	7.06	7.14	7.23	7.31	7.4	7.56	7.72	7.87	7.98	8.1	8.26	8.47	8.75	9.15	9.78	10.9	13.7
7	5.65	5.74	5.82	5.91	5.99	6.07	6.16	6.31	6.47	6.62	6.72	6.84	6.99	7.19	7.46	7.85	8.45	9.55	12.2
8	4.86	4.95	5.03	5.12	5.29	5.28	5.36	5.52	5.67	5.81	5.91	6.03	6.18	6.37	6.63	7.01	7.59	8.65	11.3
9	4.31	4.4	4.48	4.57	4.65	4.73	4.81	4.96	5.11	5.26	5.35	5.47	5.61	5.8	6.06	6.42	6.99	8.02	10.6
10	3.91	4	4.08	4.17	4.25	4.33	4.41	4.56	4.71	4.85	4.94	5.06	5.2	5.39	5.64	5.99	6.55	7.56	10
11	3.6	3.69	3.78	3.86	3.94	4.02	4.1	4.25	4.4	4.54	4.63	4.74	4.89	5.07	5.32	5.67	6.22	7.21	9.65
12	3.36	3.45	3.54	3.62	3.7	3.78	3.86	4.01	4.16	4.3	4.39	4.5	4.64	4.82	5.06	5.41	5.95	6.93	9.33

续表

$n_2 \backslash n_1$	1	2	3	4	5	6	7	8	9	10	12	15	20	24	30	40	60	120	∞
13	9.07	6.7	5.74	5.21	4.97	4.62	4.44	4.3	4.19	4.1	3.96	3.82	3.66	3.59	3.51	3.43	3.34	3.25	3.17
14	8.86	5.51	5.56	5.04	4.7	4.46	4.28	4.14	4.03	3.94	3.8	3.66	3.51	4.43	3.35	3.27	3.18	3.09	3
15	8.68	6.36	5.42	4.89	4.56	4.32	4.14	4	3.89	3.8	3.67	3.52	3.37	3.29	3.21	3.13	3.05	2.96	2.87
16	8.53	6.23	5.29	4.77	4.44	4.2	4.03	3.89	3.78	3.69	3.55	3.41	3.26	3.18	3.1	3.02	2.93	2.84	2.75
17	8.4	6.11	5.19	4.67	4.34	4.1	3.93	3.79	3.68	3.59	3.46	3.31	3.16	3.08	3	2.92	2.83	2.75	2.65
18	8.29	6.01	5.09	4.58	4.25	4.01	3.84	3.71	3.6	3.51	3.37	3.23	3.08	3	2.92	2.84	2.75	2.66	2.57
19	8.19	5.93	5.01	4.5	4.17	3.94	3.77	3.63	3.52	3.43	3.3	3.15	3	2.92	2.84	2.76	2.67	2.58	2.49
20	8.1	5.85	4.94	4.43	4.1	3.87	3.7	3.56	3.46	3.37	3.23	3.09	2.94	2.86	2.78	2.68	2.61	2.52	2.42
21	8.02	5.78	4.87	4.37	4.04	3.81	3.64	3.51	3.4	3.31	3.17	3.03	2.88	2.8	2.72	2.64	2.55	2.46	2.36
22	7.95	5.72	4.82	4.31	3.99	3.76	3.59	3.45	3.35	3.26	3.12	2.98	2.83	2.75	2.67	2.58	2.5	2.4	2.31
23	7.88	5.66	4.76	4.26	3.94	3.71	3.54	3.41	3.3	3.21	3.07	2.93	2.78	2.7	2.62	2.54	2.45	2.35	2.26
24	7.82	5.61	4.72	4.22	3.9	3.67	3.5	3.36	3.26	3.17	3.03	2.89	2.74	2.66	2.58	2.49	2.4	2.31	2.21
25	7.77	5.57	4.68	4.18	3.86	3.63	3.46	3.32	3.22	3.13	2.99	2.85	2.7	2.62	2.53	2.45	2.36	2.27	2.17
26	7.72	5.52	4.64	4.14	3.82	3.59	3.42	3.29	3.18	3.09	2.96	2.81	2.66	2.58	2.5	2.42	2.33	2.23	2.13
27	7.68	5.49	4.6	4.11	3.78	3.56	3.39	3.26	3.15	3.06	2.93	2.78	2.63	2.55	2.47	2.38	2.29	2.2	2.1
28	7.64	5.45	4.57	4.07	3.75	3.53	3.36	3.23	3.12	3.03	2.9	2.75	2.6	2.52	2.44	2.35	2.26	2.17	2.06
29	7.6	5.42	4.54	4.04	3.73	3.5	3.33	3.2	3.09	3	2.87	2.73	2.57	2.49	2.41	2.33	2.23	2.14	2.03
30	7.56	5.39	4.51	4.02	3.7	3.47	3.3	3.17	3.07	2.98	2.84	2.7	2.55	2.47	2.3	2.39	2.21	2.11	2.01
40	7.31	5.18	4.31	3.83	3.51	3.29	3.12	2.99	2.89	2.8	2.66	2.52	2.37	2.29	2.2	2.11	2.02	1.92	1.8
70	7.08	4.98	4.13	3.65	3.34	3.12	2.95	2.82	2.72	2.63	2.5	2.35	2.2	2.12	2.03	1.94	1.84	1.73	1.6
120	6.85	4.79	3.95	3.48	3.17	2.96	2.79	2.66	2.56	2.47	2.34	2.19	2.03	1.94	1.86	1.76	1.66	1.53	1.38
∞	6.63	4.61	3.78	3.32	3.02	2.8	2.64	2.51	2.41	2.32	2.18	2.04	1.88	1.79	1.7	1.59	1.47	1.32	1

参考书目

[1] 贾俊平，何晓群，金勇.统计学(第三版)[M].北京：中国人民大学出版社，2009
[2] 袁卫，庞皓，曾五一，贾俊平.统计学(第三版)[M].北京：高等教育出版社，2010
[3] 李洁明，祁新娥.统计学原理(第五版)[M].上海：复旦大学出版社，2010
[4] 张建同，孙昌言，王世进.应用统计学[M].北京：清华大学出版社，2010
[5] 耿修林，谢兆茹.应用统计学[M].北京：科学出版社，2008
[6] 曲昭仲.应用统计学[M].北京：经济科学出版社，2011
[7] 朱建平，孙小素.应用统计学[M].北京：清华大学出版社，2009
[8] Dawn Griffiths. Head First Statistics[M].O'REILLY，2008
[9] [美]尼尔·J·萨尔金德(Neil J. Salkind).爱上统计学[M].史玲玲译.重庆：重庆大学出版社，2008
[10] 罗国萍，李承霖.统计学原理[M].北京：中国传媒大学出版社，2010
[11] 黄良文.统计学原理[M].北京：中国统计出版社，2000
[12] 栗方忠主编.统计学原理(第四版)[M].大连：东北财经大学出版社，2011
[13] 何海燕，张红元.商务管理统计学[M].北京：中国对外经济贸易出版社，2003
[14] 陈珍珍.统计学[M].厦门：厦门大学出版社，2003
[15] 缪柏其.管理统计学[M].合肥：中国科学技术大学出版社，2007
[16] 米红，张文璋.实用现代统计分析方法与SPSS应用[M].北京：当代中国出版社，2004
[17] 刘金兰.管理统计学[M].天津：天津大学出版社，2007
[18] 曾五一.统计学概论[M].北京：首都经贸大学出版社，2003
[19] 袁卫.应用统计学[M].北京：中国人民大学出版社，1992
[20] 杜志渊.常用统计分析方法——SPSS应用[M].济南：山东人民出版社，2006
[21] 吴喜之.统计学：从数据到结论——学习指导与习题[M].北京：中国统计出版社，2005
[22] 王丹丹.央行利息变动对不同板块股票价格的影响[J].市场周刊·理论研究，2010(1)：74-76
[23] 袁卫，庞皓等.统计学习题与案例(第二版)[M].北京：高等教育出版社，2006
[24] 陈珍珍等.统计学(第一版)[M].厦门：厦门大学出版社，2002
[25] [美]古扎拉蒂.计量经济学基础(第四版)[M].林少宫等译.北京：中国人民大学出版社，2005
[26] 李子奈，潘文卿.计量经济学(第二版)[M].北京：高等教育出版社，2005
[27] 李志辉，罗平等.SPSS for Windows 统计分析教程(第二版)[M].北京：电子工业出版社，2005
[28] 高巍.统计学原理[M].北京：中国市场出版社，2009
[29] 费宇，石磊.统计学[M].北京：高等教育出版社，2010